Manfred Liebel
Postkoloniale Kindheiten

Manfred Liebel

Postkoloniale Kindheiten

Zwischen Ausgrenzung und Widerstand

Der Autor

Manfred Liebel, Dr. phil., war bis 2005 Professor für Soziologie an der Technischen Universität Berlin; er ist Mitgründer und Schirmherr des weiterbildenden Masterstudiengangs Childhood Studies and Children's Rights an der Freien Universität Berlin und der Fachhochschule Potsdam. Seine Arbeitsschwerpunkte sind Kindheits- und Jugendforschung, Theorie und Praxis der Menschenrechte von Kindern und Postkoloniale Studien.

Das Werk einschließlich aller seiner Teile ist urheberrechtlich geschützt. Jede Verwertung ist ohne Zustimmung des Verlags unzulässig. Das gilt insbesondere für Vervielfältigungen, Übersetzungen, Mikroverfilmungen und die Einspeicherung und Verarbeitung in elektronische Systeme.

Dieses Buch ist erhältlich als:
ISBN 978-3-7799-3654-1 Print
ISBN 978-3-7799-4651-9 E-Book (PDF)

1. Auflage 2017

© 2017 Beltz Juventa
in der Verlagsgruppe Beltz · Weinheim Basel
Werderstraße 10, 69469 Weinheim
Alle Rechte vorbehalten

Herstellung: Hannelore Molitor
Satz: Helmut Rohde, Euskirchen
Druck und Bindung: Beltz Bad Langensalza GmbH, Bad Langensalza
Printed in Germany

Weitere Informationen zu unseren Autoren und Titeln finden Sie unter: www.beltz.de

Wie dieses Buch entstand

Zur Erinnerung an Gordian Troeller

Die Idee zu dem Buch ist aus meinen langjährigen Erfahrungen und Studien mit Kindern vornehmlich in Lateinamerika und Afrika entstanden. Meine ersten einschneidenden Erfahrungen hatte ich in den 1980er-Jahren in einem Lager salvadorianischer Flüchtlinge in Honduras und in einer ländlichen Region Nicaraguas, wo gerade ein grausamer Bürgerkrieg im Gange war. Dort erlebte ich Kinder, die schwer vorstellbares Leid ertragen mussten und auf eine mich verblüffende Weise, oft auf sich selbst gestellt, um ihr Überleben kämpften. Diese Erfahrungen stellten vieles, was ich bisher über Kinder zu wissen meinte und dachte, auf den Kopf. Meine Gedanken über Kinder im Globalen Süden, insbesondere diejenigen, die in großer Armut leben mussten, wurde bald danach erneut auf die Probe gestellt, als ich Gelegenheit fand, als Mitarbeiter einer „sozialen Brigade" (wie das damals genannt wurde) Kinder zu begleiten, die auf Straßen und Märkten der nicaraguanischen Hauptstadt Managua für ihren Lebensunterhalt und teilweise auch den ihrer Familien sorgten. Ich fragte mich immer wieder, wo diese Kinder die Kraft hernahmen, mit solch bedrückenden Lebensbedingungen zurechtzukommen, ohne den Mut und selbst das Lachen zu verlernen.

Ich begann zu begreifen, dass die Kinder ihre Kraft vielfach aus dem Umstand schöpften, für sich und andere zu sorgen und Verantwortung zu übernehmen und – was ich für entscheidend halte – dafür in ihrem Umfeld auch Anerkennung fanden. Aus der Beobachtung, dass die Kinder sich oft gegenseitig unterstützten, entstand bei mir und meinen Kollegen[1], die den Kindern beizustehen versuchten, die Idee, die Selbstorganisation der Kinder zu fördern. Diese Idee war mir aus den sozialen Bewegungen der Schülerinnen, Studenten und Lehrlinge vertraut, die seit den 1960er-Jahren in Deutschland und anderen Ländern gegen autoritäre Gängelung aufbegehrt und sich für ein freieres und selbstbestimmtes Leben eingesetzt hatten. Aber die Idee der Selbstorganisation

---

1 Wenn ich hier und im Folgenden mal männliche, mal weibliche Formulierungen verwende, bitte ich jeweils die weibliche, männliche und andere Geschlechterkonstruktionen mitzudenken, soweit ich mich nicht ausdrücklich auf eines der Geschlechter beziehe.

gewann nun angesichts der Lebensverhältnisse der Kinder, mit denen ich zu tun hatte, in mancherlei Hinsicht einen neuen Sinn. Es ging nicht nur um Freiheit und Selbstbestimmung, sondern in weitaus stärkerem Maße auch um soziale Gleichheit und Gerechtigkeit. In Nicaragua und – wie ich seit den 1990er-Jahren erfahren konnte – auch in anderen Regionen des Globalen Südens manifestierte sich die Idee der Selbstorganisation in verschiedenen sozialen Bewegungen junger Menschen gegen Diskriminierung, Missachtung, Armut, Ausbeutung und Krieg und für ein friedliches und sicheres Leben, in dem ihre Menschenwürde gewahrt ist. Dabei wurde zunehmend auch auf die in dieser Zeit sich ausbreitende Idee der Kinderrechte zurückgegriffen, verstanden als Menschenrechte der Kinder.

Eine dieser sozialen Bewegungen, die mein Denken über Kinder und Kindheiten in besonderem Maße beeinflusste, ist die Bewegung arbeitender Kinder und Jugendlicher, die seit Ende der 1970er-Jahre ausgehend von Peru in Lateinamerika und seit den 1990er-Jahren auch in Afrika und Asien entstand. In dieser Bewegung, die verschiedene lokale Ausprägungen hat und sich immer wieder verändert, zeigt sich ein Verständnis von Kindheit, das dem im neuzeitlichen Europa entstandenen Konzept von Kindheit in mancherlei Hinsicht widerspricht. Es zeichnet sich dadurch aus, dass Kinder nicht in einer von der Welt der Erwachsenen separierten Sphäre leben, sondern an der Gesellschaft insgesamt teilhaben und auf diese Einfluss nehmen wollen. Nach diesem Verständnis hören Kinder nicht auf, Kinder zu sein (wenn sie z. B. arbeiten oder Mitverantwortung in der Gesellschaft übernehmen), aber es schließt Kinder nicht länger aus der Gesellschaft aus und macht sie nicht „kleiner", als sie sind und sich selbst sehen (was gelegentlich als Infantilisierung bezeichnet wird). Die damit verbundenen Erwartungen lassen sich vielleicht am besten als eine neue Form der Bürgerschaft von Kindern bezeichnen, die *von unten* kommt und nicht auf die Vorbereitung zur „eigentlichen" Bürgerschaft beschränkt bleibt.

Je intensiver ich mich mit diesem im Leben der Kinder verkörperten Verständnis von Kindheit befasste, desto deutlicher wurde mir, dass Kindern im Globalen Süden selbst von Menschen und Organisationen, die ihnen zu helfen beanspruchen, oft mit Unverständnis begegnet wird. Dieses Unverständnis kann sogar Formen von Feindschaft annehmen, wenn z. B. Kinder allein aufgrund der Tatsache, dass sie ihren Müttern auf dem Markt zur Hand gehen, auf Drängen internationaler Organisationen durch die Polizei verfolgt und kriminalisiert werden, wie ich es selbst in Nicaragua, Kolumbien, Peru, Paraguay und Indien erlebt habe. Oder es kann zur Entwürdigung der Kinder führen, wenn sie als leidende und hilflose Wesen, und ohne gefragt zu werden, in einer Art Pornographie des Elends auf Plakaten ausgestellt werden, um Spenden für

Wohltätigkeitsprojekte einzutreiben. Solche und andere Formen von Missachtung haben mich im Lauf der Zeit veranlasst, darin eine unausgesprochene Fortsetzung kolonialer Unterwerfung und Eroberung zu sehen.

Über die intensive Beschäftigung mit der Geschichte des Kolonialismus, mit sog. postkolonialen Theorien und mit Untersuchungen, die koloniale Stereotypen z. B. in der Entwicklungspolitik und entwicklungspolitischen Bildung sichtbar machten, ist bei mir der Wunsch entstanden, meine Erfahrungen und mein über die Jahre gewachsenes Unbehagen in umfassenderer Weise zu reflektieren und strukturierterer Weise zum Ausdruck zu bringen. Dabei hat auch eine Rolle gespielt, dass ich mitunter erleben musste, wie selbst wohlmeinende Menschen, die das Beste für die „armen Kleinen" wollten, Kindern und Familien, die nicht ihren Maßstäben entsprachen, insgeheim mit Verachtung und Arroganz begegneten, auch wenn sie dies nicht offen äußerten oder sich eingestehen wollten. Aus all dem ist schließlich dieses Buch entstanden.

Für mein Unternehmen war hilfreich, dass ich in den vergangenen Jahren an mehreren Treffen der Bewegungen arbeitender Kinder und Jugendlicher teilnehmen konnte und mit vielen Aktiven und ehemals Aktiven und ihren Beraterinnen und Beratern kontinuierlich im Kontakt blieb. Ebenso konnte ich mich mit Fachleuten verschiedenen Alters und verschiedener Herkunft und Profession auf diversen Workshops und Konferenzen in Lateinamerika, Afrika und Indien austauschen. In Deutschland und einigen anderen europäischen Ländern fand ich Gelegenheit, diese Erfahrungen in Solidaritätsgruppen zur Unterstützung der Rechte arbeitender Kinder (in Deutschland: www.pronats. de[2]) sowie mit Studierenden und Kolleginnen des Masterstudiengangs *Childhood Studies and Children's Rights* zu reflektieren. Dieser Studiengang bestand seit 2007 an der Freien Universität Berlin und wird nun an der Fachhochschule Potsdam unter dem gleichen Namen fortgeführt.

Im Besonderen möchte ich mich bei folgenden Personen für Hinweise, anregende Gespräche und kritische Anmerkungen zu einzelnen Teilen des Manuskripts bedanken: Christel Adick, Ingrid Becker-Ross-Troeller, Rebecca Budde, Alejandro Cussiánovich, Ibou Diop Coulibaly, Ina Gankam Tambo, Antonella Invernizzi, Timo Kiesel, Andrea Kleeberg-Niepage, Bea Lundt, Urszula Markowska-Manista, Philip Meade, Brian Milne, Olga Nieuwenhuys, Nohora Constanza Niño Vega, Bernd Overwien, Giangi Schibotto, Peter Strack, Ayami Tsuchihashi und Elisabeth Weller. Magdalena Herzog vom Verlag Beltz Juventa danke ich für die editorische Betreuung und Hinweise zur besseren Lesbarkeit des Buches, die ich gerne aufgegriffen habe.

---

2 Alle in den Kapiteln und im Literaturverzeichnis genannten oder zitierten Internetquellen wurden zuletzt am 20. März 2017 überprüft.

Das Buch widme ich dem Publizisten und Filmemacher Gordian Troeller (1917–2003). In zahlreichen Reportagen und Dokumentarfilmen, darunter der Filmreihe „Kinder der Welt", hat er sich auf unverwechselbare Weise mit der westlichen Entwicklungsarroganz auseinandergesetzt. In ihr sah er eine Form des Neokolonialismus, die Menschen anderer Kulturen und Kontinente entwürdigt und ihre Lebensgrundlagen zerstört. Sie stießen bis in die 1990er-Jahre auf große Resonanz und lösten mitunter heftige Kontroversen aus, sind aber den jüngeren Generationen heute kaum noch bekannt. Am 16. März 2017 wäre Gordian Troeller 100 Jahre alt geworden.

Berlin, im März 2017
Manfred Liebel

Inhalt

Einführung   11

Teil I
Wege zum Verständnis postkolonialer Kindheiten   19
1. Kindheiten aus postkolonialer Perspektive   20
   1.1 Eine oder viele Kindheiten?   22
   1.2 Beschränkungen des eurozentrischen Kindheitsmusters   25
   1.3 Ungleiche globale Kindheiten   29
   1.4 Agency in postkolonialen Kindheiten   39
2. Gordian Troeller und die Filmserie „Kinder der Welt"   46
   2.1 Die Filme   47
   2.2 Das Konzept   53
   2.3 Kontroversen   58
   2.4 Bilanz   61
3. Wider den Eurozentrismus in der Kindheits- und Jugendforschung   69
   3.1 Zaghafte Wege zu internationaler Orientierung   71
   3.2 Kinder und Jugendliche Im Abseits?   74
   3.3 Kindheit und Jugend jenseits des Moratoriums   84
   3.4 Fazit: Ausblicke auf andere Logiken des Aufwachsens   94
4. Kolonialismus und die Kolonisierung von Kindheit   97
   4.1 Kolonialisierung als Kindheitsprojekt   100
   4.2 Zur Dialektik von Bildung und Macht   104
   4.3 Kolonisierung der Kindheit   108
   4.4 Wegmarken zur Entkolonisierung der Kindheit   115
5. Postkoloniale Theorien aus dem Globalen Süden   119
   5.1 Grundgedanken postkolonialer Theorie   120
   5.2 Afrikanische Beiträge zu postkolonialer Theorie   126
   5.3 Lateinamerikanische Beiträge zu postkolonialer Theorie   132
   5.4 Fazit und Ausblick   138

Teil II
Postkoloniale Kindheitspolitik und die Kinderrechte 143
6. Koloniale und postkoloniale Staatsgewalt gegen Kinder
   Fallstudien zum Britischen Empire, USA, Australien und Israel 144
   6.1 Gewalt gegen Kinder im Britischen Empire, den USA und Australien 147
   6.2 Gewaltsames Verschwinden von Kindern jemenitischer Juden in Israel 153
   6.3 Fazit 161
7. Lateinamerikanische Kindheiten
   Rassistische „Zivilisierung" und „soziale Säuberung" 162
   7.1 Rassistische Willkür gegen sogenannte illegitime Kinder in Lateinamerika 165
   7.2 „Zivilisierung" indigener und „irregulärer" Kinder 170
   7.3 „Soziale Säuberung" missliebiger junger Menschen 173
   7.4 Fazit 181
8. Afrikanische Kindheiten und Fallstricke postkolonialer Bildungs- und Kindheitspolitik 182
   8.1 Kinder, Erziehung und Schule 183
   8.2 Dogmatische Umsetzung der Kinderrechte 193
   8.3 Paternalismus und Kinderpartizipation 204
   8.4 Fazit 210
9. Inszenierung postkolonialen Wohlwollens
   Kinderpatenschaften, Spendenwerbung, Freiwilligentourismus 212
   9.1 Kinderpatenschaften 214
   9.2 Spendenwerbung 218
   9.3 Freiwilligentourismus 223
   9.4 Bilanz: Auf der Suche nach Alternativen 229
10. Postkoloniale Dilemmata der Kinderrechte 235
    10.1 Ambivalenzen der Menschenrechte 237
    10.2 Universalitätsanspruch und Kulturbezug der Kinderrechte 243
    10.3 Fallstudien zu Dilemmata der Kinderrechte 248
    10.4 Fazit: Wege aus den postkolonialen Dilemmata 258

Ausblick:
Kindheiten und Kinderpolitik jenseits des postkolonialen Paternalismus 265

Literaturverzeichnis 270

Einführung

Es gehört zu den Selbstverständlichkeiten der heutigen sozialwissenschaftlichen Kindheitsforschung, dass Kinder und Kindheiten nicht als natürliche Gegebenheiten betrachtet werden können, sondern durch die gesellschaftlichen Verhältnisse, sozialen Beziehungen und kulturellen Kontexte, in die sie eingebunden sind, wesentlich mit geprägt werden. Zudem ist jede Rede von Kindern und Kindheiten nie identisch mit der gelebten Wirklichkeit, sondern wird immer durch die Sichtweisen und Wertvorstellungen derer gefiltert, die über Kinder und Kindheiten reden und schreiben. Für dieses Buch gilt, dass Kinder als (mögliche) Akteure gesehen werden, die zwar nie unberührt und unbeeinflusst von vorgegebenen gesellschaftlichen Strukturen und kulturellen Mustern handeln, aber sehr wohl diese Strukturen und Muster mit beeinflussen, prägen und somit auch verändern (können). Dies gilt auch für die Verlaufs- und Erscheinungsformen dessen, was wir Kindheit nennen. Deshalb ist es mir wichtig, hervorzuheben, dass es nicht nur *eine* Kindheit, sondern immer *verschiedene* Kindheiten gibt, sei es mit Blick auf die Geschichte, sei es mit Blick auf den je individuellen Lebenslauf, sei es mit Blick auf verschiedene Gesellschaften und Kulturen. Übergreifend versuche ich, bei der in diesem Buch vorgenommenen Darstellung von Kindern und Kindheiten die Sichtweisen und das Handeln der Kinder selbst mit zum Ausdruck zu bringen.

Warum ist dieses Buch postkolonialen Kindheiten gewidmet und was verstehe ich darunter? Die seit dem 15. Jahrhundert von Europa ausgegangene Kolonialisierung anderer Erdteile hat bis heute Folgen für die Machtstrukturen der Welt und das Leben und die Denkweisen der Menschen in verschiedenen Teilen der Welt. Sie sind postkolonial in dem doppelten Sinn, dass sie zeitlich auf die Kolonialepoche folgen und zur Kritik an den Nachwirkungen der Kolonialisierung herausfordern. Der Ausdruck *postkolonial* wird also im Sinne der Kritik an den bestehenden ungleichen, vom Kolonialismus hinterlassenen globalen Machtstrukturen verwendet, die ihrerseits auch als *neokolonial* bezeichnet werden können. Wenn ich von postkolonialen Kindheiten spreche, will ich zum Ausdruck bringen, dass auch in den heutigen Kindheiten und dem Nachdenken, Reden und Schreiben über sie die Kolonialisierung „fremder" Erdteile nachwirkt und kritisch betrachtet werden muss. Dabei werde ich auch zeigen, dass das in Europa geprägte und bis heute dominierende Verständnis von Kindheit eng mit dem Prozess der Kolonialisierung verwoben ist.

Ein Aspekt des Nachdenkens über postkoloniale Kindheiten besteht darin, dass die in Europa lebenden Menschen (als unfreiwillige Nachfahren der Kolonialmächte) über Kinder und Kindheiten außerhalb von Europa und Nordamerika wenig wissen. Ein Grund dafür ist, dass diese bislang weitgehend im Licht einer „westlichen Erzählung von Modernisierung" (Morrison 2012) gesehen wurden. Die Geschichte von Kindern in nicht-westlichen Regionen wurde aufgrund bestehender Stereotypen über Kindheit lange ignoriert oder in einem sehr einseitigen Licht betrachtet. In den Medien, aber auch in vielen wissenschaftlichen Darstellungen tauchen z. B. Kinder in Afrika fast nur als AIDS-Waisen, Straßenkinder, Kindersoldaten und geraubte Mädchen auf, fast immer dargestellt als hilflose und bedürftige Opfer in außergewöhnlichen Umständen. Sie scheinen weder ein „normales" Leben noch Eigenschaften zu besitzen, die mit dem Leben „unserer" Kinder vergleichbar wären. Ihr Leben wird dadurch entwürdigt und sie selbst werden zusätzlich an den Rand der Welt gedrängt, zu „Children out of Place" (Connolly & Ennew 1996; Invernizzi et al. 2017) gemacht. Ich will dagegen diese Kinder, die schließlich die große und weiter wachsende Mehrheit der Kinder dieser Welt darstellen, in den Mittelpunkt stellen und ihr Leben in seinen vielfältigen Facetten zum Ausdruck bringen.

Die bisherige Kindheitsforschung und die von ihr entwickelten Kategorien beziehen sich weitgehend auf Kinder und Kindheiten im Globalen Norden. Die Kategorien werden zwar gelegentlich einer ideologiekritischen Dekonstruktion unterzogen, in der ihre herrschaftslegitimierende Funktion sichtbar gemacht wird (z. B. James, Jenks & Prout 1998; Prout 2005; Hengst & Zeiher 2005), aber Bezüge zur Kolonialgeschichte und ihren postkolonialen Nachwirkungen bleiben bis heute unterbelichtet. Insoweit sich die Kindheitsforschung auf Kinder und Kindheiten im Globalen Süden bezieht, beschränkt sie sich meist auf ethnografische Beschreibungen, ohne die Kategorien selbst zu hinterfragen und die postkoloniale Machtkonstellation in die Betrachtung einzubeziehen. In diesem Buch werde ich zeigen, wie sich diese Konstellation auf Kinder in den ehemaligen Kolonialgebieten auswirkt sowie die Wahrnehmung und den Umgang mit ihnen beeinflusst.

Als *postkoloniale Konstellation* verstehe ich ein ungleiches materielles und ideologisches oder epistemisches Machtverhältnis, das wenig Raum lässt für Kindheiten, die nicht dem im Globalen Norden dominierenden Muster von Kindheit entsprechen. Auf der materiellen Ebene wird das Leben der meisten Kinder im Globalen Süden oder den ehemaligen Kolonialgebieten davon bestimmt, dass sie von lebensnotwendigen Ressourcen abgeschnitten sind und unter prekären Bedingungen aufwachsen müssen. Diese resultieren aus der fortdauernden ökonomischen und politischen Dominanz des Globalen Nordens und entsprechenden Abhängigkeiten, Benachteiligungen und multiplen (meist rassistischen) Diskriminierungen. Auf der epistemologischen Ebene werden die Lebensformen von Kindheit unsichtbar gemacht, die auf überlieferten, als unmodern erscheinenden kulturellen Traditionen beruhen oder von ihnen beeinflusst sind. Dies umso mehr, als in den dominanten Diskursen diese

Lebensformen von Kindern nicht als Kindheit gewürdigt, sondern bestenfalls als „Kinder ohne Kindheit" belächelt und bemitleidet, mitunter auch gefürchtet werden. Aber die postkoloniale Machtausübung ersetzt nicht schlicht die „alten" Kindheiten durch eine „neue" Kindheit, sondern es entstehen eher hybride Gebilde, in denen sich auch subversives Potenzial verbergen kann. Dieses Potenzial lässt sich nicht heben, wenn nur nach einer oder mehreren ursprünglichen Kindheiten gesucht wird. Eine solche Suche verfängt sich notwendigerweise in Mythen und Idealisierung. Aber es bringt auch nichts, sie zu verleugnen. Mir geht es deshalb in diesem Buch nicht um die Suche nach der verlorenen Kindheit, sondern um die möglichst genaue Situierung des Neuen, das aus der postkolonialen Konstellation hervorgegangen ist und weiter hervorgeht.

Die Untersuchung postkolonialer Kindheiten lässt sich als Teil einer Globalgeschichte verstehen, die die verschiedenen und sich wandelnde Lebensverhältnisse und -formen von Kindern weltweit in ihren raumzeitlichen Dimensionen rekonstruiert. Es gibt zwar vereinzelte Versuche, eine solche Globalgeschichte zu konzipieren, aber diese orientieren sich entweder erneut an dem ideologischen Muster der „westlichen Moderne" (Stearns 2006; dt. 2007), beschränken sich auf die „westliche Welt" (Fass 2007; 2012; Fass & Grossberg 2011) oder auf die Kompilation einzelner Beiträge aus der bisherigen Kindheitsforschung (Morrison 2012). Mit diesem Buch verfolge ich allerdings nicht den Anspruch, eine umfassende Geschichte der Kindheit(en) in ihren Verlaufs- und Erscheinungsformen von der präkolonialen, über die koloniale, bis hin zur postkolonialen Epoche zu schreiben. Stattdessen konzentriere ich mich darauf, das Leben von Kindern im heutigen Globalen Süden in einigen mir wichtig erscheinenden Facetten der postkolonialen Konstellation zu beleuchten. Gleichwohl ist zu bedenken, dass diese postkoloniale Konstellation auch Rückwirkungen auf die Kindheiten im Globalen Norden hat, sei es über Migrationsprozesse und die damit verbundenen Problematisierungen nationaler und kultureller Identitäten, sei es in wachsenden Selbstzweifeln an der Zukunftsfähigkeit des bisher dominierenden „westlichen" Kindheitsmusters.

Für die Untersuchung postkolonialer Kindheiten versuche ich Theorien zu nutzen, die gemeinhin als postkolonial bezeichnet werden und spätestens seit den 1970er-Jahren im Globalen Norden ebenso wie im Globalen Süden formuliert worden sind. Das ist kein leichtes Unterfangen, da sich diese Theorien kaum mit Kindheit beschäftigen. Das Thema Kindheit wird bestenfalls in Theorien und Studien aufgegriffen, die den kolonialen Paternalismus als eine Art Kindheitsprojekt deuten und den Paternalismus gegenüber Kindern als Kolonisierung der Kindheit verstehen.

Postkoloniale Theorien bilden keine homogene Einheit. Manche betonen eher kulturelle, andere eher ökonomische und soziale Aspekte. Im Grunde handelt es sich auch nicht um Theorien im strikten Sinn, die beanspruchen, eine umfassende Erklärung der heutigen postkolonialen Weltkonstellation und ihrer Entstehungsgründe zu leisten. Sie tragen aber alle auf ihre Weise dazu bei, die seit der „Entdeckung" Amerikas und mit der Aufklärung in Europa entstandenen Vorstellungen von Zivilisation, Fortschritt und Entwicklung als Mythen und ideologische Rechtfertigungen der Eroberung der außereuropäischen Welt erkennbar werden zu lassen. Gleichwohl werfen postkoloniale Theorien die Ideen und Begriffe der europäischen Aufklärung nicht pauschal über Bord, sondern fordern zum interkulturellen, internationalen und interkontinentalen Dialog auf gleicher Augenhöhe heraus.

Dies ist für das Verständnis postkolonialer Kindheiten immens wichtig, da es nahelegt und erleichtert, diese Kindheiten selbst als das Ergebnis verschiedener und oft widerstreitender sozialer und kultureller Prozesse zu verstehen. Es ist mir nicht leichtgefallen, postkoloniale Kindheiten und die Vorstellungen darüber in dieser komplexen Weise zu rekonstruieren, zumal es nicht nur darum geht, sie als eine Art Endprodukt, sondern als sich permanent veränderndes und in sich differenziertes und widersprüchliches soziokulturelles Phänomen zu begreifen. Zudem habe ich zumindest den Anspruch, die Kinder, die sich in diesen Kindheiten verkörpern, als Akteure sichtbar werden zu lassen, die selbst die Bedingungen ihres Lebens und somit auch die postkoloniale Konstellation mit beeinflussen, was im Englischen gemeinhin mit dem Begriff *Agency* umschrieben wird.

Eine weitere Schwierigkeit ergibt sich daraus, dass ich als Erwachsener, der vornehmlich in einem europäischen Kontext aufgewachsen ist und sein Leben verbringt, über Kinder schreibe, deren Leben und Erfahrungen von meinem Leben und meinen Erfahrungen sehr verschieden sind und die ich nur ausschnittweise aus eigener Anschauung kenne. Vornehmlich stütze ich mich auf eigene Beobachtungen und Gespräche sowie auf empirische Untersuchungen, die an verschiedenen Orten realisiert wurden und von denen ich den Eindruck habe, dass sie mit ihrem theoretischen und methodologischen Ansatz dem tatsächlichen Leben und der Subjektivität der Kinder gerecht werden. Wenn ich mich mit bestimmten empirischen Studien und ihren Schlussfolgerungen kritisch auseinandersetze, bin ich mir bewusst, dass ich es selbst nicht unbedingt hätte besser machen können. Ein besonderes Risiko ist allerdings immer dann gegeben, wenn ich selbst kindheits- oder kinderpolitische Vorschläge mache und Alternativen konstruiere. Auch wenn sie, wie ich hoffe, ausreichend begründet sind, haftet ihnen immer der Geruch des europäischen Besserwissers an und setzt sich dem Verdacht aus, koloniale Botschaften unter umgekehrten Vorzeichen zu reproduzieren. Dies gilt vor allem dann, wenn ich mich auf geografische Gebiete und soziokulturelle Gegebenheiten beziehe, in denen es um die Auseinandersetzung mit dem kolonialen Erbe geht. Ich werde jedenfalls versuchen, mich nicht von Maßstäben leiten zu lassen, die ich im Buch als eurozentrisch kritisiere.

Den Widersprüchen und Ambivalenzen zwischen universalistischen und kulturrelativistischen Betrachtungsweisen kann ich mich gewiss nicht gänzlich entziehen. Im Buch wird vor allem am Fall der Kinderrechte deutlich werden, dass ich gewisse universalistische Normsetzungen für unverzichtbar halte, aber ebenso der Ansicht bin, dass sie auf ihre eigenen historischen und kulturellen Voraussetzungen hinterfragt werden müssen sowie nicht politisch instrumentalisiert und den Menschen „von oben" aufgezwungen werden dürfen. Mit Blick auf postkoloniale Kindheiten gilt dies vor allem für die Grundannahme, dass Kinder als *soziale Subjekte* zu respektieren sind, die das unveräußerliche Recht auf eine lebenswerte Zukunft *und* Gegenwart sowie das Recht auf Teilhabe und Mitsprache in allen Angelegenheiten haben, die sie betreffen – wobei ich mir kaum welche vorstellen kann, die sie *nicht* betreffen. Ein spannendes, aber auch riskantes Unternehmen sehe ich darin, Kriterien für eine gute Kindheit oder mehrere gute Kindheiten finden zu wollen, die jenseits der postkolonialen Konstellation für alle Kinder der Welt gelten. Wenn ich diese und ähnliche Fragen diskutiere, werde ich jedenfalls versuchen, universelle Kriterien in der Weise zu verwenden, dass sie für kulturelle Diversität offen bleiben, ohne mich in beliebigen kulturellen Relativismen zu verlieren.

Einige im Buch häufig verwendete Begriffe will ich hier erläutern. Wenn ich vom *Globalen Süden* und *Globalen Norden* spreche, habe ich nicht eine geographische, sondern eine geopolitische Bedeutung im Sinn, die die weiterhin bestehende Spaltung und Ungleichheit zwischen, aber auch innerhalb verschiedener Weltregionen im Auge hat. Diese sind, wie sich an den sog. Tigerstaaten in Asien, an China oder den sog. Schwellenländern in Lateinamerika (z. B. Brasilien) zeigt, nicht mehr als bloße Ungleichheit wirtschaftlicher und politischer Macht zwischen Europa, den USA und dem „Rest der Welt" (Hall 1994) zu verstehen. Aber die von Europa ausgegangenen kolonialistischen Eroberungen und das in ihnen angelegte Vorbild kapitalistischer Industrialisierung wirken bis heute nach und manifestieren sich in den Machtstrukturen dessen, was heute Globalisierung genannt wird. Die beiden Begriffe entsprechen teilweise dem, was im Englischen auch als *Majority World* und *Minority World* bezeichnet wird, um auszudrücken, dass im Globalen Süden die weitaus überwiegende Mehrheit der Bevölkerung lebt, bei der es sich um eine noch größere Zahl von Kindern handelt. Allerdings ist mit zu bedenken, dass sich der Globale Süden auch in den Globalen Norden hinein erstreckt, vor allem über Migrationsprozesse sowie die ökonomisch und politisch bedingte Marginalisierung bestimmter Regionen in Europa und den USA selbst. Ausdrücklich vermeide ich die häufig – auch in Dokumenten der Vereinten Nationen – gebrauchte Rede von Entwicklungsländern, da sie unterstellt, die sog. entwickelten Länder verkörperten ein allgemein anzustrebendes, besonders fortgeschrittenes Ideal, an dem der Zustand anderer Länder und das Kulturniveau anderer Menschen gemessen werden könnten.

Da es mir darum geht, die Kinder vor allem als Akteure und Subjekte sichtbar zu machen, greife ich häufig auf den englischen Terminus *Agency* zurück. Im Sinne der *New Childhood Studies*, in denen dieser Begriff einen zentralen Platz einnimmt, umfasst er die subjektiven Handlungsfähigkeiten und das Handlungsvermögen ebenso wie die tatsächlichen Möglichkeiten, diese zu erwerben und von ihnen Gebrauch zu machen. Da sich der Begriff Agency nur schlecht ins Deutsche übersetzen lässt oder je nach Kontext umständlich umschrieben und erläutert werden müsste, werde ich ihn in diesem Buch weitgehend beibehalten.

Im Buch greife ich häufig auf englisch- und spanischsprachige, vereinzelt auch auf französisch- und portugiesischsprachige Quellen zurück. Soweit mir keine veröffentlichen deutschen Ausgaben dieser Literatur zur Verfügung standen, habe ich die Zitate selbst ins Deutsche übersetzt. Nur in einigen wenigen Fußnoten habe ich die englische Originalsprache beibehalten.

Im *ersten Teil* erkunde ich verschiedene Wege zum Verständnis postkolonialer Kindheiten. In *Kapitel 1* erörtere ich einige zentrale Aspekte der postkolonialen Analyse von Kindheiten, wie die Frage, ob mit Blick auf den Globus von einer Kindheit oder mehreren Kindheiten zu sprechen ist, wie sich die mit der kapitalistischen Globalisierung verschärfende soziale Ungleichheit auf Kindheitsverläufe und die Lebensperspektiven von Kindern auswirkt sowie welche spezifischen Formen von Agency sich bei Kindern des Globalen Südens abzeichnen und wie sie konzeptionell zu begreifen sind. In *Kapitel 2* stelle ich die Filmreihe „Kinder der Welt" von Gordian Troeller vor und frage nach ihrer heutigen Bedeutung als mögliches Bildungsmedium. In *Kapitel 3* setze ich mich mit dem Eurozentrismus der Kindheits- und Jugendforschung auseinander, wobei ich vor allem deutschsprachige Beiträge in den Blick nehme. In *Kapitel 4* rekonstruiere ich, wie sich der Kolonialisierungsprozess und die ihn stützenden Ideologien der Metapher der Kindheit bedient haben, und gehe der Frage nach, inwiefern sie sich in Prozessen der Kolonisierung von Kindheit reproduzieren. In *Kapitel 5*, das den ersten Teil des Buches abschließt, resümiere ich verschiedene Beiträge zur postkolonialen Theorie, die ich zur Analyse der postkolonialen Kindheiten herangezogen habe.

Im *zweiten Teil* des Buches diskutiere ich einige koloniale und postkoloniale Politikansätze zur Modellierung der Kindheiten in verschiedenen Regionen der Welt und frage, wie in der postkolonialen Konstellation Kinderrechte zu verstehen sind und wie mit ihnen umgegangen werden kann. In *Kapitel 6* untersuche ich in Fallstudien zum Britischen Empire, den USA, Australien und Israel, in welcher Weise die Entstehung von Nationalstaaten mit Gewalt gegen bestimmte Gruppen von Kindern einherging und mit der Notwendigkeit ihrer Zivilisierung legitimiert wurde. In *Kapitel 7* untersuche ich mit Blick auf die koloniale und postkoloniale Geschichte Lateinamerikas, wie die Denkfigur illegitimer und irregulärer Kinder zur rassistischen Willkür gegen die Kinder indigener und afrikanischer Herkunft führte und wie sich diese in gewalttätigen Praktiken „sozialer Säuberung" bis heute fortsetzt. In *Kapitel 8* gehe ich mit Blick auf das postkoloniale Afrika einigen Fallstricken der Bildungs- und Kindheitspolitik nach und frage nach den Möglichkeiten der Überwindung paternalistischer Praktiken und der Erweiterung der Handlungsräume der jungen Generationen. In *Kapitel 9* setze ich mich an den Beispielen von Kinderpatenschaften, Spendenwerbung und Freiwilligentourismus mit verschiedenen vom Globalen Norden in den Süden gerichteten Praktiken postkolonialen Wohlwollens auseinander und skizziere mögliche Alternativen. In *Kapitel 10*, das den zweiten Teil des Buches abschließt, gehe ich der Frage nach, vor welchen Herausforderungen der Umgang mit Menschenrechten in Allgemeinen und Kinderrechten im Besonderen angesichts weltweiter sozialer Ungleichheit und postkolonialer Machtverhältnisse steht.

Das Buch ist eine Zwischenbilanz meiner Studien zu postkolonialen Kindheiten. Sie haben weitgehend explorativen Charakter. In weiteren Studien liegt es nahe, sich noch stärker als in diesem Band mit dem konkreten Handeln von Kindern und jungen Menschen des Globalen Südens zu befassen und seinen Bedingungen, Erscheinungsformen und Auswirkungen auf den Grund zu gehen. Am Ende des Buches formuliere ich einige Fragen und skizziere mögliche Perspektiven für weitere Untersuchungen und eine weiterführende Kinder- und Kindheitspolitik.

Teil I Wege zum Verständnis postkolonialer Kindheiten

1. Kindheiten aus postkolonialer Perspektive

In der unerbittlichen gelben Sonne, die alles nackt erscheinen ließ, ging ich unsere Straße herunter, vorbei an unbekleideten Kindern, an alten Männern mit erschöpften Venen, die auf verdorrten Stirnen klopften, und dachte mit Schrecken daran, dass man den harten Dingen dieser Welt nicht entkommen konnte. Überall gab es grausame Wunden, kahle Behausungen, verrostete Blechhütten, Abfall auf den Straßen, zerlumpte Kinder, kleine Mädchen, die nackt im Sand mit verbeulten Blechdosen spielten, kleine Jungen, die unbeschnitten herumsprangen und Maschinengewehrgeräusche nachahmten, und die Luft flirrte von der zerstörerischen Hitze und dem verdunstenden Wasser aus der schmutzigen Gosse. Die Sonne deckte die Wahrheit unseres Lebens auf, und alles war so hart, dass es wie ein Wunder schien, dass wir uns verstanden und füreinander oder für überhaupt irgendetwas sorgten. (Azaro, der kleine Junge aus der Geisterwelt, in dem Roman *Die hungrige Straße* des nigerianischen Autors Ben Okri, 1994, S. 218)

Die niederländische Anthropologin Olga Nieuwenhuys (2013) begründet die Notwendigkeit kritischer postkolonialer Betrachtungsweisen in der Kindheitsforschung mit drei Argumenten: Erstens sei die Dominanz des Globalen Nordens über den Globalen Süden bisher unentwirrbar verbunden mit den im Norden gepflegten Mustern von Kindheit, an denen in problematischer Weise die Kindheiten im Süden gemessen und als unzulänglich befunden würden. Zweitens führe die normative Dominanz der Kindheit(en) des Nordens zu einer Überproduktion (und Überbewertung) von Wissen, das sich mittels der von den Wissenschaften beanspruchten Wahrheit immunisiert gegen den in diesem Wissen stillschweigend transportierten Eurozentrismus; postkoloniale Ansätze könnten diesen Prozess unterlaufen und umkehren. Drittens könne die Analyse des Handlungsvermögens und der Handlungsmöglichkeiten (*Agency*) von Kindern, wenn sie diese beiden Begrenzungen in den Blick nehme, dem Mangel an Vorstellungskraft über ihre sozialen, politischen und ethischen Implikationen entgegenwirken und Formen von Agency erkennbar werden lassen, die weit über die in dem dominierenden Kindheitsmuster des Globalen Nordens enthaltenen Vorstellungen hinausgingen. Im allgemeinen Sinn fordere der postkoloniale Ansatz die unhinterfragten eurozentrischen Wege heraus, die

Welt zu sehen, und könne dazu beitragen, den intellektuellen Raum für jene zu öffnen, die „Subalterne" genannt werden.[3]

Die Beschreibung kolonisierter Menschen als solche, die einen niederen Rang im Vergleich zur höheren europäischen Zivilisation einnehmen, zeigt laut Nieuwenhuys bemerkenswerte Parallelen zu Theorien über die kindliche Entwicklung, die zur selben Zeit in Europa entstanden. Postkoloniale Ansätze wiesen nicht einfach Konstrukte wie „moderne Kindheit" oder „Kinderrechte" zurück, sondern stellten ihre behauptete Einzigartigkeit oder Absolutheit in Frage, indem sie diese kontextualisieren (vgl. Liebel 2013, S. 120 ff.). Sie machten darauf aufmerksam, dass seit Beginn der Kolonisation die koloniale Welt Teil und sogar Voraussetzung der Moderne war. Die in Europa dominierende Vorstellung des Kindes als zu beschützendes und zu versorgendes Wesen setze die Ausbeutung der Kolonien voraus (vgl. Nieuwenhuys 2008). Indem die Idee einer modernen Kindheit als pure westliche Entdeckung oder Erfindung zurückgewiesen werde, könne die postkoloniale Perspektive einen eher positiven Ansatz inspirieren, der an die Stelle des routinierten Gegensatzes „Wir gegen sie" den Weg frei macht für eine Konzeptualisierung von Kindheit(en) als das labile und ungewisse Ergebnis einer interkulturellen Begegnung.

Nach Ansicht von Nieuwenhuys laden postkoloniale Ansätze dazu ein, Konzepte von Kindheit immer wieder neu zu erfinden und auf das Unerwartete und Ungewisse zu achten, das sich aus solchen Begegnungen ergeben kann. Hierbei sei es wichtig, die Perspektiven und Erfahrungen der Kinder selbst, einschließlich ihrer künstlerischen, literarischen und materiellen Kultur, ins Zentrum der Analyse zu stellen. Die Kreativität und Sensibilität von Kindern hinsichtlich sozialer Ungerechtigkeit und ihre widerständige Praxis, die weitgehend aus dem Blick geraten sei, könne so wieder zu ihrem Recht kommen. Ausgehend von Nieuwenhuys' Überlegungen will ich in diesem und den folgenden Kapiteln versuchen, postkoloniale Theorien für die Untersuchung des Lebens und der Handlungsformen von Kindern im Globalen Süden nutzbar zu machen.

Zunächst werde ich einige in der sozialwissenschaftlichen Kindheitsforschung geführte Debatten nachzeichnen, wie die Frage, ob von einer oder vielen Kindheiten zu sprechen ist und ob sich im Zuge der Globalisierungsprozesse eine „globale Kindheit" herausgebildet hat. Danach werde ich das, was ich unter

---

3 Der Begriff, der auf den italienischen Philosophen und politischen Aktivisten Antonio Gramsci zurückgeht, bezeichnet gesellschaftliche Gruppen, die anderen Gruppen unterworfen sind und um ihre Emanzipation kämpfen (vgl. Becker et al. 2017). Im postkolonialen Diskurs wurde er von Gayatri Spivak in ihrem berühmt gewordenen Essay „Can the Subaltern Speak?" (Spivak 1988) aufgegriffen (siehe dazu Kapitel 5).

postkolonialer Konstellation und postkolonialen Kindheiten verstehe, erläutern und mit einigen empirischen Daten veranschaulichen. Im letzten Abschnitt des Kapitels will ich auf die von Olga Nieuwenhuys gestellte Frage eingehen, welche Formen von Agency bei Kindern und jungen Menschen im Globalen Süden auszumachen und wie sie zu verstehen sind.

1.1 Eine oder viele Kindheiten?

Spätestens seit der bahnbrechenden Arbeit des französischen Historikers Philippe Ariès zur europäischen Geschichte der Kindheit seit dem Mittelalter (Ariès [1960]1975) wird in der Kindheitsforschung kontrovers diskutiert, in welcher Weise der Begriff Kindheit verwendet werden soll, insbesondere ob von *einer Kindheit* oder von *mehreren Kindheiten* gesprochen werden soll. Auf der einen Seite wird eine allgemeine Vorstellung von Kindheit (im Singular), die getrennt von Erwachsenen gedacht wird oder existiert, für unabdingbar gehalten, weil nur so die generationale Ordnung jeglicher Gesellschaft verstanden und den Besonderheiten der jungen Menschen die nötige Aufmerksamkeit zuteilwerde (z. B. in statistischen Erhebungen über Armut; vgl. Qvortrup 1994; Schweiger & Graf 2015). Auf der anderen Seite wird für die Vorstellung und Anerkennung mehrerer oder verschiedener Kindheiten plädiert, um sicherzustellen, dass auch Kindheiten, die nicht einem jeweils dominierenden Kindheitsbild entsprechen, die nötige Beachtung geschenkt und die historischen Veränderungen in den Kindheitsvorstellungen und der Lebensrealität von Kindern nicht aus dem Blick verloren werden (vgl. Prout 2005).

Wer das Leben von Kindern in verschiedenen Lebensumständen, Gesellschaften oder Kulturen[4] miteinander vergleichen will, kommt gewiss nicht umhin, sich auf einen oder mehrere gemeinsame Nenner zu verständigen, um diesen Vergleich überhaupt erst möglich zu machen. Hierfür mag der Begriff Kindheit (im Singular) herangezogen werden. Aber dieses Verständnis von Kindheit darf nicht mit der tatsächlich gelebten Realität vermischt werden. Die Rede von Kindheit ist auch immer mit dem Risiko verbunden, dass damit eine

---

4 Da ich in diesem Buch häufig auf den Begriff der Kultur zurückgreife, sei darauf hingewiesen, dass ich ihn nicht in einem essenzialistischen Sinn als gegebene, unveränderbare Einheit, sondern als „selbstgesponnenes Bedeutungsgewebe" (Geertz 1987, S. 9) verstehe, in dem sich verschiedene kulturelle Einflüsse mischen und das sich permanent verändert. Dieses Bedeutungsgewebe ist allerdings unverzichtbar für die eigene Orientierung. Ohne es wäre der Mensch „eine Art formloses Monster ohne Richtungssinn und ohne Befähigung zur Selbstkontrolle, ein Chaos sprunghafter Impulse und unbestimmter Emotionen" (a. a. O., S. 60).

grundlegende Unterscheidung zwischen verschieden gedachten Altersgruppen gemacht wird, die dazu führen kann, sich Kindheit als eine soziale Erscheinung vorzustellen, die für sich existiert oder gedacht werden kann, sozusagen als Kindheit „an sich". In diesem Fall läge ein epistemischer Kurzschluss vor, der die Vorstellung oder Repräsentation eines sozialen Faktums mit diesem Faktum selbst verwechselt (vgl. Alderson 2013). Eingedenk solcher Risiken im Gebrauch des Begriffs Kindheit, plädiere ich dafür, den Begriff der Kindheit immer in heuristischer Weise zu verwenden, d. h. als methodisches Vehikel, das allein der Kommunikation und dem Vergleich dient. Wenn von dem tatsächlich gelebten Leben von Kindern gesprochen wird, kommen wir zwar auch nicht umhin, dafür bestimmte Begriffe zu verwenden, aber diese sollten möglichst für Differenzierungen offen sein und auf konkrete Kontexte bezogen sein. Dies läuft darauf hinaus, eher von verschiedenen Kindheiten, als von einer einzigen Kindheit zu sprechen. Auch dabei ist freilich immer zu bedenken, dass es sich weiterhin um ein Abstraktum handelt, welches individuell verschiedene Kinder unter einem einzigen Begriff zusammenfasst und abbildet („repräsentiert").

Immer wieder wird auf Eigenschaften verwiesen, von denen angenommen wird, dass sie als anthropologische Grundtatsache allen Kindern der Welt gemeinsam sind und zu allen Zeiten existiert haben. Demnach gibt es jenseits kultureller und sozialer Prägungen, die mit den Lebensumständen und den Aufwuchsbedingungen variieren, einen naturgegebenen Grundbestand menschlicher Existenz, der es nahelegt, den Begriff Kindheit im Sinne einer spezifischen Seinsform zu verwenden. So hat die Kindheitsforscherin Karen Wells (2009, S. 2) auf grundlegende Bedürfnisse hingewiesen, auf deren Erfüllung alle heranwachsenden Menschen in einem bestimmten Lebensalter angewiesen sind, um ein befriedigendes Leben erreichen zu können. Dies gelte vor allem für jüngere Kinder.

> Kleinkinder sind für ihr physisches Dasein auf andere angewiesen: sie benötigen Essen, Obdach, Hygiene und Sicherheit. Ein sich selbst überlassenes Kind kann nicht lange überleben. Kinder brauchen auch emotionale Zuwendung. Wie bei der physischen Versorgung kann auch die emotionale Zuwendung große Unterschiede aufweisen und von verschiedenen Menschen wahrgenommen werden, aber starke emotionale Bindungen zu nahen Sorgepersonen sind offensichtlich ein universelles Charakteristikum jeder menschlichen Gesellschaft. Natürlich endet das Bedürfnis nach emotionaler Anbindung nicht mit dem Ende der Kindheit, aber eine sichere Bindung scheint kulturübergreifend für das Wohlbefinden des Kindes sehr wichtig zu sein. Ebenso wie die biologische Unreife das Kleinkind für sein physisches Dasein von anderen abhängig macht, kann das Kind auch sozial und kulturell als unreif gelten. Kinder mögen nicht als leere Tafeln geboren werden, aber

jungen Menschen die ganze Breite kultureller Praktiken von der Art des Essens bis zu ethischen oder moralischen Lebensweisen zu vermitteln ist ein allen menschlichen Gesellschaften gemeinsames Anliegen.

Der Verweis auf die physische, soziale oder kulturelle Unreife oder mangelnde Erfahrung von Kindern kann leicht dazu benutzt werden und wird immer wieder dazu benutzt, deren Fähigkeiten gegenüber denen von Erwachsenen abzuwerten. Aber so wie das in der UN-Kinderrechtskonvention (UN 1989) niedergelegte Prinzip der „sich entwickelnden Fähigkeiten" in defizitorientierter oder emanzipatorischer Weise verstanden werden kann (vgl. Liebel 2015a, S. 118 ff.), kommt es auch bei den als universell verstandenen Unterschieden zwischen Menschen verschiedenen Alters darauf an, diese in nicht-hierarchischer sowie kulturell und sozial variabler Weise zu verstehen. In diesem Sinn hat etwa der Anthropologe und Psychoanalytiker Gérard Mendel (1973, S. 190 f.) allgemeine Charakteristika der Kindheit in ihrer engen „Beziehung zum Phantasmatischen" gesehen, die auf verschiedene Weise in Erscheinung trete:

> [...] als reine Phantasievorstellung; als handelnd dargestellte Phantasie, d. h. als Spiel; als Altersgruppen-Bindung, die in einer fast völligen Verschmelzung bestehen kann (alle empfinden sich als ein einziges lebendiges Ganzes) oder bei der gerade das Spiel für eine gewisse Distanz, für ‚Spielraum' zwischen den Teilnehmern sorgt; als Kreativität, die sich in der imaginären Erforschung aller in einer bestimmten Situation noch nicht realisierten Möglichkeiten bestätigt.

Ich denke, dass solche Grundannahmen bis zu einem gewissen Grade berechtigt, sogar notwendig sind, wenn wir Kindern und ihren spezifischen Bedürfnissen und Fähigkeiten gerecht werden wollen. Die beschriebenen und andere denkbaren Eigenschaften und Grundbedürfnisse können sogar zu einer Kraft werden, die zur Veränderung von Lebensumständen und Gesellschaften beiträgt. Doch es ist zu bedenken, dass es hierzu bestimmter Voraussetzungen bedarf, die sich nicht aus der Natur ableiten lassen, sondern immer auch das Ergebnis menschlichen Handelns sind. Hierzu zähle ich, dass Kinder in der Gesellschaft, in der sie aufwachsen, die nötige Anerkennung und den Spielraum finden, der ihnen die Entfaltung ihrer naturgegebenen Eigenschaften ermöglicht (vgl. Hüther 2011). Dies erfordert wiederum, den sozialen Status der Kindheit aus seiner Inferiorität zu befreien. Es sollte dabei aber auch nicht übersehen werden, dass Kinder, insofern sie diesen Spielraum vorfinden, zu Tätigkeiten gelangen (wollen), die sich zumindest mit dem eurozentrischen Kindheitsmuster nicht vertragen.

1.2 Beschränkungen des eurozentrischen Kindheitsmusters

Das heute in der Welt vorherrschende, im neuzeitlichen Europa entstandene Kindheitsmuster gesteht Kindern eine gewisse Autonomie zu, dies allerdings unter der Voraussetzung, dass sie sich auf Tätigkeiten beschränken, die keine nennenswerte aktuelle Relevanz für die Gestaltung der Gesellschaft haben. Dies sind zum einen Tätigkeiten, die als zweckfrei vorgestellt werden und keine unmittelbaren Auswirkungen auf das gesellschaftliche Leben haben (verstanden als Spiel) und zum anderen Tätigkeiten, die der Vorbereitung auf das spätere Leben und die Ausübung lebenswichtiger Tätigkeiten dienen (verstanden als Herstellung von Humankapital). Diese Einhegung kindlicher Tätigkeitsräume geht mit einer strikten Trennung der Kindheit vom Erwachsensein und jeweils zugeordneten Eigenschaften und Handlungssphären einher. Dabei wird unterstellt, dass Kinder gleichsam naturbedingt den Erwachsenen unterlegen und von ihnen abhängig sind.

Diese oft als „modern" bezeichnete Vorstellung von Kindheit kommt mit dem Anspruch daher, sie sei der Höhepunkt einer Entwicklung zu einer besseren Gesellschaft und könne als Maßstab für eine *gute Kindheit* gelten. Der britische Kindheits- und Kinderrechtsforscher Bob Franklin (2002b, S. 17 f.) merkt dazu kritisch an:

> Die moderne Konzeption von Kindheit – die auf das 16. Jahrhundert zurückgeht und die Unschuld und Schwäche von Kindern betont – vertrieb die Kinder energisch aus der Welt der Arbeit, der Sexualität und der Politik und bestimmte das Klassenzimmer zum Hauptbereich des kindlichen Lebens. Kindern wurde nicht länger erlaubt, Geld zu verdienen oder zu entscheiden, wie sie ihre Zeit verbringen; sie wurden in die Abhängigkeit von Erwachsenen gezwungen und verpflichtet, zu lernen oder zu spielen. […] Niedlich, glücklich und abhängig, aber ohne Autonomie für wichtige Entscheidungen, die ihr Leben betreffen, sollten Kinder ‚gesehen und nicht gehört' werden.

Die hier skizzierte Vorgeschichte der modernen Konzeption von Kindheit ist gewiss nicht frei von Romantisierung, indem sie den Eindruck nahelegt, Kinder wie Erwachsene hätten über Arbeit, Sexualität und Politik frei verfügen können, aber sie macht zu Recht darauf aufmerksam, dass die vermeintlichen Privilegien moderner Kindheit mit einem hohen Preis bezahlt werden mussten.

Der ebenfalls in Großbritannien beheimatete Kindheitsforscher Alan Prout, der große Verdienste um die Entstehung der sog. *New Childhood Studies* hat, veranschaulicht die zentralen Elemente dieses Kindheitskonzepts auf gewiss vereinfachte, aber prägnante Weise in einer Tabelle (Prout 2005, S. 10):

Abbildung: Kindheit und Erwachsensein in der Moderne

Kindheit	:	Erwachsensein
Privat	:	Öffentlich
Natur	:	Kultur
Irrational	:	Rational
Abhängig	:	Unabhängig
Passiv	:	Aktiv
Inkompetent	:	Kompetent
Spiel	:	Arbeit

Zwar wird heute durchaus anerkannt, dass Kindheit verschieden vorgestellt und konstruiert sein kann und dass Kindern auch „zugehört" werden muss (so Art. 12 der UN-Kinderrechtskonvention), aber es wird am Grundmuster von Trennung und Abhängigkeit festgehalten. Dies sei an einem Zitat aus einer UNICEF-Veröffentlichung (UNICEF 2005, S. 3) veranschaulicht:

> Was verstehen wir also unter Kindheit? Die Qualität des Lebens von Kindern kann am selben Wohnort radikal verschieden sein, zwischen zwei Häusern in derselben Straße, zwischen Regionen und zwischen industrialisierten und Entwicklungsländern. Je näher die Kinder dem vollen Erwachsenenalter kommen, je mehr unterscheiden sich die Sichtweisen der Kulturen, Länder und sogar der Menschen im selben Land in dem, was von den Kindern erwartet wird, und dem, was sie an Schutz durch Erwachsene und Gesetze benötigen. Doch trotz intellektueller Debatten über die Definition von Kindheit und kultureller Differenzen über das, was für und von Kindern erwartet wird, hat es immer ein substanzielles Maß gemeinsamen Verständnisses gegeben, dass Kindheit einen separaten und sicheren Raum umfasst, der vom Erwachsensein abgegrenzt ist und in dem Kinder wachsen, spielen und sich entwickeln können.

Es soll hier nicht bestritten werden, dass die Unterscheidung von Kindern und Erwachsenen nicht auf das in Europa entstandene, „westliche" Kindheitskonzept beschränkt ist. Doch spezifisch westlich ist, wenn diese Unterscheidung als strikte Trennung konzipiert und die Qualität der Kindheit daran gemessen wird, ob die Kinder von Erwachsenenrollen ferngehalten werden. Dies sei an einer anderen Veröffentlichung von UNICEF veranschaulicht, in der es unter der Überschrift „Kinder in Erwachsenenrollen" heißt (UNICEF 2006, S. 62):

> Kindheit sollte eine eigenständige von der Welt der Erwachsenen deutlich abgegrenzte Lebensphase sein. Kinder sollten geschützt heranwachsen, spielen, sich ausruhen und lernen können. [...] Wenn Kinder die Rolle von Erwachsenen übernehmen müssen, werden sie ihrer Kindheit beraubt.

Solche Aussagen werden zwar gemacht, um Kinder davor zu bewahren, überfordert, ausgebeutet oder missbraucht zu werden, aber in ihrer Pauschalität schreiben sie die Passivität und ein einseitiges Abhängigkeitsverhältnis zwischen Kindern und Erwachsenen fest. Sie lassen keinen Raum für die Vorstellung von Kindheiten oder Lebensformen von Kindern, die mit der selbst gewählten Übernahme von Aufgaben im Sinne geteilter Verantwortung oder gegenseitiger Unterstützung (Reziprozität) einhergehen. Damit tragen sie nicht nur dazu bei, das in solchen Zusammenhängen erfolgende Handeln von Kindern als „unkindlich" oder „frühreif" zu verdammen und zu stigmatisieren, sondern auch das westliche Bild einer unselbständigen und rundum versorgten Kindheit als Maßstab den Gesellschaften des Globalen Südens aufzudrängen, haben also eine paternalistische und kolonisierende Funktion.

Oft wird die Entstehung des westlichen Kindheitsmusters und seine Institutionalisierung in den „entwickelten" Gesellschaften darauf zurückgeführt, dass aufgrund des höheren Stands der Produktivkräfte die Arbeitskraft der Kinder entbehrlich und eine besondere Lernphase erforderlich geworden sei, in der junge Menschen auf ihre produktiven Aufgaben vorbereitet werden. Eine solche Erklärung unterstellt, dass das Erlernen von Fähigkeiten prinzipiell nur jenseits produktiver Arbeit möglich sei. Dabei wird ausgeblendet, dass die Arbeit, um die es hier geht, eine Arbeit ist, die den Maximen wirtschaftlicher Verwertung unterliegt und in Strukturen eingebettet ist, welche die Entwicklung von Fähigkeiten eher behindern. Die Trennung einer Lebensphase der Kindheit von der des Erwachsenen ist auch deshalb „notwendig" geworden, da der „Ernst des Lebens", der sprichwörtlich auf die Kindheit folgt, auf der Ausbeutung der menschlichen Arbeitskraft basiert, ein Zustand, der zwar sein Gesicht verändert hat, aber unvermindert andauert.

Schon vor fast einem halben Jahrhundert hatte die US-amerikanische Frauenrechtlerin Shulamith Firestone in einem für die Frauenbewegung einflussreichen Text (Firestone 1970, dt. 1975) die von ihr angeprangerte „Unterdrückung der Kinder" vor allem „in der ökonomischen Abhängigkeit verwurzelt" (Firestone 1975, S. 91) gesehen: „Jeder, der einmal ein Kind beobachtete, wie es bei seiner Mutter um einen Groschen quengelte, weiß, dass die wirtschaftliche Abhängigkeit der Grund für die Scham der Kinder ist." Firestone wendet sich explizit gegen die verbreitete Auffassung, dass sich das Los der Kinder verbessert habe und die Ausbeutung der Kinder überwunden sei, wenn sie statt zu arbeiten die Schule besuchten. Gerade die mit der Schule einhergehende Segregation von der Welt der Erwachsenen sei es, „die die Unterdrückung der Kinder als Klasse absichert" (a. a. O., S. 80) und die „Missachtung" und „Unterschätzung der Fähigkeiten des Kindes" zur Folge habe. Mit Blick auf die sog. Kinderarbeit sollten wir uns, so Firestone (a. a. O., S. 92),

[...] weniger darüber aufhalten, dass Kinder genau wie Erwachsene ausgebeutet werden, sondern darüber nachdenken, warum Erwachsene sich so sehr ausbeuten lassen. Wir sollten nicht darüber sprechen, wie die Kinder für ein paar Jahre vor dem Schrecken des Erwachsenenlebens zu bewahren sind, sondern darüber, wie diese Schrecken beseitigt werden können. In einer Gesellschaft ohne Ausbeutung könnten Kinder wie Erwachsene leben, ohne ausgebeutet zu werden, und Erwachsene könnten wie Kinder sein, ohne ausgebeutet zu werden.

Solche Überlegungen sind heute aktueller denn je. Weltweit lässt sich beobachten, dass Kinder nicht mehr nur in den separaten Welten leben, die das bürgerliche Kindheitskonzept für sie vorsieht. Zwar dehnt sich weltweit die Zeit aus, die Kinder vor allem in der Schule verbringen, aber zugleich haben sie vermehrt teil an Prozessen und Aktivitäten, die bislang Erwachsenen vorbehalten waren. Dies gilt namentlich für den Gebrauch der neuen elektronischen Kommunikationstechnologien, denen bereits Kinder in einem immer früheren Alter konfrontiert sind und die sie meist kompetent für sich nutzen, oder für den Bereich der Warenwelt, an denen Kinder als Konsumenten, aber auch als innovative Konstrukteure teilhaben (vgl. Hengst 2003). Ebenso lässt sich beobachten, dass Kinder in wachsendem Maße Mitverantwortung für das tägliche Leben übernehmen, sei es dass sie aufgrund materieller Not dazu genötigt sind, sei es dass sie neue Erfahrungen jenseits der für sie vorgesehenen pädagogischen Räume machen und sich in die Welt der Erwachsenen einmischen wollen (vgl. Hengst & Zeiher 2000; Liebel 2005).

Solche Tendenzen haben Sozialforscher in den letzten Jahrzehnten immer wieder veranlasst, von einer Auflösung der strikten Trennung der Handlungsbereiche von Erwachsenen und Kindern zu sprechen. Manche, wie der US-amerikanische Soziologe Neil Postman (1987), sahen darin mit Bedauern das „Verschwinden der Kindheit" sich abzeichnen, andere, wie der britische Medienforscher David Buckingham (2003) oder der deutsche Kulturforscher Heinz Hengst (2013), deuteten diese Tendenzen dagegen als eine Emanzipation der Kinder aus den Beschränkungen des bürgerlichen Kindheitskonzepts und eine neue Art von Generationenverhältnissen („differenzielle Zeitgenossenschaft").[5] Alan Prout (2005, S. 7) bringt diese Tendenzen auf folgende Weise zum Ausdruck:

---

5   Sharon Stephens (1995; 2012, S. 378 ff.) erinnert daran, dass sich seit den 1980er-Jahren im Globalen Norden Publikationen häufen, die sich um „Kinder ohne Kindheit" (Winn 1984), „Gestohlene Kindheit" (Vittachi 1989), Kinder als „unschuldige Opfer" (Gilmore 1988) oder „Aufstieg und Fall der Kindheit" (Gilmour 1982) drehen. Sie sieht darin Anzeichen, dass die bis dahin als selbstverständlich geltenden Vorstellungen von Kindheit in die Krise geraten sind. Dies drücke sich auch in den Ängsten aus, dass die Gefahren für Kinder zuge-

Die Unterscheidung zwischen Erwachsenen und Kindern, die einmal fest als Charakteristikum von Modernität etabliert worden war, scheint sich zu verwischen. Traditionelle Weisen, in denen Kindheit sprachlich und bildlich dargestellt wurde, scheinen den entstehenden Formen nicht länger zu entsprechen. Neue Weisen, über Kinder zu sprechen, zu schreiben oder sie abzubilden, ermöglichen, sie auf neue Weise wahrzunehmen und zu erkennen, dass sich diese Kinder von den unschuldigen und abhängigen Kreaturen unterscheiden, die in der ersten Hälfte des 20. Jahrhunderts gang und gäbe waren. Die neuen Darstellungen konstruieren Kinder als aktiver, wissender und sozial partizipativer, als ältere Diskurse erlaubt haben. Sie sind schwieriger zu handhaben, weniger fügsam und folglich lästiger und störender.

In solchen Beobachtungen ist nicht immer klar, ob sie sich auf das reale Leben der Kinder oder eher auf Kindheitsbilder und die sich darin spiegelnden Hoffnungen und Befürchtungen der Erwachsenen beziehen. Auch stellt sich die Frage, ob tatsächlich von einer weltweiten Angleichung der Kindheiten gesprochen werden kann, wie sie etwa in der verbreiteten Rede von einer „globalen Kindheit" zum Ausdruck kommt (vgl. Lenhart & Lohrenscheit 2008).

1.3 Ungleiche globale Kindheiten

Ein Blick auf die Geschichte und in verschiedene Teile der Welt lässt die Vorstellung absurd erscheinen, dass es eine einzige globale Form von Kindheit gebe. Aber es ist auch zu bedenken, dass die raum-zeitliche Verdichtung der Welt durch wirtschaftliche und technologische Prozesse sowie durch internationale rechtliche Normierungen auch die Vorstellungen von „guter Kindheit" und das Leben der Kinder beeinflusst, sie einander näher bringt und vielleicht sogar ähnlicher werden lässt, also in gewisser Weise „globalisiert". Karen Wells (2009, S. 3 f.) beschreibt diesen Tatbestand so:

> Es gibt nun Gesetzeswerke und eine Gruppe internationaler – zwischenstaatlicher, außerstaatlicher und privater – Akteure, die auf der Annahme gründen, dass Kindheit auf einer globalen Ebene gehandhabt werden kann. Eine Weise, die Frage zu beantworten, ob es eine globale Form von Kindheit geben kann, besteht darin, auf globaler Ebene zu denken, sei es mittels des internationalen Rechts und internationaler Akteure, sei es mittels global agierender Medien, wirtschaftlicher Bewegungen, Krieg und Politik. All dies bildet eine Struktur, die Kindheit auf der lokalen

---

nommen hätten („*children at risk*") oder dass Kinder für die Gesellschaften zum Risiko geworden seien („*children as risk*").

Ebene betrifft. Von dieser Seite bedacht, wird das Globale zu einer von mehreren Strukturen – andere umfassen die Familie, Schule und Arbeit –, die das Leben von Kindern und Konzepte von Kindheit in jeglichem spezifischen soziokulturellen Setting berührt.

Eine Frage ist, wie wir die Kindheiten benennen können, die sich mit ihrer „Globalisierung" ergeben. Wäre es vertretbar, sie als stärker verwestlicht, modernisiert, säkularisiert, verrechtlicht, verschult oder konsumorientiert zu bezeichnen? In seinem Versuch, eine Globalgeschichte der Kindheit zu konzipieren, spricht Peter Stearns (2005; 2006; 2007) davon, die Kindheiten außerhalb Europas hätten sich zwar nicht verwestlicht, aber *„entlang* des westlichen Modells" verändert. Gewiss lässt sich kaum bestreiten, dass in der Folge der Kolonialisierung z. B. die Schule nach westlichem Vorbild immer mehr Raum im Leben von Kindern einnimmt und größere Bedeutung für ihr weiteres Leben erhält. Aber hierbei ist ebenso wie mit Blick auf andere Aspekte der Globalisierung der Kindheiten zu bedenken, dass sie nicht für alle Kinder in der gleichen Weise verlaufen, nicht dieselbe Bedeutung erlangen und sogar umkehrbar sind. Schulisches Lernen kann ebenso wie die Verrechtlichung sozialer Beziehungen oder die Nutzung digitaler Technologien sehr verschieden konzipiert sein und praktiziert werden. Jeder Versuch, für die Globalisierung der Kindheiten bestimmte Begriffe zu verwenden, ist mit dem Risiko behaftet, eine bestimmte (in der Regel die dominierende westliche) Sichtweise absolut zu setzen und festzuschreiben.[6]

In einem Beitrag, der mit Blick auf Kindheiten globale Einflüsse und lokale Traditionen aufeinander bezieht (Bühler-Niederberger & van Krieken 2008), werden folgende Tendenzen betont. Der internationale Kinderrechtsdiskurs und namentlich die UN-Kinderrechtskonvention hätten die Tendenz verstärkt, die Qualität von Kindheit an universellen Maßstäben zu messen, die ihrerseits stark am westlichen Kindheitsmuster orientiert seien. Die Kinder seien heute weltweit stärker mit der Verbreitung und Propaganda für Konsumgüter konfrontiert, die neue Präferenzen im Konsumverhalten hervorgebracht hätten.

---

6   In einer historischen Studie über die mit der Kolonialisierung einhergehenden Veränderungen von Kindheit in Ägypten versucht Heidi Morrison (2015, S. 17), diese Prozesse differenziert und ohne westlichen Bias zu erfassen. So weist sie etwa auf Versuche ägyptischer Autoren hin, den westlichen Einfluss umzudeuten: „The model of childhood that developed in Egypt had its roots in colonial resistance and Islamic heritage. For example, Egyptian intellectual Muhammad 'Abduh justified his claims for western-style education by saying that western ideas about childhood were Eastern in origin as the East used to be the center of the Enlightenment." Gleichwohl greift Morrison bei der Diskussion der kolonialen Einflüsse in m. E. problematischer Weise auf den Begriff der „kolonialen Modernität" zurück.

Kinder verbrächten heute mehr Zeit außerhalb der häuslichen Privatsphäre (sofern diese überhaupt je im Sinne der europäisch-bürgerlichen Kleinfamilie bestand; Anm. d. Verf.) und seien sichtbarer geworden. Teils notgedrungen, übernähmen sie auch früher soziale Verantwortung. Globale Einflüsse würden in alltäglichen Praktiken, die in lokalen Traditionen verwurzelt seien, auf je besondere Weise aufgegriffen und verarbeitet. Dabei würden soziale Ungleichheiten eher verstärkt als reduziert. Der untergeordnete soziale Status der Kinder und die Benachteiligung von Mädchen gegenüber Jungen blieben großenteils unberührt. Kinder zeigten neue Formen „sozialer Agency", doch ihre Fähigkeit, die eigenen Sichtweisen zum Ausdruck zu bringen, werde auf der diskursiven ebenso wie auf der praktischen Ebene durch erwachsene Kinderexperten auch stärker unterminiert.[7]

Vielleicht besteht die größte Herausforderung der sozialwissenschaftlichen Kindheitsforschung darin, die Zusammenhänge und Widersprüche zwischen den globalen und lokalen Dimensionen von Kindheit und der Lebensweisen von Kindern zu verstehen, und zwar auf der Ebene des Objektiv-Materiellen ebenso wie auf der Ebene der Subjektivität, des Denkens, Fühlens und Handelns. Kinder sind ebenso (wenn auch nicht in absolut gleicher Weise) wie Jugendliche und Erwachsene von dem beeinflusst, was in anderen Teilen der Welt geschieht, denn abgeschottete Nischen gibt es nicht mehr. Aber die Art und Weise, wie sie beeinflusst werden, hängt auch davon ab, in welchen Teilen der Welt und unter welchen Bedingungen sie dort leben, und – das sollte nicht übersehen werden – ob sie sich überhaupt beeinflussen lassen. Die Globalisierung der Kindheiten ist weder ein unilinearer noch ein absolut zwangsläufiger Prozess, sondern impliziert viele Interdependenzen. Sie bringt nicht eine einzige uniforme „globale Kindheit", sondern viele, durchaus verschiedene „globale Kindheiten" (Cregan & Cuthbert 2014) hervor. Lorenzo Bodonaro und Ruth Payne (2012, S. 371) bringen dies so auf den Punkt:

> Die Vorstellung einer ‚globalen Kindheit' basiert auf einer angeblich natürlichen und universellen Unterscheidung zwischen Kindern und Erwachsenen. Sie entstand im Rahmen westlicher Weltbilder und wurde über Prozesse der Kolonialisierung, die Kräfte der Globalisierung, internationale Entwicklungsorganisationen und

---

[7] Die häufig gestellte Frage, ob die Situation der Kinder in der Welt heute besser oder schlechter sei, ist m. E. nicht zu beantworten. Der Versuch einer Antwort müsste Äpfel mit Birnen vergleichen oder universelle Kriterien aufstellen, die immer einen kulturellen Bias aufweisen oder historisch befangen wären. Dies schließt aber nicht aus, dass zu spezifischen Aspekten historische Trends identifiziert werden, wie z. B. demografische Veränderungen oder die Rate der Kindersterblichkeit, die eindeutig gesunken ist. Einige Trends und ihre Bewertungen werden beleuchtet in Grugel & Piper (2007).

die UN-Konvention über die Rechte des Kindes in der Welt verbreitet. Solange dies so bleibt, werden das Verständnis und die Konzeption von Kindheit beschränkt bleiben. Sie sind gleichwohl zu einem Ideal geworden, an dem alle Kindheiten gemessen werden sollen.

Nehmen wir als Beispiel die These von der „McDonaldisierung" oder „Coca-Colaisierung" der Welt. Mit solchen bildhaften Umschreibungen soll unter anderem zum Ausdruck gebracht werden, dass sich vom Globalen Norden ausgehend rund um die Welt bestimmte Denkweisen und Konsummuster durchsetzen, die uniformen Vorgaben folgen, auf schnelle Befriedigung gerichtet sind und letztlich oberflächliche und kritikunfähige Persönlichkeiten hervorbringen (vgl. Ritzer 1997).[8] Doch selbst wenn wir annehmen, dass zumindest in urbanen Zonen nahezu jedes Kind den Wunsch hat, einmal die Atmosphäre einer McDonald-Location zu erleben und sich einen Burger und eine Coca Cola einzuverleiben, bedeutet dies noch lange nicht, dass das gesamte Leben dieses Kindes oder gar einer gesamten Generation von diesem Erlebnis geprägt wird. Das Leben von Kindern schließt immer auch andere Wünsche, Erfahrungen und Herausforderungen ein, die dazu Anlass geben, sich über das eigene Leben Gedanken zu machen und zu eigenen Entscheidungen zu kommen.

Dabei sollte allerdings nicht übersehen werden, dass die Interdependenzen bei der Herausbildung globaler Kindheiten in eine extrem ungleiche globale Machtstruktur eingebettet sind. Wie ungleich diese globalen Interdependenzen sein können, zeigt sich am offenkundigsten an der sich vergrößernden Kluft zwischen wohlhabenden und armen Regionen der Welt und den wesentlich geringeren Lebenschancen der Kinder in den ärmeren Teilen der Welt, worauf die jährlichen UNICEF-Reports zur Situation der Kinder in der Welt unermüdlich aufmerksam machen.[9]

Aus dem jüngsten UNICEF-Report zur Situation der Kinder in der Welt (UNICEF 2016a, S. 9 ff.) geht z. B. hervor, dass sich die Kluft zwischen dem Ausmaß der Kindersterblichkeit in Afrika südlich der Sahara und Südasien auf der einen Seite und dem in wohlhabenden Ländern über ein Vierteljahrhundert kaum verringert hat. Kinder, die in Afrika südlich der Sahara geboren werden, sterben demnach zwölfmal häufiger vor ihrem 5. Geburtstag als Kinder in

---

8 Manche Autoren (z. B. Wagnleitner 1994) sprechen von einer „Coca-Kolonisation", hier verstanden als propagandistische Waffe des westlichen Kapitalismus im Kalten Krieg, oder rufen zu einer „De-Coca-Kolonisation" auf (Fusty 2004). Der Ausdruck Coca-Kolonisation geht m. W. auf den DDR-Schriftsteller Alexander Abusch (1950) zurück.
9 Dies gilt allerdings auch für die Verhältnisse *innerhalb* der Länder und Regionen des Globalen Südens, die ebenfalls von erheblicher sozialer Ungleichheit gekennzeichnet sind.

wohlhabenden Ländern. Das war schon 1990 so. Ein Kind zum Beispiel, das heute in Sierra Leone geboren wird, muss vor seinem 5. Lebensjahr mit dreißigmal größerer Wahrscheinlichkeit als ein Kind in Großbritannien sterben. Der Anteil der Kinder, die kurz nach der Geburt sterben, nimmt zu. Fast die Hälfte der Kinder stirbt aufgrund von Infektionskrankheiten und Erkrankungen wie Lungenentzündung, Durchfall, Malaria, Hirnhautentzündung, Tetanus, Masern, Blutvergiftung oder AIDS, die alle bei besseren Lebensbedingungen und besserer medizinischer Versorgung vermeidbar wären. Das Risiko, an diesen Krankheiten zu sterben, ist laut UNICEF-Report unter den am meisten Benachteiligten besonders hoch. In ländlichen Regionen werden die Lebenschancen vor allem durch fehlenden Zugang zu Land, Kredit und Eigentumsrechten beeinträchtigt. In den Städten sind die Menschen, die in informellen oder „illegalen" Siedlungen und Slums leben, aufgrund von Überbevölkerung, fehlenden sanitären Einrichtungen, hohen Transportkosten und Diskriminierungspraktiken in besonderem Maße von gefährlichen Krankheiten bedroht. Der Klimawandel bringt zusätzliche Risiken mit sich. Der sich ausbreitende Wassermangel nötigt die Menschen, auf unsauberes Wasser zurückzugreifen, was insbesondere zu Krankheiten wie Cholera und tödlichen Durchfallerkrankungen führt. Der Klimawandel wirkt sich auch auf die Ausbreitung von Infektionskrankheiten wie Malaria aus und geht mit wachsender Ernährungsunsicherheit, Unterernährung und Luftverschmutzung einher, von denen insbesondere die Lebens- und Entwicklungschancen von Kindern beeinträchtigt werden.[10]

In einem weiteren Report macht UNICEF (2016b) darauf aufmerksam, dass 300 Millionen Kinder in Gebieten leben, in denen die Luftverschmutzung mindestens um das Sechsfache die international festgelegten Grenzwerte übersteigt. Diesem Report zufolge leben zwei Milliarden Kinder in Gebieten, in denen die Feinstaubbelastung den jährlichen Grenzwert der Weltgesundheitsorganisation (WHO) von 10 Mikrogramm pro Kubikmeter (10 µg/m^3) überschreitet, ab dem Langzeitschäden als gesichert gelten. Bis zu 88 % aller Todesfälle, die auf Luftverschmutzung im Freien, und über 99 % aller Todesfälle, die auf Luftverschmutzung in geschlossenen Räumen zurückgeführt werden, ereignen sich in Ländern mit niedrigem oder mittlerem Einkommen. Asien nimmt hierbei gegenwärtig einen Spitzenplatz ein, in Afrika sind die Werte im Ansteigen begriffen, was auf die verstärkte Industrialisierung, Verstädterung und Automobi-

---

10 Dies ist der Grund, warum seit Jahren immer wieder gefordert wird, den Katalog der Kinderrechte um *ökologische Kinderrechte* und *Rechte zukünftiger Generationen* zu erweitern, in Deutschland z. B. von der Kinderhilfsorganisation *terre des hommes* (2011) oder dem Kinderrechte-Netzwerk *National Coalition Deutschland* (2016).

lisierung zurückgeführt wird. Von der Luftverschmutzung im Freien sind vor allem Menschen in städtischen Zonen betroffen, in denen die Armut besonders hoch ist. Arme Familien haben zudem geringere Möglichkeiten, sich vor der Luftverschmutzung durch Ventilatoren, Filter oder Klimaanlagen zu schützen, die ihrerseits aber wieder mit erhöhtem Energieverbrauch verbunden wären.[11]

Die im UNICEF-Report zur Situation der Kinder in der Welt (UNICEF 2016a) hervorgehobene hohe Rate der Kindersterblichkeit hängt logischerweise auch mit der Armut zusammen, zu der die Menschen in den südlichen Weltregionen verdammt sind. Zwar hat der *Anteil* der Menschen, die in absoluter oder extremer Armut leben, weltweit in den beiden vergangenen Jahrzehnten abgenommen, aber die *absolute Zahl* der Armen und die Kluft zwischen den Lebensbedingungen in armen und wohlhabenden Weltregionen hat zugenommen. Die Messung der Armut ist ein kompliziertes Unterfangen und muss neben dem Einkommen auch andere Aspekte mit berücksichtigen, die für die Lebensqualität ebenso ausschlaggebend sind – wie Wohnbedingungen, Bildungschancen, Zugang zu Trinkwasser, sanitäre Bedingungen u. a. Aber da das Leben aufgrund der kapitalistischen Produktionsweise heute in allen Gesellschaften weitgehend monetarisiert ist, kommt dem verfügbaren Einkommen besondere Bedeutung zu.

Die Weltbank geht heute davon aus, dass Menschen, die über weniger als 1,90 US-Dollar pro Tag verfügen, als extrem arm gelten müssen. Gemessen an diesem Maßstab haben laut UNICEF (2016a, S. 72) im Jahr 2012 fast 900 Mio. Menschen in extremer Armut gelebt, wovon fast die Hälfte Kinder unter 18 Jahren waren. Der UNICEF-Report macht zu Recht darauf aufmerksam, dass auch Kinder oberhalb der Armutsdefinition der Weltbank häufig stark in ihrem Leben eingeschränkt sind und geringere Lebenschancen haben. Es sei dabei etwa an eine Familie zu denken, die keinen Zugang zu Wohnung, Essen, Trinkwasser, Sanitäreinrichtungen, Bildung, Gesundheitsdiensten oder Information habe. Kinder in einem solchen Haushalt seien dann ebenfalls und sogar in besonderem Maße von Armut betroffen. Unter Berücksichtigung der genannten nicht-monetären Aspekte schätzt UNICEF, dass im Jahr 2015 nicht weniger als 1,6 Milliarden Menschen in „multidimensionaler Armut" gelebt haben. Besonders in Afrika südlich der Sahara seien die Resultate der Forschung alarmierend. Hier seien in 30 Ländern, aus denen Daten zur Verfügung standen, auf 247 von 368 Millionen Kindern unter 18 Jahren mindestens zwei von fünf Armutskriterien zugetroffen, die ihr Überleben und ihre Entwicklung gefährden. Eine andere Studie habe für die Jahre 2008 und 2009 ermittelt, dass

---

11 Bei solchen globalen Daten ist zu beachten, dass es auch innerhalb der genannten Kontinente sehr große Unterschiede gibt.

81 Millionen Kinder in Lateinamerika und der Karibik zumindest durch einen der Armutsindikatoren in ihren Lebenschancen eingeschränkt waren (a. a. O., S. 78).

In den UNICEF-Reports werden die Gründe, warum hohe Armut, Luftverschmutzung und Kindersterblichkeit vor allem die Menschen im Globalen Süden betreffen, nicht oder nur vage benannt. Aus anderen Reports der Vereinten Nationen, in denen nicht nur die Armut selbst abgebildet, sondern die Zunahme der weltweiten materiellen *Ungleichheit* über längere Zeiträume rekonstruiert wird, lassen sich die Gründe deutlicher herauslesen. So etwa, wenn in einem *Human Development Report* der Vereinten Nationen (UNDP 1999, S. 3) aufgezeigt wird, dass die Einkommensungleichheit zwischen dem in den reicheren Ländern lebenden ersten Fünftel und dem in den ärmsten Ländern lebenden letzten Fünftel der Weltbevölkerung sich in den letzten 200 Jahren mehr als verzwanzigfacht hat. Während dem Report zufolge das durchschnittlich Pro-Kopf-Einkommen des reichsten Fünftels im Jahr 1820 dreimal so hoch war wie dasjenige des ärmsten Fünftels, betrug dieses Verhältnis im Jahr 1960 schon 30 : 1, im Jahr 1990 bereits 60 : 1 und im Jahr 1997 schließlich 71 : 1. Auch in anderen Untersuchungen zur weltweiten Verteilung von Einkommen und Vermögen (z. B. Milanović 2012; Piketty 2016a; 2016b) wird belegt, dass materielle Ungleichheiten im globalen Kontext seit langem extrem hoch sind und ihr weiteres Anwachsen zu erwarten ist, wenn ihnen nicht gezielt politisch entgegengewirkt wird.

Der französische Ökonom Thomas Piketty macht auch darauf aufmerksam, dass die Vermögensungleichheit nicht nur zwischen Staaten und Regionen wächst, sondern sich auch in einer zunehmenden Privatisierung dieser Vermögensbestände niederschlägt, die er als „Divergenz oligarchischen Typs" (Piketty 2016b, S. 618) bezeichnet. Das Vermögen werde „immer massiver von den Milliardären und Multimillionären dieser Erde in Besitz genommen" (a. a. O., S. 619), stünde also den Staaten etwa für Infrastruktur-, Sozial- oder Bildungsprogramme kaum noch zur Verfügung. Während sich das Vermögen bei einer kleinen Minderheit von Superreichen konzentriert, stehen heute der unteren Hälfte der Weltbevölkerung weniger als 5 % des Gesamtvermögens zur Verfügung (a. a. O., S. 583). Nach einem im Januar 2017 veröffentlichten Bericht der NGO Oxfam (2017), der sich auf Daten der Schweizer Bank Crédit Suisse stützt, hat das reichste Ein Prozent der Weltbevölkerung so viel Vermögen auf sich vereint wie der gesamte Rest der Welt zusammen. Im Jahr 2015 besaßen die 62 reichsten Menschen der Erde so viel wie die ärmere Hälfte der Menschheit – das sind rund 3,6 Milliarden Menschen. Während der Reichtum der Reichsten in den letzten fünf Jahren um 44 % angewachsen ist, ist er bei der ärmeren Hälfte um 41 % gesunken. Die Diskrepanz zwischen Reich und Arm war noch nie in der Geschichte der Menschheit so groß.

In der weltweit wachsenden sozialen Ungleichheit spiegelt sich die ungleiche Machtverteilung zwischen dem Globalen Norden und dem Globalen Süden, die in der Kolonialepoche entstand und heute in verdeckten institutionellen Formen fortbesteht. Sie drückt sich nicht mehr offen in kolonialer Expansion, Eroberung und Herrschaft aus, sondern in der weniger sichtbaren Abhängigkeit scheinbar unabhängiger Nationalstaaten im Globalen Süden, die ihrerseits intern die soziale und politische Ungleichheit reproduzieren. Die Rolle der ehemaligen Kolonialmächte haben heute abgehobene internationale Institutionen wie der Internationale Währungsfonds, die Weltbank oder die Welthandelsorganisation übernommen, die ihrerseits weitgehend im Interesse der Machteliten der reichen Länder und multinationalen Konzerne handeln und ihre Interventionen an neoliberalen Maximen ausrichten, die weiterhin zur Verschuldung der Länder des Globalen Südens führen. Eine wichtige Rolle bei der wachsenden globalen Ungleichheit spielen auch die von den reichen Staaten und Staatenblöcken wie der Europäischen Union vorangetriebenen sog. Freihandelsverträge, die die früheren Kolonialländer in der Rolle von Rohstofflieferanten festnageln und zur Zerstörung ihrer internen Ökonomien beitragen.[12]

Die ungleiche globale Machtstruktur zeigt sich nicht nur auf der materiellen Ebene. Sie zeigt sich auch darin, dass die Lebensweisen dieser Kinder und die Kindheiten, in denen sie sich manifestieren, abgewertet, missachtet und unsichtbar gemacht werden. Die Kinder werden vielfach zu Kindern erklärt, die „außerhalb der Kindheit" (Ennew 2005) existieren, und ihnen wird bestenfalls mit Mitleid begegnet. Kate Cregan und Denise Cuthbert (2014, S. 8) drücken dies so aus:

> Die Tatsache, dass die geopolitische Macht über mehr als die Dauer des 20. Jahrhunderts im Globalen Norden konzentriert war – und dass in der Folge die Vorgehensweisen, die Politik und die globalen Institutionen unter dem Einfluss der ‚Weltsichten' des Globalen Nordens standen – hat zur Vorherrschaft bestimmter Vorstellungen von Kindern und Kindheiten geführt, die oft mit den Realitäten des täglichen Lebens der Kinder im Globalen Süden im Konflikt standen.

Eine weitere Folge dieser Machtstruktur besteht darin, dass sich zwar mit der Ausbreitung von Schulen und den neuen digitalen Medien die Möglichkeiten

---

12 Zur aktuellen Diskussion um Freihandelsverträge und ihre meist negativen Auswirkungen auf die Bevölkerung der Länder des Globalen Südens vgl. Tandon (2016); Jaeger (2015); Hermann (2014).

erweitert haben, Informationen und Wissen zu erlangen, zugleich aber das lebenspraktische Wissen entwertet und vernichtet wird, das die Kinder in nicht-westlichen, vorkolonialen Kulturen durch die Nähe zur Natur und die Einbeziehung in kommunitär-familiäre Tätigkeiten erworben haben. Dieses Wissen bezog sich z. B. auf die Eigenschaften von Pflanzen und Tieren und die Notwendigkeit ihrer Pflege und Erhaltung oder auf den Umgang mit Risiken und Gefahren im Umfeld der Kinder. Es war ein Wissen, das sich aus praktischen Erfahrungen und der Beteiligung an lebenswichtigen Aufgaben (also nicht nur „Hausaufgaben" für die Schule) ergab. Die Anthropologin Cindi Katz (2004, S. 125) konstatiert:

> Die Beziehungen zwischen Praxis und Wissen waren extensiv und dauerhaft. Das meiste, was die Kinder in ihren täglichen Engagements lernten, sei es durch das Zusammensein mit Älteren oder mit Gleichaltrigen, war für das gegenwärtige Leben ihrer Community ebenso wichtig wie für ihre Zukunft.

Diese Zusammenhänge sind weitgehend zerbrochen, und haben insbesondere Kinder in und aus ländlichen Regionen zusätzlich marginalisiert und Diskriminierungen ausgesetzt, wie Cindi Katz (2004; 2012) am Beispiel des Sudans und Sarada Balogapalan (2014) am Beispiel Indiens belegen. Gleichwohl bleiben die Kinder und jungen Leute für ihre Communities wichtig. Sie werden vielfach mit dem neu erworbenen Wissen und ihren besseren Kenntnissen von der Welt zu Akteuren, die neue Wege aufzeigen, wobei nicht selten tradiertes Wissen und damit verbundene Lebensformen wieder aktualisiert werden (vgl. Young Lives 2016).

Die Zerstörung überlieferter Produktionsweisen, oft verbunden mit Landraub, führt im Globalen Süden zu materieller Not und oft gewaltsamen internen Konflikten. Sie haben Vertreibungen und Migrationen innerhalb der Länder vom Land in die Stadt, in Nachbarländer und bis in die reicheren nördlichen Weltregionen zur Folge. Die durch materielle Not und soziale Ungleichheit ausgelösten Migrationsbewegungen lassen neue Formen von Kindheit entstehen, sei es dass Kinder selbst zu Akteuren der Migration werden (*„Children on the Move"*), sei es dass sie an ihren Heimatorten zurück und auf sich selbst, Verwandte oder Nachbarn angewiesen bleiben.[13] Sie sind mit Tren-

---

13 Die Globalisierungsforscherin Rhacel Salazar Parreñas (2005) spricht von „Kindern der globalen Migration". Sie untersucht aus der Perspektive zurückbleibender Kinder in den Philippinen, welche Bedeutung insbesondere die Migration ihrer Mütter in weit entfernte Länder auf die intergenerationalen Beziehungen und die Neujustierung der Geschlechterrollen hat. Zu ähnlichen Ergebnissen gelangt Elisabeth Rohr (2016) in ihrer Studie zu den zurückbleibenden Kindern der Migration in Ecuador.

nungen, lebensgefährlichen Risiken und Leid verbunden, aber sie lassen auch neue Identitäten, neue Erfahrungen und neues Wissen entstehen. Manche Communities und Familien im Globalen Süden sind für ihr Überleben und Fortkommen auf das Einkommen und das neu erworbene kulturelle und soziale Kapital (Bourdieu 1983) *ihrer* jungen Migranten angewiesen. Es entstehen *transnationale* Kindheiten, die es zumindest in diesem Ausmaß bisher nicht gab und die nun die Frage aufwerfen, „wie nationale Grenzen und Grenzverflechtungen hergestellt und in sozialen Konstellationen von Kindheit eingeschrieben werden" (Himmelbach & Schröer 2014, S. 494). Mit Blick auf die in den USA lebenden Kinder von Immigranten aus dem Globalen Süden, sprechen Cinthya Saavedra und Steven Camicia (2010, S. 33 f.) von „transnationalen Körpern" mit „vielfältigen und wechselnden Identitäten". Sie plädieren für eine „Geopolitik von Kindheit", die bedenkt, dass die Kinder mit transnationalen Biografien bemerkenswertes Wissen mit hervorbringen und neue kulturelle Impulse auslösen.

Zwar wächst mit der globalen Ungleichheit und Migration das Leiden, aber mit ihm wachsen zugleich auch die Herausforderungen, sich mit diesem Leiden auseinanderzusetzen und ihm organisiert zu begegnen. Kinder sind früher „reif", sie haben früher an der Welt teil. Es bilden sich Synthesen aus überliefertem Wissen und angeeigneten Lebensformen und den neu verfügbaren Informationen. Das eurozentrische Kindheitsverständnis wird diesen Veränderungen nicht gerecht und verdunkelt sie eher, als sie verstehen zu helfen. Auf der normativen Ebene breitet es sich im Süden aus, gerät aber in Konflikt mit den realen Lebensverhältnissen und Lebensweisen der dort lebenden Kinder und führt ebenso zu hybriden Kindheiten wie zu verzerrten Wahrnehmungen der Realität der Kinder. Es fragt sich, was dieses Kindheitsmuster so attraktiv macht, „dass ihm jedenfalls mehr Aufmerksamkeit und Interesse gilt als den realen Kindheiten, die es hervorbringen kann, den sozialen Ungleichheiten, die es unter Umständen verstärkt, den Bedingungen, die seine Umsetzung problematisch machen" (Bühler-Niederberger 2011, S. 67). Die heutigen postkolonialen Kindheiten des Globalen Südens sind jedenfalls keine „autonomen" und „getrennten" Kindheiten im Sinne des idealisierten eurozentrischen Kindheitsmusters, sondern Kindheiten, die eng mit der Gesellschaft und ihren existenziellen Herausforderungen verbunden sind. Und sie sind keineswegs auf den Globalen Süden beschränkt, sondern breiten sich über Migrationsprozesse, die Prekarisierung einer wachsenden Zahl von Menschen und die Auflösung der strikten Trennung von Arbeits- und Reproduktionssphäre auch im Globalen Norden aus (vgl. Hengst 2003; Liebel 2005, S. 17 ff.; Hunner-Kreisel & Bohne 2016).[14]

1.4 Agency in postkolonialen Kindheiten

Hier stellt sich die Frage, wie das Handlungsvermögen und die Praxisformen der Kinder des Globalen Südens konzeptionell erfasst und begriffen werden können. Das in der heutigen Kindheitsforschung gebräuchliche Konzept von Agency ist jedenfalls hierfür solange nur begrenzt geeignet, wie es von der bürgerlichen Vorstellung eines autonom handelnden, im Grunde männlichen und „weißen" Subjekts geleitet ist (zur Kritik vgl. Tisdall & Punch 2012). Gemessen an dieser Vorstellung, die selbst eurozentrisch befangen ist, kann die von Olga Nieuwenhuys (2013) angesprochene widerständige Praxis nur verzerrt zum Vorschein kommen oder bleibt gar gänzlich unsichtbar. Denn diese Praxis manifestiert sich weder in separaten sozialen Räumen einer besonderen Kindheitswelt, noch in außergewöhnlichen, individuell inszenierten Heldentaten. Sie ist auch nicht in erster Linie gegen Erwachsene gerichtet, denen gegenüber auf einer eigenen Kindheitswelt bestanden oder eine Aufwertung des eigenen Status eingefordert wird (vgl. James 2011). Sie ist eher zu verstehen als das Bestreben, mit anderen Menschen, die sich in einer ähnliche sozialen Lage befinden und ähnliche Probleme zu bewältigen haben, den sozialen Raum als einen Ort zu re-konstituieren, in dem die gemeinsamen Interessen zur Geltung kommen können.[15] Diese Form von Agency lässt sich meines Erachtens am besten als eine Materialisierung geteilter Verantwortung verstehen.

---

14 Es sei in diesem Zusammenhang auf eine problematische und folgenreiche Form von „Flüchtlingshilfe" aufmerksam gemacht. Im Rahmen eines Solidaritätsprojektes wurden von 1979 bis 1989 ca. 430 namibische Kinder aus afrikanischen Flüchtlingslagern in die DDR gebracht, um zur Elite eines zukünftig befreiten Namibias ausgebildet zu werden. Nach dem Ende der DDR wurden diese Kinder und Jugendlichen, ohne nach ihren Wünschen gefragt zu werden, nach Namibia „überführt", wo nur wenige von ihnen zuvor gelebt hatten. In einer Studie wurde entlang der biografischen Stationen Flüchtlingslager, Kinderheim, Internatsschule und Rückführung rekonstruiert, wie und durch wen Grenzen (re)produziert, aber auch verflochten und irritiert wurden. Zugleich wurde untersucht, wie die jungen Leute rassistischen Zuschreibungen ausgesetzt waren, sich auf der Suche nach Zugehörigkeit mit ihren Erfahrungen auseinandersetzten und spezifische Formen von Agency hervorbrachten (Witte et al. 2014; Schmitt & Witte 2017).
15 Dies hat Matej Blazek (2016) auf eindrucksvolle Weise mitten in Europa am Beispiel der Raumaneignung sowie der intra- und intergenerationalen Beziehungen in einer von Armut geprägten Gemeinde der „postsozialistischen" Slowakei untersucht.

Unter dem Eindruck von Studien zu Kindheiten im Globalen Süden, die von konzeptionellen Überlegungen zur Sozialgeographie von Kinderwelten beeinflusst sind (vgl. Holt 2011; Kallio & Hakli 2015)[16], sowie unter dem Einfluss von feministischen und anderen relationalen Handlungstheorien wird in den letzten Jahren das für die neuere Kindheitsforschung zentrale Konzepte der Agency (selbst-)kritisch diskutiert. In einem kürzlich in englischer Sprache erschienenen Sammelband zu diesem Thema (Esser et al. 2016) erklären sich die Herausgeberinnen das „geradezu dogmatische Beharren auf Agency und ihrer grundlegenden Bedeutung in den Kindheitsstudien" (a. a. O., S. 2) als kritische Reaktion auf die Erwachsenenzentriertheit fast der gesamten vorangegangenen Forschung zu Kindern und Kindheiten. Diese Forschung hatte die Kinder vorwiegend als Produkt von Sozialisationsprozessen und als eine Art Anhängsel von Familie betrachtet. Im Gegensatz dazu wurde Agency nun als eine spezifische Eigenschaft von Kindern entdeckt, die ihre Emanzipation ermöglicht. Ihre Stimme sollte gehört und ihre untergeordnete und marginalisierte Position überwunden werden. Einen großen Einfluss darauf hatten die in den 1960er Jahren aufgekommenen „neuen sozialen Bewegungen" (vgl. z. B. Rucht 1997) und die durch Philippe Ariès ([1960]1975) ermöglichte neue Sicht auf Kindheit als eine „unterdrückte Klasse" (Firestone 1970; 1975).

Heute steht das Agency-Konzept bei aller Anerkennung wieder in der Kritik. Es wird kritisiert, dass das zuvor dominante Konzept von Kindheit als Entwicklungsstadium hin zum als vollkommen vorgestellten Erwachsenen und des Kindes als von Natur aus verletzlichem Wesen ersetzt worden sei durch eine essenzialistische Version von Agency. Diese sei zum einen als ein anthropologisches Faktum dem verletzlichen, sich entwickelnden Kind einfach entgegengesetzt, zum anderen als weitest entwickelter Ausdruck der „Moderne" hypostasiert worden (vgl. Esser et al. 2016; Eßer 2013; Betz & Eßer 2016). Indem das Kind als Akteur an sich verabsolutiert wurde, sei die Verbindung zur biologischen Basis (Körper) und den gesellschaftlichen Rahmenbedingungen des Lebens von Kindern verloren oder nicht genügend beachtet worden (vgl. Prout 2000). Auch der Bezug zur generationalen Ordnung, einem anderen Schlüsselkonzept der Kindheitswissenschaften, sei verloren gegangen, wo das Handeln von Kindern sowohl reproduktive als auch transformierende Funktionen haben könne (vgl. Närvänen & Näsman 2007; Bühler-Niederberger 2011). Dies wird nun mit der grundlegenden Frage verbunden, wie Kinder individuell und kollektiv in verschiedenen sozialen Kontexten positioniert sind, also erforderlich

---

16 Seit 2003 gibt es eine spezielle Fachzeitschrift dieser Forschungsrichtung mit dem Namen *Children's Geographies*.

machen, sich nicht nur eine, sondern verschiedene Kindheiten vorzustellen (vgl. Hungerland & Kelle 2014).

Eine andere Kritik kommt von feministisch orientierten Sorgekonzepten, die schon früh interdependente Verhältnisse gegenüber Vorstellungen eines autonomen Subjekts formuliert hatten (vgl. Baader, Eßer & Schröer 2014; Wihstutz 2016). Eine Theorie von Agency könne nicht einfach Fiktionen von Autonomie, die dem (männlichen) Erwachsenen zugeschrieben werden, auf Kinder übertragen und auf diese Weise deren Angewiesenheit auf andere Menschen, die sich um sie sorgen, negieren. In diesem Zusammenhang haben auch relationale Sozialtheorien, insbesondere die von Bruno Latour (1995; 2007) begründete Akteur-Netzwerk-Theorie, auf die Rekonzeptualisierung von Agency Einfluss gewonnen (vgl. Oswell 2013; 2016; Eßer 2014; 2016; Raithelhuber 2016). Sie basieren auf der Annahme, dass Agency nicht eine inhärente persönliche Eigenschaft sei, sondern immer aus sozialen Beziehungen hervorgehe und in diese verwoben sei. Statt Agency als quasi natürliche Eigenschaft zu hypostasieren, müsse sie als Bestandteil eines komplexen Netzwerkes verschiedener menschlicher und nicht-menschlicher Akteure gesehen werden.[17]

Die neue theoretische Reflexion des Agency-Begriffs bezieht sich bemerkenswerter Weise verstärkt auf außereuropäische Kontexte. So sind in Studien über und mit Kindern im Globalen Süden in den letzten Jahren verschiedene Konzepte von Agency formuliert worden, um das Handlungsvermögen von Kindern unter Beachtung der konkreten Lebensbedingungen und in kultursensibler Weise zu verstehen. Diese Konzepte sollen hier kritisch gewürdigt werden und mit einem eigenen Vorschlag verbunden werden, der auch den folgenden Kapiteln dieses Buches zugrunde liegt.

Am stärksten ist bislang ein Konzept beachtet worden, das Natascha Klocker (2007) in einer Untersuchung mit Kindern aus ländlichen Regionen von Tansania, die als „Dienstmädchen" (*child domestic workers*) in Haushalten mehr oder minder wohlhabender Familien arbeiten, entwickelt hat. Klocker (a. a. O., S. 87) unterscheidet zwischen „dicker" (*thick*) und „dünner" (*thin*) Agency:

> ‚Dünne' Agency bezieht sich auf Entscheidungen und tägliches Handeln unter höchst restriktiven Bedingungen, die durch geringe gangbare Alternativen gekennzeichnet sind. ‚Dicke' Agency steht für einen Handlungsspielraum mit einer breiten

---

17 Ich kann hier nicht näher auf die Akteur-Netzwerk-Theorie von Latour u. a. eingehen, möchte aber zumindest anmerken, dass bei allen Verdiensten, die ihr für das Verständnis der Komplexität und Kontextualität menschlichen Handelns zukommt, durch den Verzicht auf die Kategorie der Sozialstruktur die Macht- und Herrschaftsverhältnisse in der Gesellschaft aus dem Blick zu geraten drohen.

Spanne von Optionen. Es ist möglich, dass sich die Agency einer Person zeitlich und räumlich betrachtet und je nach Beziehungssituation ‚verdickt' oder ‚verdünnt'. Strukturen, Kontexte und Beziehungen wirken als ‚Verdünner' oder ‚Verdicker' der individuellen Agency, indem sie die Spanne verfügbarer Wahlmöglichkeiten einengen oder erweitern. Zwischen ‚dicker' und ‚dünner' Agency besteht ein Kontinuum, in dem alle Menschen (einschließlich junger Menschen aus dem ländlichen Raum) als Akteure mit wechselnden und dynamischen Fähigkeiten für eigenständige und gewollte Handlungen verortet sind.

Die Autorin begründet das Konzept damit, dass es ihr schwergefallen sei, den auf den Mädchen lastenden Druck zu ignorieren, der insbesondere durch Armut und verschiedene sozio-kulturelle Faktoren hervorgerufen werden. Vor allem die Mädchen seien von „mächtigen hierarchischen Altersstrukturen" betroffen, die ihre Handlungsoptionen weitgehend einschränkten (a. a. O., S. 85). Allerdings hatten nach Bekunden der Autorin bei der Befragung „*alle* Mädchen eindeutig geantwortet, dass sie für sich selbst entschieden haben" (a. a. O., S. 91; kursiv im Orig.), als Hausangestellte zu arbeiten. Dieser offenkundige Widerspruch, auf den die Autorin selbst nicht weiter eingeht, weist darauf hin, dass die von ihr getroffene Unterscheidung zwischen „dicker" und „dünner" Agency der Komplexität der Handlungskontexte nicht gerecht wird.

Auch aus anderen Untersuchungen in Afrika und Lateinamerika geht hervor, dass die materiellen und soziokulturellen Rahmenbedingungen nicht zwangsläufig zu Einschränkungen des Handlungsvermögens führen, sondern auch zu einer Art Handlungsprovokation werden können, welche die Kinder und Jugendlichen zu neuen und durchaus eigenständigen Handlungen veranlasst. So zeigen z. B. Untersuchungen mit auf der Straße lebenden Kindern in Ghana (Mizen & Ofosu-Kusi 2010; Ofosu-Kusi & Mizen 2012) und Kenia (Omolo 2015), wie Kinder mit viel Geschick ihr schwieriges Leben meistern und „sich selbstsicher mit den harten Bedingungen und Diskriminierungen auseinandersetzen" (Alderson & Yoshida 2016, S. 77). Auch eine Untersuchung in einer ländlichen Region Mexikos (Carpena-Méndez 2007, S. 45) kommt zu dem Ergebnis, dass Jungen und Mädchen zwischen 12 und 18 Jahren, die aufgrund der Armut genötigt sind, zu emigrieren, in eigener Initiative Netzwerke bilden und Verhaltensmuster entwickeln, die in unterstützender Weise als „soziales Kapital" wirksam werden und auch Älteren zur Orientierung dienen. Diese Kinder „ ‚jonglieren' und improvisieren mit ihren eigenen Lebensentwürfen, die sich mit den schnell sich ändernden sozialen und ökonomischen Entwicklungskontexten kreuzen, wo sich lokale, ländlich-städtische und transnationale Prozesse überlappen" (a. a. O., S. 53).

Für Kinder, die im Globalen Süden unter prekären Bedingungen aufwachsen, scheint mir deshalb ein Konzept von Agency angemessener zu sein, das

Lorenzo Bordonaro und Ruth Payne (2012) „mehrdeutig" (*ambiguous*) nennen (vgl. auch Bordonaro 2012). Ihm liegt die Beobachtung zugrunde, dass Kinder sich in Situationen behaupten müssen, für die es keine eindeutigen oder endgültigen Lösungen gibt und für die auch meist keine legalen Wege vorgesehen sind. Oder dass Kinder sich in Situationen befinden, die in dem dominierenden bürgerlichen Kindheitskonzept nicht vorgesehen sind, mit dem Ergebnis, dass sie mal als Opfer, mal als Täter, Delinquent, Störer oder Gesetzesübertreter betrachtet werden. Sie handeln aus der selbst widersprüchlichen Situation heraus und ihr Handeln kann weder als eindeutig „gut" noch „schlecht" bewertet werden (z. B. Kinder in Straßensituationen, Kinder in bewaffneten Konflikten, arbeitende Kinder). Die Kinder, um die es hier geht, lassen sich weder bloß als hilflose Opfer, noch als Individuen verstehen, die nach Belieben handeln können oder auf alle ihnen aufgeladenen Probleme eine lupenreine Antwort finden.

In ähnlicher Weise spricht Ruth Payne (2012b) im Zusammenhang mit sog. Kinderhaushalten (*child-headed households*) von „alltäglicher (*everyday*) Agency". Mit dem Begriff will sie unterstreichen, dass nicht, wie bei Kindern, deren Leben nicht dem vorherrschenden Kindheitsmuster entspricht, oft unterstellt wird, Agency sich allein aus Krisensituationen entwickelt und auf deren Bewältigung gerichtet, sondern Teil ihres alltäglichen Lebens ist. Es ist das aus der Lebenssituation heraus entstehende Verhalten, das pragmatisch auf die Bewältigung der täglichen Erfordernisse zielt, um ein Mindestmaß an sozialer Verlässlichkeit und Sicherheit zu erreichen. Es zeigt sich nicht zuletzt darin, dass die Kinder sich gegenseitig unterstützen, nach Verbündeten Ausschau halten und Netzwerke schaffen, auf die sie in besonderen Notfällen zurückgreifen können.

Diese Art von Agency von Kindern im Globalen Süden wird oft einfach deshalb als problematisch bewertet, „weil sie die normativen Vorgaben einer Kindheit verfehlt, die gemäß westlicher Ideale die Kinder und jungen Leute eher als zu beschützende statt als schützende, eher als versorgte statt als für andere sorgende Wesen versteht" (Payne 2012a, S. 301). Deshalb wird ihr Verhalten, statt ihm Anerkennung zu zollen, meist „als ein soziales Problem betrachtet, dass die internationale Entwicklungsgemeinschaft auf den Plan ruft" (ebd.; vgl. auch Burman 1996; Guest 2003).

Dementsprechend lässt sich auch sagen, dass die Entgegensetzung von „dicker" und „dünner" Agency insgeheim in einer eurozentrischen Konzeption von Agency befangen bleibt, welche ihre „dicke" Form als den bevorzugten Normalfall betrachtet, von dem die „dünne" bedauerlicherweise abweicht. Ebenso fehlt ihr ein Verständnis differenter kultureller Verortung von Kindheit in Gemeinschaften und entsprechend anderer Generationenverhältnisse, die sich vom westlichen Vorbild grundlegend unterscheiden. Diese Kritik gilt auch für andere gelegentlich vertretene Konzepte wie „beschränkte" (*restricted*), „begrenzte" (*limited*) oder „taktische" (*tactical*) Agency (Honwana 2005, Robson, Bell & Klocker 2007). Solche Charakterisierungen gehen an der komplexen Wirklichkeit, in der Kinder unter der postkolonialen Konstellation leben, vorbei. Sie unterstellen, dass es einen kontextfreien, absoluten Maßstab für wirkliche oder vollständige Agency geben könne. David Oswell (2013, S. 263) kritisiert diese Vorstellung deshalb zu Recht als eine „Ontologie von Agency" und betont, Agency sei „immer relational und niemals eine Eigenschaft, sie ist immer in Zwischenräumen angesiedelt (*in-between*)" (a. a. O., S. 270). Es ließe sich auch sagen, sie ist unter der Hand von der Vorstellung eines autonomen bürgerlichen Subjekts geleitet.

Um solche Formen von Agency zu begreifen, die sich in postkolonialen Konstellationen herausbilden, muss gewiss mit dem Begriff des Subjekts vorsichtig umgegangen werden. Er ist durch eine Geschichte geprägt, die in der Vorstellung einer autonomen, sich selbst beherrschenden, sich die Natur unterwerfenden und schließlich die Welt erobernden Figur kulminierte, die weitgehend mit dem „weißen" europäischen Mann identifiziert wurde. Sie kam in der Formel des französischen Philosophen René Descartes (1596–1650) „*Cogito, ergo sum*" („Ich denke, also bin ich") erstmals in reiner Form zum Ausdruck und hat zur Vorherrschaft einer Rationalität geführt, die allen anderen Aspekten des menschlichen Daseins übergeordnet wird. Um sich von dieser Geschichte und den von ihr nahegelegten Assoziationen zu befreien, wird gelegentlich von *sozialen* Subjekten gesprochen und es werden die *inter*subjektiven Aspekte des menschlichen Daseins sowie die dialogischen und respektvollen Beziehungen zur außermenschlichen Natur betont.[18] Wenn in diesem Zusammenhang von *Subjektivitäten* statt von Subjekten gesprochen wird, wird ein Verständnis des Menschseins angesprochen, das die Rationalität nicht vom Körper trennt, sondern rationale mit körperlichen und psychischen Anteilen verknüpft (vgl. Rappe 2012; Dreyfus & Taylor 2016). In Südamerika zum Beispiel kommt dieses Verständnis von Subjektivität in der Wiederbelebung der indigenen Kosmovisionen des *Buen Vivir* (Gutes Leben) zum Ausdruck (vgl. Acosta 2015) und hat auch zu Debatten um ein neues Verständnis von „politischer Subjektivität" (Díaz Gómez 2005; Alvarado et al. 2008; González Rey 2012) oder „postkolonialer Subjektivität" (Rivas 2010) geführt.

Wenn ich in den weiteren Kapiteln des Buches von Kindern als sozialen, politischen oder postkolonialen Subjekten oder Akteuren spreche, versuche ich,

---

18 Zur Bedeutung der intersubjektiven Begegnung für die Entfaltung der menschlichen Potentiale und namentlich der Fähigkeiten der Kinder sei auf zwei der zahlreichen Veröffentlichungen des Neurobiologen Gerald Hüther (2011; 2016) hingewiesen.

in umfassendem Sinn ihre Subjektivität in den Blick zu nehmen. Demgemäß verstehe ich ihr Handeln nicht als Ausdruck eines allein aus Rationalität gespeisten oder gar als überlegen vorgestellten Bewusstseins, sondern betrachte es als integralen Bestandteil und im Kontext der Vielfalt menschlichen und nichtmenschlichen Lebens und seiner existenziellen Grundlagen.

2. Gordian Troeller und die Filmserie „Kinder der Welt"

> Wir haben eine ‚Welt des Kindes' geschaffen, mit eigener Sprache, eigenen Wertvorstellungen und spezifischen Verhaltensformen, die wir kindlich wollen und auch so benennen. Im Mittelpunkt dieser Welt steht die Unschuld – die kontrollierte Unwissenheit über all jene Tatbestände, die das eigentliche Leben ausmachen: die elementaren Beziehungen zwischen den Geschlechtern zum Beispiel, die Beweggründe menschlichen Handelns, und so weiter ... Es wird ganz so getan, als seien die Welt und das Leben, in die das Kind hineinwächst, das Böse, vor dem man es so lange wie nur möglich schützen müsse. Auch Verantwortung wird ferngehalten, soweit sie sich nicht auf den kindlichen Bereich beschränkt. (Gordian Troeller: Konzept für die Filmreihe „Kinder der Welt", aus dem Nachlass, 1983)

Gordian Troeller hat sich in zahlreichen Reportagen und Dokumentarfilmen mit dem westlichen Fortschrittsmythos und der daraus resultierenden Entwicklungsarroganz auseinandergesetzt.[19] In ihr sah er eine Fortsetzung des Kolonialismus, die Menschen anderer Kulturen und Kontinente entwürdigt und deren Lebensgrundlagen zerstört. Sein Interesse galt den imperialen und patriarchalischen Machtverhältnissen, denen Frauen und Kinder in besonderem Maße ausgesetzt sind. Seine drei großen Filmserien „Im Namen des Fortschritts", „Frauen der Welt" und „Kinder der Welt" wurden zwischen 1975 und 1999 in der ARD (heute Erstes Deutsches Fernsehen), frühere Filme auch in Frankreich und anderen europäischen Ländern ausgestrahlt.

Die Filmserie „Kinder der Welt", zu der nicht weniger als 36 Filme gehören, entstand unter dem Dach von Radio Bremen. Sie handelt von dem, was ich in diesem Buch als postkoloniale Kindheiten bezeichne, stellt diese in vielfältigen Situationen, Variationen und Erscheinungsformen dar und kontrastiert sie teilweise mit vorkolonialen Kindheiten. In vielen dieser Filme wird nachgezeichnet, wie die mit der europäisch-bürgerlichen Gesellschaft unter dem Einfluss des Christentums entstandene Kindheitsideologie mittels Missionstätigkeit und sog. Entwicklungshilfe anderen Völkern und Kulturen aufgedrängt

---

19 An den Reportagen und Filmen hatten zunächst Marie-Claude Deffarge, später Ingrid Becker-Ross-Troeller wesentlichen Anteil.

wird und wie diese damit umgehen. Sie stellen eine fundamentale Kritik an westlichen Entwicklungsvorstellungen und Erziehungspraktiken dar, indem sie diese mit der Lebensrealität der Kinder und den Generationenbeziehungen in nicht-westlichen Kulturen konfrontieren. Sie fordern dazu heraus, darüber nachzudenken, wie eine „gute Kindheit" beschaffen sein könnte und was wir im Globalen Norden von anderen, als fremd erscheinenden Kulturen, namentlich den Kindern selbst, lernen können.

Nach einem Überblick über den Inhalt der Filme werde ich das Konzept der Filmserie erläutern und die um einige Filme geführten Kontroversen nachzeichnen. Im letzten Abschnitt werde ich den Ertrag der Filme bilanzieren und ihre Bedeutung für die heutige Zeit diskutieren.

2.1 Die Filme

In der Filmserie „Kinder der Welt" ging es Troeller, wie er in seiner posthum veröffentlichten Autobiographie anmerkt, „nicht darum, rührselig über die lieben Kleinen zu berichten, sondern die Kinder dienten uns als Ausgangspunkt gesellschaftlicher, politischer und wirtschaftlicher Analysen" (Troeller 2009, S. 160).

Die Filmserie ist nach Ländern gegliedert, in denen die Filme entstanden und auf die sie sich beziehen. Diese Länder sind fast über den ganzen Globus verteilt. Die meisten Filme handeln von Kindern und Kindheiten des Globalen Südens, aber einige setzen sich auch mit der Situation von Kindern in Nordamerika und Europa auseinander. Eine Länderübersicht ergibt folgendes Bild: Unter den lateinamerikanischen Ländern finden sich: Bolivien (4 Filme), Honduras (1), Nicaragua (1), Kuba (1) und Brasilien (1). In Afrika sind folgende Länder und Regionen vertreten: Westafrika/Togo (1), Senegal (1), Eritrea (2), Südsudan (1), Mosambik (1), Angola (1), Südafrika (1) und Ägypten (1). In Asien und dem Nahen Osten entstanden Filme in den folgenden Ländern: Indien (1), Nepal (1), Singapur (1), Vietnam (1), VR China (1), Usbekistan (1), Japan (1), Iran (1), Jemen (1), Türkei (1), Kurdistan/Irak (1), Jordanien (1), Libanon (1) und Israel/Palästina (1). Zwei Filme sind Kindern von Indigenen und Einwanderern in den USA gewidmet und je ein Film bezieht sich auf die Situation von Kindern in Ungarn unmittelbar nach der politischen Wende und in Portugal während des Integrationsprozesses in die Europäische Union. Im letzten Film des Zyklus zieht Gordian Troeller eine Bilanz zu den Filmen aller drei Zyklen und der vorausgegangenen Produktionen.[20]

Gordian Troeller beleuchtet die Situation der Kinder in den verschiedenen Ländern und Regionen unter durchaus verschiedenen Aspekten. In mehreren Filmen bilden wirtschaftliche und politische Krisen sowie damit verbundene Kriege den Ausgangspunkt. Sie werden als Folge machtpolitischer Interessenkonflikte um Einflusssphären gedeutet, die entweder gegen die Fortführung kolonialer Abhängigkeit und Unterdrückung gerichtet sind oder dazu dienen sollen, diese aufrechtzuerhalten oder wiederherzustellen, so etwa in den Filmen „Um die Zukunft betrogen" (1991) über die Langzeitfolgen des von den USA in den 1960er-Jahren geführten Krieges in Vietnam, „Opfer des Fortschritts" (1992) über die durch den ersten Golfkrieg aus dem Irak vertriebenen Flüchtlinge im Jemen, oder „Am Rand der Hölle" (1993) über die Folgen des von den USA und dem Südafrika der Apartheid angeheizten Krieges gegen die aus der Befreiungsbewegung hervorgegangene Regierung in Angola. Die Filme zeigen, wie die Kinder unter den damit verbundenen Brutalitäten leiden, aber auch welche Versuche von Befreiungsbewegungen, auf eigene Wege bedachten Regierungen oder humanitären Organisationen unternommen wurden, um neue Grundlagen des Zusammenlebens zu schaffen und neue Perspektiven für die Kinder entstehen zu lassen, so etwa im ersten der beiden Filme zu Eritrea („Die Vergessenen", 1986) oder in dem frühen Film zu Mosambik „Im Schatten der Apartheid" (1988). Diese Filme machen auch sichtbar, wie Kinder trotz extrem bedrohlicher Bedingungen aus eigener Kraft zu überleben versuchten und, wo immer möglich, an den Veränderungsprozessen und neuen Anfängen mitwirkten.

Mehrere Filme setzen sich explizit mit hinduistischen, christlichen und islamischen Lehren und Bräuchen und ihren problematischen Auswirkungen auf Kinder auseinander, so ein früher Film zu Indien („Im Schatten der Götter", 1984), der erste Film zu Bolivien („... denn ihrer ist das Himmelreich", 1984) oder die Filme zu Nepal („Versklavt und vergöttert", 1987), Ägypten („Von Moslems und Christen", 1988) und zum Libanon („Im Machtkampf der Konfessionen", 1993). Vor allem geht es in diesen Filmen darum, zu zeigen, wie die Kinder zum vermeintlich einzig wahren Glauben erzogen, durch die Erzeugung von Schuldgefühlen und den Glauben an einen strafenden Gott eingeschüchtert

---

20 Eine Übersicht über das gesamte Filmwerk von Gordian Troeller mit Kurzbeschreibungen und Filmausschnitten findet sich unter: www.download-films.de/movies/producer/Gordian_Troeller.html#.V9-1jPmLS70. Über diese Website können die Filme auch erworben werden. Mehrere Filme sind auch bei Landesbildstellen und ähnlichen Einrichtungen auszuleihen.

und diszipliniert und wie vor allem Mädchen missachtet, unterdrückt und teilweise sogar versklavt werden. Die Religionen erscheinen in erster Linie als Herrschaftstechniken, die zur Konservierung der patriarchalen Machtordnung beitragen, indem sie die Kinder in ihren Bann schlagen und gegenüber den meist männlichen Autoritäten fügsam machen. In einigen Filmen wird auf mögliche Gründe für die wachsende Identifizierung Jugendlicher mit der islamischen Religion eingegangen, wie z. B. in dem Film über den Iran während des Verteidigungskrieges gegen den seinerzeit von den USA unterstützten Irak („Erziehung zum heiligen Krieg", 1985) oder zwölf Jahre später in dem Film über die Auswirkungen der israelischen Expansionspolitik auf die politische Krise in Jordanien („Im Bann des Islam", 1997). Es wird auch gezeigt, wie die Wiederbelebung religiöser Gefühle in gesellschaftlichen Krisensituationen dazu beitragen kann, den Menschen Halt zu geben und zu einer eigenen Identität zu finden, z. B. in dem Film über die Umbrüche in den beiden ehemaligen Sowjetrepubliken Tadschikistan und Usbekistan nach Auflösung der Sowjetunion („Von Marx zu Mohammed", 1993).

Besonderes Augenmerk wird in den Filmen auf Erziehungsvorstellungen und -praktiken gelegt. Troeller begründet dies damit, dass „Erziehung, das Verhältnis zwischen Erwachsenen und Kindern, die Schule, die Vermittlung der vorherrschenden Werte [...] die Spiegel jeder Gesellschaft" seien (Troeller 2009, S. 160). Sie bestimmten „das Verhalten und die Zukunft der Kinder" (ebd.). Insbesondere das Modell westlicher Schulbildung wird auf seinen Nutzen für Kinder in anderen Kulturen hinterfragt. Am Beispiel afrikanischer Länder wird demonstriert, wie diese Schulbildung Gesellschaften in Gewinner und Verlierer spaltet und viele zu Versagern werden lässt, etwa in dem in Westafrika produzierten Film „Verschult und verschaukelt" (1984). Dieses Thema war auch schon ein Schwerpunkt in der vorangegangen Filmserie „Im Namen des Fortschritts". Am Beispiel asiatischer Länder wird gezeigt, wie die Schule zur Unterordnung in eine streng hierarchische Ordnung nötigt und die Kinder einem erbarmungslosen Druck aussetzt, erfolgreich zu sein, so etwa in dem in Japan entstandenen Film „Parieren geht über Studieren" (1987). Allerdings werden in manchen Filmen auch Lebens- und Lernweisen sichtbar gemacht, die an vorkoloniale kulturelle Traditionen anknüpfen und der Wiederbelebung subsistenzorientierter lokaler Produktionsweisen zugutekommen, so in dem im Senegal produzierten Film „Ihre Zukunft ist die Vergangenheit" (1996). In dem Film „Der Preis der Freiheit" (1992) wird gezeigt, wie in Eritrea nach Erlangung der Unabhängigkeit versucht wird, die Folgen des Krieges zu bewältigen, indem neue Ernährungsquellen erschlossen und die Ausbildung der Kinder auf eine neue Grundlage gestellt wird, die der kulturellen Vielfalt des Landes entspricht. In dem etwa zur gleichen Zeit in Nicaragua entstandenen Film „Straßenproletariat" (1992) wird dargestellt, wie Kinder, die in Armut und auf der Straße leben oder mit ihrer Arbeit zum Lebensunterhalt beitragen, sich selbst organisieren und um ihre Rechte kämpfen.[21]

Ein häufig aufgegriffenes Thema ist die von reichen Staaten ausgehende Entwicklungspolitik und die Ideologien von Hilfe und Fortschritt, die ihr zugrunde liegen. In diesen Filmen wird deutlich, wie eine solche Politik entgegen ihrem Versprechen zur Verfestigung postkolonialer Abhängigkeit und zur weiteren Ausbreitung von Armut führt. Dies wird vor allem an der Situation von Kindern gezeigt, die auf der Straße um ihr Überleben kämpfen oder unter sehr prekären Bedingungen arbeiten müssen. Hiervon handeln vor allem die Filme aus Lateinamerika, wie der zu Honduras („Die Verlassenen", 1987) der zweite zu Bolivien („Denn sie wissen, was sie tun", 1985), der schon erwähnte zu Nicaragua („Straßenproletariat", 1992) und der einige Jahre später entstandene Film zu Brasilien („Rechtlos im Rechtsstaat", 1997), aber auch der kurze Zeit zuvor gedrehte Film über das südeuropäische Land Portugal („Recht auf Arbeit", 1996). In diesen Filmen wird ein sehr einfühlsames und differenziertes Bild des Alltagslebens der Kinder gezeigt, in dem die Kinder nicht als bloß hilfsbedürftige Opfer, sondern als Akteure erscheinen, die einen wesentlichen Beitrag zur Linderung der Not leisten und dafür Anerkennung verdienen. Früh leitet Troeller einen Paradigmenwechsel in der Betrachtung der sog. Kinderarbeit ein. Dabei macht er sichtbar, dass den Kindern weder karitative Hilfe noch das von internationalen Organisationen wie ILO und UNICEF forcierte „Verbot der Kinderarbeit" nutzt, sondern dass es darauf ankommt, gemeinsam mit den Kindern und ihren Familien gegen die wirklichen Ursachen der Armut anzugehen. Was wiederum eine grundlegende Neuorientierung der sog. Entwicklungspolitik ebenso notwendig macht wie eine Änderung des wirtschaftlichen und politischen Machtungleichgewichts in der globalisierten Welt. Nicht nur in den Filmen aus Lateinamerika, sondern auch in einigen aus Afrika und Asien deutet sich an, dass Gordian Troeller und seine Mitautorinnen eine mögliche Lösung der sozialen Probleme darin sehen, die lokale, von den Menschen vor Ort organisierte Wirtschaft zu stärken und jede Art von Ausbeutung und Gewalt in den Arbeitsverhältnissen zu beenden.

Eine weitere Gruppe von Filmen befasst sich mit den Folgen von Rassismus, autoritärer Bevölkerungspolitik sowie der Verfolgung indigener Minderheiten. Der Film „Die neuen Sklaven" (1990) macht auf die rassistische Diskriminie-

---

21 Da ich mich zu dieser Zeit in Nicaragua aufhielt, hatte ich Gelegenheit, an diesem Film mitzuwirken. Dabei habe ich Gordian Troeller und seine Mitarbeiterin und Lebensgefährtin Ingrid Becker-Ross als Menschen erlebt, die sich in kürzester Zeit in die Situation der Kinder hineinversetzen konnten.

rung und Unterdrückung der schwarzen Völker im Süden des Sudans aufmerksam und beschreibt eindringlich die Situation der Kinder während des Befreiungskampfes (der letztlich zur Abspaltung und Gründung des neuen Staates Südsudan führte). Der Film „Können sie vergessen – werden sie verzeihen?" (1994) geht kurz nach Abschaffung der Apartheid in Südafrika ihren bleibenden Folgen nach und benennt die Herausforderungen für das neue Bildungssystem. Der Film „Die Nachkommen Abrahams" (1989) untersucht die Hintergründe und Folgen der israelischen Besatzungspolitik für die in Palästina lebenden Kinder und zeichnet die Entstehung der ersten Intifada nach, die weitgehend von Kindern und Jugendlichen ausging.

Zwei verschiedenen Varianten autoritärer Bevölkerungspolitik gehen Filme zur Volksrepublik China und dem südostasiatischen Kleinstaat Singapur nach. In dem Film „Die kleinen Drachen" (1989) werden die Auswirkungen der in China betriebenen strikten Geburtenkontrolle und „Ein-Kind-Politik" auf das Verhalten der Eltern und die Folgen für die Kinder kritisch beleuchtet. In dem Film „Nachwuchs nach Maß" (1992) wird die rigorose staatliche Auslesepolitik der Regierung von Singapur aufs Korn genommen, die zur Forcierung des wirtschaftlichen Wachstums wohlhabende und „gebildete" junge Menschen miteinander verkuppelt und sie mit viel Geld zum Kinderkriegen veranlassen will, während die in Armut lebenden Bevölkerungsgruppen links liegen gelassen werden. Zwei der vier Filme zu Bolivien („Opfer des Drogenkrieges", 1990; „Im Krieg der Kulturen", 1995) zeigen, wie der von den USA forcierte „Krieg gegen die Drogen" die Lebensgrundlagen und Kulturen indigener Völker und ihrer Kinder gefährdet und wie deren Gegenwehr zu einer Renaissance indigenen Selbstbewusstseins und politischen Widerstandsbewegungen führt.[22] Einem ähnlichen Thema war schon einer der beiden Filme zu den USA nachgegangen. In dem Film „Die gezähmten Wilden" (1986) wird gezeigt, wie insbesondere junge Angehörige der ins Elend getriebenen indigenen Bevölkerungsgruppen in den USA sich auf die eigene kulturelle Identität und ihre Sprachen rückbesinnen und dadurch neues Selbstbewusstsein erlangen.

Weitere Filme gehen der Situation der Kinder von Migranten und Einwanderern nach. Der zweite in den USA gedrehte Film „Jedem das Seine" (1989) zeigt, wie polnische, italienische und jüdische Minderheiten in New York versuchen, die mitgebrachten kulturellen Werte zu bewahren und ihre Kinder in deren Sinn zu erziehen. In dem Film „Geiseln im Politpoker" (1992) geht es darum, wie trotz fortbestehender machtpolitischer Interessenkonflikte nach

---

22 Diese Bewegungen hatten wenige Jahre später die Neugründung eines plurinationalen und kommunitären Staates zur Folge und führten auch zu einer neuen Kinder- und Jugendpolitik (vgl. Liebel 2015b; 2015c).

dem ersten Golfkrieg in den von Kurden bewohnten Gebieten des Irak versucht wird, die Folgen der erlittenen Massaker durch das Hussein-Regime zu bewältigen, die aus der Türkei und dem Iran zurückkehrenden Flüchtlinge zu re-integrieren und für die Kinder neue Perspektiven zu schaffen. Der drei Jahre zuvor entstandene Film „Die Deutschländer" (1989) ist den in Deutschland aufgewachsenen Kindern türkischer Migranten gewidmet, deren Eltern mit ihnen in die Türkei zurückkehren und die dort mit großen Schwierigkeiten zu kämpfen haben, sich angesichts des dort in ländlichen Regionen vorherrschenden Sittenkodexes zurechtzufinden.

Zwei unmittelbar nach dem Zusammenbruch der Sowjetunion und dem Fall der Berliner Mauer entstandene Filme aus Europa und Lateinamerika befassen sich mit zwei Ländern, die davon besonders betroffen sind. Der Film „Verwaltet, verraten, verkauft" (1990) geht am Beispiel Ungarns den Schwierigkeiten nach, denen die junge Generation in den bis dato „realsozialistischen" Staaten im abrupten Übergang von einer bürokratischen Planwirtschaft in eine rigoros durchgesetzte kapitalistische Wirtschaft und Gesellschaft konfrontiert ist, ohne auf die damit einhergehenden Anforderungen und Risiken vorbereitet zu sein. Der Film „Gut versorgt im Mangel" (1991) zeigt, wie in Kuba versucht wird, trotz großer wirtschaftlicher Schwierigkeiten die Errungenschaften im Bildungs- und Gesundheitswesen aufrechtzuerhalten, und vergleicht die Situation der jungen Generation mit der in anderen lateinamerikanischen Ländern.[23]

In seiner Autobiographie bekundet Troeller, in den letzten Filmen der Kinderserie hätten sich er und seine Mitarbeiterinnen immer stärker auf eigenständige Ansätze der Bevölkerung in der Dritten Welt konzentriert, „auf ihre Versuche, die zunehmende Verarmung und kulturelle Entfremdung jenseits der staatlich eingeschlagenen Wege und der internationalen Hilfsangebote zu bewältigen" (Troeller 2009, S. 171). Einer der letzten Filme der Serie, der Mitte der 1990er-Jahre im Senegal entstandene Film „Ihre Zukunft ist die Vergangenheit" (1996) endet mit folgendem Kommentar:

> Die afrikanische Gesellschaft ist an der Modernisierung zerbrochen und besinnt sich nun – notgedrungen – auf ihre eigenen Werte. Ihre Zukunft ist die Vergangenheit. Fremde Hilfe kann diesen Prozess nur blockieren, sie macht abhängig, entmündigt, entwürdigt. Selbst die Hilfe zur Selbsthilfe beruht auf der Überzeugung, dass diese Menschen und ihre Art zu leben entwicklungsbedürftig seien. [...] Die Schule ist die kulturelle Keule unserer Industriegesellschaft. Kein Wunder, dass immer mehr Eltern ihre Kinder von der Schule fernhalten. In der Schattenwirt-

---

23 Einige Filme der Kinderserie werden in verschiedenen Beiträgen in Adick & Stuke (1996) detailliert analysiert.

schaft, den religiösen und weltlichen Gemeinschaften lernen sie, was sie zum Leben brauchen. Die Wiederbelebung der Clanstrukturen ist die Absage an die westliche Bevormundung, der Aufbruch in eine alternative Gesellschaft. Eine schleichende Revolution. Wenn hier nicht wieder Entwicklungsexperten eingreifen, um sie nach ihren Kriterien zu steuern, dürfte sie auf lange Sicht tiefgreifendere Veränderungen herbeiführen als alle bisherigen Freiheitsbewegungen.

Zum Verständnis sei angemerkt, dass es infolge der vom Internationalen Währungsfonds (IWF) in den 1980er-Jahren dem Senegal (ebenso wie anderen Ländern des Globalen Südens) aufgenötigten „Strukturanpassungsmaßnahmen" zu einer Verarmung großer Teile der Bevölkerung gekommen war. Sie wurden im Senegal mit einer Wiederbelebung traditioneller Formen gemeinschaftlichen Wirtschaftens und gegenseitiger Hilfe beantwortet, wobei vor allem Frauen eine treibende Kraft waren. Sie manifestiert sich heute in weit verbreiteten Praktiken sozialer und solidarischer Ökonomie, z. B. in den Werkstätten und Selbsthilfegruppen des landesweit tätigen Frauennetzwerks *Réseau des Femmes por le Développement Durable en Afrique (REFDAF)* oder in der Altstadt von Dakar der 1993 gegründeten *Association des Femmes de la Médina (AFEME)*.

2.2 Das Konzept

Der Filmserie „Kinder der Welt" liegt wie auch den vorangegangen Filmen eine kritische Einstellung gegenüber illegitimer Herrschaft und eine solidarische Haltung gegenüber den dieser Herrschaft unterworfenen Menschen, hier insbesondere den Kindern, zugrunde. Dem entspricht auch das von Gordian Troeller vertretene Kindheitsverständnis. Je nach Situation leitet es mehr oder minder stark den Blick der Kamera und wird zur Interpretation der Beobachtungen herangezogen. Im Nachlass findet sich ein undatierter Text, in dem Gordian Troeller vermutlich in der zweiten Hälfte des Jahres 1983 das Konzept der von ihm geplanten Filmserie entworfen hatte.[24] Darin heißt es:

Kindheit ist ein weitgehend kulturell und ökonomisch bestimmter Begriff.

---

24 Ingrid Becker-Ross-Troeller hat mir diesen Text, den ich hier auszugsweise wiedergebe, freundlicherweise zugänglich gemacht. Er wurde erstmals vollständig im Begleitheft zu einem Filmsymposium an der Fachhochschule Potsdam abgedruckt, in dessen Zentrum die Filmserie „Kinder der Welt" stand (M.A. Childhood Studies and Children's Rights an der Fachhochschule Potsdam, 2016). Weitere Texte finden sich in einem Themenheft der Zeitschrift *Dialogische Erziehung* (Gordian Troeller zum 100. Geburtstag, 2017).

Die Film-Serie, die wir vorschlagen, soll die Verschiedenheit des Kindheitsbegriffes in den verschiedenen Kulturkreisen aufzeigen und somit durch die Relativierung unseres eigenen Kindheitsbegriffes Möglichkeiten zum Vergleich und zum Nachdenken schaffen. Sie soll ebenfalls zeigen, wie sehr Persönlichkeitsentwicklung und Schicksalserwartung vom spezifischen Kindheitsbild einer Gesellschaft abhängen. Was wir rassische oder nationale Differenzen nennen, könnte so vielleicht etwas verständlicher gemacht werden. Ebenso die vermeintlichen Qualitätsunterschiede zwischen Menschen verschiedener Herkunft.

Dabei denken wir nicht an gefilmte Theorie mit Interviews und Erklärung von Pädagogen und Spezialisten. Wir wollen vielmehr Kinder in Aktion zeigen, ihre Beziehungen untereinander und zu den Eltern, ihre jeweilige Situation innerhalb ihrer Gesellschaft und vor allem die Rolle, die ihnen von den Erwachsenen zugewiesen wird. Wir wollen mit Kindern das jeweils gängige Bild der Kindheit aufzeichnen und glauben, so den Überbau und die elementaren Werte der verschiedenen Kulturkreise und Gesellschaftsformen verständlich machen zu können. Keine Filme für Kinder, sondern Filme für Erwachsene, die aber auch von Kindern gesehen werden können.

Troellers Kindheitsverständnis wird gleich im ersten, als programmatisch zu verstehenden Film „… denn ihrer ist das Himmelreich" (Bolivien, 1984) situationsspezifisch den Szenen unterlegt. Es soll hier ausführlich zitiert und gezeigt werden, wie es in dem Film zur Anwendung kommt:

Kindheit – was ist das? Eine Welt mit eigener Sprache, eigenen Werten, spezifischen Verhaltensformen, die wir kindlich nennen und auch so ausstatten? Eine Welt der Unschuld, in der die Realitäten beschönigt, die menschlichen Beziehungen verniedlicht werden? Eine Lebensspanne, während der das Wechselspiel von Zuneigung und Liebesentzug, Zuspruch und Drohung, Nachsicht und Nötigung den erzieherischen Rahmen bildet?

Sicher ist eins: dieser Begriff ist keineswegs allgemeingültig. In anderen Kulturen bedeutet Kindheit etwas ganz anderes. Einige kennen diesen Begriff gar nicht. Selbst in Europa ist die Trennung zwischen einer Welt der Erwachsenen und einer Welt der Kinder erst vor einigen Jahrhunderten vollzogen worden.

Etwa zur selben Zeit zogen die Europäer aus, die Welt zu erobern. Dabei stießen sie auf Völker, die ihnen materiell unterlegen, meist nackt waren und andere Götter anbeteten. In den zeitgenössischen Reiseberichten liest man: „Sie kennen weder Gut noch Böse, haben keine Scham, erziehen ihre Kinder nicht, weil sie selbst im Kindheitszustand der Menschheit verblieben sind." So denken die meisten Europäer auch heute noch in Bezug auf Naturvölker. Als Kinder bezeichnen sie Menschen – ob groß oder klein – die, weil sie ihre Umwelt nicht ausbeuten, sondern sich ihr anpassen, zu Gehorsam und Unterwerfung erzogen werden müssen.

Für diese Anmaßung, einen Teil der Menschheit als Kinder abzustempeln und sich damit als erziehungsberechtigt auszugeben, benutzen wir das Wort „zivilisieren".

Die Missionsarbeit der katholischen Kirche bei einem indigenen Volk in Bolivien wird nun als Beispiel dafür herangezogen, wie dieses in Europa geprägte Kindheitsverständnis die Einstellung gegenüber den Indigenen leitet und diesen aufgedrängt wird. Hierzu werden verschiedene kirchliche Praktiken gezeigt, z. B. eine von einem Priester geleitete Massenheirat, und der verantwortliche Bischof wird interviewt. Die Praktiken und die Erläuterungen des Bischofs werden mit Szenen aus dem Alltagsleben der Chiquitano konfrontiert, in denen sichtbar wird, wie unbefangen sich die Kinder verhalten, welche Aufgaben sie übernehmen (z. B. jüngere Geschwister zu hüten) und wie Eltern mit ihren Kindern umgehen. Eine Schlüsselszene ist, wie ein etwa dreijähriges Mädchen mit einer Schere hantiert, sie in den Mund nimmt, während die Mutter daneben gelassen einer Arbeit nachgeht, ohne das Kind zu reglementieren. Die Szenen werden von folgendem Kommentar begleitet:

> Die Kirche hat unseren Kindheitsbegriff wesentlich mitgeprägt und ist noch heute dessen eifrigste Verfechterin. Im Namen Gottes, der allmächtigen Vaterfigur, erklärt sie, ihre Ordnung sei heilig und fordert Unterwerfung. Jeder Erzieher hält seine Ordnung für unantastbar. Ihr muss gehorcht werden. Menschen, die einer solchen erzieherischen Ordnung nicht entsprechen, werden der Kindheit zugeordnet. Die Chiquitanos zum Beispiel.

> Was Kindheit ist, was wir darunter verstehen, haben sie erst durch die Weißen erfahren. Dennoch hören die Chiquitanos nicht auf, ihre Töchter und Söhne als vollwertige Menschen zu achten. Dieser Widerspruch, dass hier Erwachsene ihre Kinder wie Erwachsene behandeln, aber selber von uns als Kinder angesehen werden, gibt uns Gelegenheit, unseren Kindheitsbegriff aus zwei gegensätzlichen Perspektiven zu untersuchen.

> Bei den Chiquitanos gibt es keine Erziehung, also keine Bevormundung des Kindes. Diese Indianer kennen keine Hierarchie, keine Rangunterschiede und daher keinen Machtanspruch, auch nicht den der Eltern über ihre Kinder. Kinder werden wie Erwachsene respektiert. Ihre Entfaltung verdanken sie diesem Respekt für ihre Gefühle und Bedürfnisse. – Diesem Mädchen, dessen Eltern aufs Feld gingen, muss nicht befohlen werden, sich um die Kleinkinder zu kümmern. Für sie ist das selbstverständlich. Die Freiheit, die sie von ihren Eltern erfährt, macht sie empfindsam für die Bedürfnisse und Gefühle anderer.

Wenn die Eltern zu Hause arbeiten, müssen die Kinder nicht helfen. Niemals wird man eine Indianermutter von Pflicht reden hören oder von undankbaren Kindern. Kinder müssen keine Leistung erbringen. Sie stehen nie unter Druck, sind keine Objekte von elterlichem Stolz. Nach unserer Einschätzung sind solche Kinder schlecht erzogen. Auf welche Rolle sich die Tochter vorbereiten muss, sieht sie am Vorbild der Mutter. Das ist alles. [...]

Selbstverständlich gibt es auch hier Rituale, Zwänge, Verbote und Tabus – in Bezug auf Nahrung zum Beispiel. Doch sie werden nicht als Freiheitsbeschränkung empfunden. Sie gehören ja nicht zu jenen Regeln und Normen, mit denen Menschen Macht über andere gewinnen. Sie werden als Teil einer höheren Ordnung verstanden, zu deren Erhaltung sie unerlässlich sind. Indem die Eltern ihren Kindern diese Regeln vorleben, nehmen sie aktiv teil an der Erhaltung dieser Ordnung. Ihre Haltung entspricht einer inneren Wirklichkeit, keinem äußeren Zwang.

Bei uns heißt es: „Was die Eltern anordnen, ist immer richtig. Ein Kind ist noch unvernünftig und muss sich der Autorität Erwachsener beugen." Hier heißt es: „Was Kinder tun ist ebenso richtig wie das, was Erwachsene tun." Die Chiquitanos behandelt ihre Kinder deshalb nicht, wie sie sein sollten, sondern wie sie sind. [...]

Wir fragen den Bischof Bösl der franziskanischen Mission dieser Region: „Teilen Sie die Meinung, dass es sich da eigentlich um Kinder handelt, die langsam zu Erwachsenen im Sinne unserer Zivilisation gemacht werden sollten?" „Zum Teil stimmt das, Die Meinung und die ganze Mentalität dieser Leute ist anfangs sehr infantil, aber sie lernen. Und wir sind Zeugen dessen, dass viele Indianer, die anfangs der Zivilisation und der Sozietät gegenüber sehr scheu und schüchtern waren, nachher sich wirklich eingelebt haben, dass sie Mitglieder der großen bolivianischen Gesellschaft sind." [...]

Wir fragen den Bischof weiter, ob die Zerstörung ihrer Kultur die Indianer nicht ihrer Identität beraubt und sie somit unfähig macht, sich in die Gesellschaft einzugliedern. „Da müsste man schon grundsätzlich einmal fragen, wieviel Kultur war eigentlich vorhanden, bevor die katholischen Missionare hier in diesem Land ihre Aufgabe begonnen haben. Schon damals, zur Zeit der jesuitischen Reduktionen, im 17. und 18. Jahrhundert. Die Kultur, die der Indianer heute zeigt, ist zum Großteil geprägt von der katholischen Kirche."

Dennoch: die kulturellen Werte der Indianer sind zum Großteil erhalten geblieben. Trotz zweihundertjähriger Missionierung hat die Kirche nur eine formale Anpassung erreichen können. Warum wohl? Weil Anspruch und Wirklichkeit in der Erziehung nicht übereinstimmen. Was die Missionare sagen und was sie verlangen, widerspricht dem, was sie leben und was sie tun.

> Warum wird ein Chiquitano-Kind – obwohl in der christlichen Lehre unterrichtet – kulturell zum Indianer? Weil das Leben seiner Eltern mit den Werten in Einklang steht, die ihm diese vermitteln. Das Verhalten der Missionare hingegen stand und steht im Widerspruch zu ihrer Botschaft. Sie predigen Nächstenliebe, Gleichheit, Treue und Respekt vor dem Leben. doch sie kamen im Gefolge mordender Eroberer und segneten deren Waffen. Sie verachteten die Indianer, nahmen nicht selten deren Frauen und beteiligten sich am Landraub.
>
> Erziehung, falls sie zum Ziel hat zu überzeugen, kann so nicht wirken.
>
> Fehlt dieses Ziel aber, wird Erziehung zur Nötigung. Furcht wird verbreitet. Furcht vor Prügel, vor dem Zorn Gottes, vor den Qualen der Hölle. Und selbstverständlich fehlt die Drohung nicht, ohne Zucht und Ordnung ein unvollkommener Mensch zu bleiben, ein unmündiges Kind. Auf diese Weise wurden die Indianer formal zu Christen gemacht, doch Gläubige konnten sie so nicht werden. [...]

Es ließe sich fragen, ob Troeller hier das Leben eines indigenen Volkes idealisiert, nur sieht, was er sehen will. Es ist ja seit längerem belegt, dass auch bei indigenen Gruppen und Völkern in der vorkolonialen Zeit oft eine Art Adelsherrschaft bestand (etwa bei den Inka im heutigen Peru und angrenzenden Ländern) oder eine Gruppe oder ein Volk sich anderen Gruppen und Völkern überlegen dünkte, mit ihnen Krieg führte und sie unterjochte (z. B. die Azteken im heutigen Mexiko). Troeller bezieht sich allerdings auf solche von ihm als „Naturvölker" bezeichnete indigene Gruppen, die im Unterschied zu den Inka und Azteken keine hierarchischen staatlichen Systeme und Herrschaftsstrukturen hervorgebracht und kaum bleibende Spuren wie Bauten, Skulpturen oder schriftliche Dokumente hinterlassen haben.[25] Im vorliegenden Fall ist auch zu bedenken, dass der Film nicht die Gesellschaftsstrukturen indigener Völker zum Thema hat, sondern an einer indigenen Gruppe, den Chiquitano, demonstrieren will, wie deren Kultur durch die Praktiken der katholischen Missionsarbeit angegriffen wird, wie dieser Angriff deren Leben beeinflusst und wie sie darauf reagiert. Ihm kommt es darauf an, zwei aufeinandertreffende Kulturen miteinander zu konfrontieren und die Unterschiede in gewiss zugespitzter Weise sichtbar zu machen. Er idealisiert nicht, sondern akzentuiert. Im selben Film wird auch an einer anderen indigenen Gruppe, den Ayoreo, gezeigt, dass durch Zerstörung ihrer Lebensgrundlagen und ihre kulturelle Entwurzelung

---

25 Troeller orientiert sich an den Forschungen des französischen Ethnologen Pierre Clastres (1976), die er über seine erste Lebensgefährtin und Mitarbeiterin Marie-Claude Deffarge kennengelernt hatte.

Frauen dazu genötigt werden, ihren Lebensunterhalt durch Prostitution notdürftig zu bestreiten.

Auch in anderen Filmen setzt sich Troeller mit dem, was er „kulturelle Zerstörung" nannte, auseinander. Das ist in seinen Augen „die Orientierungslosigkeit, der Verlust an Sinn und spiritueller Geborgenheit, die mit der Übernahme des westlichen Entwicklungsmodells einhergehen" (Troeller 2009, S. 160). Es werde immer schwerer, zu solidarischen Lebensformen zurückzufinden, die früher das Wohlergehen der Gemeinschaft sicherten. Aber er sieht auch Gegenbewegungen, „alternative Gesellschaftsentwürfe" entstehen, oft gerade dort, „wo es ums nackte Überleben geht". Auch da – so Troeller (ebd.) – „spiegeln sich die Veränderungen gegenüber den Kindern. Da wird Pädagogik zur Widerstandsbewegung gegen die Fortschrittsideologie der offiziell verordneten Lebensinhalte. Das Lernen im Rahmen dieser Pädagogik, meist in selbstorganisierten Nachbarschaftsschulen, orientiert sich nicht an blutleeren Stoffkatalogen, sondern an sozialen Widersprüchen und lokalen wie regionalen Schlüsselproblemen."

2.3 Kontroversen

Die von Gordian Troeller und seinen Mitarbeiterinnen produzierten Dokumentarfilme, die er selbst lieber als „Leitartikelfilme" oder „Filmessays" bezeichnete (Troeller in: Adick & Stuke 1996, S. 48 f.), stießen auf große Resonanz und lösten oft heftige Kontroversen aus. Zwei besonders heftige Kontroversen bezogen sich auf den ersten Film der Kinderserie mit dem Titel „... denn ihrer ist das Himmelreich" (Bolivien 1984) und den Film, der sich unter dem Titel „Die Nachkommen Abrahams" (Israel/Palästina 1989) mit der ersten Intifada von 1987 und ihren Hintergründen in Israel und Palästina befasst. Ich will diese Kontroversen hier nachzeichnen, um deutlich zu machen, dass sich Troellers Filme nicht im Ghetto einer kleinen Schar von Eingeweihten bewegten, sondern eine breite öffentliche Resonanz in verschiedenen Kreisen der Bevölkerung fanden und diese immer wieder aufwühlten.

Der Film „... denn ihrer ist das Himmelreich" beschäftigt sich mit dem Verhältnis von Kindern und Erwachsenen bei den indigenen Völkern der Chiquitano und Ayoreo, die im bolivianischen Tiefland leben. Wie im vorangegangenen Abschnitt gezeigt, konfrontiert der Film deren Kindheitsverständnis mit dem dominanten europäischen und zeigt, wie westliche Missionierung und Entwicklungshilfe diese Völker insgesamt „wie Kinder behandeln, die einer europäischen Einflussnahme, sprich Erziehung, bedürfen, um sich zu entwickeln" (Adick 2000a, S. 414).[26] Gleich nach Ausstrahlung des Films am 9. September 1984 protestierten vor allem verschiedene katholische Organisationen wie Adveniat, Missio und die Katholische Nachrichtenagentur. In ihren Stellungnahmen wurde der Film als „beispiellose Diffamierung der katholischen Missionsarbeit, als ideologisch voreingenommen und beleidigend" bezeichnet. Katholische Zeitungen titelten: „Trau keinem Troeller über den Weg". Der damalige Leiter der Abteilung Kultur und Gesellschaft bei Radio Bremen, Elmar Hügler (1992, S. 28 f.), erinnert sich einige Jahre später, er habe nicht damit gerechnet,

> dass das Hinterfragen von Denkweisen und Ritualen zu Protesten führen könnte, die dem christlichen Gebot der Duldsamkeit auf schlimme Weise widersprachen. Das Stück beschäftigte nicht nur die Deutsche Bischofskonferenz. Über die Kanzeln vieler Kirchen, über Streitschriften und Flugblätter wurde ein Heer von Gläubigen mobilisiert, von denen viele den Film gar nicht gesehen hatten. So wurde aus Gordian Troeller der personifizierte Antichrist, aus Radio Bremen eine Agentur der Hölle.

Der Franziskaner-Missionsverein in Bayern versuchte, mit einem Rechtsstreit eine Gegendarstellung zu erwirken, die aber nie zustande kam. Der Bruder des im Film gezeigten Pfarrers verfasste einen achtseitigen Rundbrief, in dem er alle seiner Meinung nach falsch dargestellten Szenen und Aussagen des Films aufgriff, und verschickte ihn an die Deutsche Bischofskonferenz, verschiedene Fernsehsender und etliche Zeitungen. Später veröffentlichte er dazu ein Büchlein unter dem Titel „Arme Kinder dieser Welt. Wie ein Fernsehteam von Radio Bremen wehrlose Indios mißbraucht – die Opfer protestieren" (Schicker 1985), in dem er nun auch noch Stellungnahmen aus dem Kreis der im Film gezeigten „Indios" präsentierte. Troeller selbst bemerkte zu der Kontroverse um diesen Film in einer Podiumsdiskussion in Bochum: „Die ganze Sendung drohte zu kippen. Die Kirche, die Bischofskonferenz, ich weiß nicht, alle haben sie versucht, mich loszuwerden, aber Gottseidank hat der Bremer Rundfunkrat gesagt, das ist kein antikirchlicher Film, kein Teufelswerk" (Troeller in Adick & Stuke 1996, S. 41). In einer 35 Seiten umfassenden Entgegnung auf die verschiedenen Vorwürfe ging der Bremer Rundfunkrat minutiös auf alle Kritikpunkte ein und widerlegte sie, bis auf den, dass der in Bolivien tätige deutsche

---

26 Bei der Darstellung der Kontroverse um diesen Film beziehe ich mich teilweise auf ein Dossier, das der CON-Filmverleih in Bremen zusammengestellt hat und über das von Adick (2000a, S. 414 f.) berichtet wird. Vgl. auch die von Kohler & Seekamp (1996) vorgenommene Analyse der Zuschauerrezeptionen des Filmes.

Pfarrer Josef Schicker, alias Padre José, von Troeller irrtümlicherweise als Laienbruder bezeichnet worden war und Troeller sich noch in einem Ortsnamen geirrt hatte. Dank der festen Haltung von Radio Bremen konnte die Filmserie also fortgeführt werden.[27]

Noch heftiger fielen die Reaktionen auf den fünf Jahre später ausgestrahlten Film „Die Nachkommen Abrahams" aus, in dem sich Troeller kritisch mit der israelischen Besatzungspolitik und insbesondere ihren Folgen für die palästinensischen Kinder auseinandersetzt. Der damalige Vorsitzende des Zentralrats der Juden in Deutschland, Heinz Galinski, sah durch den Film nicht weniger als die „Substanz des Zusammenlebens von Juden und Nichtjuden" in der Bundesrepublik Deutschland bedroht (zit. n. Hügler 1992, S. 29). Nach Bekunden von Hügler warf der israelische Botschafter Troeller vor, seine Kritik sei „antiisraelisch", und diffamierte ihn als Feind des ganzen jüdischen Volkes. Elmar Hügler (ebd.) erinnert sich auch hieran mit einigem Schaudern:

> Was er damit allerdings tatsächlich wollte, wurde später deutlich – bei einer persönlichen Begegnung, zu der der Botschafter sich selbst bei Radio Bremen eingeladen hatte. Ich wurde Zeuge einer weiteren Metamorphose. Gordian Troeller, eben noch ein Katholikenhasser, wurde nun, in einer Marathonbeschimpfung, zum Judenfeind gemacht.

Der Film wurde aber diesmal von den öffentlich-rechtlichen Sendeanstalten keineswegs nur verteidigt. In unmittelbarer Reaktion auf die Proteste des israelischen Botschafters und des Zentralrats der Juden bewertete etwa der Fernsehausschuss des Bayrischen Rundfunks den Film als ein Werk „mit eindeutiger antisemitischer Tendenz", oder der NDR-Rundfunkrat als Werk „mit nicht zu übersehender anti-jüdischer Tendenz". Rupert Neudeck, der Gründer und langjährige Leiter der Flüchtlingshilfsorganisation Cap Anamur, sieht in diesen Reaktionen einen typischen „Reflex unserer philosemitischen Verkrampfung" (Neudeck 1992, S. 11). Den eigentlichen Skandal sieht Neudeck (a. a. O., S. 13 f.) darin,

---

27 Gewiss hätte auch diskutiert werden können, ob es in einem in relativ kurzer Zeit entstehenden Film überhaupt möglich ist, die vielfältige Realität zweier indigener Völker in ihrer jahrhundertelangen Konfrontation mit den kolonialen Einflüssen wie auch die unterschiedlichen Facetten und Ausrichtungen kirchlicher Tätigkeit in der Region angemessen zum Ausdruck zu bringen, aber diese Frage wurde in der Kontroverse nicht angesprochen (zum Wechselspiel zwischen der Kultur der Kolonialherren und den unterdrückten Kulturen und der Volksreligiosität der Chiquitano und anderer indigener Völker in Bolivien vgl. Strack 1992; 1997). Eine informative neuere Fallstudie zu den Chiquitano findet sich in Green (2016), S. 69–73.

dass man es dem Zentralrat der Juden und seinem Vorsitzenden überlässt, über solche Sendungen ein Urteil zu sprechen, das mehr ist als irgendeine Meinungsäußerung. Dass es zu einer Debatte darüber kommen kann, ob Gordian Troeller ein Antisemit sei. Dass es einen Beschluss des Fernsehausschusses von Radio Bremen geben muss, in dem konstatiert wird, „Troellers Beitrag kann nicht als antisemitisch eingestuft werden". Wäre ich an der Stelle des Kollegen Troeller, würde ich mich für einen so unverschämten Persilschein bedanken: „Nach sechsstündiger Debatte stimmten diesem Urteil alle Rundfunkräte im Anschluss zu, auch der Vertreter der jüdischen Gemeinde, Ernst Stoppelmann".

Das eigentliche Thema des Films, die Situation der palästinensischen Kinder und ihre Protestbewegung, die später *Erste Intifada* (arabisch für: sich erheben, loswerden, abschütteln) genannt wurde, ging bei diesen Auseinandersetzungen letztlich vollständig unter.[28]

2.4 Bilanz

Die Filmserie „Kinder der Welt" hat den Anspruch, die Welt der Kinder als „jene ‚Kolonie' zu untersuchen, die von Erwachsenen beherrscht wird und – folgerichtig – auch deren Wertvorstellungen, Vorurteile, Leitbilder und Machtverhältnisse spiegelt" – so wird Troeller von Gert von Paczensky in dessen Nachwort zur Autobiographie zitiert (von Paczensky 2009, S. 196).[29] In der ersten Filmserie „Im Namen des Fortschritts" hatte die Kritik am westlichen Fortschrittsglauben und den mit ihm verbundenen Wirtschaftsformen und Technologien im Zentrum gestanden, in der zweiten Serie „Frauen der Welt" war es darum gegangen – so Troeller (2009, S. 147) –, „die größte und unfreiste aller ‚Kolonien' ins Bild zu rücken: die Frauen". Es ist bemerkenswert, dass Troeller bei seiner Kritik am bevormundenden Umgang mit Frauen und Kindern im Globalen Süden Überlegungen feministischer Autorinnen vorwegnahm, in denen die Frauen der „Dritten Welt" im Sinne einer letzten auszubeutenden Ressource als „letzte Kolonie" identifiziert wurden (von Werlhof, Mies & Bennholdt-Thomsen 1988 [zuerst 1983]).

---

28 Eine ausführliche Darstellung der Konflikte um diese beiden Filme mit weiteren Details findet sich auch in Troellers Autobiographie (2009, S. 161–168). Zu Hintergrund und Geschichte der Intifada vgl. Herz (2003); Schäuble & Pflug (2007).

29 Der Publizist Gert von Paczensky, Gründer des Fernsehmagazins *Panorama* und Fürsprecher Troellers beim Norddeutschen Rundfunk (NDR), hat Anfang der 1970er-Jahre auch ein heute kaum noch bekanntes polemisches Buch über die „wahre Geschichte des Kolonialismus" verfasst (von Paczensky 1970).

In seiner Autobiographie spricht Troeller (2009, S. 138) ausdrücklich von den Kindern als „der letzten Kolonie", deren Lebensbedingungen er mit der Filmserie „Kinder der Welt" untersuchen wollte. Christel Adick ist zuzustimmen, wenn sie als roten Faden nicht nur in dieser, sondern auch in den anderen Filmserien den „Begriff des Kolonialismus im weitesten Sinn" erkennt: „das Aufzeigen von Mechanismen ungerechtfertigter Herrschaft von Menschen über Menschen" (Adick 2000, S. 414). Vergleichbare Überlegungen finden sich fast zeitgleich zu Troellers ersten Filmen in den USA in kritischen Studien zur „Infantilisierung der Kinder" (deutsche Ausgaben: Firestone 1973; Farson 1975; Holt 1978) und zum „Paternalismus" gegenüber Kindern (Palmeri 1980), in Europa zur „Entkolonisierung des Kindes" (Mendel 1973), zur „Eroberung des Kindes durch die Wissenschaft" (Gstettner 1981) oder in der Forderung nach der „Gleichberechtigung des Kindes" (Braunmühl, Kupffer & Ostermeyer 1976).[30] Troeller griff seinerseits im Anschluss an die zuerst 1960 veröffentlichten Thesen des französischen Historikers Philippe Ariès zur Geschichte der Kindheit (deutsche Ausgabe: Ariès 1975) vor allem auf Forschungen der französischen Soziologin Marie-José Chombart de Lauwe und ihres Mannes Paul-Henry (1971; 1976; 1977) zurück, in denen sie die Bedeutung des Spiels von Kindern für die Aneignung öffentlicher Räume untersucht hatten.

Nicht alle Filme, die Troeller machen wollte, konnte er realisieren. Oft wurde ihm aus politischen Gründen die Drehgenehmigung verweigert, oder die politische Situation machte den Aufenthalt im Land unmöglich.[31] Er und seine

---

30 Auf diese Studien gehe ich in Kapitel 4 ein.
31 In seiner Autobiographie berichtet Troeller mehrmals von solchen Situationen und von Projekten, die er nicht realisieren konnte. Zum Beispiel hätte er gerne einen Film über die in Zentralindien lebende indigene Minderheit der *Muria* gedreht, über die er 1965 unter dem Titel „Für Erwachsene verboten" eine Fotoreportage in der Illustrierten *stern* veröffentlicht hatte. Eine Drehgenehmigung wurde nach Bekunden Troellers von der indischen Regierung mit folgender Erklärung verweigert: „Das sind kriminelle Stämme. Wir wollen nicht, dass ihre Sitten den Ruf Indiens schädigen." Troeller kommentiert: „Als ‚kriminelle Stämme' gelten alle Ureinwohner Indiens, etwa 30 Millionen an der Zahl." (Troeller 2009, S. 95; die Reportage aus dem *stern* ist auf S. 87-94 der Autobiographie oder unter: http://matriarchat.info/wissen-koennen/ghotul.html nachzulesen). In einer Podiumsdiskussion in Bochum erläuterte Troeller: „Leider durfte ich bei den Muria nicht filmen. [...] Die haben ein System, das wir gar nicht verstehen können. Sobald ein Kind nicht mehr ins Bett pinkelt, geht es in die Republik der Kinder. Die Republik der Kinder, das ist ein Haus innerhalb des Dorfes, in dem die Kinder unter sich sind und die eigenen Gesetze entwickeln. Es gibt keinen Erwachsenen, der das Recht hat, dort zu intervenieren. Die Kinder arbeiten für die Familie oder arbeiten für die Gemeinschaft. Es gibt zwar mehr Gemeinschaftsbesitz, aber die Kinder entscheiden selber, was gut oder schlecht ist." (Troeller in Adick & Stuke 1996, S. 41 f.). Zu den Muria vgl. auch Gell (1986); Das (1989); Wiederman (2010).

Mitarbeiterinnen gingen gleichwohl immer wieder große Risiken ein, um das Leben der Menschen, vor allem das der Kinder, aus der Nähe kennenzulernen und ihre Erfahrungen und Sichtweisen zu verstehen. Ihr besonderes Interesse galt den Menschen, die unter der gegebenen Situation litten, und ihren Versuchen, mit für uns kaum vorstellbaren Schwierigkeiten umzugehen. Einmal vor Ort, gelang es dem Filmteam meist, deren Vertrauen zu gewinnen und mit ihnen ins Gespräch zu kommen. Nie wurde heimlich und hinter dem Rücken dieser Menschen gedreht, und immer achtete das Team darauf, sie durch die Kamera nicht zusätzlich in Gefahr zu bringen.[32] In seiner Autobiographie (Troeller 2009, S. 188) bekundet Troeller, er habe die Erfahrung gemacht,

> dass nur zwei Personen – am besten ein Mann und eine Frau – weit besser aufgenommen werden, als ein nur aus Männern bestehendes Fernsehteam. Die haben meist schweres Material dabei: Licht, Stativ und meterlange Kabel. Sie werden als Fremde wahrgenommen, ja oft als ungebetene Eindringlinge. Wir hingegen hatten nur eine leichte Kamera und ein kleines Tonbandgerät, kein Stativ, kein Licht. Wir fingen auch nicht gleich an zu drehen. Wir setzten uns zu den Familien, klönten mit ihnen und – da ich ziemlich viele Sprachen spreche – meist ohne Dolmetscher. Nicht selten wurden wir mit in die Kneipe genommen und anderen Bewohnern des Viertels vorgestellt. Da erfuhren wir mehr über diese Menschen, als diese über uns wissen wollten. Schließlich fingen wir an zu drehen, und zwar nur das, was gerade passierte. Falls es misslang, baten wir, um Gottes willen, nicht darum, die Szene zu wiederholen. Das verfälscht die Atmosphäre. Dann fühlen sich die Beteiligten als Objekt, und keine Bewegung stimmt mehr. Ja, es zerstört sogar das Vertrauensverhältnis, das sich langsam entwickelt hat. Plötzlich wird die Kamera eine Autorität, die diktiert, was getan werden soll – und sogar wie. Da ich hinter der Kamera sprach und Fragen stellte, nannte man mich vielerorts „Der Mann mit dem großen Auge" oder „Die sprechende Kamera".

Troeller betont, wie wichtig es gewesen sei, dass er immer mit einer Frau unterwegs war. Als Mann hätte er vor Ort kaum Kontakt zu den Frauen finden können, „so dass mir Einsichten und Erkenntnisse über die Hälfte der Menschheit verborgen bleiben würden" (Troeller 2009, S. 188 f.). Zu den Kindern mag sich der Kontakt leichter ergeben haben. Logischerweise stehen sie in der Kinderserie im Mittelpunkt, weniger indem sie beim Reden, sondern mehr indem sie beim Handeln gezeigt werden. Joachim Paschen, der sich als Leiter der Staatlichen Landesbildstelle in Hamburg intensiv mit Troellers Filmen ausei-

---

32 Situationen beim Filmen werden ausführlich in dem Band „Gordian Troeller und Marie-Claude Deffarge im Gespräch" (CON Film 1988) beschrieben. Zu Troellers Art, Filme zu machen, vgl. auch Bonzol & Sadlowski (1996), S. 30 ff.

nandergesetzt und über sie auch ein lesenswertes Buch mit herausgegeben hat (Paschen, Spieß & Ziegert 1992), betont, der Kinderserie sei „jede Kindertümelei fremd, auch besondere Mitleidseffekte werden nicht gesucht, schon gar nicht werden die Kinder als Vehikel für Botschaften missbraucht" (Paschen 1992, S. 74). Die Kinder kämen nicht als Vorzeigeobjekte oder Opfer, sondern als Akteure ins Bild. Gordian Troeller sei es gelungen, „mit Hilfe der jungen Leute Filme zu gestalten, die einen unmittelbaren Zugang verschaffen, den selbst ein manchmal in den Vordergrund drängender Kommentar nicht mehr verbauen kann" (a. a. O., S. 75).

Bei der Betrachtung der Filme ist ihr Entstehungsjahr mit zu bedenken. Gordian Troeller war selbstkritisch genug, um einzugestehen, dass die insbesondere in seinen frühen Filmen mit den Befreiungsbewegungen verbundenen Hoffnungen oft nicht erfüllt wurden, oder dass er die Schwierigkeiten unterschätzt hatte, die mit der Entkolonialisierung in Afrika entstandenen Utopien in einer extrem ungleichen postkolonialen Konstellation zu behaupten und durchzusetzen. So merkt Troeller in seiner Autobiographie zum Befreiungskampf in Eritrea, den er in insgesamt vier Filmen (einschließlich derer, die vor der Kinderserie entstanden waren) begleitet hatte, an (Troeller 2009, S. 179 f.):

> Ich war so naiv zu glauben, dass 100.000 Frauen und Männer, die in einem 30-jährigen Krieg eine nahezu ideale Gemeinschaft geschaffen hatten, eine traditionelle Gesellschaft von vier Millionen Menschen verändern könnten, in der jede soziale Schicht, ob Bauern, Geschäftsleute, Ärzte oder Unternehmer hartnäckig die eigenen Interessen verteidigte. Die Revolutionäre hatten zwar die Macht, aber gegen vier Millionen Menschen, die wie eh und je ihr täglich Brot verdienen wollten, waren sie machtlos. Von sozialer Gerechtigkeit wollte niemand etwas wissen. Auch waren die Staatskassen leer. Ja, selbst ihre Kämpfer, die demobilisiert wurden, konnten sie kaum ernähren. So erlebte ich zum x-ten Male, wie Freiheitsbewegungen nach dem Sieg sich den Realitäten ihrer Länder zu stellen hatten und dabei immer weiter zurückstecken mussten. Umso mehr, als fremde Mächte sich bemühten, Einfluss zu gewinnen, um ihre politischen, wirtschaftlichen oder strategischen Interessen zu sichern.

Gleichwohl lohnt es sich auch heute noch und vielleicht gerade heute, sich solche Utopien und die damit verbundenen Hoffnungen auf ein befreites und besseres Leben mit den Filmen vor Augen zu führen. Die Art und Weise, wie Troeller scheinbar rückständige und überholte Lebensweisen sichtbar macht oder die Rückbesinnung auf alte Kulturen ins Bild setzt, lassen eine Ahnung davon entstehen, welche Kraft in ihnen bewahrt ist. Bei aller Fortschrittskritik bleibt sein Blick jedoch nicht nostalgisch in der Vergangenheit hängen, sondern sucht nach einer Lösung in sozialen Bewegungen, die ihre Kraft aus der vorkolonialen Vergangenheit schöpfen, aber auch auf die Herausforderungen der Gegenwart antworten und auf eine bessere Zukunft gerichtet sind.

Nicht von ungefähr gibt Troeller seinem letzten, mit Ingrid Becker-Ross und Silvia Perez Vitoria gedrehten Film, in dem er eine Bilanz seiner Filme vornimmt, den Titel „Wenn die Irrtümer verbraucht sind" (1999). Die angesprochenen Irrtümer beziehen sich gleichermaßen auf die von ihm aufgedeckten Illusionen und falschen Versprechungen westlichen Fortschrittsdenkens wie auf manche seiner eigenen, sich im Rückblick als verfehlt oder zu optimistisch erweisenden Prognosen. So wie Troeller offen, ohne vorab formuliertes Drehbuch an die von ihm gefilmten Situationen heranging, hat er seine Art, sich der Wirklichkeit zu nähern, als permanenten, nicht abschließbaren Lernprozess verstanden. In seiner Autobiographie merkt Troeller (2009, S. 119 f.) dazu an:

> Dass die gemeinsam vor der Reise erarbeiteten Thesen auch hinterfragt und gegebenenfalls korrigiert werden müssen, ist selbstverständlich. An Ort und Stelle gehen wir davon aus, dass sich vieles verändert hat, die verarbeitete Dokumentation oder die bisherigen Erfahrungen möglicherweise überholt sind. Wir gehen ja nicht auf Reisen, um festzustellen, dass unsere Thesen [sich bestätigen]. Wir können durchaus verwirrt sein, wenn unsere Arbeitshypothesen nicht stimmen, aber wir sind nicht unglücklich darüber. Uns geht es darum, aus neuen Situationen Neues zu lernen. – In Tansania, zum Beispiel, haben sich unsere Ausgangsthesen nicht bestätigt. Bei unserem ersten Besuch während der Frauen-Serie, 1965, hatte uns Tansania begeistert. Zehn Jahre später, als wir den Film „Zum Teufel mit der Schule" drehen wollten, machte es uns traurig. Die wirtschaftliche Lage, die menschlichen Beziehungen, die Korruption – alles war jetzt katastrophal. Daran konnten auch die gut gemeinten Schulversuche in den Ujama-Dörfern[33] nichts ändern. Wir haben daraus gelernt, dass eine soziale Veränderung nicht zu erzielen ist, solange das Wirtschaftssystem nicht verändert wird. Deshalb musste die Schulreform, die Präsident Nyerere in Angriff genommen hatte, scheitern. Wir haben das sehr deutlich gesagt, auch wenn wir darüber nicht glücklich waren. [...] Nyerere war der Gefangene einer neuen Bourgeoisie geworden, die ihre Privilegien ausbaute, statt an das Wohl der Bevölkerung zu denken.

Als besonders wichtig und zugleich besonders schwierig erschien ihm, den eigenen „Eurozentrismus zu verlernen". In einem Gespräch (Gordian Troeller im Gespräch, 1992, S. 106 ff.) beschreibt er einige Erlebnisse, die sein Weltbild

---

33 *Ujamaa* ist der Swahili-Begriff für Dorfgemeinschaft, Familie, Familien- und Gemeinschaftssinn. Er bezeichnet ein vom ersten Präsidenten Tansanias, Julius Nyerere, geprägtes Gesellschaftsmodell, das bis 1985 in Tansania praktiziert wurde und mit Formen gemeinschaftlichen Lernens verbunden war (Anm. d. Verf.).

entscheidend verändert und ihm das Verhängnisvolle am europäischen Überlegenheitsgefühl bewusst gemacht hätten. Eines davon ereignete sich Mitte der 1960er-Jahre bei einem Besuch im Süden des Sudans, wo sich die schwarze Bevölkerung, unter ihnen die Volksgruppe der Kakua, gegen die Herrschaft des arabischen Nordens erhoben hatte. Troeller und Marie-Claude Deffarge waren von den Rebellen überschwänglich begrüßt und sogar aus einer lebensgefährlichen Situation gerettet worden. Troeller erzählt (a. a. O., S. 107 ff.):

> Wir saßen auf einer Zeltbahn, unsere Retter hockten 20 Meter entfernt auf dem nackten Boden. Obwohl wir sie immer wieder aufforderten, sich zu uns zu setzen, lehnten sie ab. Am nächsten Tag war es nicht anders. Doch diesmal machten wir nicht den Fehler, sie zu uns zu bitten, sondern nahmen unser Essen und setzten uns zu ihnen. Die Diskussion, die dadurch ausgelöst wurde, dauerte die ganze Nacht.
>
> Sie hatten uns das Leben gerettet, doch mit uns essen, das glaubten sie nicht zu dürfen. Einer so intimen Beziehung fühlten sie sich nicht würdig. Nach langem Palaver kam es an den Tag: Sie waren überzeugt, keine wahren Menschen zu sein. Höher entwickelte Affen vielleicht. Aber Menschen nicht. Noch nicht. Das hatten Missionare ihnen gesagt. Dieses „Noch-nicht-Sein", als Vorbild aufgezwungen, gepredigt oder vorgelebt, diktiert ihr Verhalten. Verinnerlichung der vom Westen geformten und dank seiner materiellen Überlegenheit akzeptierten Überzeugung, dass die menschliche Entwicklung nur in eine Richtung gehen könne: in die von Europa vorgezeichnete.[34] Im Südsudan wurde dies in dramatischer Weise erlebt und ausgesprochen.
>
> Wir hatten uns einiges über die Kakua angelesen. Ein paar italienische Missionare, ein englischer Ethnologe und zwei weiße Söldner waren hier gewesen. Die Missionare hatten erklärt, dass alle Schwarzen mit unsichtbaren Affenschwänzen auf die Welt kämen und diese erst abfallen würden, wenn sie sich taufen ließen. Erst dann könnten sie sich langsam zu wahren Menschen entwickeln. Auch Lesen und Schreiben müssten sie zunächst einmal lernen. Die Regierung in Khartum hatte die Missionare vertrieben und die Islamisierung des Südens befohlen. Wieder wurde den Kakua gesagt, dass sie keine Menschen seien, solange sie Mohammeds Lehren nicht befolgten. Viele wurden zwangsbekehrt. Auf Widerspenstige wurde Jagd gemacht wie auf wilde Tiere. Die Fragen des Ethnologen waren wie richterliche Verhöre im Gedächtnis haften geblieben. Der Einfluss der Söldner hingegen war

---

34 Mit welcher Vehemenz dies auch heute noch vertreten und mit einem wissenschaftlichen Mäntelchen drapiert wird, geht aus dem weit verbreiteten Buch des britischen Historikers Niall Ferguson (2013) hervor, das den keineswegs ironisch gemeinten Titel trägt: *Der Westen und der Rest der Welt* (Anm. d. Verf.).

eher ein guter, denn sie waren gekommen, um diesen Menschen zu helfen, ihre Lebensart zu erhalten. Sie hatten den Männern beigebracht, mit modernen Waffen umzugehen.

All das wurde uns in dieser Nacht erzählt, und immer wieder hieß es: Was haben wir nur getan? Welche Schuld haben wir auf uns geladen? Warum haben uns böse Mächte so arg mitgespielt?

Solche Fragen waren vor der Ankunft der Araber und Europäer nicht gestellt worden. Es hatte Nachbarn gegeben, die anders waren, etwas heller oder dunkler, vielleicht tüchtiger im Jagen oder weniger vertraut mit den Tieren. Sie hatten ihre Tänze und Sitten, und man hatte seine eigenen. Man konnte von anderen lernen, aber Vorbild waren sie nicht. Mit dieser Arroganz traten erst die Araber und Europäer auf. Aus dem „Nicht-so-sein" wie andere, wurde das „Noch-nicht-so-sein".

Was konnten wir mit diesen Erkenntnissen anfangen? Worte können Situationen klären, aber Verhalten nicht ändern. Durch Zufall hatten wir die einzige Beziehung hergestellt, die das Minderwertigkeitsbewusstsein aufheben konnte: die „Scherzverwandtschaft". Sie ist in vielen Kulturen üblich. Durch Scherze, Blödeleien und Schabernacks werden Situationen geschaffen, in denen niemand sich mehr ernst nimmt oder ernst genommen werden will. Wir nennen sie „Wilde" und „Neger", sie uns „Besserwisser" und „Imperialisten". Alle Vorurteile werden ausgesprochen und direkt auf die Person bezogen. Schon nach wenigen Tagen haben all diese Vorurteile ihren Sinn verloren. Jeder ist gleich viel wert. Der Einfallsreichtum unserer „Scherzverwandtschaft" wuchs täglich. Als wir auch noch Läuse kriegten und uns täglich lausten, war der Mythos von der menschlichen Überlegenheit der Weißen dahin.

Diese lernbereite Haltung, die sich in allen Filmen Troellers findet, macht diese bis heute zu einem nahezu idealen Bildungsmedium (vgl. dazu Adick 2000b). Obwohl er, wie ihm von Filmästheten mitunter angekreidet wurde, in seinen Filmen viel redet, wirken diese nie belehrend, verkünden keine absoluten Wahrheiten, sondern laden zum Nach- und Weiterdenken ein und stimulieren die eigene Neugier eines jeden, der sich auf die Filme einlässt. In der Autobiographie spricht Troeller davon, dass er sich beim Filmen immer wieder Anforderungen ausgesetzt sah, die kaum zu bewältigen waren (Troeller 2009, S. 118):

Da soll in 45 Minuten – oft sogar in nur 30 Minuten – schlüssig belegt werden, was in wochenlanger Recherche ermittelt wurde. Vor allem sollen die Bilder beweisen, was im Kommentar gesagt wird. Da ich grundsätzlich keine Szene stelle, kommt es schon vor, dass sich Bild und Text nicht gegenseitig belegen. Bei Reiseberichten oder Propagandafilmen ist das einfach, bei wirtschaftlichen und politischen Analysen hingegen ganz unmöglich."

Eine große Herausforderung sieht er darin, zu erreichen, die Zuschauer zu veranlassen, sich ihrer eigenen Vorurteile bewusst zu werden und neu nachzudenken (ebd.):

> Man wirft uns vor, zu dicht zu texten, den Kommentar zu überladen. Die Puristen sind der Meinung, dass ein Dokumentarfilm hauptsächlich von der Aussagekraft der Bilder leben sollte und deshalb letztlich auf den Kommentar verzichten müsste. Wenn ich einen Film über Deutschland drehen würde, wo die Zuschauer mit der Situation vertraut sind, würde ich auch vermutlich wenig sagen. Wenn es jedoch um Fremdes, um die Problematik der „Dritten Welt" geht, werden kommentarlos ablaufende Bilder die bestehenden Vorurteile nur untermauern. Das heißt, der Zuschauer projiziert das Wenige, was er auf diesem Gebiet weiß, auf die Bilder und fühlt sich in seinen Vorurteilen bestätigt. [...] Wie recht wir haben, bestätigte sich in Paris, wo einer unserer Filme im Kino lief. Am Schluss rief eine der Zuschauerinnen: „Das ist unerträglich. Ihr lasst uns keine Zeit, über die Bilder zu träumen." Und Marie-Claude antwortete: „Genau das ist unsere Absicht. Ihr sollt keine Zeit zum Träumen haben. Dann nämlich steigen in euch jene Klischees auf, die die Regenbogenpresse und anderen Medien euch in den Kopf gesetzt haben. So träumen heißt, die Wirklichkeit verweigern.

Ein solcher Anspruch steht gewiss in der Gefahr, entgegen eigener Absichten als besserwisserisch verstanden zu werden. Die Filme animieren vielleicht nicht zum Träumen, aber während sie Überheblichkeit, Bevormundung und Entwürdigung in konkreten Situationen zeigen und ihren Widersinn erkennbar werden lassen, setzen sie Energien und die Hoffnung frei, ihnen ein Ende setzen zu können. Am Ende seiner Autobiographie erinnert sich Troeller an eine jahrhundertealte Prophezeiung, auf die er bei den Navajos in den USA gestoßen war (Troeller 2009, S. 193): „Sie besagt, wenn alle Menschen die gleiche Sprache sprechen, ist das Ende der Welt gekommen. Tatsächlich gibt es wohl keine Alternative mehr zum Denken des weißen Mannes, es sei denn, in seiner Gesellschaft wüchse die Besinnung und führte zu einem radikalen Umdenken."

3. Wider den Eurozentrismus in der Kindheits- und Jugendforschung[35]

Die aktuelle internationale Theorie der Kindheit ist weitgehend eine der nördlichen Hemisphäre. Sie ist innerhalb dieser in hohem Maße noch einmal eingeschränkt, nämlich lediglich vor dem Anschauungssubstrat westlicher demokratisch-kapitalistischer Industriegesellschaften gewonnen. Kindheit in anderen Weltregionen ist dagegen weder in historischer noch gegenwartsbezogener Orientierung für die Theoriekonstruktion wichtig geworden. (Volker Lenhart: Kindheit in der Dritten Welt – gegen die Marginalisierung der Mehrheit in der Theorie der Kindheit, 2006, S. 201)

In einem zum zehnjährigen Jubiläum der Zeitschrift *Diskurs Kindheits- und Jugendforschung* gehaltenen Festvortrag nahm der Erziehungswissenschaftler Heinz-Hermann Krüger kürzlich eine Bilanz der Kindheits- und Jugendforschung vor und sprach über ihre Zukunft (Krüger 2016). In diesem Vortrag, der sich weitgehend auf die Forschungslandschaft in den deutschsprachigen Ländern bezog, konstatierte Krüger, sie müsste vor dem Hintergrund einer „entfesselten Weltgesellschaft [...] stärker interkulturell ausgerichtet und kulturvergleichend angelegt sein" (a. a. O., S. 333). Zwar seien im letzten Jahrzehnt einige Studien zum Aufwachsen von Kindern und Jugendlichen in Europa und anderen Weltregionen durchgeführt worden, aber die international vergleichende Kindheits- und Jugendforschung sei in Deutschland nur schwach entwickelt. Dem wäre hinzuzufügen, dass sie nicht nur schwach entwickelt, sondern auch in hohem Maße eurozentrisch beschränkt ist. Unter Eurozentrismus soll hier „die mehr oder weniger explizite Annahme verstanden werden, dass die allgemeine historische Entwicklung, die als charakteristisch für das westliche Europa und das nördliche Amerika betrachtet wird, ein Modell darstellt, an

---

35 Einige Teile dieses Kapitels wurden zuvor in einem Sammelband zu Jugend, Bildung und Globalisierung (Hunner-Kreisel, Schäfer & Witte 2008) sowie in der digitalen Version eines Handbuchs zur Kindheits- und Jugendsoziologie (Lange, Steiner, Schutter & Reiter 2015) veröffentlicht. Sie wurden überarbeitet und in den Gedankengang des Buches eingefügt. Ich danke den Herausgeberinnen und Herausgebern sowie den Verlagen für die Erlaubnis, auf die Beiträge zurückzugreifen.

dem die Geschichten und sozialen Formationen aller Gesellschaften gemessen und bewertet werden können" (Conrad & Randeria 2002b, S. 12).

Kinder und Jugendliche[36] gibt es auf dem ganzen Globus. Wer über die deutschen oder gar europäischen Grenzen hinausblickt, wird aber schnell bemerken, dass die Bedingungen, unter denen diese leben und aufwachsen, sehr verschieden sind. Gleiches gilt für die Vorstellungen, die darüber bestehen, wie eine gelungene Kindheit oder Jugend beschaffen sein sollte, oder wie Kinder und Jugendliche selbst ihr Leben sehen und zu gestalten versuchen.

Die im westlichen Europa dominierenden Muster von Kindheit und Jugend sind nicht universell gültig, auch wenn sie oft dazu dienen, die in anderen – vor allem den südlichen – Teilen der Welt verbreiteten Lebensweisen von Kindern und Jugendlichen zu messen und ihnen Defizite zu unterstellen. Dies betrifft vor allem den Aspekt, ob Kinder und Jugendliche hauptsächlich damit befasst sind, sich auf den „Ernst des Lebens" in speziell für sie konstruierten pädagogischen Institutionen vorbereiten zu lassen, oder ob sie bereits von Kindesbeinen an verantwortliche Rollen in ihren Gemeinwesen und Gesellschaften wahrnehmen. Dies berührt die Frage des Verhältnisses zwischen den Generationen ebenso wie die Beziehungen zwischen Arbeit und Bildung, Gegenwart und Zukunft.

Spätestens mit dem rasanten Fortschreiten der Globalisierungsprozesse und der Verbreitung der elektronischen Medien leben Kinder und Jugendliche in den verschiedenen Teilen der Welt nicht mehr voneinander abgeschottet, sondern sind mit Maßstäben, Erwartungen, Bedrohungen und Verheißungen aus anderen Weltregionen konfrontiert und müssen sich damit auseinandersetzen. Wie dies geschieht, lässt sich an den diversen Jugendkulturen und den sozialen Bewegungen beobachten, in denen Kinder und Jugendliche eine maßgebliche Rolle spielen.

In mehr oder minder ausgeprägtem Maße bestehen Jugendliche heute auf dem ganzen Globus auf einem Leben in eigener Verantwortung, in dem ihre Wünsche und Besonderheiten respektiert werden. Sie folgen nicht mehr umstandslos vorgegebenen Traditionen, sondern entwickeln eigene Vorstellungen und Praktiken, in denen sie selbst tonangebend sind. Solche Prozesse der „Autonomisierung" machen sich auch schon in einem Lebensalter breit, das gemeinhin der Kindheit zugerechnet wird und das sich nach gängigen Vorstellungen eher durch Abhängigkeit und Schutzbedürftigkeit auszeichnet. Auch für

---

36 Das Buch widmet sich zwar vorwiegend Kindern und Kindheiten, aber da im Globalen Süden die strikte Unterscheidung von Kindheit und Jugend, die das westliche Denken prägt, in der Realität keine Entsprechung findet, nehme ich gleichermaßen auf beide Kategorien im Sinne von Logiken des Aufwachsens Bezug.

eine wachsende Zahl von Kindern gilt heute weltweit, dass sie sich nicht mehr nur als Anhängsel der Erwachsenen, sondern als Personen „eigenen Rechts" verstehen, deren Menschenwürde zu respektieren ist und die „etwas zu sagen haben" (vgl. Liebel 2013; 2015a).

Die Art und Weise, in der Kinder und Jugendliche sich heute in den verschiedenen Teilen des Globus zu Wort melden, ihre eigenen Kulturen hervorbringen und sich mit eigenen Initiativen und Bewegungen in die Welt der Erwachsenen einmischen, unterscheidet sich freilich erheblich und erfordert, die im Globalen Norden dominierenden Wahrnehmungs- und Denkmuster zu hinterfragen. Dies gilt für die Begriffe von *Kindheit* und *Jugend* ebenso wie für die Frage, in welcher Weise Kinder und Jugendliche als *Subjekte* oder *Akteure* verstanden werden können.[37] Solange dies nicht geschieht, bleibt die Kindheits- und Jugendforschung in einem eurozentrischen Zirkel befangen und trägt implizit zur Aufrechterhaltung des postkolonialen Machtungleichgewichts in der Welt bei.

Nach einem Überblick über die im deutschsprachigen Raum geführten Debatten um die internationale und interkulturelle Orientierung der Kindheits- und Jugendforschung diskutiere ich, inwieweit das Konzept von Kindern und Jugendlichen „im Abseits" zum besseren Begreifen der globalen Veränderungen des Jungseins beitragen kann. In den folgenden Abschnitten stelle ich zum einen mit Blick auf Kinder, zum anderen mit Blick auf Jugendliche im Globalen Süden dar, in welcher Weise sich die „Logiken des Aufwachsens" von den dominanten westlichen Mustern von Kindheit und Jugend unterscheiden und wie sie am besten begriffen werden können. Dabei hinterfrage ich insbesondere Annahmen über das psychosoziale Moratorium, das in der deutschsprachigen Forschung nach wie vor als *sine qua non* einer gelingenden Kindheit und Jugend gilt.

3.1 Zaghafte Wege zu internationaler Orientierung

Wie eingangs betont, ist in der deutschsprachigen sozialwissenschaftlich orientierten Kindheits- und Jugendforschung der Blick in andere Länder und Kulturen noch immer selten. Eine stärkere internationale Orientierung wird zwar seit

---

37 Wenn ich in diesem Beitrag ebenso wie in früheren Veröffentlichungen (vgl. Liebel, Overwien und Recknagel 1998; 1999; Liebel 2001) ausdrücklich eine *subjektorientierte* Sichtweise vertrete, ist mir bewusst, dass die Frage des Subjekts ihrerseits viele Fallstricke bereithält und keinesfalls losgelöst von ihren historischen, gesellschaftlichen und kulturellen Kontexten verhandelt werden kann (vgl. Schirilla 2003).

mehreren Jahren eingefordert – so etwa von den Herausgebern des *Jahrbuchs Jugendforschung* (Merkens & Zinnecker 2003, S. 9) –, aber sie geht bisher kaum über andere europäische Länder, die USA, Japan oder Israel hinaus. In der aktualisierten und erweiterte Auflage des zuerst 2002 erschienenen *Handbuchs Kindheits- und Jugendforschung* (Krüger & Grunert 2010a) sind drei von 41 Beiträgen der Kindheit und Jugend in Afrika (Schäfer 2010), Asien (Helmke & Hesse 2010) und Lateinamerika (Boehnke 2010) gewidmet, wobei sich der Beitrag über Lateinamerika kurioserweise ausschließlich auf deutsch- und englischsprachige Quellen stützt. Ein neueres Beispiel: In einem mit großem theoretischem Anspruch konzipierten Handbuch über „Kindheiten in der Moderne" (Baader, Eßer & Schröer 2014) sind 17 Beiträge enthalten, die sich historisch und systematisch mit diversen Kindheitskonstruktionen befassen. Der Blick ist nahezu ausschließlich auf Europa gerichtet, lediglich in einem Beitrag (Himmelbach & Schröer 2014) wird versucht, über Europa hinaus Konturen einer „transnationalen Kindheit" nachzuzeichnen.

Der im *Handbuch Kindheits- und Jugendforschung* enthaltene Beitrag über „kulturtheoretische und kulturvergleichende Ansätze" (Renner 2010) stammt von einem Ethnologen und bezieht sich auf die ethnologische und kulturanthropologische Forschung. Naheliegender Weise befasst sich die vergleichende erziehungswissenschaftliche Bildungsforschung auch mit Kindern und Jugendlichen außerhalb des europäischen Raums – so etwa in den Arbeiten von Christel Adick (1997; 2005; vgl. auch Hornberg, Richter & Rotter 2014) und Volker Lenhart (1989; 2006) –, aber diese Beiträge sind in der sozialwissenschaftlichen Kindheits- und Jugendforschung kaum rezipiert worden.

Der von Gisela Trommsdorff vor nunmehr über 20 Jahren herausgegebenen Sammelband über *Kindheit und Jugend in verschiedenen Kulturen* hat in der sozial- und erziehungswissenschaftlichen Kindheits- und Jugendforschung m. W. bisher keine Nachfolger gefunden.[38] Die mit dem Band verfolgte Absicht,

---

[38] In der Ethnologie und Kulturanthropologie ist Kindheit und Jugend trotz der epochalen Arbeit von Margaret Mead ([1928]1970) zwar ein marginales Thema geblieben. Aber in den 1990er-Jahren sind im deutschsprachigen Raum immerhin einige Arbeiten publiziert worden, die sich auf anregende Weise mit Fragen der Erforschung von Kindheit und Jugend in außereuropäischen Gesellschaften und Kulturen auseinandersetzen (vgl. van Loo & Reinhart 1993; Dracklé 1996; Renner & Seidenfaden 1997). In vier soziologisch und erziehungswissenschaftlich orientierten neueren Sammelbänden zu Kindheits- und Jugendfragen in internationaler Perspektive (Hunner-Kreisel, Schäfer & Witte 2008; Hunner-Kreisel & Andresen; Schäfer, Witte & Sander 2011; Hunner-Kreisel & Stephan 2013) finden sich auch Beiträge zu Russland, Ländern im asiatischen Teil der früheren Sowjetunion, Türkei und Palästina. Doris Bühler-Niederberger (2011) fordert in einem grundlegenden Text zur *Lebensphase Kindheit*, die „Vielfalt von Kindheiten" zu beachten und ihre Qualität nicht vorab an westlichen Mustern zu messen. Auch Christine Hunner-Kreisel und Manja Ste-

„Fragen der Sozialisation, Erziehung und Entwicklung aus der Sicht der jeweiligen Kulturen" (Tromsdorff 1995, S. 13) zu untersuchen, ist im deutschsprachigen Raum – von einem Brasilianisch-Deutschen Symposium (Fichtner et al. 2003) und wenigen Monografien abgesehen, die meist als Examensarbeiten entstanden sind (z. B. Weller 2003) – nicht aufgegriffen worden.[39] Im einleitenden Beitrag von Heinz-Hermann Krüger und Cathleen Grunert zum *Handbuch Kindheits- und Jugendforschung* wird konstatiert, die kulturvergleichende Kindheits- und Jugendforschung stehe „trotz eines angesichts der Internationalisierung von kindlichen und jugendlichen Lebenslagen und Lebensverläufen steigenden Bedarfs an grenzüberschreitenden Projekten […] immer noch eher am Anfang" (Krüger & Grunert 2010b, S. 33). Dies wird außer auf Finanzierungs- und sprachlich-kulturelle Verständigungsprobleme darauf zurückgeführt, „dass die Methodik einer interkulturellen Kindheits- und Jugendforschung erst in Ansätzen entwickelt ist" (Krüger & Grunert 2010b, S. 33; ähnlich Krüger 2016).

Das methodische Dilemma kulturvergleichender Sozialforschung wird von Alfred Schäfer (2010, S. 463) in einem Beitrag über Kindheit und Jugend in Afrika treffend benannt:

> Entweder nimmt man die kulturellen Sinnbestimmungen sowie deren semantische Codes und die sich an ihnen entfaltenden Orientierungen wie auch Emotionen ernst (womit man sich ein Problem bei der Vergleichbarkeit einhandelt) oder aber man setzt immer schon Kategorien als universal geltende Allgemeinheiten an, in die sich dann kulturelle Differenzen als Besonderheiten eintragen lassen. Dann aber braucht man den Vergleich nicht mehr, um die Allgemeinheit der Kategorien zu bestätigen, die für den Vergleich schon vorausgesetzt waren.

Mir geht es in diesem Kapitel um das Verständnis der Lebensäußerungen von Kindern und Jugendlichen in den postkolonialen Gesellschaften des Globalen Südens mit Lebensweisen und Kulturen, die als „fremd" wahrgenommen werden. Auch dies ist ein schwieriges und nicht widerspruchsfrei einzulösendes Unterfangen, da wir uns nicht von unseren eigenen kulturellen Prägungen als „westliche Erwachsene" freimachen können und auf uns vertraute Begriffe und Kategorien zurückgreifen müssen. Im vorliegenden Fall gilt dies vornehmlich

---

phan folgern aus den in ihrem Band (Hunner-Kreisel & Stephan 2013) versammelten Studien, dass die bisherigen „Zugänge und Konzepte in der Kindheitsforschung" (a. a. O., S. 9 f.) zu hinterfragen seien.

39 Einen Überblick über Kinder- und Jugendstudien zu Lateinamerika gibt die Einleitung von Liebel & Rohmann (2006); zum Verhältnis von Kindheit, Spiel und Arbeit in „nicht-westlichen" Kulturen vgl. Liebel (2001), S. 99–135; 189–207.

für die Begriffe Kindheit und Jugend. Sie schleppen Bedeutungen mit sich, die im neuzeitlichen europäischen Kontext entstanden sind und zunächst nur in diesem Kontext Sinn ergeben. So sind die Unterscheidung von Kindheit und Jugend und ihre Abgrenzung vom Erwachsenenalter in nicht-westlichen Gesellschaften und Kulturen keinesfalls selbstverständlich.

Gleichwohl ist vertretbar, auf diese Begriffe zurückzugreifen, wenn wir sie in offener und selbstkritischer Weise verwenden. Wenn wir uns davor hüten, sie in der uns vertrauten Weise zum universellen Maßstab der „Logiken des Aufwachsens" (Schäfer) in den uns fremden Gesellschaften und Kulturen zu machen, wird es möglich, sich dem Verständnis der anderen Logiken zu nähern. Allerdings werden wir dann auch „im Versuch des Begreifens dieser Logiken die eigenen Kategorien verändern müssen" (Schäfer 2010, S. 462). In diesem Sinn will ich dazu anregen, die uns vertrauten Muster von Kindheit und Jugend zu hinterfragen und ergründen, was sich von Kindern und Jugendlichen in anderen Gesellschaften und Kulturen für das eigene Selbstverständnis der Logiken des Aufwachsens lernen lässt. Dabei handelt es sich nicht nur um Ausdrucks- und Lebensformen, die hierzulande gängigen Vorstellungen und Bildern von Kindheit und Jugend widersprechen, sondern in denen sich auch epochale Veränderungen von Kindheit und Jugend abzeichnen.

3.2 Kinder und Jugendliche Im Abseits?

Mit Blick auf *Kinder* ist an solche Gruppen zu denken, denen gemeinhin mit bedauerndem und mitleidigem Unterton attestiert wird, dass sie „keine Kindheit" hätten. Dabei gilt als herausragendes Indiz, dass sie ihr Leben nicht ausschließlich oder vorwiegend in für sie geschaffenen Erziehungsinstitutionen, sondern an Orten und mit Tätigkeiten verbringen, die nach westeuropäischem Denken Erwachsenen vorbehalten sind. Hierbei ist vor allem an Kinder zu denken, die – aus welchen Gründen und in welcher Weise auch immer – in wirtschaftliche Aktivitäten involviert sind und die hierfür einen beachtlichen Teil ihrer Lebenszeit aufwenden und oft auch gezielt nutzen (vgl. Liebel 2001; Bourdillon et al. 2010).

Mit Blick auf *Jugendliche* denke ich an solche Gruppen, die gemeinhin in abwertender Weise als „Jugendbanden" bezeichnet werden. Dabei gilt als herausragendes Merkmal, dass sie von gängigen Verhaltens- und Rechtsnormen „abweichen" und ihr Leben an Orten und mit Tätigkeiten verbringen, die ihre eigene Entwicklung oder die gesellschaftliche Ordnung gefährden. Doch die unter dem Terminus Jugendbanden zusammengefassten Jugendlichen repräsentieren ein sehr weites und heterogenes Spektrum von Motiven und Verhaltensweisen, das sich nicht auf Gewalt und Kriminalität reduzieren lässt. Bemerkenswerterweise existiert in keiner mir bekannten Sprache eine Bezeichnung für diese Jugendlichen, die frei von negativen Konnotationen ist und deren eigenem Selbstverständnis und dem Spektrum ihrer Lebens- und Kulturformen gerecht wird.

Wenn ich von *Kindern im Abseits* spreche, will ich meine Perspektive auf beide Gruppierungen von Kindern und Jugendlichen zur Geltung zu bringen. Der Ausdruck entspricht der Rede von den *Children out of Place*, die in der englischsprachigen Soziologie der Kindheit (vgl. Connolly und Ennew 1996; Lee 2001) und im Kontext der Bewegungen arbeitender Kinder (vgl. Cussiánovich 1999) gelegentlich verwendet wird, um Kinder und Jugendliche zu bezeichnen, deren Lebenszuschnitt und Selbstverständnis nicht den westlichen Mustern von Kindheit oder Jugend entsprechen.[40] Ihm liegt der Gedanke zugrunde, dass wir sinnvoll von Kindern und Jugendlichen nur sprechen und ihre Lebensäußerungen begreifen können, wenn wir ihren „sozialen Ort"[41] wahrnehmen und ihr Verhältnis zu gesellschaftlichen Ordnungen in Rechnung stellen. Damit ist ihre Stellung in den gesellschaftlichen Machtverhältnissen, sei es der Generationen, sei es der sozialen Geschlechter und Klassen angesprochen.

Von Kindern und Jugendlichen im Abseits ist hier in kritischem Sinne die Rede. Es wird das Faktum des Ausschlusses und der Marginalisierung aufgenommen und kritisch auf die gesellschaftlichen Ordnungen zurückgewendet, die ihn zu verantworten haben. Von den Kindern und Jugendlichen im Abseits gehen laut Alejandro Cussiánovich (1999, S. 303) eine „ethische Mahnung" und eine Aufforderung zur Parteinahme aus:

> Nur vom Rand der Gesellschaft ausgehend, von den Vergessenen, den Negierten, von denen, die als Nichts angesehen werden, von denen, die weder in den Statistiken noch in den Bankkonten zählen, von denen, die in sozialer, politischer und kultureller Hinsicht ins Aus, *out of Place*, gestellt wurden – nur von ihnen geht die Ethik aus als eine Frage nach dem, was für die Menschheit in unseren sozialen und politischen Projekten auf dem Spiel steht.

---

40 In einem kürzlich erschienenen englischsprachigen Sammelband zur Erinnerung an Judith Ennew (Invernizzi et al. 2017) werden die verschiedenen Aspekte und Lesarten des Begriffs *Children out of Place* von Forscherinnen und Forschern aus verschiedenen Teilen der Welt ausgeleuchtet.
41 Der Begriff geht auf den Pädagogen und Jugendforscher Siegfried Bernfeld ([1929]2012) zurück. Zur sozialräumlichen Verortung von Kindern vgl. auch die Studien zu „Topographien der Kindheit" (Roeder 2014).

Wenn die Kinder und Jugendlichen in Beziehung zu gesellschaftlichen *Ordnungen* betrachtet werden, kommt auch ihr subjektives Potenzial zum Vorschein. Denn im Abseits sein heißt nicht, dass Kinder oder Jugendliche sich in einem Nirgendwo befinden. Es bedeutet vielmehr, dass sich die Subjekte diesen Ordnungen, die sie auf einen untergeordneten, „nichtssagenden" Platz festnageln wollen, eigensinnig und eigenmächtig entziehen, dass sie nicht auf Re-integration, sondern auf eine andere Ordnung angewiesen sind, in der sie soziale Anerkennung finden und eine von ihnen selbst bestimmte Rolle spielen können.

Die Rede von den *Children out of Place* ist auch gegen die *Eindeutigkeit* von Zuordnungen gerichtet, wie sie nicht zuletzt mit den Kategorien Kindheit und Jugend suggeriert wird. Weder lassen sich Kinder und Jugendliche allein an ihrem Alter messen, noch können Kindheit und Jugend einer klar abgrenzbaren Altersphase zugewiesen werden. Solche Zuordnungen erweisen sich heute mehr denn je als problematisch. Junge Menschen mögen als Kinder oder Jugendliche bezeichnet und von Erwachsenen unterschieden werden, aber ihr Leben ist damit noch lange nicht in seinen wesentlichen Bestandteilen begriffen. So werden Kinder und Jugendliche nicht einfach zu „Erwachsenen", wenn sie zu Rechtssubjekten werden oder am Wirtschaftsleben teilhaben. Es wird für sie z. B. „normal", dass sie zwischen Schule und Arbeit jonglieren. So wenig Lernen sich auf eine Lebensphase, die gemeinhin mit Kindheit und Jugend gleichgesetzt wird, beschränkt, so wenig hören Kinder auf, Kinder zu sein, wenn sie als Arbeitende oder Konsumenten in wirtschaftliche Aktivitäten involviert sind.

In meinem Verständnis geht die Rede von den Kindern und Jugendlichen im Abseits schließlich über die Bezeichnung der hier in den Blick genommenen Gruppierungen junger Menschen hinaus. Sie markiert eine differente Perspektive auf deren Entwicklung und sozialen Status überhaupt. Mit dem Ausdruck wird die Frage aufgeworfen, ob sich in den von den vorherrschenden Mustern „abweichenden" Formen des Jungseins neue soziokulturelle Formationen vorbereiten, die mit den tradierten Mustern von Kindheit und Jugend nicht mehr begriffen werden können und neue theoretische und praktische Anstrengungen erforderlich machen. Hierzu gehört m. E., dass die Kindheits- und Jugendforschung den Blick auf verborgene und fremde Seiten des Kinder- und Jugendlebens ausweitet und sich selbstkritisch mit den bisher im Globalen Norden dominierenden Diskursen von Kindheit und Jugend auseinandersetzt.

3.2.1 Andere Kinder

In kindheitssoziologischen Veröffentlichungen werden Kinder insgesamt oft als „Außenseiter" gesehen, und mit kritischem Blick auf die gesellschaftlichen Verhältnisse und die Generationsbeziehungen werden die stärkere Berücksichtigung ihrer Interessen und Bedürfnisse und ihre Partizipation eingefordert. Zugleich finden sich Diagnosen, die eine „Rückkehr der Kinder" in die Gesellschaft konstatieren, gerade darin aber oft ein erhöhtes Risiko für die Kinder ausmachen, dem erziehungs- und sozialpolitisch bzw. mit Maßnahmen des Kinderschutzes zu begegnen sei.

Manche verstehen unter dem Außenseitertum von Kindern, dass diese in der Gesellschaft vielfach strukturell benachteiligt sind und nichts zu sagen haben. In diesem Sinn merkte Franz-Xaver Kaufmann bereits Anfang der 1980er-Jahre an: „Kinder sind [...] strukturell von allen entscheidenden Lebensbereichen der Moderne ausgeschlossen, mit Ausnahme derjenigen Einrichtungen, die speziell für sie geschaffen werden" (Kaufmann 1980, S. 767). In ähnlichem Sinn verweisen Andere auf den mit dem bürgerlichen Kindheitsmuster gesetzten Ausschluss aus der dominierenden „Gesellschaft der Erwachsenen" und die Zuweisung eines Sonderstatus, der durch Abhängigkeit und Einflusslosigkeit gekennzeichnet ist. Als Indiz für den Ausschluss von Kindern gilt, dass Kinder nur als zu entwickelnde Wesen gesehen und behandelt werden, die erst als Erwachsene Anerkennung finden (z. B. Zeiher, Büchner und Zinnecker 1996) oder „auch in den ihnen zugewiesenen Räumen keinesfalls die Hauptpersonen sind" (Zinnecker 2001, S. 10). Aus dieser Sicht werden ihnen wirtschaftliche und politische Partizipationsrechte und vor allem entsprechende Handlungsmöglichkeiten verweigert.

Andere wiederum verstehen unter dem Außenseitertum von Kindern, dass ihnen nicht die nötige Rücksicht und der nötige Schutz gewährt würden, die sie aufgrund ihrer alterstypischen physischen und psychischen Bedürftigkeit benötigen. In diesem Sinne wird etwa von der Vernachlässigung der Kinder in einer kinderfeindlichen Gesellschaft gesprochen (z. B. Bründel & Hurrelmann 1996). Oder es wird darauf verwiesen, dass wachsende Gruppen von Kindern aufgrund ihrer sozialen Herkunft oder ihrer Immigrantensituation sozialen Benachteiligungen und Diskriminierungen ausgesetzt sind und unter Umständen daran gehindert werden, wohlfahrtsstaatliche Leistungen oder das Bildungssystem in Anspruch zu nehmen (z. B. Beisenherz 2002). Als herausragende Indizien für diese Art von Außenseitertum gelten „Kinderarmut" und „Straßenkinder".

Offensichtlich liegen beiden Sichtweisen verschiedene normative Vorstellungen von Kindheit und ihrer angemessenen und anzustrebenden Rolle in der Gesellschaft zugrunde. In ihnen spiegeln sich aber auch soziale Veränderungen, die sich aus einer Neustrukturierung der gesellschaftlichen Produktions- und Reproduktionsverhältnisse und der darin eingebundenen Generationsbeziehungen ergeben.

Es gehört zu den Merkwürdigkeiten der Kindheitsdebatte, dass das Außenseitertum der Kinder oft gerade da gesehen wird, wo sich Kinder in die Gesellschaft zurückbegeben und Aufgaben übernehmen oder gesellschaftliche Funktionen ausüben, die zumindest nach „modernem" westlichen Verständnis Erwachsenen vorbehalten sind. In diesem Zusammenhang wird z. B. davon gesprochen, dass Kinder, die am Arbeitsleben teilhaben, prinzipiell überfordert seien und am Lernen gehindert würden. Oder es wird Kindern, die am politischen Leben teilhaben wollen, unterstellt, sie seien dazu (noch) nicht kompetent genug.

Wenn der britische Soziologe Nick Lee (2001) von *Children out of Place* spricht, will er auch zum Ausdruck bringen, dass Kinder immer häufiger ihr Leben nicht (mehr nur) als „Werdende" *(becomings)*, sondern (auch) als „Seiende" *(beings)* verbringen und verstehen. Er sieht sowohl in den Gesellschaften des Globalen Südens als auch des Globalen Nordens Tendenzen am Werk, die das in der Kindheitsforschung bisher übliche Gegensatzpaar von *becoming* und *being* transzendieren und einen neuen Typus von Kindheit(en) entstehen lassen, der beide Aspekte vereint. Da sich diese Tendenzen in widersprüchlicher Weise durchsetzen, spricht er von der „Ambiguität" heutiger Kindheit(en).

In dem von Nick Lee vorgeschlagenen Sinn handelt es sich bei den *Children out of Place* nicht um „Outsider", „Randgruppen" oder „Minoritäten", die schlicht vom vorherrschenden Typus von Kindheit abweichen (ähnlich schon Liebel 1987). Eher verkörpern sie ihrerseits eine stärker werdende Tendenz, einen Wandel der Kindheit(en) insgesamt, der erst noch „entdeckt" und angemessen begriffen werden müsste. So ließe sich etwa die Frage stellen, was der neue Typus der Kindheit(en) *out of Place* für die so bezeichneten Kinder selbst bedeutet: ob er eher ihr Leben beeinträchtigt, also als ein Ausdruck von Benachteiligung zu verstehen ist, oder ob er neue Handlungsfelder erschließt, die bisher Kindern in der Regel verwehrt waren. Vielleicht lassen sich solche Fragen auch nicht eindeutig mit Ja oder Nein beantworten, sondern verlangen differenziertere Analysekategorien und Beurteilungen.[42]

Meine These geht dahin, dass das in den westlichen Industriegesellschaften lange Zeit dominierende Kindheitsmuster, das als ein vom „Ernst des Lebens" zu schützender Schon- und Entwicklungsraum konzipiert war, und die Kinder weitgehend aus dem Leben der Erwachsenen heraus und in Abhängigkeit hielt, brüchig geworden ist. Kinder nehmen heute auf vielfältige und unmittelbare

---

42 Der britische Soziologe Alan Prout (2004; 2005) weist darauf hin, dass die von der Kindheitsforschung aus der „modernen Soziologie" übernommenen Dichotomien von Struktur und Handeln, Natur und Kultur, Sein und Werden nicht mehr ausreichen, um die Charakteristiken heutiger Kindheiten zu begreifen.

Weise am gesellschaftlichen Leben teil und machen durch ihr selbstständiges Verhalten auch deutlich, dass das alte Kindheitsmuster für sie passé ist. Wenn diese Prozesse im öffentlichen Raum und teilweise auch in den Sozialwissenschaften so gedeutet werden, als fielen die Kinder damit aus dem Rahmen oder aus der Rolle, würden also gleichsam zu Kindern *out of Place*, so zeigt sich darin, dass ihr Blickwinkel noch immer eurozentrisch beschränkt ist.

Jürgen Zinnecker hat immerhin vor Jahren bereits darauf aufmerksam gemacht, dass auch in den Gesellschaften des Globalen Nordens die Verlängerung der Schul- und Ausbildungszeiten in den letzten Jahrzehnten des 20. Jahrhunderts „mit einer Re-Aktualisierung jugendlicher Arbeitstätigkeit verbunden" war (Zinnecker 2000, S. 48). Er weist darauf hin, dass die „Durchmischung des Bildungsmoratoriums mit Gelegenheitsarbeit", die „im Regelfall an den Rändern und unterhalb der Schwelle von regulärer Erwerbsarbeit" (ebd.) angesiedelt ist, bereits früh von Alvin Toffler (1980) als Eigenschaft künftiger Dienstleistungsgesellschaften prognostiziert wurde. Für die USA hatte John Modell (1980) von 1930 bis 1970 einen starken Anstieg der Vermischung von Schulbesuch und Arbeitstätigkeit für alle Altersgruppen zwischen dem 14. und 24. Lebensjahr statistisch belegt. Die meisten Heranwachsenden nutzen die ehedem privilegierten Bildungsmoratorien nicht „im Sinne eines ganzheitlichen Mußeraumes, sondern führen Doppelexistenzen als Lernende und Arbeitende, als Lernende und Eltern, gemixt mit einem frühen Status als produktive, aktive (Lebensstil-)Konsumenten und ‚Hausarbeitende' im selbstgegründeten Haushalt" (Zinnecker 2000, S. 49).

Ausgelöst durch die Individualisierung der Lebensläufe und die Krise des Normalarbeitsverhältnisses als Achse von (zumindest männlichen) Lebensläufen, löst sich Zinnecker (2000, S. 60) zufolge die „Bindung von Alter und Moratorium" tendenziell auf und die „Positionen von Arbeiten und Lernen" werden (wieder) für alle Altersgruppen und Stadien des Lebenslaufes relevant. Bereits Kinder sollen als „kleine Bürger" und „junge Konsumenten" politisch und ökonomisch partizipieren und re-integriert werden, während auf der anderen Seite auch das hohe Alter zum Nachlernen und zur Weiterbildung „freigegeben" ist. „Das heißt, aus der Neugestaltung moderner Lebensverläufe und Biographien lässt sich eine Neuverteilung und Durchmischung aller Altersphasen mit Elementen pädagogischer Moratorien prognostizieren. Sie würden damit aufhören, ein Erkennungs- und Qualitätsmerkmal von Kindheit und Jugend zu sein" (a. a. O., S. 61). Die andere Seite der Medaille besteht dann freilich darin, dass auch Kinder und Jugendliche nicht mehr nur als „Werdende" verstanden werden können, sondern auch als „Seiende" in allen damit einhergehenden Risiken, Rechten und Ansprüchen wahr- und ernstgenommen werden müssen.

Letzteres wird bisher von den erwachsenen Machteliten der Gesellschaften, Staaten und internationalen Organisationen noch immer weitgehend versäumt. Dies wird besonders deutlich, wenn wir den Blick nicht nur auf die sog. Wohlfahrtsgesellschaften oder postindustriellen Gesellschaften des Globalen Nordens, sondern auch auf die Gesellschaften des Globalen Südens richten und die Implikationen der Globalisierungsprozesse ins Auge fassen. Ein negatives Kennzeichen der sog. Globalisierung besteht darin, dass für eine rasch wachsende Zahl von Menschen das Leben unsicherer und die Zukunft ungewisser wird (vgl. z. B. Altvater & Mahnkopf 2002). Mit Blick auf die Kinder[43] unterstreicht Nick Lee (2001), dass es nicht irgendwelche gesellschaftlichen Kräfte, sondern der in Europa hervorgebrachte „nationale Entwicklungsstaat" war, der die Kinder vom direkten Kontakt mit der Gesellschaft getrennt hatte mit dem Ziel, sie für die Zukunft zu erhalten. Sie wurden bekanntlich besonderen (pädagogischen) Reservaten zugewiesen (vor allem der häuslichen Familie und der Schule) und ihr Kontakt mit dem sozialen Leben wurde durch erwachsene Personen vermittelt und sichergestellt. Diese soziale Verortung hatte nie alle Kinder erfasst, aber in der „Epoche der Ungewissheit" (Lee) nimmt offenkundig die Zahl der Kinder zu, die sich dieser Zuordnung entziehen, und den staatlichen „Autoritäten" kommt die Legitimation abhanden, den nachkommenden Generationen nach überkommenen Mustern einen untergeordneten Platz zuzuweisen und sie für die Zukunft zu „erziehen".

Nick Lee (2001, S. 58; kursiv im Orig.) veranschaulicht die für die Epoche der Ungewissheit typische Problematik am Beispiel der sog. Straßenkinder:

> Solche Kinder haben es nicht geschafft, ‚Werdende' zu werden, aber [...] das bedeutet nicht, dass sie als ‚Seiende' verstanden werden. Solange allerdings die Staaten bestrebt sind, Entwicklungsstaaten zu sein, *können* solche Kinder *nicht* als Seiende anerkannt werden. Da diese Kinder mittlerweile weder leicht in die Kategorie ‚Seiende' noch ‚Werdende' passen, sind sie für alle, die in jenen Kategorien denken, eine Quelle von Konfusion. Ihre Ambiguität bringt die Autorität der Erwachsenen gründlich durcheinander, und in vielen Fällen zahlen solche Kinder für die Konfusion der (staatlichen) Autoritäten einen hohen Preis. Da diese Kinder weder ‚Werdende' noch individuelle ‚Seiende' sind, werden sie häufig als Störenfriede, böswilliges *Pack* oder *Gangs* verstanden, die kollektiv zu behandeln oder sogar zu eliminieren sind.

---

43 Bei der Rede von „Kindern" ist hier zu beachten, dass sie sich an der formalen Definition der UN-Kinderrechtskonvention (UN 1989) orientiert, der zufolge alle jungen Menschen bis zum 18. Lebensjahr als Kinder gelten. Sie bedeutet nicht, dass diese sich auch noch als Kinder verstehen.

Das Phänomen der „Straßenkinder" macht Lee vorwiegend im Süden des Globus aus. Er sieht in ihm das Resultat einer globalen Entwicklungspolitik, die in den südlichen Nationen das westliche Modell von Kindheit etablierte, ohne die finanziellen Mittel für die familialen und institutionellen Arrangements aufzubringen, die zu seiner Realisierung erforderlich gewesen wären. Auf diese Weise „wurde eine Spannung zwischen gewünschten Standards und gelebten Realitäten erzeugt. Das Resultat war, dass viele Kinder im Süden nicht sauber in die Kategorie der ‚Werdenden' hineinpassten, die ihr geeigneter Platz geworden zu sein schien" (a. a. O., S. 60). In den „Straßenkindern" sieht Lee kein singuläres Phänomen, sondern gewissermaßen die Spitze des Eisbergs, in dem sich ein neuer Typus von „mehrdeutiger" Kindheit verbirgt, der sich den vorgegebenen Ordnungskategorien und der daran orientierten staatlichen Politik nicht mehr fügt.

Wie hilflos und oft auch aggressiv staatliche und quasistaatliche Politik auf diesen neuen Typus von Kindheit reagiert (den sie mit zu verantworten hat), lässt sich auch am Umgang mit arbeitenden Kindern erkennen und wurde in zahlreichen Studien belegt (vgl. z. B. Liebel 2001; Hungerland et al. 2007; Bourdillon et al. 2010; Spittler & Bourdillon 2012). Dass Kinder arbeiten, gilt als eine Art Sakrileg an den Verheißungen des westlichen Kindheitsmusters, das prinzipiell mit dem Verbot und dem Ausschluss aus jeder Art von „Kinderarbeit" geahndet wird. Dabei billigt man diesen Kindern bestenfalls die Rolle von Opfern zu, ohne zu erkennen (oder zu akzeptieren), dass durch diese Politik entgegen vollmundiger Versprechungen die Marginalisierung der Kinder vielfach ins Extrem getrieben wird. Demgegenüber lässt sich im Globalen Süden gerade bei arbeitenden Kindern beobachten, dass sie eigene soziale Bewegungen und Organisationen hervorbringen, mit denen sie ihren Anspruch unterstreichen, als soziale Subjekte an der Gestaltung der Gesellschaft mitwirken zu können (vgl. Liebel 1994; 2014b; Liebel, Nnaji & Wihstutz 2008; Gankam Tambo & Liebel 2013).

3.2.2 Andere Jugendliche

Was die deutschsprachige Jugendforschung angeht, so zeigt sich ihre nationale oder eurozentrische Beschränktheit nicht zuletzt in der Debatte um Jugendkulturen. Zwar gilt es seit den 1970er-Jahren als selbstverständlich, dass sich Jugendkulturen nicht mehr wie zu Zeiten des *Wandervogels* als ein nationales Phänomen verstehen lassen, aber die insgeheim zugrunde gelegten Kategorien sind lediglich aus der Beobachtung europäischer oder nordamerikanischer „Wohlfahrtsgesellschaften" gewonnen. Gegenwärtige Jugendkulturen werden „meist als bunte lokale und regionale Angelegenheit, als Vielfalt von frei gewählten Lebensstilen wahrgenommen" (Roth 2002, S. 2). Der Begriff bleibt solchen Gruppenbildungen und Lebensäußerungen von Jugendlichen vorbehalten, die sich als „reine Freizeitbewegung" (Thiele & Taylor 1998, S. 145) verstehen lassen und die für die Jugendlichen vor allem dazu dienen, sich durch eine expressive öffentliche Selbstdarstellung von der Welt der Erwachsenen abzuheben. Auf diese Weise wird dann dem Missverständnis Vorschub geleistet, Jugendkulturen hätten „ihren Ursprung nicht in Armut oder Arbeitslosigkeit", sondern seien „Indikator für Wohlstand und ökonomischen Konsum, der der Jugend in prosperierenden Zeiten eine bestimmte Kraft verleiht" (a. a. O., S. 144).

Dieses Missverständnis resultiert aus einer unkritischen und verabsolutierenden Rezeption des westeuropäisch-bürgerlichen Jugendkonzepts. Es unterstellt, dass nur Jugendliche, die von materiellen und sozialen Notwendigkeiten „freigesetzt" oder entlastet seien, über eine Jugendphase und die nötigen Kompetenzen verfügten, um „Kultur" hervorzubringen. Jugendlichen, die nicht über diese Voraussetzungen verfügen, wird im Umkehrschluss unterstellt, sie seien nur zu Lebensäußerungen in der Lage, die ihrer unmittelbaren Reproduktion dienen. Diesen wird dann bestenfalls die Ehre zuteil, einer „Subkultur" zugeordnet zu werden, die ihrerseits weniger mit „Kultur", aber umso mehr mit „Delinquenz" oder „abweichendem Verhalten" begrifflich in Verbindung gebracht wird. Üblicherweise werden die Gruppierungen dieser Jugendlichen dann als „Gang" oder „Bande" von den „eigentlichen" Jugendkulturen abgegrenzt.

Eine solche Betrachtungsweise führt dazu, große und wahrscheinlich wachsende Teile jugendlicher Gruppenbildungen und Lebensäußerungen auszugrenzen oder fehl zu deuten. Sie versperrt insbesondere den Blick für die spezifischen Kulturformen, die von unterprivilegierten und marginalisierten Jugendlichen, zumal solchen in Gesellschaften des Globalen Südens oder mit einer Migrationsbiografie, hervorgebracht werden. Kultur bedeutet für diese Jugendlichen nicht in erster Linie die Stilisierung alterstypischer Besonderheiten, sondern ermöglicht ihnen, sich gegen die Zumutungen alltäglicher Diskriminierung und Ausgrenzung zu wehren und sich zu vergewissern, dass sie etwas wert sind und über eigene Werte verfügen. In den Gruppierungen dieser Jugendlichen sind die kulturellen Produktionen und Positionierungen mit sozialen und ökonomischen Überlebensstrategien verknüpft.

Um dies besser zu verstehen, ließe sich der Blick auf die spontanen Gruppenbildungen von Jugendlichen in den Armenvierteln lateinamerikanischer Großstädte richten (vgl. Liebel 2005, S. 152 ff.; Liebel 2011a). Es wird dabei deutlich, dass es sich bei den als Gangs, Banden oder Cliquen bezeichneten Zusammenschlüssen von Jugendlichen nicht um aussterbende Restbestände einer vergangenen Epoche der Klassengesellschaft handelt. Stattdessen handelt es sich um einen relativ neuen Typus von Jugendkulturen und vielleicht sogar Jugendbewegungen, der ganz handfeste Fragen der menschlichen Existenz, Selbstbehauptung und sozialen Verortung in der Gesellschaft aufwirft, in denen soziale Ungleichheit und soziale Gegensätze rapide zunehmen und kulturelle Unterschiede sowie hybride wie multiple Identitäten zum Alltag gehören.[44]

Diese Gruppierungen repräsentieren jugendkulturelle Antworten auf sozialstrukturelle und soziokulturelle Konstellationen, die in den „armen" Gesellschaften des Globalen Südens seit einigen Jahrzehnten zu beobachten, aber auch in den „reichen" Gesellschaften des Globalen Nordens nicht länger zu übersehen sind, so verschieden ihre Ausprägungen sein mögen. In ihnen schließen sich vornehmlich Jugendliche zusammen, die als Kinder von Immigranten sozial ausgegrenzt und wirtschaftlich marginalisiert werden oder die gar durch neue Nationenbildungen (z. B. im Fall der *Chefoors* in Slowenien; vgl. Dekleva 2001) von einem Tag zum anderen zu „ausländischen" Störenfrieden erkoren werden. In den Gangs finden sich auch „einheimische" Jugendliche, die in der zunehmend rigiden *Winner-Loser Culture* auf die Verliererseite geraten. Auch wenn auf den ersten Blick hier nur neue „ethnische" Abgrenzungen vollzogen werden, lässt sich zeigen, dass sich in den Gangs eher die soziokulturelle Konstellation des jeweiligen Lebensorts widerspiegelt und dass die Jugendlichen das gemeinsam erlebte Territorium stärker verbindet als ethnische Zuordnungen: neben monokulturellen finden sich in wachsendem Maße multikulturelle Gruppen. Sie machen allerdings nicht auf „Multikulti", sondern unterstreichen damit ihre Gemeinsamkeit gegenüber einer Gesellschaft, die sie diskriminiert und ausgrenzt.

Eine gemeinsame Erfahrung der Jugendlichen, die sich in solchen Gruppierungen zusammenschließen, besteht darin, dass sie weitgehend auf sich selbst verwiesen sind. Die landesüblichen Wege der sozialen Integration und eines als erfolgreich geltenden Lebens sind ihnen verschlossen. Sie müssen, ob sie wollen oder nicht, eigene Wege finden, und es bleiben ihnen meist nur Wege, die jenseits der „guten Sitten" oder der Legalität liegen. Ein Aspekt, der in den bisherigen Debatten und Forschungen sowohl über Jugendkulturen als auch über

---

44 Neue Perspektiven für die Kindheits- und Jugendforschung könnten sich aus Ansätzen der Migrationsforschung ergeben, die den forschenden Blick im Sinne eines „*transnational turn*" (Vertovec 2009, S. 6) „auf sich neu konstituierende Räume (*spatiality*) richten" (Hunner-Kreisel & Bühler-Niederberger 2015, S. 5). Dabei wird sichtbar, dass „nationale, kulturelle und politische Grenzen überschritten und kollektive und individuelle Identitäten sowie auch Konzepte von Kindheit und Jugend, von Aufwachsen und Familie in hybriden Formen neu zusammengefügt" (a. a. O., S. 5 f.) werden. Siehe dazu den Themenschwerpunkt „Kindheit, Jugend, Migration: von transnational zu translokal" in: *Diskurs Kindheits- und Jugendforschung*, 10(1), 2015, S. 5–66.

Jugendkriminalität vernachlässigt wird, kommt bei ihnen deutlich zum Vorschein: sie haben eine handfeste Bedeutung für die materielle Sicherung der eigenen Existenz. Sie helfen den Jugendlichen, sich ihren Lebensunterhalt und damit auch ein Stück weit die soziale Anerkennung zu sichern, die ihnen die Gesellschaft, in der sie leben, verweigert. Dies geschieht teilweise, indem die Jugendlichen für einander einstehen und sich gemeinsame Fonds für Notlagen schaffen, geht aber auch bis dahin, dass sie eine eigene „unterirdische Ökonomie" (Dubet & Lapeyronnie 1994, S. 179) hervorbringen.

An den Aufständen in den französischen *Banlieus* und den heruntergekommenen britischen Stadtvierteln zeigt sich, dass diese Art von Jugendgruppierungen sich auch in europäischen Ländern ausbreitet (vgl. Ottersbach 2011; Suder, Gauger & Ives 2011). Sie wird auch hier für eine rasch wachsende Zahl von Jugendlichen zur alternativen Form der gleichermaßen ökonomischen, sozialen und kulturellen Selbstbehauptung. Dies geht soweit, dass nicht mehr die Fähigkeit und Bereitschaft zur physischen Gewaltausübung (die bisher als *sine qua non* der Gangs verstanden wurde) das bevorzugte Kriterium für die Gruppen-„Karriere" darstellt, sondern die Fähigkeit, flexibel und zielgerichtet in rasch sich ändernden Situationen und Konstellationen zu handeln.

Statt die Gruppierungen der Jugendlichen lediglich als ersten Schritt in die Delinquenz zu deuten (zur Kritik vgl. Breyvogel 1998), käme es deshalb darauf an, sie aus der Sicht der Jugendlichen und *ihrer* Lebenssituation zu begreifen. Es sollte danach gefragt werden, inwieweit ihre Entstehung einer immanenten Logik der Lebenssituation der Jugendlichen folgt und geeignet ist, ihre daraus sich ergebenden Probleme zu lösen. Auch wäre danach zu fragen, welche sozialen und kulturellen Bedeutungen diesen Gruppierungen unter den gegebenen Umständen zukommen, sei es für die Jugendlichen selbst, sei es für die Verlaufsformen und Positionierungen der Jugendphase in den sich globalisierenden zeitgenössischen Gesellschaften.

3.3 Kindheit und Jugend jenseits des Moratoriums

Wenn wir eine vorrangige Aufgabe der Kindheits- und Jugendforschung darin sehen, die soziale Realität junger Menschen in ihrer Komplexität und Verschiedenheit zu begreifen und dabei auch ihre „Lebensweisen in Abhängigkeit von spezifischen Kontextbedingungen" (Junge 2007, S. 134) zu verstehen, so müssen die Begriffe Kindheit und Jugend immer wieder hinterfragt werden. Bisher werden diese Begriffe fast ausschließlich in einer Weise gebraucht, die die spezifischen Charakteristiken von Kindheit und Jugend in erster Linie aus der Abgrenzung vom Erwachsensein ableitet und die entsprechenden Lebensphasen als Vorstadien oder Aufschub des Erwachsenseins definiert. Vielleicht besteht das größte Handicap des Jugendbegriffs darin, dass er als „entpflichtete Auszeit" (Reinders & Wild 2003a, S. 9) konzipiert wird, die den Jugendlichen vermeintliche Privilegien und Entlastungen im Austausch zur Verpflichtung gewährt, sich zum gesellschaftstauglichen Erwachsenen zu entwickeln. Am markantesten drückt sich dieses Konzept von Jugend, das im europäischen Kontext der bürgerlichen Gesellschaft entstanden ist, in der Denkfigur des *Moratoriums* aus. Ich werde zu zeigen versuchen, dass diese Denkfigur eine ideologiegeladene eurozentrische soziale Konstruktion darstellt, die bürgerliche Logiken des Aufwachsens hypostasiert und ungeeignet ist, die soziale Realität der heute lebenden jungen Menschen zu begreifen, zumal wenn wir andere Kontinente, Kulturen und Klassen ins Auge fassen.

Meine Kritik am europäisch-bürgerlichen Kindheits- und Jugendkonzept im Sinne eines Moratoriums will ich zunächst in drei Thesen umreißen, die später erläutert werden:

- Das Konzept verschleiert die verschiedenen Formen des Paternalismus und der sozialen Ungleichheit.
- Das Konzept mystifiziert die Lebensweisen von Kindern und Jugendlichen in unterprivilegierten Gesellschaften und trägt zu ihrer Abwertung und Diskriminierung bei.
- Das Konzept verliert auch in wohlhabenden Gesellschaften allmählich seine gesellschaftlichen Legitimationsgrundlagen und wird implizit durch das Handeln von Kindern und Jugendlichen in bzw. aus unterprivilegierten Gesellschaften in Frage gestellt.

3.3.1 Verschleierung des Paternalismus

Mit dem Begriff der Jugend wird eine bestimmte Vorstellung zum Ausdruck gebracht, wie die Lebensphase, die zwischen Kindheit und Erwachsensein angesiedelt ist, „beschaffen" ist und „gestaltet" werden soll. Wie jeder Begriff bildet er nicht einfach eine soziale Realität ab, sondern legt eine bestimmte Interpretation nahe und enthält eine normative Komponente, die ihrerseits dazu beiträgt, die Verlaufs- und Erscheinungsformen der Jugendphase in bestimmter Weise zu prägen. Gemeinhin werden zwei Jugendkonzepte unterschieden: Jugend als *Transition* und Jugend als *Moratorium* (vgl. Reinders 2003a). Das transistorische Konzept, das lange in der Jugendforschung vorherrschte, begreift Jugend als Vorbereitungsphase auf das Erwachsenenleben und betont sog. Entwicklungsaufgaben. Das Moratoriumskonzept interpretiert die Jugendphase als „Entwicklungsabschnitt mit eigenem Wert" (Reinders & Wild 2003b, S. 15). Es versteht sich meist als emanzipatorische Alternative zum transistorischen

Konzept und beansprucht, Jugend aus deren eigener Perspektive zu betrachten. Allerdings stellt auch das Moratoriumskonzept, wie zu zeigen sein wird, „im Grunde nur eine Transition auf Umwegen" (Reinders 2003a, S. 139) dar und ergibt erst in Beziehung zum späteren Erwachsenenleben Sinn. Nicht von ungefähr werden immer wieder Versuche unternommen, beide Konzepte miteinander zu versöhnen und zu integrieren.

Das Konzept des Jugendmoratoriums lässt sich ideengeschichtlich auf die Philosophie der bürgerlichen Aufklärung, insbesondere auf Jean Jacques Rousseau zurückführen (vgl. Zinnecker 2003a, S. 38 ff.). Es wurde in den 1950er- und 1960er-Jahren von dem US-amerikanischen Psychologen Erik H. Erikson ([1959]1966, [1968]1974) als „Aufschub" zum Zwecke der Identitätsbildung („psychosoziales Moratorium") ausgearbeitet[45] und später in Deutschland von Jürgen Zinnecker (1991) als „Bildungsmoratorium" spezifiziert. In diesem Sinn wird von Heinz Reinders (2003b, S. 5) betont, „dass Jugend als Lebensphase ein Korrelat der Beschulung und Ausbildung Heranwachsender darstellt, bei der eine Freistellung von Pflichten als Erwachsener zur Vorbereitung für diese Pflichten geführt und eine Art Auszeit mit sich gebracht hat. Durch die Schulzeit wurde Jugend als ein neuer Lebensabschnitt zwischen Kindheit und Erwachsenenstatus ‚geschoben'."

Demnach ist Jugend als Ergebnis eines „Abkommens" zwischen der „Gesellschaft" und den jungen Menschen zu verstehen, die als Jugendliche definiert werden. Doch dieser Gesellschaftsvertrag basiert nicht auf einer Vereinbarung zwischen zwei wirklichen Partnern, sondern wird vorgegeben. Das „Privileg" der Jugend wird unter der Voraussetzung gewährt, dass die unter dem Begriff subsumierten jungen Menschen ihrer gesellschaftlichen Verpflichtung nachkommen, sich in vorgegebener Weise für ihre späteren Aufgaben in der Gesellschaft präparieren zu lassen. Die Art, wie dies geschieht, können sie sich nur in einem sehr eingeschränkten Maße aussuchen. Ebenso wenig haben sie in der Hand, ob das damit einhergehende Versprechen, in der Gesellschaft nach Abschluss der Jugendphase einen angemessenen und befriedigenden Platz zu finden, eingelöst wird.

Die Rede von der Jugend als „Auszeit" oder „Privileg" basiert nicht nur auf der Vorstellung, dass das „wirkliche Leben" erst später beginnt, sondern dass dieses – wie in der Formel vom „Ernst des Lebens" zum Ausdruck kommt – auch eine Belastung darstellt oder das Wohlbefinden beeinträchtigt. Insgeheim wird damit die doppelte Vorstellung transportiert, dass die Gesellschaft nicht

---

45 Der Begriff impliziert, „dass Jugendlichen zur Bewältigung ihrer Identitätskrise von gesellschaftlicher Seite eine Auszeit (soziales Moratorium) gewährt und von Seiten des Jugendlichen auch benötigt wird (psychisches Moratorium)" (Reinders 2006, S. 82).

wirklich lebenswert ist (und offenbar auch nicht lebenswert gemacht werden kann) und dass junge Menschen (noch) nicht geeignet oder (noch) nicht in der Lage sind, ihrerseits eine verantwortliche und konstruktive Rolle in der Gesellschaft zu spielen. Sich herauszuhalten oder herausgehalten zu werden gilt als Errungenschaft, – eine Vorstellung, die offensichtlich im Widerspruch zu dem Gedanken steht, dass Jugendliche kompetente Subjekte sind und eigene Rechte haben, namentlich das Recht, als „Bürger" an gesellschaftlichen Angelegenheiten in eigenständiger und bedeutungsvoller Weise zu partizipieren.[46] Und es steht auch im Widerspruch zu dem Selbstverständnis, das die meisten Jugendlichen heute von sich selbst haben und das gelegentlich in herablassender Weise mit dem Ausdruck *soziokulturelle Mündigkeit* umschrieben wird.

Der Denkfigur des Bildungsmoratoriums ist zu Beginn des 21. Jahrhunderts die des „Freizeitmoratoriums" hinzugefügt werden (Reinders & Hofer 2003). Mit ihr soll zum Ausdruck gebracht werden, dass das Leben von Jugendlichen nicht (mehr) nur als Vorbereitung auf den Erwachsenenstatus verstanden werden kann, sondern dass dem zweckfreien Eigenleben in Gruppen von Gleichaltrigen größeres Gewicht zukommt und ihm mehr Aufmerksamkeit geschenkt werden muss. Als das auffälligste Identifikationsmerkmal des Freizeitmoratoriums gelten Jugendkulturen, von denen angenommen wird, dass sie in erster Linie auf das persönliche Wohlbefinden im Hier und Jetzt der Gegenwart gerichtet sind. Während das Bildungsmoratorium auf einen möglichst zügig zu erreichenden Abschluss und Übergang ins Erwachsenenleben abzielt, wird ein wesentliches Merkmal des Freizeitmoratoriums darin gesehen, dass es möglichst lange hinausgezögert wird. Die darauf bezogene empirische Jugendforschung (vgl. Reinders 2006) versucht herauszufinden, in welch spezifischer Weise Jugendliche mit den Widersprüchen zwischen beiden Moratorien umgehen und sie bewältigen. Die Denkfigur des Moratoriums bleibt dabei über jeden Zweifel erhaben.

Der Gedanke des Freizeitmoratoriums ist schon in der vor mehr als einem halben Jahrhundert erfolgten „Entdeckung" der jugendlichen *Peer Group* angelegt (vgl. Parsons 1965; Eisenstadt 1966) und auch im Konzept des „psychosozialen Moratoriums" enthalten. Er relativiert den im Gedanken des Bildungsmoratoriums angelegten Bezug auf das spätere Erwachsenenleben, bleibt aber davon bestimmt, dass die Erfahrung in Gleichaltrigengruppen und Jugendkulturen „funktional" für das spätere Erwachsenenleben ist und implizit seiner Vorbereitung dient. Die „Entdeckung" des Freizeitmoratoriums ist von dem Zweifel inspiriert, ob das Bildungsmoratorium noch seinen Zweck erfüllt.

---

46 Dieses Recht wird in der UN-Konvention über die Rechte des Kindes von 1989 bereits Kindern ohne explizite Altersbegrenzung zugesprochen (vgl. Liebel 2007a; Maywald 2012).

Denn dieses lebt von dem Versprechen, dass die unter Verzicht auf Selbstständigkeit und Selbstbestimmung erworbenen Schulabschlüsse sich im späteren Berufsleben „auszahlen". Zu Recht wird hervorgehoben, dass „ohne dieses Versprechen – und vor allem ohne die Einlösung dieses Versprechens – das Bildungsmoratorium als strukturierendes Prinzip der Jugendphase nicht denkbar" ist (Stecher 2003, S. 203). Da die Rendite des Bildungsmoratoriums aber erkennbar schwindet und auch der Schulverdruss bei Jugendlichen zunimmt, musste das Konzept des Bildungsmoratoriums zumindest ergänzt werden. Das Konzept des Freizeitmoratoriums lässt sich in diesem Sinn als Ausdruck eines Rückzugsgefechts verstehen, um die Denkfigur des Moratoriums überhaupt zu retten. Daran ändert auch nichts, dass Jugendforscher gerne das emanzipatorische Potential von Jugendkulturen betonen.

Auch das Freizeitmoratorium ist eine Art von Auszeit, die nur einen Sinn ergibt, wenn wir annehmen, dass das „eigentliche" gesellschaftliche Leben für Jugendliche unattraktiv oder ungeeignet ist und deshalb so lange wie möglich hinauszuzögern ist. Mehr noch als das Bildungsmoratorium vermittelt das Freizeitmoratorium den Eindruck, dass die Jugendlichen für ihre Ausgrenzung aus gesellschaftlich relevanten Prozessen entschädigt und still gestellt werden (sollen). Damit sei nicht bestritten, dass Jugendkulturen eine Eigendynamik entwickeln können, die die eigene Ausgrenzung und den Paternalismus der Erwachsenengesellschaft in Frage stellt. Aber solange Jugendkulturen als Manifestation eines Moratoriums gedeutet werden, bleibt ihre Wahrnehmung und gesellschaftliche Verortung dem paternalistischen Denken verhaftet. Dies sei mit einigen Beiträgen aus der lateinamerikanischen Jugendforschung verdeutlicht.

3.3.2 Lateinamerikanische Sichtweisen

Das mit der Denkfigur des Moratoriums verknüpfte Jugendkonzept hat auch in Lateinamerika lange Zeit dazu geführt, den Blick auf die Lebens- und Ausdrucksweisen der Jugendlichen zu trüben. Bis in die 90er-Jahre waren fast alle Jugendforscher auf die Minderheit der privilegierten „höheren Bildungsjugend" fixiert und verloren die große Mehrheit der Jugendlichen aus dem Blick, deren Leben anderen Prioritäten und Maximen folgt (vgl. Liebel 1990). Nach Bekunden des mexikanischen Szene-Ethnografen Pablo Gaytán Santiago (1997) musste erst die Kategorie der Jugend „entmystifiziert" werden, um auch die Jugendlichen jenseits des Moratoriums als „soziale Akteure" sichtbar werden zu lassen und zu erkennen, dass deren Handeln einer inneren Logik folgt und in ihren sozialen und räumlichen Kontexten sehr wohl einen Sinn ergibt (vgl. auch Valenzuela 1998; Urteaga 2004). Jetzt wurde es möglich, diese Jugendlichen auch als kreative Konstrukteure eigener Sinnwelten und Kulturen zu erkennen.[47] Carles Feixa (1998, S. 95), ein katalanischer Jugendforscher, der sich seit Jahren intensiv mit den Jugendkulturen und der Jugendforschung in Mexiko befasst, merkt an:

> Seit dem Ende der 80er-Jahre sind diverse Arbeiten erschienen, die sich bemühen, sich über die kreativen Fähigkeiten der Jugendlichen Rechenschaft zu geben, ohne in die Mystifikation zu verfallen, indem sie diese zugleich in einem bestimmten soziokulturellen Kontext verorten.

Dies wird vor allem an den Studien über die Gruppenbildungen und kulturellen Ausdrucksformen der Jugendlichen deutlich, die in den städtischen Armenvierteln oder auf dem Land leben oder vom Land in die Städte oder andere Länder emigrieren.[48] Sie lassen Jugendkulturen als eine Praxis sichtbar werden, die nicht im „Genuss freier Zeit" und in der „Lust am Konsumieren" aufgeht. Die Jugendkulturen werden – in den Worten der mexikanischen Anthropologin Rossana Reguillo – „zum *Thermometer*, um die Ausmaße des Ausgeschlossenseins zu messen, die wachsende Kluft zwischen denen, die es schaffen, und denen, die es nicht schaffen, die *am Leben Gehinderten*, die zu dem herrschenden Modell keinen Zugang haben und deshalb den Status eines Mitbürgers nicht erreichen" (2000, S. 124; kursiv im Orig.). In einem anderen Beitrag fordert dieselbe Autorin dazu auf, das expressive, nach außen gerichtete Handeln der Jugendlichen und ihre Beziehungen zu anderen zu erkennen als „Formen des Schutzes und der Sicherheit gegenüber einer Ordnung, die sie ausschließt". Ihr Handeln nach innen zu verstehen als die Suche nach „Bereichen der Zugehörigkeit und Identität, von denen aus es möglich ist, einen gemeinsam geteilten Sinn über die Welt hervorzubringen" (Reguillo 1998, S. 80).

Die lange Zeit in Costa Rica tätige und heute in Chile lebende Sozialpsychologin Dina Krauskopf (2005, S. 84) kritisiert am Konzept des Moratoriums, es leiste einer „stigmatisierenden und reduktionistischen Betrachtung des Jungseins" Vorschub und werde dem tatsächlichen Leben der meisten Jugendlichen in Lateinamerika nicht gerecht. „Das Konzept versteht die Jugendlichen als Wesen, denen es an sozialer Reife und Erfahrung mangelt und die deshalb einer Vorbereitungszeit für die Zukunft bedürfen. Es betrachtet die Jugend als eine Übergangsperiode zwischen der Kindheit und dem Erwachsensein. Es ist zusammen mit der Kindheit die einzige Lebensphase, die in diesem Sinne defi-

---

47 Dies wird gelegentlich mit dem Begriff des „sozialen Protagonismus" ausgedrückt (Bázan Novoa 2005) oder mit neuen Formen der „Bürgerschaft" in Verbindung gebracht (Cisneros Puebla 2000; Venturo Schultz 2001; Monsiváis Carillo 2004).
48 Vgl. die aus Mexiko stammenden Beiträge von Antonio Guerrero, Rossana Reguillo, Maritza Urteaga und José Manuel Valenzuela in: Liebel & Rohmann (2006).

niert wird, obwohl wir das ganze Leben als eine Serie von Übergängen und Veränderungen sehen könnten. Die Jugendlichen werden als die Erwachsenen der Zukunft verstanden, definiert von den heutigen Erwachsenen. Das Ziel ist der vorherbestimmte Erwachsene in einer bereits strukturierten Zukunft" (ebd.). Als „Äquivalent von Vergänglichkeit" negiere es die jungen Menschen als soziale Subjekte und mache ihre tatsächlichen Leistungen unsichtbar oder lasse sie „nur sichtbar werden, wenn sie die soziale Ordnung stören" (ebd.). Dies bereite einer Vorstellung den Weg, die in der Jugend vor allem ein Problem sieht. „Eine Phase der Vorbereitung zu installieren bedeutet, das Handeln und die Teilhabe an Entscheidungsprozessen aufzuschieben. Es wird unterstellt, dass sie einer erzieherischen Vorbereitung bedürfen und privilegiert damit die Vorbereitung und Unterordnung gegenüber dem partizipativen Beitrag des jungen Bürgersubjekts. Dies wiederum bereitet sozialen Repräsentationen den Weg, die von den Erfahrungen und Kosmovisionen der jungen Menschen abgetrennt sind" (a. a. O., S. 85). Heute werde sichtbar, „dass die soziale Ausgrenzung der Jugend von Entscheidungsprozessen die gesellschaftliche Entwicklung behindert, da sie die mit dem Jugendalter verknüpften Fähigkeiten und Suchbewegungen brachliegen lässt" (a. a. O., S. 86).

Heute jung zu sein, ist aus der Sicht von Dina Krauskopf (2005, S. 94) „mit neuen Bedeutungen verbunden, die es erforderlich machen zu fragen, wie anders, als im Konzept des Moratoriums vorgesehen, die mit dem Älterwerden verbundenen Prozesse, die Formen jugendlicher Produktivität, Partizipation und Ausdrucksweisen unterstützt werden können. Jedes Individuum muss in der Jugendphase aus dem, was unsere Gesellschaften in oft unvereinbarer und widersprüchlicher Weise bereitstellen, seine eigene Synthesen, Identifikationen und Ideale zustande bringen. Dies kann nur gelingen, wenn die Jugendlichen reale Partizipationsmöglichkeiten haben und ihr Verlangen nach sozialer Anerkennung, Respekt und Würde ernst genommen wird. Es ist nicht akzeptabel, sich – wie es das Muster des psychosozialen Moratoriums nahe legt – dieser Verpflichtung zu entziehen."

Statt sich auf das Verhältnis von Jugend und Erwachsensein zu kaprizieren, hält es der chilenische Philosoph Martín Hopenhayn (2006) für erforderlich, den „Paradoxien" und „Spannungen" nachzuspüren, denen Jugendliche in den heutigen lateinamerikanischen Gesellschaften konfrontiert sind und mit denen sie sich auseinandersetzen müssen. Die Jugendlichen hätten heute zwar größeren Zugang zur Bildung, aber geringeren Zugang zur Erwerbsarbeit, größeren Zugang zu Informationen, aber weniger Zugang zur Macht, größere Geschicklichkeit zur autonomen Lebensgestaltung, aber weniger Gelegenheiten, sie zu praktizieren; es werde zwar mehr für ihre Gesundheit gesorgt, aber ihre spezifischen Lebensrisiken (z. B. Opfer von Gewalt zu werden) würden mehr denn je ignoriert. Schließlich wachse die Diskrepanz zwischen dem „symbolischen" Konsum im Sinne des Zugangs zu Symbolen, Botschaften, Bildern und informellem Wissen einerseits und der „materiellen" Einlösung der damit einhergehenden Versprechen andererseits.

Unter diesen Voraussetzungen bedeutet weder ein Moratorium noch eine Verlängerung des Lebens für die Jugendlichen ein existenzielles Versprechen. „Wenn es keine konstruktiven Teilhabemöglichkeiten gibt, ist die Nicht-Beachtung schlimmer als die Anerkennung, die sie mittels der Zuschreibung und Aneignung negativer Eigenschaften erfahren" (Krauskopf 2005, S. 87). Der kolumbianische Publizist Alonso Salazar (1990, dt. 1991) hat in diesem Zusammenhang die bei lateinamerikanischen Jugendlichen verbreitete „Kultur des Todes" verortet, in der sich der Abstand zwischen Leben und Tod auflöst. Sie findet sich z. B. bei den *Sicarios*, den jungen Auftragskillern in der kolumbianischen Metropole Medellín, ebenso wie bei den *Maras*, wie die „Jugendbanden" in Mittelamerika genannt werden (vgl. Liebel 2005, S. 179 ff.; Rubio 2007). Für Salazar ist die „stumme Gewalt" dieser Jugendlichen die Folge der Unmöglichkeit, sich für ihre negativen Erfahrungen in der Gesellschaft Gehör zu verschaffen. Die mexikanische Jugendforscherin Rossana Reguillo (1993) betont in ähnlicher Weise, dass für diejenigen, die keine Optionen hätten, die als sozialer Müll betrachtet würden, der Tod zu einer stärkeren Erfahrung als das Leben werde. Sie fügt allerdings auch hinzu, dass trotz der Unmöglichkeit, seinem Leben Kontinuität zu geben, in jeder dieser Gruppen die Jugendlichen eine „prekäre Idee" ihrer Zukunft hätten und aus ihrem „diskontinuierlichen Leben" das Beste zu machen versuchten (ähnlich Serrano Amaya 2004; Aguilera Ruiz 2016).

Um die Lebenskonstellationen und Handlungsoptionen des Großteils der Jugendlichen in Lateinamerika (und anderen Regionen des Globalen Südens) zu verstehen, führt ein Jugendbegriff, der sich an der Denkfigur des Moratoriums orientiert, in die Irre. Auszeit bedeutet für sie nicht (vorübergehender) Aufschub und schon gar nicht ein Privileg, sondern (dauerhafte) soziale Exklusion. Ebenso wenig können es sich diese Jugendlichen leisten, sich (vorübergehende) Grenzen setzen zu lassen, sondern sie müssen um ihres Lebens und ihrer Zukunft willen jede Art von Grenzen in Frage stellen. Dies geschieht zum einen, indem sie sich körperlich und räumlich in Bewegung setzen, zum anderen indem sie soziale Bewegungen hervorbringen, die auf die „ganze" Gesellschaft und nicht nur auf einen begrenzten „Jugendraum" oder ihre vermeintliche „Freizeit" gerichtet sind (vgl. Liebel 2005, S. 152 ff.; Liebel 2007b).

3.3.3 Wachsende Selbstzweifel in Europa

Inzwischen lassen sich auch in der deutschsprachigen Jugendforschung vereinzelt Anzeichen für ein Überdenken des bisher als selbstverständlich geltenden Jugendkonzepts erkennen. So kam etwa Jürgen Zinnecker (2003b, S. 15) in einer Bilanz der Jugendforschung schon vor Jahren zu dem Schluss, „die Realitätsanker mancher Jugendkonzepte" hätten „sich losgerissen". In der zweiten Hälfte des vergangenen Jahrhunderts seien die für die Unterscheidung von Kindheit, Jugend und Erwachsensein „zentralen Abgrenzungskriterien verloren gegangen" (ebd.). Den wesentlichen Grund hierfür sah Zinnecker darin, „dass sich das Ziel der jugendlichen Sozialisation und Selbstsozialisation, der fixierbare Erwachsenenstatus, historisch verabschiedet hat" (a. a. O., S. 17).

Es ist kaum noch zu übersehen, dass die Übergänge ins Erwachsenenalter für viele Jugendliche nicht nur länger, unstrukturierter und unsicherer, sondern auch individuell folgenreicher werden. „Der bisher zeitlich eng begrenzte Freiraum, in dem man sich austoben konnte, bevor man in den Arbeitsalltag eintrat, löst sich auf" (Kirchhöfer & Merkens 2004, S. 17). Damit verliere „die Verhältnisbestimmung von Bildung, Arbeit und Freizeit, wie sie über das Jugendmoratorium definiert war, […] an lebensphasengestaltender Ordnungskraft" und müsse durch ein anderes „Jugendmodell" ersetzt werden (Schröer & Böhnisch 2006, S. 46). Beide Autoren (Schröer 2004; Böhnisch 2008) machen seit Jahren darauf aufmerksam, dass die Forderung eines Moratoriums nicht mehr der Realität junger Menschen entspricht, da ihre Entwicklung mit einem biografischen Risiko behaftet sei, das sie schon frühzeitig dem ökonomischen Wettbewerb aussetze (ähnlich Kirchhöfer 2004).[49] In einem neueren Schwerpunktheft der Zeitschrift *Diskurs Kindheits- und Jugendforschung* zum Thema „Bildungsmoratorium revisited" bilanziert nun auch Heinz Reinders (2016), das Bildungsmoratorium habe sich seit der Jahrtausendwende zu einem „Optimierungsmoratorium" gewandelt. Unter dem Optimierungsdruck, den eigenen schulischen Bildungserwerb möglichst (zeit-)ökonomisch zu gestalten, hätten sich die „Freiräume des Moratoriums" für die Kinder und Jugendlichen erheb-

---

49 Zu kritisieren ist freilich, dass in der sog. Jugendtransitionsforschung daraus oft nur der Schluss gezogen wird, die Jugendlichen vor den wachsenden Risiken durch das Antrainieren der für diesen Wettbewerb funktionalen Eigenschaften oder sozialpolitische Kompensationsstrategien zu bewahren (vgl. Walther 1996; 2006). Nicht minder fragwürdig ist der Versuch, die Jugendlichen durch die Wiederbelebung des Jugendmoratoriums vor den Risiken schützen und einen besseren Start ins Leben garantieren zu wollen (so Clark 2015, S. 82 ff.). Bei allen Unterschieden basieren beide Ansätze auf einer gleichermaßen individualistischen wie paternalistischen Perspektive.

lich eingeschränkt.[50] Damit stellt sich die Frage, ob es überhaupt noch einen Sinn ergibt, an der Denkfigur des Moratoriums festzuhalten.

Aus teils ähnlichen Gründen haben andere Autoren es schon vor Jahren vorgezogen, von der Jugendphase als einem „psychosozialen Laboratorium" zu sprechen (Eisenbürger & Vogelsang 2002). Demnach gehe es (auch) in den wohlhabenden Gesellschaften des Nordens „nicht mehr darum, Jugendlicher sein zu dürfen, um erwachsen werden zu können. Das generelle Problem scheint vielmehr darin zu liegen, […] ‚erwachsen' werden zu wollen und ‚jugendlich' (d. h. abhängig) bleiben zu müssen" (Schneider 2003, S. 56). Mit der Destandardisierung und Flexibilisierung der Normalbiografien „verflüchtigen" sich die „gesellschaftlichen Konstanten" des Jugendmoratoriums (Zinnecker 2003b, S. 17) und es kommen ihm „die identitätsstiftenden und sinnsichernden Referenzsäulen der Erwachsenengesellschaft zunehmend abhanden" (Schneider 2003, S. 57).

Solche „Normalbiografien" haben in den Gesellschaften des Globalen Südens freilich nie in der Weise und in dem Maße wie im Globalen Norden existiert und sie konnten deshalb auch nicht zum Maßstab eines gelungenen Lebens werden. Das Leben der meisten Jugendlichen war immer schon „destandardisiert" und sie waren darauf angewiesen, sich flexibel auf wechselnde Lebenssituationen und -notwendigkeiten einzulassen, um nicht frühzeitig unterzugehen. Dieser Umstand wird von den Jugendlichen alles andere als befriedigend empfunden und gibt keinerlei Anlass dazu, idealisiert zu werden. Aber er lässt die „bewegenden" Fragen der eurozentrischen Jugendforschung, wonach es den Jugendlichen in erster Linie um die Abgrenzung von Erwachsenen und die Stilisierung ihrer eigenen Belanglosigkeit geht, als abwegig oder zumindest marginal erscheinen. Kinder und Jugendliche, deren Leben sich nicht dem Muster eines wie auch immer verstandenen Moratoriums fügt, sind in anderen Teilen der Welt längst dabei, sich mit nicht vorhandenen Gewissheiten und extremer Unsicherheit auf ihre Weise auseinanderzusetzen, ohne sich – wie Zinnecker (2003b, S. 17) für hier lebende Jugendliche annimmt – ängstlich an das Bestehende zu klammern.

---

50 Reinders macht hierfür neben dem gesteigerten wirtschaftlichen Interesse an verwertbarer Arbeitskraft auch den Siegeszug einer technokratisch orientierten empirischen Bildungsforschung verantwortlich, der es nur noch um die punktgenaue Messung von Schulleistungen geht. In einer empirischen Studie, die sich im selben Heft findet (Stecher, Fraij & Maschke 2016) wird dieser Befund untermauert.

Es spricht sogar manches dafür, dass von ihnen ein Impuls ausgeht, um die in ihren Ländern und in der Welt bestehenden und sich verschärfenden Ungleichheiten und Ungerechtigkeiten in Frage zu stellen. In ihrem Plädoyer „für eine kosmopolitische Wende in der Jugend- und Generationssoziologie" vermuten Ulrich Beck und Elisabeth Beck-Gernsheim (2007, S. 59), es sei „nicht die westliche, sondern umgekehrt gerade die *nicht*-westliche Generation, die über nationalstaatliche Grenzen hinweg gegen Ungleichheit sich auflehnt". Erst wenn in der hiesigen Jugendforschung der „mononationale, monokulturelle Blick" überwunden werde, werde erkennbar, „dass der Aktivismus der Generation global weniger im Zentrum entsteht als in den Randzonen, in den zur Ausweglosigkeit verdammten Regionen der Weltrisikogesellschaft" (a. a. O., S. 71). Das Studium der scheinbar marginalen Jugendkulturen in den Gesellschaften des Südens (und derjenigen der zweiten, dritten usw. Generation von Immigranten im Norden) könnte dazu führen, neue Fragen zu stellen und die im Globalen Norden so vertraut gewordenen Wegmarken der Jugend(kultur)forschung neu zu platzieren.

Wenn die Jugendforschung nicht in beliebiger Trendforscherei verkommen und damit vollends zahnlos werden will, wird sie sich jedenfalls nicht länger damit begnügen können, die Jugendkulturen als „segregierte Freizeitwelten" (Schneider) zu beschreiben und auszumessen. Stattdessen wären die Jugendkulturen „als umfassende Entwürfe der Wahrnehmung und Deutung von Welt und darauf bezogener Handlungsmöglichkeiten und -beschränkungen" (Schneider 2003, S. 60) zu begreifen und daraufhin zu befragen, „welche Lebensverlaufsmuster und welche Biografie-Typen sie ermöglichen, tolerieren oder verhindern – und zwar auch und gerade in ihren institutionellen Bezügen zur Arbeitswelt, zur Schule, zur privaten Beziehungsgestaltung" (ebd.).

3.4 Fazit: Ausblicke auf andere Logiken des Aufwachsens

Ob sich in den zur Ausweglosigkeit verdammten Weltregionen ein neuer Kindheits- und Jugendtypus („Generation global") herauskristallisiert, der auch auf die Kinder und Jugendlichen in den noch privilegierten Regionen übergreift,[51] sei hier dahingestellt. Aber ohne Zweifel bahnen sich mit den anwachsenden Ungewissheiten und Risiken, befördert durch die Migrationsbewegungen und Hybridisierungsprozesse, auch hierzulande neue Lebenskonstellationen an, die mit der Denkfigur des Moratoriums noch weniger zu fassen sind als bisher.

---

51 Dies ist der Tenor einiger Beiträge in dem lesenswerten Sammelband von Villányi et al. (2007).

Dazu gehört auch die Überlegung, dass spätestens mit dem rasanten Fortschreiten der Globalisierungsprozesse und der Verbreitung der elektronischen Medien Kinder und Jugendliche in den verschiedenen Teilen der Welt nicht mehr voneinander abgeschottet leben, sondern mit Maßstäben, Erwartungen, Bedrohungen und Verheißungen aus anderen Weltregionen konfrontiert sind und sich damit auseinandersetzen müssen. Dies sollte auch für Kindheits- und Jugendforscher gelten, wie alt sie auch immer sein mögen.

Die Denkfigur des Moratoriums jedenfalls gehört einer Zeitepoche und einer Weltkonstellation an, die nicht länger Bestand hat. Die Ungleichheit von Macht und Ressourcen mag noch einige Zeit in der Welt fortbestehen, aber sie rechtfertigt nicht, die auf materiellen Privilegien basierenden Lebensmuster als Maßstab für eine „gelungene" Kindheit oder Jugend beizubehalten. Der „vollkommene" Erwachsene hat als Rechtfertigung für Auszeiten derer, die „noch nicht so weit sind", bereits ausgedient. Bildung steht als bloße Schulbildung, die dem vermeintlichen Ernst des Lebens vorausgeht und vom gesellschaftlichen Leben getrennt ist, in Frage. Ebenso lässt sich die sog. Freizeit längst nicht mehr so sauber von der Sphäre der Arbeit trennen oder als Refugium von Freiheit verstehen, wie der Begriff suggeriert. Statt Moratorien, wie immer sie konzipiert sein mögen, weiterhin zum Fixpunkt von Kindheit und Jugend zu erklären, wäre mehr darüber nachzudenken, wie die gewiss lebensnotwendigen und von den Subjekten gewünschten Intervalle im Lebenslauf in egalitärer und gleichberechtigter Weise gestaltet werden können.

Die sozialwissenschaftliche Kindheits- und Jugendforschung steht vor der Herausforderung, den mit der wirtschaftlichen und kulturellen Globalisierung einhergehenden Veränderungen in den „Logiken des Aufwachsens" mit offenem Blick zu begegnen. Sie wird dabei nicht umhin kommen, sich zu fragen, ob die modernisierungstheoretisch inspirierte Vorstellung, es gebe besonders weit entwickelte Gestalten von Kindheit und Jugend, die anderen Gesellschaften und Kulturen als Maßstab und Vorbild dienen sollen, noch haltbar sind – wenn sie es überhaupt je waren. Die mit besorgtem Gestus gemalten Bilder von „Kindern ohne Kindheit" oder „Jugendlichen ohne Jugend" schmeicheln zwar dem Gefühl der eigenen Überlegenheit, aber sie taugen nicht, um die Kindheiten und Jugenden zu begreifen, die sich vor allem im Globalen Süden abzeichnen.

Die im Globalen Süden sichtbar werdenden Lebens-, Denk- und Handlungsweisen von Kindern und Jugendlichen, die vor allem über Migrationsprozesse (aber nicht nur über diese) auch die eher wohlhabenden und sich als modern verstehenden Weltregionen erreichen, stellen die Gültigkeit gewohnter Denkbilder und Begriffe der Kindheits- und Jugendforschung in Frage. Dies gilt insbesondere für den Begriff des psychosozialen Moratoriums als unabdingbarer Voraussetzung einer gelingenden Kindheit und Jugend, wie immer der

Begriff verstanden werden mag. Wenn wir den Gedanken zulassen, dass Kindheiten und Jugenden möglich sind, die nicht in gewohnter Weise in Schutzsphären ausgelagert und vom Leben der Erwachsenen abgeschottet sind, wird besser zu begreifen sein, dass Kinder und Jugendliche – in gewiss altersspezifischer Weise – eine Kraft darstellen können, die das gesellschaftliche Leben maßgeblich mitstrukturiert.

4. Kolonialismus und die Kolonisierung von Kindheit

> Man sagt, dass der Schwarze das ‚Palaver' liebt, und wenn ich selbst das Wort ‚Palaver' ausspreche, sehe ich eine jauchzende Kinderschar, die der Welt sinnlose Wörter, Heiterkeiten zuruft; ins Spiel vertiefte Kinder, insofern das Spiel als Einführung ins Leben verstanden werden kann. Der Schwarze liebt das Palaver, und es ist kein weiter Weg zu jenem neuen Satz: der Schwarze ist nur ein Kind. Hier haben die Psychoanalytiker leichtes Spiel, und der Terminus *Oralität* ist schnell auf den Lippen. (Frantz Fanon: *Schwarze Haut, weiße Masken*, [1952]1985, S. 21)

Um einen Begriff postkolonialer Kindheiten zu gewinnen, ist es nötig, die Zusammenhänge von Kolonialisierung und Kindheit zu verstehen.

Kindheit verstehe ich hier gleichermaßen als eine Form des Seins von Kindern und einen Diskurs über diese Form des Seins (Alderson 2013). Beide Dimensionen sollten nicht verwechselt, aber auch nicht voneinander getrennt werden. Die Geschichte der Kindheit ist eng mit Veränderungen der Produktions- und Reproduktionsweisen von Gesellschaften verwoben, in der europäischen Neuzeit vor allem mit der Herausbildung der kapitalistischen Produktionsweise und dem Aufstieg des Bürgertums zur herrschenden Klasse. Sie haben zu einer räumlichen Trennung von Produktions- und Reproduktionssphäre und zur Lokalisierung von Frauen und Kindern in der als Privatsphäre organisierten Kleinfamilie geführt. In diesem Zusammenhang sind neue normative Vorstellungen einer Kindheit entstanden, die jenseits der Produktionssphäre als „pädagogische Provinz" (Goethe), als „Familienkindheit" und schließlich auch als „Schulkindheit" konzipiert waren (vgl. Hendricks 2011; Honig 2010). Insofern ist die Geschichte der Kindheit immer auch eine Geschichte der Vorstellungen und Konzepte von Kindheit. Sie gewinnen ein Eigenleben und beeinflussen die Art und Weise, wie mit Kindern umgegangen wird. Ebenso beeinflussen sie die Art und Weise, wie Kinder sich selbst sehen, und welche Möglichkeiten des Handelns ihnen zur Verfügung stehen und von ihnen genutzt werden. Hier vertrete ich nun die These, dass das Sein der Kinder ebenso wie die Vorstellungen und Konzepte von Kindheit, die sich seit dem späten Mittelalter in Europa herausgebildet haben, eng mit der Kolonialisierung anderer Erdteile verknüpft sind, und zwar auf mehrfache Weise.

Das Konzept einer vom Erwachsenenleben getrennten, von produktiven Aufgaben „freigesetzten", aber auch ins gesellschaftliche Abseits verwiesenen Kindheit entstand weitgehend zeitgleich mit der „Entdeckung" und Kolonialisierung der außereuropäischen Welt (seit dem 16. Jahrhundert). Die Unterwerfung und Ausbeutung der Kolonien zunächst in Amerika, dann in Afrika und Asien bildeten zum einen ihre materielle Voraussetzung, indem sie in den „Mutterländern" eine im materiellen Wohlstand lebende Klasse entstehen ließ, die ihre Kinder privatisieren und einem Reservat der Hege und Pflege überantworten konnte. Zum anderen bildete die Unterwerfung der Kolonien das Vorbild für die Unterwerfung und „Erziehung" auch der einheimischen Kinder, sei es der herrschenden, sei es der subalternen Klassen, so dass mit Recht von einer Kolonisierung der Kindheit oder der neuzeitlichen Kindheit als einer Art Kolonie gesprochen werden kann. Diese Perspektive diente auch den auf die Kontrolle und Perfektion der Kindheit zielenden frühen Kindheitswissenschaften als Vorbild. Umgekehrt bildete die Konstruktion der Kindheit als unreifes und unmündiges Vorstadium des Erwachsenenseins ihrerseits die Matrix für die Herabwürdigung der Menschen jedweden Alters in den Kolonien als erst noch zu entwickelnde, unreife, ergo im Stadium der Kindheit verharrende Wesen, wie es etwa in Hegels berühmtem Diktum von Afrika als „Kinderland" zum Ausdruck kommt (Hegel [1802]1986). Mit Blick auf die postkoloniale Konstellation stellt sich die Frage, in welcher Weise die Kindheitsforschung aus der Geschichte lernen, sich über ihre eigene Verstrickung Rechenschaft ablegen und kritische postkoloniale Theorien für das Verständnis und die Analyse heutiger Kindheiten zu nutzen versteht.

Noch einige Worte zur Verwendung der Begriffe Kolonialismus, Kolonialisierung und Kolonisierung, die hier jeweils in verschiedenen Zusammenhängen und Bedeutungen aufgegriffen werden. Unter Kolonialismus verstehe ich mit Osterhammel & Jansen (2009, S. 20)

> eine Herrschaftsbeziehung zwischen Kollektiven, bei welcher die fundamentalen Entscheidungen über die Lebensführung der Kolonisierten durch eine kulturell andersartige und kaum anpassungswillige Minderheit der Kolonialherren unter vorrangiger Berücksichtigung externer Interessen getroffen und tatsächlich durchgesetzt werden. Damit verbinden sich in der Neuzeit in der Regel sendungsideologische Rechtfertigungsdoktrinen, die auf der Überzeugung der Kolonialherren von ihrer eigenen kulturellen Höherwertigkeit beruhen.

In Lexika werden die Begriffe der Kolonialisierung und Kolonisierung (mitunter auch Kolonisation) meist synonym, aber in zwei verschiedenen Richtungen verstanden (hier sinngemäß nach *Lexikon der Geographie*, 2001): a) im Sinne der Erschließung eines bisher menschlich nicht genutzten Naturraumes und b) im Sinne der Unterwerfung eines Territoriums einschließlich der dort lebenden Bevölkerung als Kolonie. Die zuerst genannte Richtung wird mit der Ausweitung menschlicher Siedlungsgebiete in Urwälder, Wüsten, Moore, Tundren und ähnliche schwer nutzbare Naturräume innerhalb eines Staatsgebietes identifiziert (mitunter auch als „Binnenkolonisation" oder „innere Kolonisation" bezeichnet). Demgegenüber wird die zweite Richtung mit der Errichtung von Kolonien außerhalb eines bestehenden Staatsgebietes identifiziert („äußere Kolonisation") und entspricht dem oben genannten Verständnis von Kolonialismus. Ein Problem dieser Unterscheidung besteht darin, dass sie in der Realität oft nicht eindeutig ist (wo gibt es noch unbewohnte Gebiete im Sinne von „Terra Nullius") und die Staaten selbst ihre Grenzen ändern können oder je nach eigener (militärischer und wirtschaftlicher) Macht auch Einflusssphären und Besitzansprüche jenseits ihrer nationalen Grenzen beanspruchen. Ich werde die Begriffe Kolonialisierung und Kolonisierung hier nur in der zweitgenannten Richtung verwenden. Allerdings nehme ich eine Ausweitung vor, indem ich die Begriffe nicht nur auf Räume und Gebiete, sondern auch auf lebende Personen und ihre Beeinflussung beziehe. Im ersten Fall bevorzuge ich den Begriff Kolonialisierung, im zweiten Fall den der Kolonisierung. Dies entspricht einem Vorschlag von Maria do Mar Castro Varela (2015, S. 23), die die Begriffe Dekolonisation und Dekolonisierung folgendermaßen unterscheidet:

> Wenn *Dekolonisation* die formale Unabhängigkeit eines ehemalig kolonisierten Landes bedeutet, so zielt der Begriff der *Dekolonisierung* auf den andauernden Prozess der Befreiung von einer Herrschaft, die das Denken und Handeln bestimmt.

In ersten Teil dieses Kapitels werde ich zunächst erörtern, welche gedanklichen Zusammenhänge zwischen der Entstehung des europäisch-bürgerlichen Kindheitsmusters und der Kolonialisierung fremder Erdteile bestehen. In einem eigenen Abschnitt dieses Teils werde ich der Dialektik von Bildung bzw. Literalität und Macht in den kolonialen und postkolonialen Beziehungen nachspüren. Im zweiten Teil werde ich nachzeichnen, wie in den 1960er- und 70er-Jahren der Diskurs zur „Kolonisierung der Kindheit" entstand und sich schließlich mit postkolonialen Denkströmungen verband. Abschließend werde ich einige Ambivalenzen der europäisch-bürgerlichen Kindheitskonstruktion mit Blick auf Kolonialisierung und Dekolonisierung beleuchten.

4.1 Kolonialisierung als Kindheitsprojekt

Wesentliches Merkmal des neuzeitlichen europäischen Kindheitskonzepts ist, sich das Kind als unvollkommenes und zu entwickelndes Vorstadium des Erwachsenseins vorzustellen. Damit wurde nicht nur die Notwendigkeit einer strikten Kontrolle und Erziehung der Kinder begründet, sondern auch die Unterwerfung der Menschen in den Kolonien jenseits von Europa gerechtfertigt. Der Literaturwissenschaftlerin Joe-Ann Wallace zufolge war die „Idee ‚des Kindes' eine unverzichtbare Voraussetzung von Imperialismus – d. h. der Westen musste für sich selbst ‚das Kind' erfinden, bevor er einen besonderen kolonialistischen Imperialismus denken konnte" (Wallace 1994, S. 176). Dieser Zusammenhang sollte allerdings nicht als einseitige Kausalität, sondern als Wechselverhältnis verstanden werden, welches sich im Laufe der Jahrhunderte gegenseitig verstärkte. Schon bei der „Entdeckung" und Eroberung des „neuen", schließlich Amerika genannten Kontinents seit dem Ende des 15. Jahrhunderts, als in Europa das neue Kindheitskonzept erst im Entstehen war, wurde auf die Metapher des Kindes zurückgegriffen, um für die dort vorgefundenen „Naturvölker", die als „wild" und „unzivilisiert" wahrgenommen wurden, einen angemessenen Ausdruck zu finden (siehe dazu Kapitel 7). Wir können also annehmen, dass die mit der Eroberung und den neuen Erfahrungen sich herausbildenden Vorstellungen und Mentalitäten auch die Herausbildung des neuen Kindheitskonzepts mit beeinflusst haben.

Die Studie des britischen Kulturwissenschaftlers Bill Ashcroft *On Postcolonial Futures* ist bis heute einer der wenigen Beiträge postkolonialer Theorie, die auf diese Zusammenhänge aufmerksam gemacht haben. Ashcroft zufolge war es „die gegenseitige Befruchtung zwischen den Konzepten von Kindheit und Primitivismus, die diese Ausdrücke befähigt hat, zu wechselseitig wichtigen Konzepten im imperialen Diskurs zu werden" (Ashcroft 2001, S. 37). Er weist auch auf den wichtigen Sachverhalt hin, dass zu der Zeit, als das Kind als philosophisches Konzept entstand, ebenso „Rasse" als Kategorie physischer und biologischer Unterscheidung hervorgebracht wurde. „Während ‚Rasse' nicht ohne Rassismus existieren konnte, d. h. der Notwendigkeit einer Hierarchie der Unterschiede, verdünnt die Idee des Kindes die inhärente Feindschaft in diesem Maßsystem und bietet eine ‚natürliche' Rechtfertigung für imperiale Herrschaft über unterworfene Völker an" (ebd.). Die Verbindung des Kindes mit dem Wilden geht mit der allgemeinen und sich im 19. Jahrhundert ausbreitenden Annahme einher, dass die „Rassen" verschiedene Entwicklungsstufen repräsentieren. So vertrat etwa der französische Orientalist Ernest Renan in seiner zuerst 1848 erschienenen Schrift *The Future of Science* die Auffassung, dass die Bedingungen der Menschheit und der menschlichen Intelligenz in den frühesten Stufen von Entwicklung studiert werden müssten. Der Forscher müsse die experimentelle Untersuchung des Kindes und die Übung seiner Vernunft mit der experimentellen Untersuchung der „Wilden" verbinden und sich deshalb intensiv mit Reiseberichten aus den neu entdeckten Gebieten der Erde beschäftigen. Dies sei sogar dringend, weil damit zu rechnen sei, dass die Wilden unter dem Einfluss ihrer Zivilisierung sehr schnell verschwinden (Renan 1891, S. 150).

Der moralische Konflikt, der sich für das „aufgeklärte" Europa aus der kolonialen Eroberung und Besetzung ergibt, wird durch deren Naturalisierung als Eltern-Kind-Beziehung unterlaufen, indem er mit den widersprüchlichen Impulsen der Eltern zwischen Ausbeutung und Pflege gleichgesetzt wird. Das Kind, zugleich anders und gleich, von Natur aus böse und potenziell gut, so Ashcroft, „hält die widersprüchlichen Tendenzen der imperialen Rhetorik im Gleichgewicht: Autorität ergibt sich aus der Verpflichtung zur Pflege, Herrschaft aus der Notwendigkeit der Aufklärung, Erniedrigung wird mit Idealisierung gepaart, Verneinung mit Bestätigung, Ausbeutung mit Erziehung, Abstammung mit Angliederung. Diese Fähigkeit, Widersprüche aufzusaugen, gibt dem binären Muster von Eltern und Kind eine unmäßig hegemoniale Stärke" (Ashcroft 2001, S. 36 f.).

Die Zusammenhänge zwischen dem neuen Kindheitskonzept und der Kolonialisierung fremder Menschen und Erdteile waren schon in den für die Kindheitsgeschichte einflussreichen Ideen des liberalen englischen Philosophen John Locke und des französischen Aufklärers Jean-Jacques Rousseau angelegt, wenn auch in verschiedener Weise. In seinem 1690 erschienenen *Essay über den menschlichen Verstand* konzipierte Locke das Kind als „tabula rasa", was im Deutschen mit dem Ausdruck „unbeschriebenes Blatt" popularisiert wurde.[52] Damit wies er Eltern und Schulmeistern große Verantwortung dafür zu, was auf dieses leere Blatt geschrieben wird. Gleichzeitig hatte das Konzept große Bedeutung für das imperiale Unternehmen, da die Vorstellung eines leeren Raums eine wichtige Voraussetzung für die als Zivilisierung verstandene Kolonisation darstellte.[53] Während Locke sich das neugeborene Kind als leeren

---

52 In Buch 2, Kap. 1, § 2 des Essays von Locke ([1690]2008) heißt es: „Alle Vorstellungen kommen von der sinnlichen und Selbst-Wahrnehmung. Wir wollen also annehmen, die Seele sei, wie man sagt, ein weißes, unbeschriebenes Blatt Papier, ohne irgendwelche Vorstellungen; wie wird sie nun damit versorgt?" Zur Metapher des unbeschriebenen Blatts vgl. Pinker (2003).
53 Ähnliche Bedeutung für die Legitimation kolonialer Eroberung kam der Doktrin der „Terra Nullius" („Niemandsland") zu, die zuerst im Jahr 1096 von Papst Urban II. in einer päpstlichen Bulle verkündet worden war, um die Kreuzzüge in nicht von Christen bewohnte Gebiete der (damals bekannten) Erde zu begründen und sie zur Inbesitznahme

Raum vorstellte, der erst gefüllt werden muss, konzipierte Rousseau knapp hundert Jahre später in seiner Schrift *Emile oder über die Erziehung* ([1762]1975) das Kind als „reine Natur", die für sich einen Wert darstellt und letztlich durch die Zivilisation verdorben wird. Bei Rousseau besteht die Parallele zur Kolonisation in der Vorstellung des „guten Wilden".

Lockes Metapher des Kindes als leere Tafel, als unbeschriebenes Blatt, stellt ausdrücklich eine Verbindung zwischen Erwachsensein und Buchdruck her, indem Zivilisation und Reife auf die Tafel des kindlichen Geistes gedruckt werden. Für ihn ist das Kind eine ungeformte Person, die durch Lese- und Schreibkunde, Erziehung, Vernunft, Selbstkontrolle und Scham zu einem zivilisierten Erwachsenen gemacht werden kann. Für Rousseau besitzt das ungeformte Kind Fähigkeiten zur Aufrichtigkeit, Verständnis, Neugier und Spontaneität, die bewahrt und wieder entdeckt werden müssen. In der Spannung zwischen diesen zwei Sichtweisen finden wir den inhärenten Widerspruch in der imperialen Vorstellung des kolonialen Subjekts (Ashcroft 2001, S. 41).

Beide Sichtweisen rechtfertigen die paternalistischen Handlungsweisen des kolonialen Unternehmens, da die Unschuld der Natur ebenso wie die leere Tafel des ungeformten Kindes der Abwesenheit von Bedeutung gleichkommt. Weder das Kind noch das koloniale Subjekt haben Zugang zu Bedeutung außerhalb der Prozesse von Kolonialisierung und Erziehung.[54]

Eine ähnliche Funktion gewann die Idee der Literalität im Sinne des Erwerbs der Fähigkeit, Lesen und Schreiben zu können, und dies selbst dann, wenn sie einer bereits alphabetisierten Gesellschaft aufgezwungen wurde.[55] Sie basiert auf der Unterscheidung von zivilisierten und barbarischen Völkern und Nationen und konstituiert zwischen ihnen eine Rangfolge des mehr oder weniger Entwickelt-Seins. So kann die Diskrepanz zwischen Kindheit und Erwachsensein, die durch das Aufkommen der Notwendigkeit, Lesen und Schreiben zu

---

freizugeben. In Rechtsdoktrinen aus dem 16. und 17. Jahrhundert wurden damit die Besitzrechte an Gebieten anerkannt, die von keiner durch eine europäische Macht anerkannten Entität kontrolliert wurden.

54 Dass das kolonialpaternalistische Denken in Deutschland keineswegs der Vergangenheit angehört und noch immer Teil von Identitätskonstruktionen ist, geht aus einer Studie von Jürgen Zimmerer (2013) hervor. Auch rassismuskritische Auswertungen der Erfahrungsberichte von Studierenden und Entwicklungshelfern über Auslandsaufenthalte im Globalen Süden kommen zu ähnlichen Ergebnissen (Glokal 2013; Lundt 2016b).

55 Ich gebrauche hier den Begriff Literalität analog zu dem Begriff *literacy* im Englischen. Es wäre zu eng, Literalität nur als Alphabetisiert-Sein oder Lese- und Schreibkompetenz zu verstehen. Der Begriff umfasst auch die Fähigkeit zur Kommunikation sowie die Aneignung von Denkweisen und Wertvorstellungen jenseits ihrer schriftlichen Form. Dies zu betonen, ist gerade im Zeitalter der digitalen Medien wichtig.

lernen, im späten Mittelalter mit hervorgerufen wurde, im direkten Zusammenhang gesehen werden mit der Diskrepanz zwischen dem imperialen Zentrum und den lese- und schreibunkundigen Menschen in den Kolonien.

> Ebenso wie ‚Kindheit' in der europäischen Kultur mit der Aufgabe, Lesen und Schreiben zu lernen, begann, wurde (formale) Bildung und die Lese- und Schreibfähigkeit entscheidend bei der imperialen Expansion Europas, indem sie eine ideologische Überlegenheit der Werte der Kolonialherren etablierte und die ‚erwachsenen' Kolonisatoren von den ‚kindischen' Kolonisierten trennte (Ashcroft 2001, S. 39).

In diesem Sinne war der Kolonialismus immer auch „Erziehungskolonialismus" (Osterhammel & Jansen 2012, S. 115), der mit dem Anspruch daherkam, die Kolonisierten von Tyrannei und geistiger Finsternis zu befreien. Die Gleichsetzung der Kolonisierten mit Kindern bot die Gelegenheit, diesen Anspruch sogar als moralische Pflicht und „Bürde des weißen Mannes" (Rudyard Kipling)[56] zu beschönigen. „Kolonialherrschaft wurde als Geschenk und Gnadenakt der Zivilisation verherrlicht, als eine Art von humanitärer Dauerintervention" (Osterhammel & Jansen 2012, S. 115). Dazu dienten an vorderer Stelle die Schulen, die entweder von Missionaren oder vom Staat betrieben wurden, sich zum Teil auch in nichtmissionarischer privater Hand befanden. Sie zielten und zielen bis heute darauf ab, eine bestimmte Art des Denkens und der Moral zu vermitteln, die weit über das formale Lesen und Schreiben lernen hinausgeht, eine Art „moralischer Technologie" (Wells 2009, S. 111) oder „epistemischer Gewalt" (Cannella & Viruru 2004, S. 2).

Eine der einflussreichsten Folgen der Verbindung von Kindheit und kolonialer Eroberung war das im späten 19. Jahrhundert aufgekommene Konzept der Entwicklung, durch das die nicht-europäischen Länder dauerhaft als zurückgeblieben konstituiert wurden. Die Bedeutungen des Ausdrucks ergeben sich „aus der Verbindung von Primitivismus und Kindisch-Sein (*infantility*) und der jeweiligen Notwendigkeit für ‚Reifung' und ‚Wachstum' " (Ashcroft 2001,

---

56 „The White Man's Burden" ist der Titel eines Ende des 19. Jahrhunderts entstandenen Gedichts, das der 1865 in Britisch-Indien geborene und in England aufgewachsene Rudyard Kipling unter dem Eindruck der US-amerikanischen Eroberung der Philippinen und anderer ehemaliger spanischer Kolonien verfasste. Kipling nennt eingangs die indigene Bevölkerung der Kolonien „frischgefangene Halbwilde und halb Kind" und fordert die Leser auf, die Bürde des weißen Mannes zu übernehmen, diese aus der Wildheit und dem Zustand der Kindheit zu befreien. Das Gedicht gilt als eines der wesentlichen Zeugnisse des Imperialismus. Zu Kiplings Literatur für Kinder und seinem Kindheitsbild vgl. Walsh (2010). Kipling erhielt 1907 als erster englischer Schriftsteller den Literaturnobelpreis. Originaltext unter: www.loske.org/html/school/history/c19/burden_full.pdf.

S. 38). Die Gleichsetzung von Kindheit und Primitivität war auch noch in der zweiten Hälfte des 20. Jahrhunderts gegenwärtig und galt als wissenschaftlich seriös, wie sich aus einem Kapitel über den Ursprung der Sprache in einem seit 1964 in mehreren Auflagen erschienenen und weit verbreiteten linguistischem Lehrbuch ablesen lässt (Barber 1964, S. 25):

> In so vielen Sprachen sind die Baby-Wörter für Mutter und Vater Mama und Papa, Mami und Papi oder ähnliches. Es gibt keine innere magische Verbindung zwischen der Idee der Elternschaft und Wörtern dieser Art: diese kommen einfach vor, weil sie die ersten artikulierten Laute sind, die ein Kind hervorbringt. [...] Solche Wörter mögen auch die ersten Äußerungen von primitiven Menschen gewesen sein. [...] Die Sprachen primitiver Völker und die Geschichte von Sprachen in Zeiten der Schrift mögen etwas Licht auf den Ursprung von Sprache werfen, wenn wir annehmen, welche Elemente darin die archaischsten sind.

Die Frage von Literalität und Bildung hat in der Geschichte des Kolonialismus eine zentrale Rolle gespielt und spielt diese auch heute noch in der postkolonialen Konstellation. Der Kolonialismus nutzte den Hinweis auf die fehlende Bildung und die Vorstellung von Kindheit als primitives Entwicklungsstadium, „um das binäre Verhältnis zwischen Kolonisator und Kolonisiertem zu bekräftigen; eine Beziehung, die Zustimmung zur kulturellen Dominanz Europas nahelegte. Kolonisatoren und Kolonisierte waren voneinander getrennt durch Literalität und Bildung" (Ashcroft 2001, S. 52). Diese Trennung wurde durch geographische Distanzen, mitunter auch durch die Unterscheidung von Nationalitäten bestätigt. Nun stellt sich die Frage, ob diese bislang deutlich sichtbaren Gegensätze in der postkolonialen Gegenwart, die durch weitgehende Globalisierung gekennzeichnet ist, Bestand haben.

4.2 Zur Dialektik von Bildung und Macht

In der Debatte um koloniale und postkoloniale Machtverhältnisse wird zu Recht immer wieder auf Bildungsprozesse Bezug genommen. Eine der wichtigsten Einsichten postkolonialer Theorie besteht darin, die Beziehungen zwischen den Kolonisatoren und den Kolonisierten als dialektisch zu verstehen (Said [1978]2008; Bhabha 1994). Während die Kolonisatoren selbst beeinflusst werden vom Zusammentreffen mit den Kolonisierten, können auch die kolonisierten Menschen nicht nur als unbeteiligte und unschuldige Zuschauer gesehen werden. „Die Kolonisierten sind keine ‚kulturellen Tölpel', die unfähig sind, sich einen eigenen Reim auf die herrschenden Diskurse zu machen, sich mit ihnen zu arrangieren oder sich ihnen zu widersetzen" (Rizvi 2007, S. 261).

Das Gleiche gilt für die gegenwärtigen globalen Beziehungen, die notwendigerweise begleitet sie von Verhandlungen über die kulturellen Botschaften, selbst wenn sie in soziogeografischen Räumen stattfinden, die durch asymmetrische Machtbeziehungen charakterisiert sind. Die Beziehungen zwischen dem Globalen und Lokalen sind immer komplex und mehrdeutig und erfordern eine genaue ethnographische fallspezifische Analyse.

Ashcroft ist der Ansicht, dass heute „der Abstand zwischen kolonisierenden Eltern und kolonisiertem Kind durch die Globalisierung und den transnationalen Charakter des Neokolonialismus verdeckt wird" (Ashcroft 2001, S. 53). Das neokoloniale Subjekt könne nicht mehr durch geografische Entfernung und fehlende Literalität und Bildung fixiert werden. An die Stelle des geographisch zu verortenden kolonialen Subjekts trete nun in wachsendem Maße das als fluid vorgestellte „Subjekt des globalen Kapitalismus" (ebd.). Diese Einschätzung scheint mir überzogen und ungenau zu sein. Der von Ashcroft erweckte Eindruck, die Trennung von Kolonisatoren und Kolonisierten werde durch die Globalisierung außer Kraft gesetzt oder sei zumindest nicht mehr sichtbar und spürbar, betrifft nur einen ihrer Aspekte, nämlich den unbegrenzten Waren- und Kapitalverkehr. Für die Menschen selbst bleiben geographische Verortung und politisch definierte nationale Grenzen mächtige Schranken für den eigenen körperlichen Bewegungsraum, die Schranken werden sogar noch höher. Auch die scheinbare Grenzenlosigkeit der neuen Kommunikationsmedien bleibt gefangen in den privaten Besitzverhältnissen, die es beliebig erlauben, die Kommunikation abzuschneiden und jemandem aus dem „Netz" verschwinden zu lassen.

Gleichwohl scheint mir Ashcrofts Überlegung bedenkenswert, dass die mit der Kindheitsmetapher legitimierte koloniale Eroberung und Herrschaft Ambivalenzen und Widersprüche produziert. Die zur Aufrechterhaltung des Oben und Unten eingeführte Literalität lässt sich nicht mehr auf das Lesen und Schreiben begrenzen, sondern umfasst vielseitige, nicht länger an die Schrift gebundenen Kommunikationsformen. Unter den Forschern, die sich mit Literalität befassen, insbesondere in sog. Entwicklungsprogrammen, wird nicht nur die Begrenzung des Blicks auf die Fähigkeit zum Lesen- und Schreiben kritisiert, sondern auch darauf aufmerksam gemacht, dass jede Art des miteinander Kommunizierens auf die darin enthaltenen Machtbeziehungen betrachtet werden muss. Sie machen darauf aufmerksam, dass Kommunikations- und Bildungsprozesse niemals nur als technische Vorgänge verstanden werden können, sondern immer auch eine bestimmte Art des Wissens einschließen, während sie andere Arten des Wissens ausschließen. „In Kontexten von Entwicklung wird das Thema Literalität oft einfach als eine technische Frage betrachtet: dass den Menschen gelehrt werden muss, wie Buchstaben zu dekodieren sind, wonach sie mit der neu erworbenen Literalität machen können, was sie wollen" (Street 2001, S. 7). Dieser Ansatz wird von Brian Street mit dem Argument kritisiert, er ignoriere oder verberge, dass Literalität und Bildung nie neutral oder universal sein könne. In der Praxis laufe sie darauf hinaus, „westliche Konzeptionen von Bildung anderen Kulturen aufzudrängen und überzustülpen" (ebd.). Stattdessen favorisiert er ein Modell, das „eine kultursensiblere Sicht von Bildungspraxis" anbiete und anerkenne, dass diese sich je nach Kontext unterscheide. Das Modell zeichnet sich dadurch aus, dass es Bildungsprozesse als eine „soziale Praxis" betrachtet,

> die immer in sozial konstruierte epistemische Prinzipien eingebettet ist. Es geht um Wissen: die Wege, in denen sich Menschen Bildung aneignen, sind selbst in Konzeptionen von Wissen, Identität und Sein verwurzelt. Literalität in diesem Sinn ist immer umkämpft, in ihrer Bedeutung ebenso wie in ihren Praktiken, folglich ist jede Version davon ‚ideologisch', sie ist immer in einer besonderen Weltsicht verortet and zielt darauf ab, ihr Verständnis von Literalität zum herrschenden zu machen und andere zu marginalisieren (a. a. O., S. 7 f.).

Streets Modell beansprucht, nicht nur kulturelle Unterschiede, sondern auch „die Machtdimensionen dieses Bildungsprozesses" (a. a. O., S. 9) im Blick zu haben. Wenn die Wirkung untersucht werde, müsse beachtet werden, dass diese immer „Teil einer Machtbeziehung" sei (ebd.).

Ein anderer Autor (Rogers 2001) merkt an, dass Literalität im Zusammenhang mit Entwicklung von Gesellschaften in zweierlei Weise verstanden werden könne. Zum einen werde Bildung als kausale Bedingung oder Schlüsselelement für jede Art von Entwicklung gesehen (*„literacy-leads-to-development equation"*), was typisch für Bildungsprogramme der Weltbank sei. Zum anderen lasse sich Bildung als eine Möglichkeit sehen, soziale Transformation bzw. soziale Veränderung, z. B. im Sinne von Befreiung, zu fördern, wofür als Beispiel die sog. *Educación Popular* dienen mag, die im Deutschen unter dem Stichwort Befreiungspädagogik bekannt wurde (z. B. Freire 1973). In dieser Hinsicht müssten „dominierende und nicht-dominierende Bildungsprozesse" (Rogers 2001, S. 208) unterschieden werden. In der Auseinandersetzung zwischen den verschiedenen Bildungskonzeptionen geht es um die Frage, welche die Oberhand gewinnt, eine Bildung, die die Menschen zu „Humankapital" erniedrigt und sie von ihrem Leben entfremdet, oder eine Bildung, die auf die Beseitigung von Ungleichheit und Unterdrückung gerichtet ist und den Menschen Werkzeuge bereitstellt, um sich jeder Form von Entwürdigung zu widersetzen. Hier stellt sich auch die Frage, wie die Bildung institutionalisiert wird und wer letztlich über sie bestimmt.

Ähnliches gilt für das Bild des Kindes, das in der kolonialen Beziehung dazu herhalten musste, Bevormundung und Unselbständigkeit zu legitimieren. Ashcroft sieht in der „Allegorie des Kindes" einen „kritischen Gegendiskurs" angelegt, „weil das Kind so stark als ambivalente Erscheinung des Kolonisierten konstruiert ist" (a. a. O., S. 53), und hat für diese Perspektive ausdrucksstarke Worte gefunden (ebd.):

> Das Kind, das vom Imperialismus erfunden wurde, um das kolonisierte Subjekt zu repräsentieren und empfänglich für Bildung und Verbesserung zu sein, wird das allegorische Subjekt einer differenten Bewegungsbahn, ein Ort der Differenz und antikolonialen Möglichkeit.

So verlockend und vielversprechend dies klingt, muss doch gefragt werden, ob hier nicht eine metaphorische Sichtweise des Kindes überstrapaziert wird. Da Kind zu sein immer auch bedeutet, eine Zukunft vor sich zu haben, kann das Bild des Kindes zur Verkörperung einer besseren Zukunft werden und eine mobilisierende Bedeutung erlangen. Dies kommt etwa in der Rede von den „jungen Nationen" zum Ausdruck, die sich von der Kolonialherrschaft emanzipiert haben. In dieser Redeweise schwingt noch eine vom Kolonialismus erbte Ambivalenz mit, die zwischen Neubeginn und Unreife schwankt. Und es stellt sich die Frage, ob der hoffnungsgeladenen metaphorischen Rede vom Kind auch *reale* Kinder entsprechen, die sich in dem kolonialen Kindheitsbild nicht wiederfinden, sondern eine neue Art von Kindheit repräsentieren und mit hervorbringen, die der postkolonialen Gesellschaft ihren Spiegel vorhält und sie drängt, die kolonialen Eierschalen aufzubrechen.[57]

Ein Blick auf die Geschichte der Entkolonialisierung zeigt, dass tatsächlich junge Menschen, die wir heute als Kinder bezeichnen würden, immer wieder eine treibende Rolle in den Befreiungsbewegungen gespielt haben, von den antikolonialen Befreiungskämpfen in Lateinamerika zu Beginn des 19. Jahrhunderts bis zu den Intifadas in Palästina oder den Kämpfen gegen die Apartheid in Südafrika am Ende 20. Jahrhunderts. Auch heute lässt sich in den südlichen Weltregionen beobachten, dass Kinder und Jugendliche maßgebliche Akteure sozialer Bewegungen sind, die darauf drängen, den Prozess der Entkolonialisierung weiterzuführen, sei es indem sie angesichts fehlender Lebensperspektiven gegen korrupte, an ihrem Sessel klebende Machteliten auf die Straße

---

57 Erica Burman (2016) hat in den Schriften von Frantz Fanon, die für die antikolonialen Bewegungen so bedeutsam waren, metaphorische ebenso wie empirische Bezüge zu Kindern und Kindheit ermittelt und sie unter befreiungspädagogischen Aspekten analysiert (vgl. auch Dei & Simmons 2010).

gehen, sei es indem sie auf dem Weg der kollektiven Selbsthilfe ihr Leben selbst in die Hand nehmen und solidarische Formen der Subsistenz hervorbringen. Diese Bewegungen zeichnen sich im Unterschied zu früheren Kinder- und Jugendbewegungen dadurch aus, dass sie sich nicht von der Gesellschaft abwenden und in einer abgeschiedenen Kinder- und Jugendwelt einrichten, sondern sich als maßgeblichen Teil der Gesellschaft verstehen und sie in ihrem Interesse zu beeinflussen versuchen. In ihnen verkörpern sich Konfigurationen von Kindheit (und Jugend), die über das europäisch-bürgerliche Muster einer Lebensphase des „Noch nicht" hinausweisen und auf einer gleichberechtigten Mitwirkung in allen für sie relevanten Bereichen und Fragen bestehen (vgl. Casas 1998). Bildung bedeutet für diese Kinder und Jugendlichen mehr, als sich auf vorgegebene Funktionen vorbereiten zu lassen. Sie greifen die ihnen (auch über die digitalen Medien) zugänglichen Informationen und die Bildungselemente auf, die sich aus ihren täglichen Erfahrungen (zu denen heute auch die Schule gehört) ergeben, und mischen daraus eigene Antworten auf die sich ihnen stellenden Probleme.

4.3 Kolonisierung der Kindheit

Die Instrumentalisierung des bürgerlichen Kindheitskonzepts zur Rechtfertigung kolonialer Eroberung findet eine bemerkenswerte Entsprechung in der Betrachtung der Kindheit als Kolonie oder kolonisiertes Objekt. Seit den 1960er-Jahren wird der Begriff der Kolonialisierung oder Kolonisierung in einem erweiterten Sinn nicht mehr nur auf meist außereuropäische geographische Gebiete und deren Bevölkerungen bezogen, sondern auch auf die interne Struktur von Gesellschaften und die ihr angehörenden Menschen. Der Philosoph Jürgen Habermas führte Anfang der 1980er-Jahre z. B. den Begriff der „inneren Kolonialisierung" der Lebenswelt ein (Habermas 1981, S. 452). Er ging davon aus, dass in der Phase des Spätkapitalismus die zentralen Subsysteme Wirtschaft und Staat sich gegenüber der Lebenswelt, verstanden als das Eigenleben der Mitglieder einer Gesellschaft, verselbständigen, „wie Kolonialherren in eine Stammesgesellschaft" eindringen (a. a. O., S. 522) und sich dieses Lebens bemächtigen.[58] Damit sah er die sozialisatorischen und identitätsbildenden

---

58 Ohne den Begriff Kolonialisierung zu verwenden, hatte Habermas diesen Grundgedanken bereits knapp zehn Jahre zuvor in seiner Schrift *Legitimationsprobleme im Spätkapitalismus* (Habermas 1973) formuliert. Obwohl Habermas von *Kolonialisierung* spricht, wird in der Rezeption treffender meist der Begriff der *Kolonisierung* verwendet.

Funktionen der Lebenswelt in Gefahr geraten. Der Philosoph Friedrich Tomberg (2003, S. 315) fasst die Überlegungen von Habermas so zusammen:

> Mit dem Ausdruck ‚Kolonisierung' soll deutlich gemacht werden, dass die Gesellschaft als Ganze nicht ein System ist, dem die Lebenswelt als Teilbereich angehört, so dass Individuen, die in dieser Gesellschaft leben wollen, genötigt wären, sich dem System anzugleichen [...]. Die Lebenswelt soll vielmehr als ein Bereich anzusehen sein, der nicht unter der Herrschaft des Systems steht. In seinem Kernbereich soll das System nichts zu suchen haben. Macht es sich gleichwohl dort geltend, setzt es sich dort fest, so realisiert sich damit nicht die bestehende Gesellschaft, sondern es findet gewissermaßen eine Besetzung durch Fremde statt, so als wenn wirtschaftlich führende Staaten, wie in den vergangenen Jahrhunderten geschehen, sich die Bevölkerung fremder Länder unterwerfen, indem sie dort Kolonien einrichten.

Der Schweizer Soziologe Stefan Sacchi (1994, S. 327) interpretiert die darin zum Ausdruck kommende „soziale Pathologie" (Habermas) in politökonomischen Begriffen:

> Die Kolonisierung geht vom ökonomischen und politischen Subsystem aus und erfolgt je über deren spezifische Subsystemmedien ‚Geld' und ‚Macht'. Aus der Perspektive der Lebenswelt drückt sich die Kolonisierung im Fall des ökonomischen Subsystems in einer Unterwerfung immer weiterer sozialer Bereiche unter Marktgesetze aus, in der Ersetzung kommunikativer Beziehungen durch Warenbeziehungen also. Die Eingriffe des politischen Systems zeigen sich dagegen vor allem in einer Verrechtlichung sozialer Beziehungen, beziehungsweise in deren Substitution durch bürokratisch organisierte, standardisierte Handlungsabläufe.

Es ist hier nicht der Ort, die theoretischen Grundlagen und Grundannahmen von Habermas' Zeitdiagnose und den daraus gezogenen Schlüssen zu diskutieren.[59] Mir geht es nur darum, deutlich zu machen, dass in einer bestimmten historischen Periode der Begriff der Kolonialisierung oder Kolonisierung erweitert und auf neue gesellschaftliche Phänomene angewandt wurde. Dies gilt auch für die wenig später von Feministinnen angestoßene Debatte um die Frauen als „letzte Kolonie". In einer zuerst 1983 erschienenen und fünf Jahre danach als Taschenbuch wieder aufgelegten Schrift hatten Claudia von Werl-

---

59 Die Thesen von Habermas wurden in den 1980er-Jahren im deutschen Sprachraum auch in der Sozialpädagogik aufgegriffen, um deren herrschaftslegitimierende Funktion zu hinterfragen. So befasste sich etwa eine Fachtagung mit der Frage „Verstehen oder Kolonialisieren?" (Müller & Otto 1984). Ebenso wurde sie in der Sozialpädagogik zum Anlass für berufsethische Überlegungen genommen (Martin 2001, S. 84 ff.).

hof, Maria Mies und Veronika Bennholdt-Thomsen (1988) die Frauen mit den kolonisierten Menschen der „Dritten Welt" als letzte auszubeutende Ressource identifiziert. Ihnen ging es darum,

> aufzuzeigen, dass die hierarchische geschlechtliche Arbeitsteilung, die Unterwerfung und Ausbeutung der Frauen den Grundstock und Schlussstein aller weiteren Ausbeutungsverhältnisse darstellt und dass die Kolonisierung der Welt, die Ausplünderung von Natur, Territorien und Menschen, wie sie vor allem der Kapitalismus als Voraussetzung braucht, nach diesem Muster erfolgt (a. a. O., S. IX).

Ähnliche Gedanken waren Anfang der 1970er-Jahre schon von der US-amerikanischen Feministin Shulamith Firestone formuliert und von den Frauen auch auf die Kinder übertragen worden (Firestone 1970; dt. 1975). Ein Auszug aus dem Buch war 1973 auf Deutsch unter dem Titel „Nieder mit der Kindheit!" in der seinerzeit einflussreichen Zeitschrift *Kursbuch* erschienen. Darin konstatiert die Autorin für die bürgerliche Gesellschaft eine Parallele zwischen dem „Mythos der Kindheit" und dem „Mythos der Weiblichkeit" (Firestone 1973, S. 10 f.):

> Frauen wie Kinder galten für asexuell und für ‚reiner' als der Mann. Ihr inferiorer Status wurde durch den gekünstelten ‚Respekt', den man ihnen zollte, kaum beschönigt. In Gegenwart von Frauen und Kindern wurden weder ernsthafte Angelegenheiten erörtert, noch wurde geflucht. Sie wurden nicht offen, sondern hinter ihrem Rücken erniedrigt. [...] Beide wurden durch eine stilisierte und umfunktionierte Kleidung abgesondert, und beiden wurden besondere Aufgaben zugewiesen (Hausarbeit bzw. Hausaufgaben); beide wurden als geistig unbedarft angesehen („Was kann man schon von einer Frau erwarten?" – „Er ist noch zu klein, um es zu verstehen."). Das Podest der Bewunderung, auf das beide gestellt wurden, machte ihnen das Atmen schwer. Jede Interaktion mit der Welt der Erwachsenen wurde für die Kinder zu einem Eiertanz. Sie lernten ihr Kindsein einzusetzen, um das, was sie wollten, indirekt zu erreichen („Er kriegt wieder seinen Rappel."). Genauso lernten die Frauen, ihre Weiblichkeit einzusetzen („Da flennt sie schon wieder."). Alle Ausflüge in die Welt der Erwachsenen wurden zu beängstigenden Expeditionen, bei denen es ums Überleben ging. Dies wird deutlich am Unterschied zwischen dem natürlichen Verhalten der Kinder untereinander und ihrem hingegen gezierten und/oder scheuen Verhalten gegenüber Erwachsenen – wie auch Frauen sich untereinander anders verhalten als in der Gesellschaft von Männern. In beiden Fällen wurde ein physischer Unterschied mit Hilfe einer besonderen Kleidung und Ausbildung, durch besondere Verhaltensformen und Tätigkeiten kulturell überhöht, bis diese kulturelle Verstärkung selbst als natürlich, ja sogar als instinktiv angelegt erschien – eine Übertreibung, die vereinfachenden Stereotypen Vorschub leistet: Das Individuum erscheint schließlich als eine besondere Spezies des menschli-

chen Tiers, mit ihren eigenen Gesetzen und Verhaltensweisen („Verstehe einer die Frauen!" Oder: „Du verstehst eben nichts von Kinderpsychologie.").

Firestone spricht in der Vergangenheitsform, um die historische Genese der von ihr beobachteten „Klassenunterdrückung der Frauen und Kinder" (a. a. O., S. 11) zu unterstreichen.[60] Der Text lässt keinen Zweifel daran, dass sie ihrer Überzeugung nach auch für die Zeit zutraf, in der sie ihn schrieb (die Leserin und der Leser mögen selbst beurteilen, ob sich daran bis heute Wesentliches geändert hat).

Unverkennbar sind Firestones Deutungen von der zuerst Anfang der 1960er-Jahre auf Französisch und Englisch erschienenen *Geschichte der Kindheit* des französischen Historikers Philippe Ariès beeinflusst, auf die sie sich auch direkt bezieht (Ariès 1960; engl. 1962).[61] Allerdings wäre es zu einfach, die Arbeit von Firestone und andere in diesen Jahren entstandene Studien zur Kindheit allein auf den Einfluss eines Buches zurückzuführen. Es ist anzunehmen, dass sie mindestens ebenso durch die neuen sozialen Bewegungen mit hervorgebracht wurden, die seit den 1960er-Jahren in den USA und anderen Teilen der Welt entstanden. Zu nennen sind vor allem die gegen die rassistische Unterdrückung der afroamerikanischen Bevölkerung gerichtete Bürgerrechtsbewegung und die in ihrem Gefolge entstandenen Bewegungen gegen die Unterdrückung anderer Minderheiten, sowie die Bewegung gegen den Vietnamkrieg und die damit eng verknüpften Jugendbewegungen, die gegen autoritäre Bevormundung und entsprechende Strukturen in Schulen, Universitäten und anderen gesellschaftlichen Bereichen aufbegehrten. Eine andere in dieser Zeit entstandene Schrift, die Gleichberechtigung für Kinder einforderte, spricht von diesen ausdrücklich als der „letzten Minderheit", deren Emanzipation noch ausstehe (Farson 1974; dt. 1975).

Einige in dieser Zeit entstandene Schriften verstehen die Unterdrückung der Kinder als eine Form der Kolonisierung und stellen einem Zusammenhang mit dem Kolonialismus her. In einer zuerst 1971 auf Französisch und 1973 in deutscher Übersetzung unter dem Titel *Plädoyer für die Entkolonisierung des Kindes* publizierten Schrift des Schweizer Anthropologen und Psychoanalytikers Gérard Mendel heißt es etwa:

---

60 Diese „Klassenunterdrückung" sieht Firestone übrigens nicht nur zwischen Männern und Frauen bzw. Erwachsenen und Kindern, sondern macht sie auch an der besonderen Unterdrückung der schwarzen Frauen und der „Ghettokinder" fest.
61 Erst als die Studie von Ariès Mitte der 70er-Jahre auf Deutsch publiziert worden war (Ariès 1975), löste sie eine breite und bis heute anhaltende Diskussion zur Bewertung der „modernen Kindheit" aus (zur Rezeption und Kritik vgl. Honig 1999, S. 16 ff.).

Insbesondere haben alle Formen der Ausbeutung des Menschen durch den Menschen auf religiösem wie auf ökonomischem Gebiet – Ausbeutung der Kolonialvölker, Ausbeutung der Frau, des Kindes – sich das Phänomen, das seinen Ursprung in der biologischen und psychisch-affektiven Abhängigkeit des Kleinkindes vom Erwachsenen hat, zunutze gemacht. Daher geht die Zerstörung unserer Gesellschaft, die uns Tag für Tag in einer Kette von kulturellen Hiroshimas vor Augen geführt wird, sehr viel tiefer, als es den Anschein hat, und greift unter verschiedenen Aspekten auf alle Gesellschaften der Erde über. (Mendel 1973, S. 12)

Im deutschen Sprachraum ist insbesondere die Schrift des österreichischen Erziehungswissenschaftlers Peter Gstettner zu nennen, die den bezeichnenden Titel trägt: *Die Eroberung des Kindes durch die Wissenschaft. Aus der Geschichte der Disziplinierung* (Gstettner 1981). In dieser heute fast vergessenen Schrift wird ausdrücklich ein Bezug zur Geschichte des Kolonialismus vorgenommen und am Beispiel der neu entstehenden pädagogischen und psychologischen Kindheitswissenschaften die enge Verzahnung mit der im Dienste der Kolonialisierung stehenden Völkerkunde aufgezeigt. Gstettners Untersuchung liegt die These zugrunde, „dass die wissenschaftliche Eroberung unbekannter Territorien der Eroberung der kindlichen Seele vorausgeht" (a. a. O., S. 15). Dies zeigt er insbesondere an der Entstehungsgeschichte der Entwicklungspsychologie, aber auch der Konzeptualisierung von Kindheit (und Jugend) in den darauf bezogenen Wissenschaften insgesamt (a. a. O., S. 8 und 85):

Alle heute vorherrschenden Modelle menschlicher ‚Entwicklung' beinhalten territoriale Vorstellungen: Völker, wie auch einzelne Individuen, werden als politische Räume gedacht, als Territorien, die es zu erobern und zu besetzen, zu erforschen und zu missionieren gilt. Deshalb gibt ein Blick auf die Anthropologie, die frühere ‚Völkerkunde', einigen Aufschluss darüber, weshalb Wissenschaftler ‚Wilde' für primitiv halten, ‚Primitive' für naiv, ‚Naive' für kindlich und Kinder für naiv, primitiv und wild. […]

Die Kinder- und Jugendforschung hat von Anfang an ihr Erkenntnisinteresse daran ausgerichtet, dass es möglich sein muss, die verlorengegangene ‚Natürlichkeit' analytisch zu erfassen und wissenschaftlich als ‚Naturzustand' des Kindes (ebenso wie des ‚Wilden') zu rekonstruieren. Deshalb steht die pädagogisch-psychologische Kinder- und Jugendpsychologie in einem ursächlichen Zusammenhang mit jenen anthropologischen Forschungsrichtungen, die, obgleich sie andere ‚Untersuchungsgegenstände' haben, die gleiche analytische Interessenrichtung aufweisen – nämliche Einflüsse von Zivilisation und Kultur von anlagemäßig gegebenen Dispositionen zu trennen, ‚Entwickeltes' von ‚Unentwickeltem' zu scheiden.

Als Gérard Mendel und Peter Gstettner ihre Überlegungen zur Kolonisierung und Eroberung des Kindes formulierten, konnten sie sich noch nicht auf postkoloniale Theorien beziehen, da diese erst in den Folgejahren entstanden. Umso mehr kommt ihnen das Verdienst zu, auf die Zusammenhänge zwischen der Kolonialisierung und den in den Kindheitswissenschaften erzeugten Ideologien aufmerksam gemacht zu haben.

Ähnliche Überlegungen finden sich 20 Jahre später auch in einer Studie der beiden US-amerikanischen Frühpädagoginnen Laura Cannella und Radhika Viruru (2004), die in der Kindheitsforschung bisher kaum beachtet wurde. Die Autorinnen beschränken sich allerdings nicht auf Forderungen an die Kindheitsforschung, sondern versuchen auch, grundlegende Gedanken aus den *Postcolonial Studies* selbst auf die Betrachtung der Kindheit zu übertragen.

Der Ausgangspunkt der Überlegungen von Cannella und Viruru besteht darin, dass sich in den im Westen dominierenden Mustern von Kindheit die Hierarchisierungen und Trennungen reproduzieren, die aus postkolonialer Perspektive der europäischen Aufklärung und Moderne und ihrem Universalitätsanspruch angekreidet werden. Diese Kindheitsmuster seien das zeitgleich entstandene Produkt derselben Ideologien, die zur Rechtfertigung der kolonialen Expansion und Eroberungen gedient hätten. Dies drücke sich insbesondere in der parallelen Anwendung des Gedankens der Entwicklung von niederen zu höheren Graden der Vollkommenheit aus. Kindheit werde ebenso wie die nicht-europäischen Weltregionen und ihre Bewohner am unteren Ende der Skala lokalisiert, was sich auch darin zeige, dass die der Kolonialisierung unterworfenen Menschen mit Kindern gleichgesetzt würden, die erst noch zu entwickeln seien. Die Kolonialisierung sei sogar im Namen der Kinder erfolgt, deren Seelen zu retten seien und deren Eltern dazu angehalten werden müssten, ihre Kinder „richtig" im Sinne der modernen Kindheitsvorstellungen zu erziehen (Cannella & Viruru 2004, S. 4).[62]

---

62 Eine andere Argumentationslinie, die sich mit negativen Effekten der Modernisierung auseinandersetzt, findet sich bei Dammasch & Teising (2013). Hier wird beklagt, der Schutzraum des bürgerliche Kindheitskonzepts werde durch die mit der Modernisierung einhergehende Beschleunigung gesellschaftlicher Prozesse zerstört, vergleichbar mit Habermas' Diagnose der Kolonialisierung der Lebenswelt. Diese Argumentation bewegt sich ausschließlich innerhalb des Rahmens der Gesellschaften des Globalen Nordens. Auch die Kulturanthropologin Sharon Stephens (2012, S. 380) bringt die Frage der Kolonisierung der Kindheit mit Autoren in Verbindung, die das „Verschwinden" oder den „Verlust" der Kindheit durch Modernisierungsprozesse beklagen (Postman 1987; Vittachi 1989). Im Grunde geht es hierbei um die Zerstörung der gesellschaftlichen Basis für das ideologische Konstrukt einer als „unschuldig" oder „rein" vorgestellten Kindheit.

Ähnlich dem Verhältnis zwischen Kolonialherren und Kolonisierten werde eine strikte Trennung zwischen Erwachsenen und Kindern eingeführt und die Beziehung zwischen beiden werde als Machtverhältnis institutionalisiert, das auf der Gewalt und dem Vorrecht des Stärkeren basiert. Dies drücke sich schon darin aus, dass mit dem Terminus Kind ein Zustand der Unvollkommenheit, Erziehungsbedürftigkeit und Unterordnung verbunden werde, „eine Art von epistemischer Gewalt, die die menschlichen Möglichkeiten und Handlungen begrenzt" (a. a. O., S. 2). Das Machtverhältnis drücke sich ebenfalls darin aus, dass die Fähigkeit des Sprechens (in der als „Sprache" anerkannten Form) und des Lesens von schriftlichen Texten als einzige Form der Kommunikation anerkannt werde, mit der wichtige Ideen ausgedrückt werden können. Ausgehend von ihren Erfahrungen mit sehr jungen, als sprachlos geltenden Kindern, wollen Cannella und Viruru wenigstens ansatzweise „die Möglichkeiten verstehen, die das Ungesprochene anbietet und das zunächst Ungedachte hervorbringen könnte" (a. a. O., S. 8).[63] Als Quintessenz stellen sie sich (und anderen) die Frage: „Was gibt einigen Menschen das Recht, zu bestimmen, *wer* andere Menschen sind (Bestimmungen, wie die fundamentalen Natur von Kindheit beschaffen ist) und zu entscheiden, *was* für andere richtig ist?" (a. a. O., S. 7; kursiv im Orig.).

Die moderne Kindheit, die als getrennt und im Gegensatz zum Erwachsenen gesehen wird, und die mit ihrer Institutionalisierung in Form der Absonderung der Kinder in speziellen Reservaten einhergehe, identifizieren Cannella und Viruru als „kolonisierendes Konstrukt" (a. a. O., S. 85). Darin reproduziere sich das für die Moderne wegweisende „binäre Denken", das nur zwischen gut und schlecht, höher und niedriger, richtig und falsch, normal und anormal oder zivilisiert und wild unterscheiden könne. Die Trennung verschaffe Erwachsenen eine privilegierte Position, da ihr Wissen als dem Kind überlegen erscheint; es werde Kindern sogar unter dem Vorwand des Schutzes verweigert. Diese Kind-Erwachsene-Dichotomie verlängere die koloniale Macht, indem sie auf ganze Bevölkerungsgruppen übertragen werde, die als mangelhaft, bedürftig, träge, faul oder unterentwickelt etikettiert würden. Die Kategorien Fortschritt und Entwicklung dienten dazu, andere Gruppen von Menschen abzuwerten und sich der eigenen Überlegenheit gegenüber Menschen anderer Kulturen zu versichern. Die Vorstellung „kindlicher Entwicklung" werde auf erwachsene

---

63 Es sei allerdings daran erinnert, dass Jean-Jacques Rousseau, der als Vater des modernen Kindheitsbildes gilt, in seiner 1762 erschienenen Schrift *Émile – ou de l'éducation* (dt. Rousseau 1975) schon die vermeintlich sprachlosen Äußerungen von Kindern als „Universalsprache" bezeichnet hat, die zumindest alle Kinder verstehen.

Menschen in anderen Kulturen übertragen. Es ließe sich auch sagen, sie werden „infantilisiert". Wie die kolonialisierten Menschen in der ganzen Welt, würden Kinder dazu genötigt, sich mit den Augen derer zu sehen, die über sie Macht haben, und es werde ihnen nicht gestattet, die Hierarchien der Beaufsichtigung, der Beurteilung und der Eingriffe in ihr Leben zurückzuweisen. Selbst zu einer Zeit, in der Diskussionen über Kinderrechte weit verbreitet sind, werde diese hierarchische Beziehung selten in Frage gestellt. Die Unterordnung der Kinder hat nach Auffassung der beiden Autorinnen deshalb so hartnäckig Bestand, weil sie durch „die wissenschaftliche Konstruktion der Erwachsenen-Kind-Dichotomie" (a. a. O., S. 109) untermauert und objektiviert werde.[64]

4.4 Wegmarken zur Entkolonisierung der Kindheit

Die These von der Kolonisierung der Kindheit ist gelegentlich in Frage gestellt worden mit dem Hinweis, dass gerade in der bürgerlichen, mit der Aufklärung entstandenen Konzeption von Kindheit nicht nur die Bemächtigung der Kinder mittels disziplinierender Techniken vorgesehen, sondern gleichzeitig deren Autonomie angestrebt worden sei. So wendet sich etwa der Erziehungswissenschaftler Gerold Scholz (1994) gegen die von Gstettner vertretene Ansicht, seit den Anfängen der Kindheitswissenschaften sei die Disziplinierung der Kinder unaufhaltsam fortgeschritten, mit der These, „dass mit der Ausbildung der Entwicklungspsychologie auch der Gedanke der Autonomie des Kindes entstanden" sei (a. a. O., S. 206). Es könne kein Zufall gewesen sein, dass zu Beginn des 20. Jahrhunderts das *Jahrhundert des Kindes* ausgerufen wurde.[65] Zwischen der Eroberung des Kindes durch die Wissenschaft und der Autonomie des

---

64 Die hierarchischen Beziehungen zwischen Erwachsenen und Kindern sind auch Gegenstand der sog. Adultismus-Forschung. Unter Adultismus wird meist der Missbrauch der Macht verstanden, die Erwachsene üblicherweise über Kinder haben (Flasher 1978; Ritz 2008; François 2014). Dazu zählen „Verhaltensweisen und Haltungen, die auf der Annahme gründen, dass Erwachsene besser als junge Leute und deshalb berechtigt sind, über sie ohne deren Zustimmung zu verfügen" (Bell 1995, S. 1). Da solche Verhaltensweisen allein aufgrund des geringeren Alters und der diesem zugeschriebenen Eigenschaften gerechtfertigt werden, ließe sich auch von altersspezifischer Diskriminierung sprechen – vergleichbar mit sexistischer oder rassistischer Diskriminierung unter Verweis auf vermeintliche „geschlechts-" oder „rassetypische" Eigenschaften (vgl. Liebel 2014a).
65 Hier beruft sich Scholz auf das unter diesem Titel zuerst 1900 publizierte und in viele Sprachen übersetzte Werk der schwedischen Frauen- und Kinderrechtsaktivistin Ellen Key (dt. Key [1902]2000).

Kindes müsse es eine Beziehung geben. Diese angenommene Beziehung verdichtet Scholz in der These (a. a. O., S. 203),

> dass die Kindheitskonstruktionen bis in die Gegenwart hinein von dem Versuch bestimmt sind, die Widersprüche zu beseitigen, die die Unterscheidung zwischen ‚Kind' und ‚Erwachsenem' mit sich brachte. Auf der Basis dieser Unterscheidung teilen sich Erwachsener und Kind einen Raum, und seitdem fordert das Kind den Erwachsenen auf, sich ihm gegenüber in einer Weise zu verhalten, die die Ambivalenz von Andersartigkeit und Gleichartigkeit des Kindes berücksichtigt.

Die von Scholz angesprochene Autonomie wurde in der bürgerlichen Kindheitskonstruktion immer als eine durch Erziehung zu erzeugende vorgestellt, d. h. sie wurde als Aufgabe und Verpflichtung von Erwachsenen gedacht. Ihr lag nicht nur der Gedanke zugrunde, dass die bürgerliche Gesellschaft und die mit ihr entstandenen Arbeitsbeziehungen zwischen Kapitalisten und „freien" Lohnarbeitern ein gewisses Maß an individueller Selbstverantwortung erforderlich machten, sondern sie sollte den Kindern auch deshalb zugestanden werden, weil auf diese Weise das angestrebte normgerechte Verhalten wirkungsvoller und nachhaltiger erzeugt werden kann. Die zugestandene Autonomie war immer auf diesen Zweck bezogen, sie zielte auf Selbstkontrolle und Selbstdisziplin (vgl. Elias 1976; Foucault 2005). Zwar wurde in der sich als aufgeklärt verstehenden Reformpädagogik, die sich gegen die vordergründige Disziplinierung der Kinder vor allem in der Schule richtete, gefordert, die „Natur des Kindes" zu respektieren, aber diese Natur wurde immer als eine erst zu bearbeitende und zu entwickelnde vorgestellt. Zudem ist zu bedenken, dass die Kinder der beherrschten Klassen von dem bürgerlichen Kindheitsideal lange Zeit ausgeschlossen und dem bloßen Drill „schwarzer Pädagogik"[66] ausgeliefert blieben (vgl. Rutschky [1970]1997). Dass sich dieser Drill allmählich lockerte, war selbst dem Faktum geschuldet, dass der neu entstandene und sich auch auf die Subalternen ausbreitende Wohlstand weitgehend auf der fortdauernden Ausbeutung der Kolonien basierte und heute auf der fortdauernden Ungleichheit in der Weltordnung beruht. Von der Ausnahme der Kinder privilegierter Klassen abgesehen, wird in den Erziehungsinstitutionen des Globalen Südens bis heute den Kindern nur wenig Autonomie zugestanden.

Die Konstruktion einer Kindheit, die vom Erwachsenen strikt unterschieden und getrennt wird, ist notwendigerweise mit Ambivalenzen verbunden.

---

66 In dieser kritisch gemeinten Kennzeichnung schwingt selbst noch die unkritische Vorstellung vom „bösen schwarzen Mann" mit, die in vielen populären Texten, wie z. B. dem Lied von den „Zehn kleinen Negerlein", reproduziert wurde und wird.

Auch wenn sie mit der Absicht erfolgt, dem Kind „eigene Räume" zur Verfügung zu stellen und es vom „Ernst des Lebens" vorübergehend zu entlasten oder besonderen Schutz zu gewähren, geht sie unweigerlich mit der Abwertung seiner Kompetenzen und seines sozialen Status einher. Unter diesen Umständen erfolgt das „Privileg", geschont und geschützt zu werden, auf Kosten der Selbstständigkeit, und die Anerkennung der Besonderheit oder Differenz verkehrt sich in Ungleichheit. Dies zeigt sich darin, dass Kinder zwar zeitweise froh sein mögen, nicht mit Verpflichtungen überhäuft zu werden, aber sie empfinden früher oder später das Kindsein als eine Form der Geringschätzung und wollen nicht mehr als „Kinder" gelten.[67]

Gewiss ist es eine anthropologische Tatsache, dass das menschliche (ebenso wie das tierische und pflanzliche) Leben einen Beginn und ein Ende hat und dass jede Gesellschaft einen Weg finden muss, wie der Lebenslauf zu strukturieren und das Verhältnis zwischen Menschen verschiedenen Alters zu organisieren ist. Aber die Form, die in der westlich-bürgerlichen Gesellschaft dafür „erfunden" wurde und das hervorgebracht hat, was heute mit dem Terminus „Kindheit" bezeichnet wird, ist nicht die einzig mögliche. Es wäre auch denkbar und lässt sich in vielen nicht-westlichen Kulturen finden, dass das Verhältnis verschiedener Altersgruppen nicht als strikte Unterscheidung oder gar als Trennung institutionalisiert und rechtlich geregelt wird, sondern als geteiltes Miteinander, das verschiedene Arten von (Mit-)Verantwortung einschließen kann. Dazu gehört es auch, die Menschen nicht, wie in den westlichen Gesellschaften üblich, in erster Linie nach chronologischem Lebensalter zu unterscheiden, sondern nach zu bewältigenden, mehr oder minder lebenswichtigen Aufgaben. Die Fähigkeiten, die hierfür erforderlich sind, können sehr verschieden verteilt und müssen bei jüngeren Menschen nicht notwendiger Weise geringer sein als bei älteren, die als Erwachsene gelten (vgl. z. B. Brondi 2011). Und es ist zu bedenken, dass – gemäß dem Sprichwort, dass jeder mit seinen Aufgaben wächst – Fähigkeiten, die für solche Aufgaben benötigt werden, nicht naturgegeben sind, sondern umso eher entstehen, wie diese Aufgaben einem Menschen zugetraut und anvertraut werden.

Die strikte Trennung des Kindseins vom Erwachsenensein in der bürgerlichen Gesellschaft hat mit dem Umstand zu tun, dass die Produktion und Reproduktion des Lebens in dieser Gesellschaft in Formen vonstattengeht, die eine kontinuierliche Entfaltung eigener Fähigkeiten nahezu unmöglich machen. Die Vorstellung vom „Ernst des Lebens" ist davon geprägt, dass dieser in der

---

67 Dies zeigt sich auch bei der Weigerung vieler junger Menschen, die nach der Legaldefinition der UN-Kinderrechtskonvention bis zum 18. Lebensjahr noch als Kinder gelten, die dort verankerten „Kinderrechte" als für sich relevant zu erachten.

„Welt der Arbeit" lokalisiert wird, die ihrerseits vom übrigen Leben getrennt ist und nach Regeln vonstattengeht, die sich nicht an menschlichen Bedürfnissen, sondern an der Ausbeutung der menschlichen Arbeitskraft und der Maximierung des Profits orientieren. Dieser Umstand erschwert erheblich, sich die Welt der Arbeit als einen Ort vorzustellen, an dem auch Kinder ihren Platz haben und ihre Fähigkeit erproben und ausbilden können. Er legt es nahe, Kindheit an Orten festzunageln, wo keine für das Leben wichtigen Tätigkeiten zu verrichten sind und wo es alleine darauf ankommt, „sich vorbereiten zu lassen" und damit zu einem Leben verdammt zu sein, das durch Unselbständigkeit und Passivität oder bestenfalls durch eine vorab begrenzte und zweckbestimmte Autonomie oder Partizipation gekennzeichnet ist. Allerdings stehen auch in bürgerlich-kapitalistischen Gesellschaften diese Trennungen in Frage und es wird zunehmend nach möglichen Wegen gesucht, das abstrakte Lernen in vom Leben getrennten pädagogischen Institutionen mit dem Leben oder mit lebenswichtigen Aufgaben zu verbinden. Hier wäre eine Gelegenheit, von der Art und Weise, wie das Leben von Kindern in manchen nicht-westlichen Kulturen gestaltet ist, zu lernen, statt das bislang im Globalen Norden dominierende Kindheitsmuster weiterhin absolut zu setzen und den Kulturen und Gesellschaften im Globalen Süden aufzudrängen.

Dabei ist gewiss zu bedenken, dass das Leben in solchen Kulturen und Gesellschaften selbst von der postkolonialen Konstellation in Mitleidenschaft gezogen wird. Diese Konstellation führt nicht nur dazu, dass die hier zu findenden Kindheiten geringgeschätzt und unsichtbar gemacht, sondern auch in einem ganz materiellen Sinn geschädigt und beeinträchtigt werden. Um der Kolonisierung der Kindheit, die sich auch als postkolonialer Paternalismus bezeichnen ließe, ein Ende zu setzen, ist es deshalb besonders dringlich, die Entkolonialisierung der postkolonialen Gesellschaften weiter voranzutreiben.

5. Postkoloniale Theorien aus dem Globalen Süden

> Der eigentümliche Gegenstand der Postcolonial Studies ist keine natürliche Einheit, wie ein Elefant oder sogar ein soziales Subjekt, das betrachtet wird, als teile es die kulturelle Welt mit dem Beobachter, sondern ist als ein koloniales Objekt entstanden, ein inferiores und fremdes ‚Anderes', das durch ein überlegenes und zentrales ‚Selbst' untersucht wird. Seit der ‚Elefant' sprechen kann, besteht das Problem nicht darin, ihn einfach zu repräsentieren, sondern Bedingungen zu schaffen, die ihm ermöglichen, sich selbst zu repräsentieren. (Coronil 2008, S. 413)

Um einen Begriff von postkolonialen Kindheiten zu gewinnen, liegt es nahe, auf Denkströmungen, Studien und Theorien zurückzugreifen, die sich nach dem Ende der Kolonialherrschaft mit deren Nachwirkungen und den fortbestehenden Formen von Abhängigkeit und Unterdrückung auseinandersetzen und den Anspruch haben, Alternativen aus der Sicht der kolonialen und postkolonialen Subjekte zu formulieren. Sie firmieren unter verschiedenen Namen, wie *Subaltern Studies, Postcolonial Studies, Befreiungsphilosophie, Ethnophilosophie, Weisheitsphilosophie, Kolonialität der Macht, Kolonialität des Wissens, Dekolonialität, Epistemologie des Südens* oder *Ubuntu* und sollen hier unter dem Oberbegriff „postkoloniale Theorie" zusammengefasst werden. Sie haben bisher Kinder und Kindheiten nicht in den Blick genommen. Aber sie lassen sich nutzen und werden in diesem Buch aufgegriffen, um diese in ihren jeweiligen Lebenskontexten und mit ihren Handlungspotentialen besser zu begreifen und in ihren historischen und geopolitischen Zusammenhängen genauer zu verorten. In diesem Kapitel werde ich zunächst die Grundgedanken postkolonialer Theorie skizzieren und anschließend einige mir besonders wichtig erscheinenden Beiträge aus Afrika und Lateinamerika darstellen.[68]

---

[68] Bei den im Folgenden genannten Autoren und Theorien handelt es sich nur um einen kleinen Ausschnitt aus dem umfangreichen Corpus an Schriften und Untersuchungen. Als Einführung und Überblick empfehlenswert sind in deutscher Sprache Kerner (2012) und Castro Varela & Dhawan (2015), allerdings sind diese Einführungen stark auf die literaturwissenschaftlichen Stränge postkolonialen Denkens bezogen. Umfassendere Darstellungen finden sich in den älteren englischsprachigen Überblicken von Young (2003) und Parry

5.1 Grundgedanken postkolonialer Theorie

Der Ausdruck *postkolonial* bezieht sich auf geopolitische Konstellationen, die für die Gegenwart ehemaliger Kolonien bestimmend sind, aber auch für die Gegenwart einstiger Kolonialstaaten und sogar für Länder und Regionen eine Bedeutung haben, „die zwar selbst nie in den Kolonialismus involviert waren, in denen sich aber dennoch Effekte kolonialer Denkweisen und Imaginationen ausmachen lassen" (Kerner 2012, S. 9). Der aus der Karibik stammende Kulturtheoretiker Stuart Hall (2002, S. 237) schlägt vor, den Begriff *postkolonial* in zweidimensionaler Weise zu verstehen. Die temporäre Dimension meint die Zeit nach der Herausbildung der Nationalstaaten aus den Kolonien, die damit als „überwundener Zustand" betrachtet werden kann. Die zweite, kritisch verstandene Dimension besteht in der Kritik an einem theoretischen System, das auch in den Nationalstaaten fortdauern kann. Demnach ist darauf zu achten, „dass es Langzeiteffekte des Kolonialismus gibt, die noch heute nachwirken und die thematisiert werden müssen, wenn man die postkoloniale Gegenwart und ihre spezifischen Probleme verstehen möchte" (Kerner 2012, S. 9). Zu diesen Problemen zählen Einkommensarmut und Autoritarismus ebenso wie eurozentrische und rassistische Denkweisen, die sich in verschiedenen Bereichen von Politik und Gesellschaft finden lassen – sowohl im Globalen Süden als auch im Globalen Norden.

Bei allen Unterschieden im Detail ist den postkolonialen Denkströmungen und Theorien gemeinsam, dass sie die vermeintliche Überlegenheit und den Vorbildcharakter der europäischen Moderne und die aus ihr abgeleiteten Modernisierungs- und Entwicklungskonzepte und -strategien in Frage stellen (vgl. Bendix & Ziai 2015). Sie machen darauf aufmerksam, dass die vermeintlichen Errungenschaften der europäischen Moderne das Ergebnis von Eroberung, Unterdrückung und Ausbeutung sind, die mit der rassistischen Abwertung und Diskriminierung der Menschen anderer Erdteile (und „Hautfarben"[69]) einhergingen und sich in *postkolonialen Konstellationen* fortsetzen.[70] Insbesondere

---

(2004) sowie – unter Betonung der lateinamerikanischen Diskussion – in Sammelbänden, die teils in englischer Sprache (Moraña, Dussel & Jáuregui 2008; Lang & Mokrani 2013), teils in spanischer Sprache (Castro-Gómez & Grosfoguel 2007; Santos & Meneses 2014) publiziert wurden. Zu postkolonialen Positionen in der afrikanischen politischen Philosophie siehe den deutschsprachigen Sammelband von Dübgen & Skupien (2015).

69 Hierbei geht es nicht um die Farbe selbst, sondern um die Bedeutungen, die ihr zugeschrieben werden. Weder als „weiß" noch als „schwarz" bezeichnete Menschen sind in Wirklichkeit weiß oder schwarz.

70 Diese „dunkle Seite" der Moderne war hellsichtig nach den Erfahrungen mit dem deutschen Faschismus schon 1944 in dem philosophischen Fragment *Dialektik der Aufklärung*

die verbreitete Vorstellung, die Herausbildung der Moderne sei eine autonome europäische Entwicklung gewesen, wird dezidiert hinterfragt.[71] In diesem Sinne wird auch die modernisierungstheoretisch geprägte Auffassung in Frage gestellt, nicht-westliche Gesellschaften repräsentierten lediglich die Vorgeschichte der westlichen Moderne und der Westen sei das Vorbild für die Entwicklung traditionaler Gesellschaften.[72]

Die Kritik an diesem Verständnis von Moderne bezieht sich vor allem auf die Vorstellung, die ihm zugrunde gelegte Vernunft bzw. Rationalität und der daraus abgeleitete Wahrheitsanspruch sei die einzig denkbare Weise, in der sich das menschliche Leben ereignen könne und verbessern ließe. Es wird kritisiert, dass diese Art, die Welt zu sehen und in entwickelte und unterentwickelte Gesellschaften und Lebensformen einzuteilen, auf abstrakten Trennungen und Hierarchisierungen beruht, wie denen zwischen Körper und Geist, Gefühl und Vernunft oder Natur und Kultur (vgl. Prout 2005, S. 83 ff.). Der ecuadorianische Wirtschaftswissenschaftler Alberto Acosta (2015, S. 58) nimmt auf eine der folgenreichsten Trennungen Bezug, wenn er schreibt:

> Um seinen Expansionsanspruch möglich zu machen, hat Europa eine Vision konsolidiert, die den Menschen, bildlich gesprochen, außerhalb der Natur ansiedelt. Die Natur wurde ohne Berücksichtigung der Menschheit als fester Bestandteil dieser Vision definiert, es wurde ignoriert, dass wir Menschen auch Teil der Natur sind. Somit war der Weg frei für die Beherrschung, die Ausbeutung und die Manipulation der Natur.

Es war auch der Weg frei für die Inbesitznahme und Ausbeutung der Weltregionen, die als „bloße Natur" galten und deren Bewohnerinnen und Bewohner als „Wilde" klassifiziert und oft nicht einmal als menschliche Wesen anerkannt wurden. Heute setzt sich diese Ausbeutung durch eine ungleiche Weltordnung fort, in der zwar ehemalige Kolonien zu formal unabhängigen Staaten geworden sind, aber deren Abhängigkeit nur neue, weniger offensichtliche Formen angenommen hat oder in denen die (meist „weißen") früheren Kolonialeliten die ursprüngliche Bevölkerung weiter unterdrücken und diskriminieren.[73] Seit

---

von Max Horkheimer und Theodor W. Adorno (2005) formuliert worden (vgl. auch Dhawan 2014).

71 Der indische Historiker Dipesh Chakrabarty (2010) plädierte aus diesem Grund für die „Provinzialisierung Europas".

72 Von „Westen" ist hier nicht im Sinne einer geographischen, sondern geopolitischen Verortung die Rede. In diesem Sinne wird auch der „Globale Norden" und „Globale Süden" unterschieden.

73 Im ersten Fall handelt es sich um Nationen, die aus sog. *Beherrschungs*kolonien (wie meist in Afrika, Süd- und Mittelamerika oder Teilen Asiens), im zweiten Fall um Nationen, die

Mitte des 20. Jahrhunderts dient das Zauberwort der *Entwicklung* dazu, diesen auch als neokolonial zu bezeichnenden Zustand aufrechtzuerhalten.

Postkoloniale Ansätze wenden sich gegen diese weltweit fortbestehenden asymmetrischen Machtverhältnisse. Sie beziehen sich dabei zum einen auf materielle, zum anderen auf mentale Aspekte, ohne beide absolut voneinander zu trennen. Die materiellen Aspekte werden in den ungleichen wirtschaftlichen und politischen Beziehungen und ihren Auswirkungen auf das Leben der Menschen im Globalen Süden verortet. Die mentalen Aspekte zeigen sich in der Dominanz von Denkweisen und Wissensformen, die das im Globalen Süden vorhandene Wissen entwerten oder unsichtbar machen, eine Art epistemischer Gewalt.[74] Mit anderen Worten, die postkolonialen Ansätze wenden sich gleichermaßen gegen die „Subalternisierung der Wissens- und Seinsformen der kolonisierten Subjekte" (Quintero & Garbe 2013, S. 9) und beanspruchen, hinsichtlich des Wissens ebenso wie der Lebenspraxis eigenständige und eigensinnige Alternativen aufzuzeigen, die auf den Erinnerungen der kolonialen und den Erfahrungen der postkolonialen Subjekte beruhen. Diese vorgestellten Alternativen beschränken sich nicht auf die Wiederbelebung kultureller Traditionen oder gar auf die Beschwörung vermeintlicher Ursprünge, sondern gehen mit der Hoffnung einher, „transmoderne" und „interkulturelle" Perspektiven aufzuzeigen, die über die trennenden und absolutistischen Denkmuster der westlichen Moderne hinausgehen, ohne sie zu negieren (vgl. Dussel 2013). Hierbei sind die Begriffe Dekolonisation und Dekolonisierung zu unterscheiden. Während *Dekolonisation* die formale Unabhängigkeit eines ehemals kolonialisierten Landes bedeutet, zielt der Begriff der *Dekolonisierung* auf den andauernden Prozess der Befreiung von einer Herrschaft, die das Denken und Handeln bestimmt (Varela Castro & Dhawan 2015).

Als eines der grundlegenden Werke postkolonialer Theorie gilt die zuerst 1978 publizierte Studie *Orientalism* des aus Palästina stammenden Literaturwissenschaftlers Edward W. Said (dt. 2009). Darin zeigt er, wie durch eine eigens geschaffene Wissenschaftsdisziplin, die Orientalistik, eine von Europa verschiedene Welt imaginiert wird, die als „Orient" zur Projektionsfläche von Ängsten, Sehnsüchten oder eigenen Überlegenheitsgefühlen wird. Das so erzeugte Bild hat mit der tatsächlich gelebten Welt der in dieser Region lebenden Menschen kaum etwas zu tun, aber es diente den europäischen Kolonialmächten und dient heute auch der „Weltmacht" USA als Folie für die Bestätigung eigener

---

aus sog. *Siedlungs*kolonien (wie Australien, Neuseeland, Kanada oder die USA) hervorgegangen sind (vgl. Osterhammel & Jansen 2012).

74 Zum Verständnis und der historischen Genese des Begriffs „epistemische Gewalt" vgl. Garbe (2013).

Überlegenheit und die Legitimation fortgesetzter politischer und militärischer Interventionen. Ein von Said in die *Postcolonial Studies* eingeführter Begriff, der in diesem Zusammenhang Bedeutung erlangte, ist der des *Othering* (Said 2009). Er besagt, dass Menschen und ihre Lebensformen, die als fremd erscheinen, mittels Exotisierung aus dem als normal geltenden Leben ausgegrenzt, abgewertet und zum Objekt beliebiger Maßnahmen der Normalisierung und Kontrolle gemacht werden.[75]

In Weiterführung der Orientalismus-Kritik von Edward Said führte Walter Mignolo aus südamerikanischer Perspektive den Begriff des „Post-Okzidentalismus" ein, der sich darauf bezieht, dass die spanische Krone ihre „amerikanischen" Kolonien einst als *Indias Occidentales* bezeichnet hatte (Mignolo 2000, S. 91; vgl. auch Biatcă 2015). In einem daran anknüpfenden und von Mignolo sowie anderen lateinamerikanischen Autoren als „dekolonial" bezeichneten Projekt wird angestrebt, diskursive Formen postkolonialer Abhängigkeit aufzubrechen. Hegemoniale eurozentrische und modernistische Denkmuster sollen durch kritische Betrachtungsweisen ersetzt werden, welche die „koloniale Verwundung", die vielfältigen, verletzenden und zerstörerischen Effekte des Kolonialismus, ernst nehmen und von diesem Punkt aus eine andere, horizontale und vielfältige Welt imaginieren (vgl. Mignolo 2005; 2012).

Doch wie sind solche kritischen Betrachtungsweisen, die sich in postkolonialen Theorien ausdrücken, mit sozialen Bewegungen verbunden und wie können sie zu einer bewegenden und verändernden Kraft werden? Mit ihrer berühmt gewordenen Frage *„Can the subaltern speak?"* ([1988] dt. 2008) wandte sich die aus Indien stammende Sozialwissenschaftlerin Gayatri Spivak schon in den 1980er-Jahren gegen die verbreitete Annahme, die Lebenssituation und die Denkweisen der postkolonialen Subjekte kämen ans Licht, indem man ihnen einfach zuhöre.[76] Damit wollte sie nicht bezweifeln, dass diese Subjekte sich äußern könnten. Vielmehr wollte sie unterstreichen, dass es den Subalternen unter den bestehenden Machtverhältnissen nicht ohne weiteres möglich ist,

---

75 Hier greift Said auf Überlegungen und Begriffe des französischen Philosophen Michel Foucault zurück (als Beispiel vgl. Foucault 2000). Eine frühere Konzeption von *Othering* geht auf Simone de Beauvoir ([1949]2000) zurück und wurden im Rahmen der *Postcolonial Studies* von Gayatri Spivak (1985) systematisiert (vgl. Jensen 2011).

76 Den Ausdruck „Subalterne" übernimmt Spivak von dem marxistischen italienischen Philosophen Antonio Gramsci, der damit Bevölkerungsgruppen bezeichnete, die der Hegemonie einer herrschenden Klasse oder Elite unterliegen. Gramsci wollte damit die mit dem Begriff der Arbeiterklasse verbundenen Vorstellungen auf anderen Bevölkerungsgruppen erweitern und Herrschaftsmechanismen sichtbar machen, die nicht allein auf wirtschaftlicher Ausbeutung und politisch-militärischer Gewalt, sondern auch auf kultureller Dominanz basieren (vgl. Becker et al. 2017).

ihre eigenen Anliegen wahrnehmbar zu machen. Ihnen könne es unter den gegebenen Umständen nicht gelingen, sich als komplexe Personen Gehör und Einfluss zu verschaffen.

Das Problem der Verinnerlichung von Machtverhältnissen durch die unterworfenen Subjekte hatte schon zu Beginn des 20. Jahrhunderts der afroamerikanische Soziologe und Schriftsteller W.E.B. Du Bois (dt. 2003) benannt. Er bezog sich dabei auf die auch nach der Abschaffung der Sklaverei fortdauernden Auswirkungen des Rassismus in den USA. Um den Ausschluss der Schwarzen von der Welt der Weißen zu veranschaulichen, imaginierte Du Bois das Bild eines „riesigen Schleiers", hinter dem hervorzutreten Schwarzen nicht möglich sei. Zu den Effekten zählte er die Herausbildung eines „doppelten Bewusstseins", das Gefühl, „sich selbst immer nur durch die Augen anderer wahrzunehmen, der eigenen Seele den Maßstab einer Welt anzulegen, die nur Spott und Mitleid für einen übrig hat" (Du Bois 2003, S. 35).

Eine ganz ähnliche Beschreibung der psychischen Effekte alltagsrassistischer Erfahrungen findet sich ein halbes Jahrhundert später bei Frantz Fanon, einem aus Martinique stammenden Arzt, der in den 1950er- und 60er-Jahren aktiv am algerischen Befreiungskampf teilnahm (vgl. Young 2003, S. 127 f.). In seinem ersten, 1952 erschienenen Buch *Schwarze Haut, weiße Masken* (dt. 1985) untersuchte Fanon den Alltag in den französischen Kolonien der Karibik und die Lebensumstände schwarzer Migranten in Frankreich.[77] Die Grundsituation schwarzer Menschen in der Welt des französischen Kolonialreichs charakterisierte er als Entfremdung, als Eingeschlossensein des Schwarzen in seinem Schwarzsein. Dies werde vor allem deshalb zum Problem, weil sich Weiße gegenüber Schwarzen grundsätzlich für überlegen hielten und damit den Maßstab für alle Haltungen und Aspirationen lieferten. Das wiederum führe zu einer Verinnerlichung der eigenen Minderwertigkeit. Die damit verbundene „Spaltung" des Bewusstseins führe dazu, dass ein Schwarzer in jedem Augenblick gegen sein Bild kämpfe und sich „zu einem Weißen anders als zu einem anderen Schwarzen" verhalte (Fanon [1952]1985, S. 14). Gestützt auf eigene Erfahrungen sprach Fanon von der Selbstkonstituierung als Objekt, dem Gefühl der Schutzlosigkeit und der Frustration, dem Eindruck, seziert und fixiert zu werden, eingemauert und verabscheut. Dies führe zu Empfindungen von Scham

---

77 Von „schwarz" und „weiß" ist hier nicht im Sinne von Hautfarben die Rede, sondern ihrer Stilisierung als Markanten von Unter- und Überordnung, Unter- und Überlegenheit, also sichtbaren Bezugspunkten von Rassismus. – Die als „Zivilisierung" verstandenen Assimilierungspraktiken mit den Einwandererkindern aus den französischen Kolonien und die mit ihnen einhergehende Diskriminierung werden eindringlich von Ivan Jablonka (2010) beschrieben.

und Selbstverachtung. Es sei Schwarzen wie Weißen nur möglich, ihre Entfremdung aufzuheben, wenn sie sich weigerten, „sich in den substantialisierten Turm der Vergangenheit sperren zu lassen" (a. a. O., S. 161).

Fanons Diagnose war zwar auf koloniale Kontexte bezogen, sie ist aber auch für die Thematisierung postkolonialer Selbstbilder und Beziehungen relevant und wurde immer wieder aufgegriffen, so etwa in der ebenfalls einflussreich gewordenen Schrift *The Black Atlantic* von Paul Gilroy (1993).[78] Das Bild des schwarzen Atlantiks, mit dem Gilroy auf den transatlantischen Sklavenhandel und seine Nachwirkungen Bezug nimmt, sah er durch Momente der Bewegung, Umsiedlung, Verdrängung und Rastlosigkeit geprägt. Die Identitäten, die in diesem Raum entstehen, charakterisierte er entsprechend als fließend und in Bewegung befindlich anstatt als fixiert und starr – eher im Sinne von *routes* als von *roots*. In einer solchen „Zurückweisung geschlossener, starrer Konzepte personaler und kollektiver Identitäten zugunsten von Ansätzen, die Vermischung und kulturelle Unreinheit betonen", sieht Ina Kerner (2012, S. 125) einen verbreiteten Topos in postkolonialen Theorien. Gefühle der Zerrissenheit und Entfremdung, die bei Du Bois und Fanon eine wichtige Rolle spielten, „treten dabei zuweilen hinter der Betonung von Potenzialen kultureller Vermischung zurück" (ebd.). Dies gilt vor allem für die Arbeiten des aus Indien stammenden Literaturwissenschaftlers Homi K. Bhabha.

Bhabha wendet sich in seinem zuerst 1994 erschienenen Buch *The Location of Culture* dagegen, Kulturen als einheitliche Gebilde und damit kulturelle Grenzen als gegeben zu verstehen. Stattdessen sieht er in ihnen Felder der Aushandlung von Differenz. Im Akt der interpretierenden Aneignung würden stets Verschiebungen und damit Ambivalenzen erzeugt. Bhabha spricht vom „Dazwischentreten eines Dritten Raums der Äußerung", das den „Spiegel der Repräsentation" zerstöre (dt. Bhabha 2000, S. 56). Hier sieht er einen neuen Typus von Kultur entstehen, der „nicht auf der Exotik des Multikulturalismus oder der *Diversität* der Kulturen, sondern auf der Einschreibung und Artikulation der *Hybridität* von Kultur beruht" (a. a. O., S. 58; kursiv im Orig.). Hybridität versteht er als nicht-intendierte Folge kolonialer Macht, aus der sich Handlungsfähigkeit und Subversionspotenziale ergäben. Auf diese Weise könne „mit der *Tücke* der Anerkennung, ihrer Mimikry, ihrem Hohn" die Autorität in Schrecken versetzt werden (a. a. O., S. 171; kursiv im Orig.). Hybridität im Sinne Bhabhas ist nicht, wie in der deutschsprachigen Rezeption gelegentlich angenommen wurde (vgl. z. B. Bronfen & Marius 1997), schlicht im Sinne kultureller Vermischung zu verstehen, sondern sie ist ausdrücklich auf eine hierar-

---

78 Zur Diskussion des von Gilroy und anderen Vertretern postkolonialer Ansätze vertretenen Kulturbegriffs und seiner Bedeutung für die Analyse von Rassismus vgl. Costa (2007).

chische und asymmetrische Machtkonstellation bezogen. Gleichwohl stellt sich die Frage, wie weit die von Bhabha beschworenen Praktiken der Mimikry und Hybridität dahin gelangen können, postkoloniale Machtkonstellationen zu beschädigen oder gar außer Kraft zu setzen. Zu Recht wird kritisiert, dass sich Bhabha auf kulturelle Artefakte im Nahbereich menschlicher Beziehungen beschränkt und die materiellen und strukturellen Aspekte postkolonialer Ungleichheit und klassenbedingter Herrschaftsbeziehungen ebenso außeracht lässt wie den antikolonialen Widerstand, der sich in Aufständen und Befreiungsbewegungen immer wieder artikuliert (vgl. z. B. Young 2003; Parry 2004; Castro Varela & Dhawan 2015, S. 268 ff.).

In den folgenden Abschnitten dieses Kapitels werde ich den Blick insbesondere auf Afrika und Lateinamerika richten und einige in diesen Kontinenten entstandenen und auf sie bezogenen Beiträge zu postkolonialer Theorie würdigen.

5.2 Afrikanische Beiträge zu postkolonialer Theorie

Wie in anderen Regionen des Globalen Südens sind auch in Afrika mehrere Denkströmungen entstanden, die sich mit dem Kolonialismus, seinen Nachwirkungen und der heutigen postkolonialen Konstellation auseinandersetzen. Sie reflektieren meist die spezifische Situation auf diesem Kontinent, weisen aber auch zahlreiche Verbindungen zu den Debatten auf, die in Bezug auf die Nachwirkungen der Sklaverei und ihre Überwindung im karibischen Raum und den USA geführt worden sind. Diese Verbindung hat den kamerunischen Philosophen Emmanuel Chukwudi Eze (1997a) veranlasst, auf die frühen Wechselwirkungen aufmerksam zu machen und zu verdeutlichen, dass postkoloniale afrikanische Philosophie sich nicht auf diejenigen Autoren und Autorinnen beschränkt, die in Afrika zu Hause sind.[79]

Ein markantes Beispiel aus der Zeit zwischen dem Ersten Weltkrieg und dem Beginn der Entkolonialisierung in den 1950er-Jahren ist der gedankliche Austausch zwischen den Dichtern und Philosophen Aimé Césaire, der aus der Karibik stammte, und Léopold Senghor, der den Senegal in die Unabhängigkeit führte und im Jahr 1960 dessen erster Präsident wurde. Auf diese beiden geht die antikoloniale Strömung der *Négritude* zurück, die sich zunächst als kulturpolitische Antwort auf den Rassismus in der Metropole Paris und den französischen Kolonien verstand (Senghor 1964; 1967; Césaire [1950]1968). Ihr zufolge

---

[79] In ähnlicher Weise macht Fairchild (2017) auf die interkontinentalen Bezüge bei der Entstehung der sog. Africana-Psychologie aufmerksam.

zeichnen sich die Schwarzen durch ihre integrativen spirituellen Eigenschaften aus, die den rationalen Wesenszügen westlicher Bevölkerungen entgegengestellt wurden und als ihnen ebenbürtig oder überlegen galten. Den eurozentrischen Legitimationen weißer Dominanz hielten die Vertreter der Négritude die gewaltförmige und zerstörerische Bilanz ihrer tatsächlichen Praxis entgegen. Insbesondere Senghor betonte die Praxis eigener Kulturen und hob das feste Sozialnetz und die kommunitäre Lebens- und Produktionsweise als Quellen eigener Stärke hervor. Dies geschah noch in idealisierender und homogenisierender Weise. Statt sich wie in der westlichen Philosophie auf die griechische Antike zu beziehen, griffen die Vertreter der Négritude zielgerichtet auf afrikanische Wissensarchive, namentlich die Hochkultur Ägyptens sowie Sagen, Mythen und Sprichwörter afrikanischer Völker zurück.[80] Der Bewegung der Négritude, die ihren Ort in den französischen Kolonien hatte, entsprach in den britischen Kolonien der sog. Panafrikanismus (vgl. Geiss 1968; Grohs 1967).

Ein weiteres frühes Beispiel, in dem direkt aus afrikanischen Wissensarchiven geschöpft wurde, ist die Denkströmung des *Ubuntu*, die vor allem im südlichen Afrika verbreitet ist (vgl. Ndaba 1994; Bhengu 2006; de Liefde 2006; Gade 2011; Kuwali 2014; Tellinger 2014). Sie war in Südafrika spirituelle Quelle des Kampfes gegen die Apartheid und wurde nach deren Ende schließlich in die Übergangsverfassung Südafrikas aufgenommen. Ubuntu kann ähnlich wie die Négritude als Antwort auf die entmenschlichenden Erfahrungen während der Kolonialzeit gedeutet werden. Ubuntu zufolge ist Menschlichkeit eine Qualität, die sich in Tugenden wie Gastfreundschaft, Fürsorge, Respekt und Gemeinschaftsorientierung manifestiert. Darüber hinaus sind nach Ubuntu die Menschen nicht nur miteinander, sondern auch mit nichtmenschlichen Wesen verbunden. Es bedürfe auch der Hilfe der Ahnen, um Gerechtigkeit, verstanden als Harmonie und Ordnung, in der Welt des Da-seins ein verlorengegangenes Gleichgewicht immer wieder herzustellen. Da im Zentrum der Denkströmung des Ubuntu eine auf Gemeinschaftlichkeit und Harmonie ausgerichtete gesellschaftliche Praxis steht, kann sie auch als kommunitäre Ethik verstanden werden (vgl. Metz 2015).

Négritude und Ubuntu sind verschiedene Teile von Denkströmungen, die der kenianische Philosoph Henry Odera Oruka (1981; 1988; 1990) im kriti-

---

80 Dies gilt namentlich für den Historiker Cheikh Anta Diop (1959, engl. 1974; 1960, engl. 1987), der wie Senghor aus dem Senegal stammt. Er hat unter Betonung des „schwarzen" Ursprungs der ägyptischen Hochkultur ein Gegenbild zur vermeintlichen Geschichts- und Kulturlosigkeit Afrikas gezeichnet und die Notwendigkeit betont, sich der afrikanischen Sprachen zu bedienen. Dass er sich des Französischen bedienen musste, um international Beachtung zu finden, gehört zu den postkolonialen Paradoxien (vgl. Harding & Reinwald 1990).

schen Sinn als *Ethnophilosophie* bezeichnete. In der Ethnophilosophie sah er zwar den Versuch, sich über die ethnografische Rekonstruktion traditioneller Glaubenssysteme und Kulturformen rassistischen Stereotypen zu widersetzen und ihnen eine positive Alternative gegenüberzustellen. Doch sie erschien ihm als naive Flucht in eine idealisierte vorkoloniale Vergangenheit. Die Vorstellung geschlossener afrikanischer Denksysteme, ihrer Gemeinschaftlichkeit und ihrer radikalen Verschiedenheit vom westlich-rationalen Denken betrachtete er als Spiegelbild einer rassistisch-kolonialen Tradition. An der Négritude und der Ethnophilosophie im Allgemeinen kritisiert Odera Oruka, dass sie den in Afrika lebenden Menschen vermeintlich homogene afrikanische Persönlichkeitseigenschaften auf rassischer und tribaler Basis zuschreibe.[81] Auch der kamerunische Politikwissenschaftler Achille Mbembe warnt in seinem Werk *Kritik der schwarzen Vernunft* (Mbembe 2014b) davor, im Kampf gegen den Rassismus der Weißen der vermeintlich schwarzen Haut den Status einer biologisch begründeten Fiktion zu verleihen und sie zur Grundlage einer spezifischen Art von afrikanischer Vernunft zu erklären.

In einer früheren Arbeit, die inzwischen zu den klassischen Schriften postkolonialer Theorie zählt, hatte sich Mbembe (2001) bereits intensiv mit dem Rassismus als fortdauernder Basis postkolonialer Herrschaft auseinandergesetzt. Wenig später betont er mit kritischem Bezug auf den französischen Philosophen Michel Foucault (1999), dass das europäische Projekt der Moderne in einem konstitutiven Zusammenhang mit Sklaverei und Kolonisierung, Zivilisation und Barbarei zu sehen sei. Das Pendant zur Moderne sei die Rechtlosigkeit der Kolonisierten, deren Leben in den Augen der Eroberer nichts anderes als eine Form tierischen Lebens gewesen sei. Mit ihr sei eine Art „Nekropolitik" (*nécropolitique*) entstanden, die auf „die verallgemeinerte Instrumentalisierung der menschlichen Existenz und die materielle Zerstörung menschlicher Körper und Bevölkerungen" ziele (Mbembe [2003]2014a, S. 231). In der postkolonialen Gegenwart bestehe diese Konstellation in modifizierter Form fort. Der postkoloniale Diskurs in Afrika – so Mbembe in seinem zuletzt erschienen Buch in

---

81 Der Ethnophilosophie stellt Odera Oruka (1988, S. 36) die von ihm sogenannte Weisheitsphilosophie (*Sage Philosophy*) gegenüber: „*Sage Philosophy* ist eine Art, die Welt zu denken und zu erklären, welche zwischen *Volksweisheit* (altbekannte Maximen, Aphorismen, Wahrheiten des Hausverstands) und *didaktischer Weisheit* hin- und herschwankt, sie ist ausgeführte Weisheit und rationalisiertes Denken einzelner, bestimmter Individuen innerhalb einer Gesellschaft. Während die Volksweisheit häufig konformistisch ist, ist die didaktische Weisheit gelegentlich kritisch gegenüber den allgemeinen Gesellschaftsregeln und gegenüber der Volksweisheit." Odera Oruka versuchte die „didaktischen Weisheiten" durch Interviews mit verehrten Personen afrikanischer Gemeinschaften zu rekonstruieren, wofür er bestimmte Methoden ausarbeitete und nutzte (Odera Oruka 1990).

Anspielung auf das Erbe des Sklavenhandels – entspringe „der Finsternis, dem hintersten Winkel des Schiffsbauches, in den der westliche Diskurs die schwarzen Menschen eingesperrt hatte" (Mbembe 2016, S. 100).

Typisch für Afrika ist, dass Führer der Befreiungsbewegungen sich oft auch als politische Philosophen oder Schriftsteller verstanden und ihre politischen Programme, ähnlich wie Senghor, für die Zeit nach der Unabhängigkeit in Schriften niederlegten und zu verwirklichen suchten.[82] In diesem Zusammenhang sind vor allem Amilcar Cabral (Kap Verde), Kwame Nkrumah (Ghana), Ahmed Sékou Touré (Guinea), Julius Nyerere (Tansania) oder Nelson Mandela (Südafrika) zu nennen. Die meisten von ihnen waren zeitweise von marxistischen Ideen beeinflusst, suchten aber jeweils auf eigene Weise eine Form von „afrikanischem Sozialismus" zu etablieren, der afrikanische Traditionen aufgreift und mit als modern verstandenen Staats- und Gesellschaftsformen verknüpft. In der panafrikanischen Bewegung, zu deren Protagonisten vor allem Nkrumah gehörte (vgl. Nkrumah 1965; Lundt & Marx 2016), wurde zunächst auch eine Überwindung der nationalen Grenzziehungen angestrebt, die die Kolonialmächte hinterlassen hatten. Heute sind die Bemühungen um einen afrikanischen Sozialismus fast vollständig durch die Orientierung der afrikanischen Machteliten am kapitalistischen Weltmarkt ersetzt worden.[83]

Die ersten antikolonialen Konzepte und Theorien wurden unter verschiedenen Aspekten von Autoren und Autorinnen weitergeführt, die sich nicht mit der Wiederbelebung der vorkolonialen Vergangenheit begnügten, sondern auch versuchten, die aktuelle Situation in den afrikanischen Ländern als Konglomerat kolonialer und vorkolonialer Einflüsse zu entschlüsseln. Nach Erringung der Unabhängigkeit hat sich postkoloniales Denken in Afrika vor allem im Rahmen der politischen Philosophie entwickelt, getragen von Denkern, die zeitweise an europäischen oder nordamerikanischen Universitäten tätig waren, sich aber schließlich vorwiegend an Universitäten ihrer afrikanischen Heimatländer verorteten. Sie vertreten durchaus unterschiedliche Positionen, stimmen aber darin überein, dass die Dekolonialisierung eine Dekolonisierung der

---

82 Gerhard Grohs hat vor nunmehr 50 Jahren den spannenden Versuch unternommen, die Entstehung des antikolonialen Denkens und der antikolonialen Bewegungen in Afrika anhand biografischer und autobiografischer Texte „gebildeter Eliten" zu rekonstruieren (Grohs 1967).

83 Ihre Verwicklung in globale Korruptionsnetze ist gelegentlich Anlass, von einem „Dritten Kolonialismus" zu sprechen; demnach folgt dieser dem auf der Herrschaft der globalen Finanzinstitutionen gründenden *zweiten* Kolonialismus, der seinerseits den auf Eroberung und Besiedlung basierenden *ersten* Kolonialismus abgelöst hatte (Inosemzew & Lebedew 2016). Dies gilt allerdings keineswegs nur für die afrikanischen Machteliten (vgl. Cockcroft 2014).

Mentalitäten und des Denkens einschließen muss, von dem ghanaischen Philosophen Kwasi Wiredu auch als „konzeptionelle Dekolonisation" bezeichnet. In der Einleitung zu einem kritischen Reader über *Postcolonial African Philosophy* charakterisiert Emmanuel Chukwudi Eze (1996b: 4) diese Herausforderung mit den Worten:

> Der wichtigste Faktor, der das Feld und die zeitgenössische Praxis afrikanischer Philosophie bewegt, ist der brutale Zusammenstoß der afrikanischen Welt mit der europäischen Moderne – ein Zusammenstoß, der im kolonialen Phänomen verkörpert ist.

Insoweit sich die politische Philosophie postkolonial verortet, versucht sie zu normativen Positionen zu gelangen, ohne sich einem eurozentrisch imprägnierten Universalismus zu unterwerfen. Der kamerunische Philosoph Fabien Eboussi Boulaga (2015, S. 121 f.) betont die Notwendigkeit, die Entwicklungsideologie des Westens zu dekonstruieren:

> Wir haben den Begriff ‚Entwicklung' übernommen. Wenn wir diesen Begriff akzeptieren, sind wir verloren. Er ist ein Stellvertreter für andere Begriffe wie ‚Zivilisation' und ‚Fortschritt'. Die zugrundeliegende Philosophie der ‚Entwicklung' ist die der Überlegenheit der modernen westlichen Zivilisation. Entwicklung ist die Nachfolgerin jener Ideologien, die in ihrem Lebensstil – sei es Religion, Kultur, Wissenschaft oder Technologie – die letzte Wahrheit des Menschseins definieren. Als solche hat sie auch das Recht, ja die Pflicht, sich zu verbreiten, wenn nötig mit Gewalt. Es ist eine Bekehrungsmission.

Kwasi Wiredu (1996, S. 5) positioniert sich etwas zurückhaltender. Er unterscheidet „kulturelle Universalien" von „kulturellen Partikularismen", die nur innerhalb eines (lokalsprachlichen) Kontextes Geltung beanspruchen können, da sie sprachabhängig seien. Die Aufgabe der konzeptuellen Dekolonisation sieht er darin, koloniale Denkweisen kritisch zu überprüfen und damit die Folgen der mentalen Fremdherrschaft des Kolonialismus reflexiv zu überwinden.

Wiredu gibt auch zu bedenken, dass der Bezug auf afrikanische Wissensarchive wie z. B. konsensorientierte Praktiken politischer Entscheidungsfindung, während der Kolonialzeit verdrängt, delegitimiert oder den Interessen der Kolonisatoren entsprechend modifiziert wurden. Man könne deshalb nicht einfach zu den „Ursprüngen" zurück. Ihrer kritischen Rekonstruktion wohne zwar ein Potenzial der Selbstvergewisserung und Historisierung des politischen Denkens inne. Zugleich berge sie jedoch die Gefahr, tradierte Hierarchien, Ausschlüsse und Formen der Unterdrückung auszublenden und deren Fortwirken in aktuellen afrikanischen Gesellschaften als *African Way of Life* zu legitimieren. Eine solche Variante der Selbstaffirmation basiere nicht selten auf einer Dichotomisierung zwischen Afrika und Europa. Um eine solche zu überwinden, hält es der aus Benin stammende Philosoph Paulin Houtondji (1994; 2015) für wichtig, zwischen „endogenem" und „indigenem" Wissen zu unterscheiden. Indigenes Wissen sei zunächst ungeprüftes, tradiertes Wissen, das häufig in Widerspruch zu den Erkenntnissen moderner Wissenschaften stehe. Als endogenes Wissen bezeichnet er dagegen diejenigen Praktiken, Konzepte und Erfahrungswerte, die für die Lösung zeitgenössischer Probleme nutzbar gemacht werden können.

Die meisten Philosophen, die ihr Denken im postkolonialen Kontext verorten und zur konzeptionellen Dekolonisation beitragen wollen, gehen davon aus, dass die politische Entscheidungsfindung in afrikanischen Kulturen dialog- und konsensorientiert war und dass diese sich in der Alltagspraxis der Menschen behauptet haben, allerdings in Konkurrenz geraten zu importierten Vorstellungen und Praktiken staatlicher Organisation.[84] Es ist deshalb sicher kein Zufall, dass in jüngster Zeit von afrikanischen Rechtswissenschaftlern Versuche unternommen werden, eine spezifische Afrikanische Rechtstheorie zu begründen, welche die in der Kolonialzeit importierten Rechtssysteme in Frage stellt und sich von ihnen emanzipiert (vgl. Onazi 2014).

Die weitaus meisten afrikanischen Denker, die sich in eigenen Schriften zu Fragen des Kolonialismus und Postkolonialismus positioniert haben, sind männlichen Geschlechts. Dies ist zu einem Teil darauf zurückzuführen, dass Frauen in Afrika noch seltener als im Globalen Norden die Möglichkeit haben oder daran interessiert sind, sich in akademischen Institutionen zu etablieren oder ihre Gedanken in wissenschaftlicher Weise auszudrücken. In den mir bekannten Schriften afrikanischer Wissenschaftlerinnen steht die Frage der Geschlechtergerechtigkeit im Zentrum, wobei sich die postkoloniale Kritik vor allem in der Auseinandersetzung mit dem sog. weißen Feminismus ausdrückt. Die teils schon vor Jahrzehnten formulierten, aber wenig beachteten Beiträge afrikanischer Autorinnen (z. B. Okonjo, 1976; Ogunyemi, 1985; Nzegwu, 1994; Nnaemeka, 1998; Oyèwùmi 2015; Ogundipe-Leslie 2015) basieren „häufig auf einer relationalen Ontologie, der zufolge der Kampf einzelner Frauen stets auf ihre Gemeinschaft bezogen werden müsse. [...] Diese Vorstellung basiert zum

---

84 Die ghanaischen Philosophen Wiredu (1996) and Gyekye (1997) bringen deshalb den Gedanken der Plurinationalität innerhalb des Nationalstaats ins Spiel. In Südamerika definieren sich heute Bolivien und Ecuador als plurinationale Staaten, indem sie die verschiedenen indigenen und afroamerikanischen Sprachgruppen als Nationen mit eigenen Rechten und Rechtssystemen anerkennen.

Teil auf der im Animismus gründenden Idee der Komplementarität der Geschlechter im Sinne eines kosmologischen Gleichgewichts" (Dübgen & Skupien 2015, S. 39; vgl. auch Grohs 1967, S. 208 ff.). Ähnliche Überzeugungen liegen auch der Denkströmung des Ubuntu zugrunde.

5.3 Lateinamerikanische Beiträge zu postkolonialer Theorie

Die Dominanz englischsprachiger Literatur hat dazu geführt, dass die Beiträge lateinamerikanischer Autoren zu Fragen der Entkolonialisierung und letztlich zu postkolonialer Theorie außerhalb des Subkontinents lange Zeit kaum wahrgenommen wurden.[85] Sie wurden erst über ihre Verbindung mit den in den USA beheimateten Lateinamerika-Studien über Südamerika hinaus bekannt.[86] Als kritische Strömung ging aus den *Latin American Studies* Anfang der 1990er-Jahre unter Mitwirkung lateinamerikanischer Autoren die *Latin American Subaltern Studies Group* hervor. Sie stellte sich zur Aufgabe, die Lateinamerika-Studien durch eine postkoloniale Perspektive zu revidieren. Inspiriert wurde die Gruppe durch die Arbeiten der *South Asian Subaltern Studies Group*, die sich bereits in den 1970er-Jahren um den indischen Historiker Ranajit Guha gegründet hatte (vgl. Guha 1997). Die Mitglieder der Gruppe fragten sich, wie das Konzept der „Subalternität" auf die lateinamerikanische Situation übertragen werden könne (vgl. Rodríguez 2001). Dabei hatten sie insbesondere die subalternen Widerstandspraktiken der indigenen Völker im Auge, die bereits unmittelbar nach Beginn der Kolonialisierung des Kontinents im 16. Jahrhundert begonnen hatten und in neuerer Zeit unter anderem von der zapatistischen Bewegung in Mexiko fortgeführt wurden.

Eines der Mitglieder der Gruppe war der aus Argentinien stammende Semiotiker Walter Mignolo. Er reklamierte „lokale Sensibilitäten" und beschrieb die postkoloniale Konstellation Lateinamerikas in Paraphrasierung der Orientalismuskritik von Edward Said als „Post-Okzidentalismus". Die Anfänge postkolonialer Theorie führt Mignolo auf den Peruaner José Carlos Mariátegui (1894–

---

85 Mit den Gründen dafür setzt sich Fernando Coronil (2008) auseinander, der auch die unterschiedlichen Perspektiven der angelsächsischen und lateinamerikanischen Postcolonial Studies aufzeigt.

86 In den USA haben die *Latin American Studies* eine lange Tradition, die bis in die Jahre unmittelbar nach dem Zweiten Weltkrieg zurückreicht. Sie wurden insbesondere während des Kalten Krieges von der US-Regierung stark gefördert und manifestierten sich teilweise in gemeinsam mit Regierungsabteilungen durchgeführten Forschungsprojekten (vgl. Delpar 2008).

1930), den Brasilianer Darcy Ribeiro (1922–1997) und den Kubaner Roberto Fernández Retamar (geb. 1930) zurück. In den Schriften dieser Autoren sah er kritische Antworten auf das mit der Kolonialisierung und imperialistischen Globalisierung verbundene soziale und wissenschaftliche Projekt der Moderne. Er maß vor allem dem Umstand Bedeutung bei, dass hier Lateinamerikaner *in* Lateinamerika *für* Lateinamerikaner Gedanken formuliert hatten, welche die mit dem Kolonialismus importierten eurozentrischen Denk- und Sprachformen der Moderne durchbrachen (Mignolo 1993; 2000). Lateinamerikanische Vertreter postkolonialer Theorie sind davon überzeugt, dass „jede Aussage ihrem Entstehungsort verpflichtet ist" (Costa 2005, S. 283) und damit immer Teil einer „Geopolitik des Wissens" (Mignolo 2001) sei.

Bei den Beiträgen aus lateinamerikanischer Perspektive ist zu bedenken, dass der von Europa ausgehende Kolonialisierungsprozess in diesem Subkontinent wesentlich früher als in anderen Kontinenten des Südens begann: mit der sog. Entdeckung Amerikas durch Christoph Kolumbus und andere Abgesandte der spanischen Krone ab dem Jahr 1492.[87] Auch die postkoloniale Periode setzte hier mit den Unabhängigkeitserklärungen lateinamerikanischer und karibischer Republiken früher ein, zuerst – wie oft übersehen wird – schon 1804 in Haiti als Ergebnis eines Sklavenaufstands (vgl. James 1984; Bernecker 1996; Trouillot 2002). In seinem epochalen, zuerst 1970 auf Spanisch erschienenen Werk *Die offenen Adern Lateinamerikas* hat der uruguayische Publizist Eduardo Galeano den Kolonialisierungsprozess und die Aufstandsbewegungen eindrucksvoll in vielen Episoden beschrieben (Galeano 2004). Da die aus den Unabhängigkeitskämpfen hervorgegangenen postkolonialen Republiken von den weißen Nachfahren der Eroberer beherrscht wurden, kamen schon in den ersten Jahrzehnten des 19. Jahrhunderts Forderungen nach einer Zweiten Unabhängigkeit auf, was als frühe Artikulation postkolonialer Kritik am internen Fortbestehen der alten Herrschaftsverhältnisse verstanden werden kann (vgl. Rinke 2010; Ernst 2010; zu Brasilien Costa 2007, S. 145 ff.). Ähnliche Bestrebungen kamen seit den 1960er-Jahren in der sog. Befreiungstheologie (vgl. Dussel 1985) und Befreiungspädagogik (vgl. Freire 1973) und kommen bis heute in den immer wieder neu aufflammenden Versuchen zum Ausdruck, sich aus der wirtschaftlichen und politischen Vorherrschaft der USA und von ihr

---

87 Für Afrika und Asien ist allerdings auch zu bedenken, dass die Kolonialisierung nicht erst im 19. Jahrhundert einsetzte, sondern durch Handelsunternehmungen sowie durch islamische und christliche Missionierung schon Jahrhunderte vorher eingeleitet wurde. Ebenso begann der Handel mit afrikanischen Sklaven bereits im 15. Jahrhundert (vgl. Reinhard 2016).

dominierten internationalen Institutionen (Internationaler Währungsfonds, Weltbank, Welthandelsorganisation) zu befreien (vgl. Nolte & Stolte 2010).[88]

Bald nach der 1992 erfolgten Gründung der *Latin American Subaltern Studies Group* (die sich im Jahr 2000 wieder auflöste) und teilweise mit personellen Überschneidungen entstand unter Beteiligung von Geistes- und Sozialwissenschaftlern aus verschiedenen lateinamerikanischen Ländern ein Forschungsprojekt, das sich „Modernität/Kolonialität" (*modernidad/colonialidad*) nannte. Dieses Projekt, dessen erste Anfänge auf das Jahr 1996 zurückgehen, wurde von dem peruanischen Soziologen Ánibal Quijano angeregt. Seit 1998 fanden mehrere Symposien und Konferenzen mit wechselnder Beteiligung statt, auf denen Fragen des Eurozentrismus und postkolonialer Theorie diskutiert wurden. Eine erste gemeinsame Publikation wurde im Jahr 2000 von dem venezolanischen Soziologen Edgardo Lander herausgegeben. Sie trug den für die Gruppe wegweisenden Titel: *Die Kolonialität des Wissens. Eurozentrismus und Sozialwissenschaften. Lateinamerikanische Perspektiven* (Lander 2000). Eine weitere wichtige Publikation der Gruppe, die im Jahr 2007 erschien und einen guten Überblick über die bis dahin geführten Diskussionen vermittelt, trug den Titel *Die dekoloniale Wende. Reflexionen für eine epistemische Vielfalt jenseits des globalen Kapitalismus* (Castro-Gómez & Grosfoguel 2007). Mit der Verweis auf „Dekolonialität" wurde ein Ausdruck in die Debatte eingeführt, der heute ein spezifisches Charakteristikum postkolonialer Theorie in Lateinamerika darstellt.

Im Zentrum der ersten Arbeiten dieser Gruppe stand die Kritik am exklusiven Universalanspruch der modernen westlichen Rationalität, die sich mit der europäischen Aufklärung herausgebildet hatte. Ihr wird vorgeworfen, sie habe die militärische, politische und ökonomische Eroberung des Subkontinents über die religiöse Indoktrination hinaus mit dem Heiligenschein eines vermeintlich überlegenen Wissens beschönigt und vorkoloniale Denkweisen und Wissensformen marginalisiert und unsichtbar gemacht.[89] Diese Kolonialität des Wissens habe sich bruchlos mit der „Kolonialität der Macht" verbunden, ein

---

88 Ein wichtiger Aspekt davon sind auch die Bestrebungen, das internationale Recht so umzugestalten, dass der Einfluss multinationaler Konzerne und demokratisch nicht legitimierter internationaler Institutionen zurückgedrängt und der Einfluss basisdemokratischer sozialer Bewegungen und lokaler Wirtschaftsformen gestärkt wird. Diese in den Weltsozialforen und anderen Initiativen zum Ausdruck kommenden Versuche werden mitunter in die Formel gekleidet, die „Globalisierung von oben" durch eine „Globalisierung von unten" zu ersetzen (vgl. Santos & Rodríguez-Garavito 2005).

89 Gayatri Spivak (1985) bezeichnet Lateinamerika als das „erstgeborene Kind der Moderne", das von Europa „verweltlicht" und gleichzeitig ins Abseits dieser Welt gedrängt worden sei. Europa habe sich selbst als „modern" hervorgehoben und nicht-europäische Gesellschaften als „traditionell", „statisch", „vorgeschichtlich" abgewertet und ihnen eigene Dynamiken und Kapazitäten abgesprochen (vgl. auch Ashcroft 2001, S. 26 ff.).

Ausdruck, den Ánibal Quijano (2000; 2008) geprägt hat. Ihre Grundlage sieht Quijano in einer ethnischen Klassifikation der Weltbevölkerung, die seit der Eroberung des Kontinents den Dreh- und Angelpunkt der Organisation kapitalistischer Herrschaft darstellt. Beiden Manifestationen der Kolonialität werden die Denkweisen, das Wissen und die Widerstandspraktiken der indigenen Völker und diverser sozialer Bewegungen der unterdrückten und marginalisierten Bevölkerungsgruppen entgegengehalten, die oft mit Formen einer nichtkapitalistischen sozialen oder solidarischen Ökonomie und neuen „plurinationalen" und „kommunitären" Formen von Staatlichkeit einhergehen (vgl. Grosfoguel 2007).

Kolonialität wird als das strukturelle Fortwirken kolonialer Herrschaftsmuster verstanden, die auf arbeitsteilige Weise die spanische, portugiesische, niederländische, britische und schließlich US-amerikanische Kontrolle über den Subkontinent und den karibischen Raum sicherstellen. Diese Struktur umfasst vier verschiedene Gesellschafts- und Erfahrungsbereiche:

- die Ökonomie, die durch Landnahme, Ausbeutung und finanzielle Kontrolle gekennzeichnet ist;
- die Politik, die sich als zentralstaatlich institutionalisierte politische Kontrolle manifestiert;
- die Sphäre des Sozialen, die vor allem auf die Kontrolle von Geschlecht und Sexualität hinausläuft;
- der Bereich der Kultur, in dem Wissen und Subjektivitäten vorgegebenen Normen unterworfen werden.

Die Entstehung dieser Machtmatrix datiert die Modernität/Kolonialität-Gruppe auf das 16. Jahrhundert und hier insbesondere auf die europäische Renaissance und die „Entdeckung" bzw. Erfindung Amerikas. Ina Kerner (2012, S. 92) fasst diesen Gedanken so zusammen:

> Aufklärung und industrielle Revolution, die in der mitteleuropäischen und der angelsächsischen Denktradition gemeinhin als Auftakt der Moderne angesehen werden, erscheinen aus dieser Perspektive als nachgeordnete historische Entwicklungen, die aus einer Transformation der kolonialen Machtmatrix resultieren.

Eine zweite derartige Transformation datiert die Gruppe auf die Zeit nach dem Zweiten Weltkrieg, als die USA die imperiale Führungsrolle übernehmen, die einstmals von Spanien und dann von England ausgeübt worden war. Dem Kapitalismus und der unter seinen Maximen vorangetriebenen ökonomischen Globalisierung mit „Freihandel" und anderen Formen des „ungleichen

Tauschs" schreibt die Gruppe eine konstitutive Rolle für alle Phasen von Moderne und Kolonialität zu.

Mignolo (2005) sieht diese Machtstruktur paradigmatisch in der „Idee Lateinamerikas" verdichtet, die sich in zwei Schritten herausbildete. Der erste Schritt war die Erfindung – und damit nicht schlicht Findung im Sinne einer Entdeckung – Amerikas in den Jahrhunderten nach 1492, der Hochphase des spanischen und portugiesischen Kolonialismus. Zur Rechtfertigung der Eroberung wurde der einheimischen Bevölkerung in rassistischer Weise ein inferiorer Status zugewiesen. Damit einher ging die Kolonisierung des Wissens im Sinne der Etablierung einer bestimmten hegemonialen Weltsicht, was sich auch in der Benennung des „neuen" Kontinents als „Amerika" ausdrückte. Der zweite Schritt erfolgte ab der zweiten Hälfte des 19. Jahrhunderts, als die kreolischen (also von den europäischen Eroberern abstammenden) Eliten in den mittlerweile unabhängigen Staaten auf Vorstellungen der „Latinität" zurückgriffen, um eine eigenständige postkoloniale Identität zu etablieren. Die reklamierte Latinität, die sich an westeuropäischen Vorbildern orientierte, aktualisierte überkommene Muster der Kolonisierung des Wissens und trug dazu bei, interne koloniale Grenzziehungen unter dem Deckmantel einer inklusiven historischen und kulturellen Identität zu verstecken. Die ursprüngliche Bevölkerung und die Nachfahren afrikanischer Sklaven wurden damit in teils noch krasserer Weise als unter dem Kolonialregime ausgegrenzt, ihre Denk- und Wissensformen wurden unsichtbar gemacht.

Im Projekt der Dekolonialität geht es darum, die weiterhin dominanten eurozentrischen und modernistischen Denkmuster zu dekonstruieren und ihre verletzenden und zerstörerischen Effekte sichtbar zu machen. Von hier aus soll eine andere, vielfältige Welt imaginiert werden, die alle überlieferten Wissens- und Existenzweisen in gleicher Weise anerkennt und aufeinander bezieht. Begriffe sollen umgedeutet werden, um der epistemischen Gewalt entgegenzuwirken. Interkulturalität im Sinne epistemischer Pluralität soll gefördert werden, was in vielen lateinamerikanischen Staaten die Anerkennung indigener und afroamerikanischer Wissenssysteme einschließt. Das „Wissen der Leute", das bislang als irrational und rückständig abqualifiziert wurde, soll zur Grundlage einer lokal verankerten, neuen Form der Gesellschaftskritik werden. In diesem Sinne spricht Catherine Walsh (2007; 2010) von „kritischer Interkulturalität" im Gegensatz zu „funktionaler Interkulturalität", die nur darauf gerichtet ist, durch Toleranz gegenüber Minderheitskulturen die ungleichen Machtverhältnisse zu zementieren. Der portugiesische Soziologe Boaventura de Sousa Santos (2008; 2009; 2016) ergänzt dieses Programm durch Überlegungen zu einer „Epistemologie des Südens", in deren Zentrum ebenfalls eine kritische Rekonstruktion unterdrückter Wissens- und Denkweisen steht, von ihm „Ökologie der Wissensweisen" (*ecología de saberes*) genannt. Unter Bezug auf die Unterdrückung und Vernichtung dieser Wissens- und Denkweisen spricht Santos von einem „*Epistemizid*". Für ihn impliziert der Kampf um globale soziale Gerechtigkeit notwendigerweise einen um globale kognitive Gerechtigkeit. Die von Santos betonte Pluralität des unterdrückten Wissens weitet er in einem Sammelband, in dem auch Autorinnen und Autoren aus Asien und Afrika sowie aus Brasilien[90] zu Wort kommen, auf die perspektivische Suche nach verschiedenen Epistemologien des Südens und ihrem vielfältigen Potential für eine „geopolitische Subversion" aus (Santos & Meneses 2014).

In die Vorstellungen von dekolonialer Praxis, die der Kolonialität der Macht und des Wissens entgegenwirkt, gehen auch Überlegungen des argentinischen, in Mexiko lebenden Philosophen Enrique Dussel ein, die dieser bereits seit den 1970er-Jahren in seiner „Philosophie der Befreiung" konzipiert hatte (Dussel 1977; 1994; 2007).[91] In ihrem Zentrum steht das Konzept der Transmodernität. Darunter versteht Dussel weder Ablehnung noch Erfüllung der Moderne, sondern ihre Transzendierung zu einer historisch neuen Gesellschaftlichkeit, in der Menschen und Kulturen in gegenseitiger Achtung miteinander verbunden sind. Die Konstruktion der Transmoderne beginnt damit, den Wert der Kulturen und des Wissens zu bejahen, die von der Moderne zu „Abfall" degradiert und unsichtbar gemacht wurden, und sie kritisch zu rekonstruieren. Diesen Prozess sieht Dussel angetrieben durch die Erfahrung des sozialen Ausschlusses und der Entfremdung, die er in Anlehnung an den französischen Philosophen Emmanuel Levinas (1968) als „Exteriorität" bezeichnet. Darunter versteht er vor allem eine ethische Beziehung (Dussel 1989, S. 80):

> Das Ethos der Befreiung ist ein auf den Anderen gerichtetes Begehren oder eine metaphysische Gerechtigkeit; es ist die Liebe zum Anderen als anderen, als Exteriorität, die Liebe zu den Unterdrückten, jedoch nicht als Unterdrückten, sondern als Subjekten der Exteriorität.

In Dussels Verständnis von Exteriorität geht es nicht, wie leicht missverstanden werden könnte, um ein ontologisches Außen, nicht um eine von der Moderne

---

90 Die lateinamerikanischen Debatten um postkoloniale Theorie waren bislang in spanischer und englischer Sprache geführt worden und hatten das portugiesischsprachige Brasilien faktisch ausgeschlossen.

91 Dussel hat diese Philosophie in Anlehnung an die Befreiungstheologie konzipiert, die im Lateinamerika der 1960er-Jahre die katholische Soziallehre mit marxistischer Gesellschaftstheorie verband und sich als „Stimme der Armen" gegen die repressiven politischen Herrschaftssysteme formierte (vgl. Dussel 1985). Einige Arbeiten und Vorlesungen Dussels zur Befreiungsphilosophie sind auch ins Deutsche übersetzt worden (Dussel 1989; 2013).

unberührte Reinheit, sondern um Differenz und Dissens zum hegemonialen Diskurs, welcher die der Moderne zugeschriebenen Existenz- und Denkweisen absolut setzt und davon abweichende Existenz- und Denkweisen abwertet, unterdrückt und negiert (vgl. Kastner & Waibel 2012, S. 15). Ausdrücklich hebt Dussel hervor, man dürfe „nicht nur den diskursiven, formalen Ausschluss berücksichtigen, sondern muss auch den materialen (ökologischen, ökonomischen, kulturellen) Ausschluss einbeziehen" (Dussel 2013, S. 123), die Ungerechtigkeit werde „als Schmerz erlebt" (a. a. O., S. 114), müsse also immer auch in ihrer leiblichen Dimension wahrgenommen werden. Mit seinem Konzept der Transmoderne setzt Dussel einen Kontrapunkt nicht nur zu nostalgischen Bestrebungen, die ihr Heil in den vermeintlich ursprünglichen vorkolonialen Kulturen der indigenen Völker suchen, sondern mehr noch zu den eurozentrischen Modernisierungs- und Entwicklungsideologien, mit denen die ungleiche postkoloniale Machtkonstellation weiterhin gerechtfertigt wird.

Um dauerhafte Veränderungen zu erreichen, misst Dussel sozialen Bewegungen, die einen positiven Begriff politischer Macht haben, besondere Bedeutung bei. Sie müssten sich aber zugleich der permanenten Gefahr fetischisierter Herrschaft bewusst sein. Den Maßstab für die Berechtigung politischer Institutionen sieht er in ihrer „Fähigkeit, auf tatsächliche Bedürfnisse der sozialen Bewegungen, der Armen, Unterdrückten und Ausgeschlossenen zu antworten" (Dittrich 2013, S. 17). Wie schwer es ist, diese Fähigkeit zu gewinnen und aufrechtzuerhalten, lässt sich in den letzten Jahren an der Krise und dem Machtverlust der linken Regierungen mehrerer lateinamerikanischer Länder beobachten (vgl. Boris 2014; Wahl 2015). Sie haben ihren Grund nicht nur in dem weiterhin starken Ungleichgewicht der Macht zwischen dem Globalen Norden und Globalen Süden, sondern auch in der Schwierigkeit der politischen Führungspersönlichkeiten, das autoritäre mentale Erbe kolonialer Herrschaftspraktiken hinter sich zu lassen. Darin zeigt sich erneut die große Bedeutung, die die lateinamerikanischen Beiträge zur postkolonialen Theorie der „Dekolonialität des Wissens" (Lander 2000) und dem „epistemischen Ungehorsam" (Mignolo 2013) zuschreiben.

5.4 Fazit und Ausblick

Die von Gayatri Spivak (1985; 1988; 2008) aufgeworfene Frage, ob wort- und schreibgewandte Personen und gesellschaftliche Gruppen die subalternen Klassen repräsentieren und für sie sprechen können, ist gerade für die postkoloniale Theorie eine permanente Herausforderung. Sie ist es im Grunde für jede Art von Forschung und soziale Aktion, die für sich beansprucht, der Perspektive anderer Menschen gerecht zu werden und gesellschaftliche und politische Beachtung zu verschaffen. Der darin liegende Widerspruch, der auch für die von Erwachsenen betriebene Kindheitsforschung gilt, lässt sich nie gänzlich auflösen. Gleichwohl sind Forschungen und Theorien mit emanzipatorischem Anspruch nicht nur legitim, sondern auch notwendig. Im Falle postkolonialer Theorie kann zumindest ein Baustein ihrer Legitimität darin gesehen werden, dass ihre Autorinnen und Autoren (meist) aus Weltregionen und Ländern stammen, die aus Kolonien hervorgegangen sind, sie also (meist) Mitbetroffene postkolonialer Machtausübung und Ungerechtigkeit sind. Dies gilt zumal für diejenigen, die aufgrund ihrer Herkunft und Hautfarbe rassistische und andere Arten von Diskriminierung selbst erfahren haben. Dieser Baustein kommt allerdings erst zum Tragen, wenn er ergänzt wird durch permanente selbstkritische Reflexion über die mit der eigenen Wissensproduktion verbundenen Widersprüche und Dilemmata. Ich will hier einige nennen, die teilweise auch in den hier referierten Publikationen reflektiert werden.

Einer dieser Widersprüche, den der indische Historiker Dipesh Chakrabarty (2010) als „postkoloniales Dilemma" bezeichnet, besteht darin, dass das postkoloniale Denken nicht ohne Rückgriff auf Kategorien wie Gerechtigkeit und Freiheit auskommt, die mit der europäischen Aufklärung entstanden, *zugleich* aber mit der europäischen Expansion und Kolonialherrschaft verbunden sind.[92] Um diesem unauflösbaren Dilemma zumindest entgegenzuwirken, liegt es nahe, die Begriffe neu zu kontextualisieren und zu deuten. Ebenso ist darauf zu achten, sie nicht zu „essenzialisieren" und sich dem Absolutheitsanspruch zu entziehen, der in binärer Weise nur zwischen wahr und falsch oder rational und irrational zu unterscheiden vermag. Die von Enrique Dussel (2013) formulierten Überlegungen zur „Transmoderne" und die von ihm und anderen Autorinnen und Autoren (z. B. Walsh 2007) betonte Notwendigkeit einer Praxis der „Interkulturalität" sind Beispiele, wie mit dem Dilemma umgegangen werden kann.

Ein weiterer Widerspruch besteht darin, dass die Theorien fast ausschließlich in den ehemaligen Kolonialsprachen formuliert werden, während die Menschen, in deren Namen gesprochen wird, sich oft gar nicht in diesen Sprachen ausdrücken wollen oder können. Das Dilemma ist schwerlich zu vermeiden, da diese Sprachen inzwischen zu Weltsprachen geworden sind, ohne die sich „international" nicht mehr kommunizieren lässt. Aber das Dilemma muss bewusst bleiben und nach Möglichkeit dadurch zumindest relativiert werden, dass das

---

92 Ähnliches gilt für den Rückgriff auf universell verstandene Kategorien des Völkerrechts und damit auch für den Umgang mit der UN-Kinderrechtskonvention. Ich werde auf diese Frage in Kapitel 10 eingehen.

in den lokalen Sprachen enthaltene Wissen und die mit diesen Sprachen verbundenen Denkweisen tatsächlich aufgegriffen werden. Dabei wird es auch notwendig sein, sich über die Probleme jeglicher Übersetzung Gedanken zu machen. Auch sollten Versuche unternommen werden, die eigenen, in den ehemaligen Kolonialsprachen formulierten Gedanken wo immer möglich in die unsichtbar gemachten Sprachen zu übersetzen und mit den Menschen direkt zu kommunizieren, die vornehmlich in diesen Sprachen zu Hause sind. Die von Henry Odera Oruka (1988; 1990) konzipierte Methodologie der „Weisheitsphilosophie" ist dafür ein meines Erachtens gelungenes Beispiel.

Vor einem vergleichbaren Dilemma steht auch jede Art von Pädagogik, die mit emanzipatorischem Anspruch konzipiert und zu praktizieren versucht wird. In der von Paulo Freire (1973) und anderen konzipierten Befreiungspädagogik wird dieses Problem dadurch zu lösen versucht, dass das missachtete Wissen der Unterdrückten freigelegt und „entschlüsselt" und die hierarchische Beziehung zwischen Lehrenden und Lernen aufgebrochen wird und die jeweiligen Rollen getauscht werden. Ähnliche Gedanken finden sich in der von Alejandro Cussiánovich (2007) im Kontext der sozialen Bewegungen arbeitender Kinder konzipierten „Pädagogik der Zärtlichkeit" und den von Giangi Schibotto (2015) formulierten Überlegungen zur „Dekolonisierung des pädagogischen Raums", bei denen er sich ausdrücklich auf Reflexionen von Boaventura de Sousa Santos (2009) und Hugo Zemelman (2007; 2009) bezieht. Die inzwischen im englischen Sprachraum vorliegenden pädagogischen Handlungskonzepte, die sich in kritischem Sinn ausdrücklich als postkolonial verstehen (Rizvi 2007; Coloma 2009; Andreotti 2011; Bristol 2012), wären daraufhin zu befragen, ob sie sich des genannten Dilemmas bewusst sind und wie sie damit umgehen.

Schließlich besteht ein immanentes, diesmal selbst zu verantwortendes Dilemma postkolonialer Theorie darin, dass der Anspruch, Alternativen aus der Sicht der kolonialen und postkolonialen Subjekte zu formulieren, nicht alle diese Subjekte in gleicher Weise im Auge hat. Das Problem, dass nur wenige der vorliegenden Schriften zu postkolonialer Theorie von Frauen formuliert sind oder dass deren Beiträge weniger beachtet werden, habe ich in Bezug auf Afrika bereits angesprochen. Das Gleiche gilt auch für Lateinamerika und andere Regionen der Welt. Nicht minder gravierend ist, dass Kinder und Kindheiten eine nahezu vollständige Leerstelle postkolonialer Theorie bilden. Mit Ausnahme einer en passant erfolgenden Bezugnahme von Gayatri Spivak (1999, S. 415 ff.) auf arbeitende Kinder und der bemerkenswerten Reflexion von Bill Ashcroft (2001, S. 36 ff.) über das „koloniale Subjekt als Kind" kommen Kinder als mögliche Akteure in den Schriften postkolonialer Theorie nicht vor. Umgekehrt finden sich immerhin bei einigen wenigen Kindheitsforscherinnen und -forschern Bezüge zu postkolonialer Theorie, so bei Gaile Cannella und Radhiku Viruru (2004), die Kindheit als Kolonisierungsprojekt dekonstruieren, oder bei Giangi Schibotto (2015), der lateinamerikanische Kindheiten aus der Perspektive kritischen postkolonialen Denkens beleuchtet.[93] In den folgenden Kapiteln will ich teils unter Rückgriff auf diese Arbeiten postkoloniale Denkströmungen für das Studium von Kindern und Kindern in emanzipatorischer Weise zu nutzen versuchen. Dabei geht es nicht zuletzt um die Frage, wie das Leben von Kindern und die Konstruktionen von Kindheit in postkolonialen Kontexten zu verorten und zu untersuchen sind.

---

93 Die in Peru erscheinende Zeitschrift *NATs – Revista Internacional desde los Niños/as y Adolescentes Trabajadores* hat ein Heft dem Thema der Kolonialität des Wissens mit Blick auf arbeitende Kinder gewidmet (Colonialidad en los saberes y prácticas desde y con los NATs 2015).

Teil II Postkoloniale Kindheitspolitik und die Kinderrechte

6. Koloniale und postkoloniale Staatsgewalt gegen Kinder

Fallstudien zum Britischen Empire, USA, Australien und Israel

Gemeinhin gelten Staaten als Garanten für den Schutz und die Sicherheit der Menschen, die innerhalb ihrer Grenzen leben oder ihrer Hoheitsgewalt unterworfen sind. Doch die Geschichte ist voller Beispiele, dass staatliche Autoritäten nicht nur ihre Aufsichts- und Sorgepflicht gegenüber bedrohten Menschen vernachlässigt, sondern sogar aktiv dazu beigetragen haben, Menschen zu bedrohen und ihr Leben zu gefährden. Dies zeigt sich insbesondere an der staatlichen Politik gegenüber Menschen, die als „fremd" gelten oder deren Nutzen für die Gesellschaft in Zweifel gezogen wird.

Von einer solchen Politik blieben auch Kinder nicht verschont. In seiner „psychogenetischen Geschichte der Kindheit", die auf Deutsch unter dem Titel *Hört ihr die Kinder weinen* veröffentlicht wurde, hat Lloyd deMause (1977) zusammen mit anderen Historikern eindrucksvoll die Tötungen von Kindern und andere an ihnen begangene Grausamkeiten in der „westlichen Welt" seit dem römischen Imperium rekonstruiert, wobei sie vor allem das Verhältnis von Eltern und Kindern im Auge hatten.[94] Doch die von Lloyd deMause suggerierte Erwartung, dass die Aufklärung dazu beitragen werde, dem in diesem Buch beschriebenen „Alptraum" ein Ende zu bereiten[95], hat sich nicht bestätigt. Das zweifellos größte staatliche Verbrechen, von dem auch 1,5 Millionen Kinder

---

94 Zur weltweiten Praxis der Ermordung von Neugeborenen vgl. Bechtold & Cooper Graves (2006); Scheper-Hughes & Sargent (1998); zur Verfolgung und Tötung sog. Hexenkinder vgl. Behringer & Opitz-Belakhal (2016).

95 DeMause beginnt seinen einleitenden Artikel des Buches mit folgenden Sätzen (DeMause 1977, S. 12): „Die Geschichte der Kindheit ist ein Alptraum, aus dem wir gerade erst erwachen. Je weiter wir in der Geschichte zurückgehen, desto unzureichender wird die Pflege der Kinder, die Fürsorge für sie, und desto größer die Wahrscheinlichkeit, dass Kinder getötet, ausgesetzt, geschlagen, gequält und sexuell missbraucht werden." Wenige Seiten später schreibt er (a. a. O., S. 35): „Was den Eltern fehlte, war nicht Liebe, sondern eher die emotionale Reife, die nötig ist, um das Kind als eine eigenständige Person anzuerkennen."

betroffen waren, war der systematisch betriebene Völkermord des nazistischen Deutschlands an den Juden (Holocaust) und die Ermordung zahlreicher anderer Menschen, die nicht dem Rassenwahn der Nazis entsprachen oder sich dem Regime widersetzten.[96] Die Tatsache, dass der Holocaust in einem auf seine Kulturleistungen stolzen Land stattfinden konnte, hat die deutsch-jüdischen Philosophen Max Horkheimer und Theodor W. Adorno, die im Exil überlebt haben, veranlasst, von einer negativen „Dialektik der Aufklärung" ([1944]2005) zu sprechen. Nach dem Zweiten Weltkrieg hat sich in vielen Teilen der Welt die Prognose bewahrheitet, dass die Staatsverbrechen der Nazis kein einmaliger Unfall der Geschichte waren.

In diesem Kapitel beschränke ich mich darauf, an einigen historischen Beispielen aus der Gründungsphase postkolonialer Staaten, insbesondere solcher, die aus sog. Siedlerkolonien[97] im Einflussbereich des Britischen Empire hervorgegangen sind, zu rekonstruieren, in welcher Weise Kinder von einer solchen staatlichen Politik betroffen waren, deren Folgen bis heute spürbar sind. In ihnen zeichnen sich Formen einer Konditionierung der Körper unterworfener Menschen für die Zwecke ethnisch homogener Nationen ab. Sie wurden als notwendiger Schritt zur „Zivilisierung" der Gesellschaft verstanden und werden heute unter Bezug auf den französischen Philosophen Michel Foucault gelegentlich als Biopolitik bezeichnet (vgl. Folkers & Lemke 2014).

Seit der Entstehung von Nationalstaaten im 18. Jahrhundert wird Kindern eine besondere Bedeutung für die Zukunft der Gesellschaft beigemessen. Es wird stärker auf ihren Schutz geachtet und es werden Anstrengungen unternommen, für ihre Bildung und Ausbildung zu sorgen. Hierbei wird oft übersehen, dass die Konstitution von Nationalstaaten meist auch mit Prozessen der Ausgrenzung einerseits und gewaltsamen Assimilierungspraktiken andererseits einhergeht (vgl. Anderson 1988; Douglas 1988). Dies geschieht vor allem dann, wenn die „nationale Identität" ungewiss ist (vgl. Appadurai 2009). Dann können auch Kinder von systematischer Verfolgung, Misshandlung oder Ausbür-

---

96 Zum Erleben der Kinder verfolgter und vom Tode bedrohter jüdischer Familien im Nazideutschland vgl. Kaplan (2005); zur Situation der Kinder in den sog. Konzentrationslagern vgl. Hiemesch (2014); Zander (2017).

97 Unter Siedlungs- oder Siedlerkolonien werden solche Kolonien verstanden, in denen sich eine erhebliche Zahl von Menschen aus den Kolonialstaaten dauerhaft angesiedelt und den Anspruch erhoben hat, die rechtmäßigen Eigentümer des Landes zu sein. Sie werden von Eroberungs- und Stützpunktkolonien unterschieden, in denen die Kolonialherrschaft auf andere Weise ausgeübt wurde. Zur Unterscheidung dieser und anderer Formen des Kolonialismus vgl. Osterhammel & Jansen (2009). Über die spezifischen Charakteristiken von Siedlungskolonien und der daraus hervorgegangenen Nationalstaaten vgl. den Sammelband von Stasiulis & Yuval-Davis (1995a), insbesondere die Einleitung der beiden Herausgeberinnen (Stasiulis & Yuval-Davis 1995b).

gerung betroffen sein oder gar zum „Verschwinden" gebracht werden. Hierbei stellt sich die Frage, ob der Staat nur seine Schutzpflichten vernachlässigt oder aktiv am Missbrauch und der Gefährdung der Kinder mitwirkt; die Übergänge sind fließend. Der willkürliche Umgang von Staaten mit Kindern steht in engem Zusammenhang mit Kolonialisierungsprozessen und kann als eine Form der Kolonisierung von Kindern und Kindheiten verstanden werden (vgl. Cannella & Viruru 2004). Diese beschränkt sich nicht darauf, Kinder ideologisch zu erziehen (Assimilierung), sondern erstreckt sich auch auf Formen von Disziplinierung, Ausgrenzung, Unterdrückung bis hin zum Genozid oder „Ideozid".[98]

Im ersten Teil diskutiere ich Fälle aus dem britischen Empire und zwei aus britischen Siedlerkolonien hervorgegangenen Staaten, den USA und Australien.[99] Im zweiten Teil gehe ich auf das Verschwinden jüdischer Kinder aus einem arabischen Land in den Gründungsjahren des Staates Israel ein.[100]

---

98 Ich vertrete hier mit Rashed & Short (2014) die Auffassung, dass von Genozid immer dann gesprochen werden sollte, wenn ethnisch definierte Bevölkerungsgruppen systematisch vernichtet werden, nicht nur unmittelbar durch meist militärische Gewalt, sondern auch mittelbar durch Zerstörung ihrer Lebensgrundlagen und kollektiven Identitäten. Von „Ideozid" spricht Appadurai (2009, S. 135), „wenn ganze Völker, Länder oder Lebensformen für schädlich erachtet, wenn sie als dem Kreis der Menschheit nicht zugehörig befunden und [...] nicht länger allgemein sittlicher Betrachtung würdig" gelten. Er kommt einem „gesellschaftlichen Tod" (Patterson 1982) gleich. Zahlreiche Beispiele für den Genozid an indigenen Völkern in verschiedenen Teilen der Welt werden dokumentiert in: Totten & Hitchcock (2011); zu den USA: Ellinghaus (2009), Rensink (2011); zu Kanada: Woolford (2009), Woolford & Thomas (2011); zu Australien: Tatz (2011); Smallwood (2015); zu Neuseeland: Reinhard (2016, S. 752 ff.).

99 Eine frühere Version dieses Teils erschien unter dem Titel „Koloniale und postkoloniale Staatsverbrechen an Kindern" in: *Diskurs Kindheits- und Jugendforschung*, 11(3), 2016, S. 363–368. Ich danke den Herausgebern und dem Verlag für die Erlaubnis, auf den Beitrag zurückzugreifen.

100 Hier wird natürlich nur ein kleiner Teil der in der kolonialen und postkolonialen Geschichte auftretenden Formen zerstörerischer von Staaten ausgeübter, geförderter oder geduldeter Gewalt gegen Kinder angesprochen. Andere Beispiele sind der Umgang mit den Kindern der „zum Verschwinden gebrachten" Menschen während der Franco-Diktatur in Spanien (vgl. González de Tena 2014), während der Militärdiktaturen in Argentinien, Chile und Brasilien (vgl. Herrera & Tenembaum 2007; CONADI 2007; Cregan & Cuthbert 2014, S. 119 ff.) oder die Ermordung von Kindern durch Hutu-Extremisten im ruandischen Bürgerkrieg des Jahres 1994 (vgl. Kaplan 2005, S. S. 217 ff.; Nilsson 2013). Auch das nachfolgende Kapitel zu indigenen und als illegitim eingestuften Kindern in Lateinamerika lässt sich als eine Geschichte postkolonialer Gewalt gegen missliebige Kinder lesen.

6.1 Gewalt gegen Kinder im Britischen Empire, den USA und Australien

> Die Kommission ist vollständig von der Wichtigkeit sofortigen Handelns überzeugt, um das Anwachsen einer Rasse zu verhindern, die schnell an Zahl zunehmen, Reife ohne Erziehung oder Religion erlangen und zu einer Bedrohung für die Moral und Gesundheit der Community werden würde. (Staatliche Kinderkommission, Australien, 1911, zit. n. Smallwood 2015, S. 68)

Systematische Gewalt gegen Kinder wurde im Britischen Empire und den aus britischen Siedlungskolonien hervorgegangen Staaten USA und Australien vor allem in zweierlei Weise ausgeübt. Im Britischen Empire wurden unliebsame und als unnütz geltende Kinder der unteren Klassen in Kolonien deportiert, wo sie den Mangel an Arbeitskräften ausgleichen und die weiße Bevölkerung vermehren sollten. In den USA und Australien richtete sich die Gewalt gegen die Kinder der indigenen und schwarzen Bevölkerung, um deren Fortpflanzung zu verhindern und ihre kollektiven Identitäten zu zerstören. Dies geschah im Wesentlichen durch Kidnapping und Assimilierung.

6.1.1 Deportation von Kindern als Beitrag zur kolonialen Eroberung

Eine gern geleugnete und vernachlässigte Seite des britischen Imperialismus und Kolonialismus war die gewaltsame Deportation von Kindern in die Kolonien und ehemaligen Kolonien. Der britische Staat griff zu dieser Maßnahme, um sich junger Menschen zu entledigen, deren Eltern nicht für sie sorgen konnten oder die auf den Straßen der englischen Großstädte zu überleben versuchten. Diese Kinder galten als Schandfleck und Gefahr für die öffentliche Ordnung und wurden nicht einmal als geeignet erachtet, als billige Arbeitskräfte im Land selbst Verwendung zu finden. Der erste Kindertransport datiert auf das Jahr 1618, als ca. 100 Kinder von London nach Richmond (Virginia) verschifft wurden. In den folgenden Jahren wurden zehntausende von Kindern nach Neuengland (Osten der heutigen USA), Kanada, Australien, Neuseeland, Südafrika und Rhodesien (das heutige Simbabwe) deportiert. Diese Praxis wurde als soziale Maßnahme legitimiert, mit der die Kinder vor Verwahrlosung und Tod gerettet würden und die Chance zu einem besseren Leben erhielten. In Wahrheit wurden sie gezwungen, als Farmarbeiter oder Hausbedienstete zu arbeiten, deren Status dem von Sklaven gleichkam. Sie waren ihren Herren auf Gedeih und Verderb ausgeliefert, wurden für ihre Arbeit nicht entlohnt und hatten keinerlei Möglichkeit, sich ihr zu entziehen oder eigene Entscheidungen für ihr Leben zu treffen (vgl. Kershaw & Sacks 2008; Bean & Melville 1990).

Ab der zweiten Hälfte des 19. Jahrhunderts spielten auch nicht-staatliche Kinderhilfsorganisationen bei der Deportationspraxis eine maßgebliche Rolle. Organisationen wie *Fairbridge Society* und *Barnado's Believe in Children* oder die katholische und andere christliche Kirchen errichteten in den Kolonien Arbeitsfarmen, in denen zahlreiche deportierte Kinder einem strengen Arbeits- und Erziehungsregime unterworfen wurden. Dr. Thomas Barnardo, einer der Gründer solcher Einrichtungen, bezeichnete die deportierten Kinder als „Bausteine für das Empire" (*„bricks for Empire building"*). William Fairbridge, ein anderer Gründer solcher Farmen in Kanada, Südafrika, Rhodesien und Australien, romantisierte die Deportationen als Weg für die Kinder zu einem besseren Leben: „Trainiert diese Kinder zu Farmern! Nicht in England [...]. Verlegt die Waisenhäuser aus England dahin, wo Farmer und ihre Frauen gebraucht werden und wo niemand mit starken Armen und willigen Herzens sich sorgen muss um das tägliche Brot" (zit. n. Kershaw & Sachs 2008, S. 142; vgl. auch Corbett 2002 und Skidmore 2012 zur Geschichte dieser Kinder in Kanada).

Nach dem Sieg im Unabhängigkeitskrieg und der Konstitution der Vereinigten Staaten von Amerika wurde die Deportation von Kindern innerhalb des neuen Staates fortgesetzt. Vermeintlich „herrenlose" oder „unnütze" Kinder wurden auf den Straßen von New York, Boston und anderen Städten aufgegriffen und mit einem neuen Verkehrsmittel, der Eisenbahn, in die Siedlungsgebiete im Westen der USA transportiert. Wie Sklaven wurden sie auf den Bahnstationen ausgestellt, wo Siedler sie in Besitz nehmen konnten. Diese Praxis wurde als „Waisen-Transporte" (*orphan trains*) dargestellt, obwohl es sich nur selten um Kinder ohne Angehörige handelte. Es wird geschätzt, dass zwischen 1854 und 1930 mehr als 200.000 Kinder davon betroffen waren (Warren 1998).

Kinder, die sich zu dieser Zeit nicht wehren oder auf eigene Rechte berufen konnten, wurden durch die Regierungen ihrer Länder für die Interessen des britischen Empire und dessen Kolonisierungspraxis instrumentalisiert. Sie dienten dazu, den Mangel an Arbeitskräften in den Kolonien und ehemaligen Kolonien auszugleichen und den dortigen Anteil der weißen Bevölkerung zu vermehren. In vielen Fällen wurden die Eltern nicht darüber informiert, was mit ihren Kindern geschah, und den Kindern wurde vorgegaukelt, ihre Eltern seien tot oder wollten mit ihnen nichts mehr zu tun haben (Cregan & Cuthbert 2014, S. 124). Es dauerte dreihundert Jahre, bis die imperiale Deportationspraxis von Kindern beendet wurde. Der letzte Massentransport aus Großbritannien fand im Jahr 1967 im Hafen von Liverpool statt. Er führte nach Australien (a. a. O., S. 123).

6.1.2 Entführung und Assimilierung indigener Kinder

Mehrere Staaten sind aus sog. Siedlungskolonien hervorgegangen, so die USA, Kanada, Australien und Neuseeland. Die offizielle Erzählung der Entstehungsgeschichte dieser Staaten, die den Kindern in der Schule vermittelt wird, berichtet von friedlichen Siedlern, die ein nicht oder dünn besiedeltes Land urbar gemacht und sich dabei kriegerischer Indianerstämme oder feindseliger Ureinwohner hätten erwehren müssen. Nach dem Sieg über diese Stämme hätten sich die Gründungsväter der neuen Staaten auch von der ursprünglichen Kolonialmacht befreit und seien daran gegangen, die „Indianer" (USA) oder „Aborigenes" (Australien) genannte Urbevölkerung in die Zivilisation einzubinden. Dies sei notwendig gewesen, da die Urbevölkerung nicht die Fähigkeit besessen habe, sich selbst zu regieren und das Land zu entwickeln.

Diese Erzählung hat mit der Wirklichkeit nichts zu tun. In Wahrheit haben die Siedler die indigenen Völker und Gemeinschaften gewaltsam von ihrem Land vertrieben und es sich angeeignet. Sie haben ihnen die Lebensgrundlagen entzogen und sie zu einem Leben in Armut und Abhängigkeit verurteilt. Soweit sie nicht gewaltsam in den Tod getrieben wurden, wurden sie weitestgehend in Reservaten isoliert und notdürftig am Leben erhalten, später und bis heute auch als Folklore vermarktet. Diese Praxis wurde damit legitimiert, dass die im Elend lebende indigene Bevölkerung hätte „geschützt" und „zivilisiert" werden müssen, um sie nicht dem Verderben auszuliefern.[101] Zur wahren Geschichte gehört auch, dass – ähnlich wie in den Beherrschungskolonien – die Frauen der ursprünglichen Bevölkerung zu Sexualobjekten erniedrigt, geraubt und vergewaltigt wurden.

Ein bisher wenig bekannter Teil der Geschichte ist, wie mit den Kindern der indigenen Bevölkerung und mit den Kindern, die weiße Soldaten und Siedler mit indigenen Frauen gezeugt hatten, umgegangen wurde. Um diese sichtbar zu machen, beziehe ich mich auf die detaillierte Untersuchung von Margaret Jacobs (2009), die diesen Teil der Geschichte in den USA und Australien erstmals rekonstruiert hat.

Seit Ende des 19. Jahrhunderts wurden in den USA und Australien Kinder aus indigenen Gemeinschaften systematisch ihren Eltern weggenommen mit dem Ziel, sie „weiß" zu machen.[102] Sie wurden weißen Pflegefamilien zur Adoption übergeben und/oder in besonderen Internatsschulen (*boarding schools, residential schools*) kaserniert und ideologisch indoktriniert (Churchill 2004).

---

101 Appadurai (2009, S. 135) spricht in diesem Zusammenhang auch von „Zivizide".
102 In Australien betraf diese Praxis von ca. 1900 bis 1969 ungefähr ein Drittel der Kinder der Aborigenes (Reinhard 2016, S. 746).

Auf diese Weise sollten indigene Kulturen, Sprachen und Gemeinschaften sukzessive ausgelöscht werden. Bis in die jüngste Zeit wurde diese Praxis nur selten in Frage gestellt. Sie wurde sogar von staatlichen Autoritäten, kirchlichen Einrichtungen und anderen beteiligten Organisationen als eine Wohltat dargestellt, die im besten Interesse sowohl der Kinder als auch der Nation sei. Die Kinder – so die offizielle Legitimation – würden auf diese Weise von einem Leben in Rückständigkeit und Armut „gerettet", „zivilisiert" und für die moderne Gesellschaft „nützlich" gemacht.

> Die Politiker sahen im Überleben der indigenen Bevölkerungen ein Hindernis auf dem Weg zu nationaler Einheit, Modernität und Fortschritt and stellten sich die Wegnahme der Kinder als ein Mittel vor, um die Kolonisierung der indigenen Bevölkerungen zu vollenden (Jacobs 2009, S. 26).

Während in den USA die *kulturelle Assimilierung* bevorzugt wurde, dominierte in Australien die *biologische Absorption*, welche gelegentlich als „Herauszüchten der Farbe" (*breeding out the colour*) bezeichnet wurde (ebd.). Diese Praxis wurde in zynischer Weise als Maßnahme des „Schutzes" der Kinder beschönigt und gerechtfertigt (a. a. O., S. 25). Die Politik der Assimilierung, die in den USA seit 1880 praktiziert wurde, wurde als humane Alternative zur kriegerischen und gewaltsamen Bekämpfung der indigenen Bevölkerung dargestellt. An die Stelle militärischer Gewalt sollte die erzieherische Beeinflussung und kulturelle Angleichung treten (a. a. O., S. 30). In Australien unterschied die ebenfalls seit den 1880er-Jahren praktizierte Politik zwischen „Vollblütigen" (*full-bloods*) und „Mischlingen" (*half-castes*). Die Kinder der ersteren wurden streng separiert und gezwungen, unter Bedingung zu leben, die ihr Aussterben beschleunigen sollten, während die letzteren in der weißen Bevölkerung gleichsam aufgesaugt werden sollten (a. a. O., S. 32 ff.).

Die Wegnahme der Kinder wurde auch damit gerechtfertigt, dass sie von ihren Familien vernachlässigt würden oder keine Familienangehörigen hätten. Doch die Kriterien für die angebliche Vernachlässigung wurden willkürlich festgelegt und sie beschränkten sich oft auf die Behauptung, indigene Eltern seien generell unfähig, ihre Kinder zu versorgen und zu erziehen.[103] Viele Kinder, die als Waisen etikettiert wurden, hatten in Wirklichkeit Familienangehörige, die sich um sie kümmerten. Selbst im Falle des Todes oder Verschwindens ihrer Eltern, war es in den indigenen Gemeinschaften üblich, die Kinder nie

---

103 In einer Studie belegt Shurlee Swain (2006), dass die von weißen Siedler in Australien erhobene Behauptung, Aborigenes würden ihre Neugeborenen besonders häufig töten, nicht den Tatsachen entsprach.

sich selbst zu überlassen, sondern im Rahmen der Großfamilie (*extended family*) für sie zu sorgen (a. a. O., S. 47 f.).

Durch den Entzug ihrer Nachkommen sollten die indigenen Bevölkerungen mit ihrer eigenen Sprache und Kultur und ihrer Lebens- und Wirtschaftsweise ausgelöscht werden. Auf diese Weise sollte letztlich gewährleistet werden, dass deren von den weißen Siedlern angeeignetes oder beanspruchtes Land nicht mehr zurückgefordert werden kann. Es handelte sich um einen rassistisch motivierten Völkermord (Genozid).

Es war kein Zufall, dass die Wegnahme der Kinder in den USA und in Australien zu einer Zeit begann, als diese Länder sich anschickten, zu modernen, industrialisierten Nationalstaaten zu werden. Die herrschenden Gruppen strebten an, ein einheitliches Nationalgefühl zu erzeugen, in dem das europäische Erbe und die Dominanz der sich als „weiß" verstehenden Einwanderer gewährleistet sein sollten. Dies war zwangsläufig mit der Ausgrenzung der Teile der Bevölkerung verbunden, die diesem Bild und diesen Vorstellungen nicht entsprachen. Ebenso wie die Nachkommen der schwarzen Sklaven stand die indigene Bevölkerung in starkem Kontrast dazu. Rassistische Ideologien unterstrichen ihre Fremdheit, Ungeeignetheit und Minderwertigkeit und legitimierten auch die Sonderbehandlung, der die indigenen und schwarzen Kinder ausgesetzt wurden.

Die weiße Bevölkerung sah sich als Spitzenergebnis einer „kulturellen Evolution" und als Synonym für Modernität und Fortschritt, während diejenigen Teile der Bevölkerung, die sich heute selbst als *People of Colour* bezeichnen, als rückschrittlich und unzivilisiert betrachtet wurden, nicht nur in rassischer Hinsicht (als dunkelhäutige Menschen) und in religiöser Hinsicht (als in heidnischen Bräuchen verharrend), sondern auch in ökonomischer Hinsicht (als nicht-kapitalistisch und unmodern) (a. a. O., S. 78). Insbesondere der indigenen Bevölkerung wurde angekreidet, dass sie an Besitzformen und Wirtschaftsweisen festhielt, die der Idee des Privateigentums widersprachen und als irrational gebrandmarkt wurde (a. a. O., S. 79). Als eine nützliche Person galt nur diejenige, die bereit und mental in der Lage war, sich in die Dienste eines weißen Arbeitgebers zu begeben. Folglich erschien „die Wegnahme der indigenen Kinder als notwendig, um die indigenen Menschen voll in die moderne Nation zu integrieren, wenn auch in den niedrigsten, am meisten marginalisierten Positionen" (a. a. O., S. 82). Mit Blick auf die indigenen Kinder in Australien weist Dirk Moses (2004) auch daraufhin, dass schon die britische Kolonialverwaltung es als nutzlos ansah, ihnen Bildung zu vermitteln, da sie in den Aborigenes eine vermutlich „aussterbende Rasse" (*become an extinct race*) sah.

In den USA wurde die Wegnahme indigener Kinder bis zum Zweiten Weltkrieg und vereinzelt auch noch in den Jahrzehnten danach praktiziert. Mary

Crow Dog, eine Frau aus dem Volk der Sioux, erinnert sich an ihre Erfahrungen und diejenigen anderer indigener Kinder in den 1950er- und 1960er-Jahren (Crow Dog 1994, S. 20):

> Viele indianische Kinder werden in Heimen untergebracht. Manchmal geschieht das sogar dann, wenn Eltern oder Großeltern durchaus willens und fähig sind, für sie zu sorgen, die Sozialarbeiter aber behaupten, dass das Zuhause unzulänglich ist, oder wenn es Plumpsklos statt einer Wasserspülung gibt, oder wenn die Familie einfach ‚zu arm' ist. Ein WC ist für einen weißen Sozialarbeiter wichtiger als eine gute Großmutter.

Noch während der 1970er-Jahre wurden vielen Müttern, die in Armut lebten und überwiegend schwarz oder indigener Herkunft waren, ihre Kinder meist willkürlich weggenommen, um sie zur Adoption „frei zu geben", in Heime einzuweisen oder weißen Pflegefamilien zu überlassen. LeRoy Wilder, ein Mitglied des indigenen Volks der Karuk in Kalifornien und Anwalt der *Association on American Indian Affairs*, berichtete im Jahr 1978 von einem „erschreckenden, allgegenwärtigen Muster der Zerstörung indianischer Familien in allen Teilen dieses Landes" (zit. n. Solinger 2002, S. 21). Verfügbare Daten aus dieser Zeit dokumentieren z. B., dass eines von acht indianischen Kindern in Minnesota adoptiert wurde. Im Bundesstaat Washington im Nordosten der USA, war die Adoptionsrate bei indianischen Familien neunzehnmal höher als bei weißen Familien. Dieses Muster fand sich überall im Land. Indianische Familien wurden fortdauernd geringschätzig behandelt, insbesondere Vermittlungsagenturen für Adoptionen stellten deren „elterliche Fähigkeiten" in Frage (Solinger 2002, S. 21). Die Wegnahme und Adoption der Kinder wurde von staatlichen Stellen durchweg damit gerechtfertigt, sie seien von ihren Eltern „missbraucht und vernachlässigt" worden. Die Auswertung amtlicher Daten zeigt, dass die betroffenen Kinder überwiegend von schwarzen und indigenen Frauen stammten, und hat mehrere Wissenschaftler veranlasst, von einer rassistisch motivierten Praxis zu sprechen (Solinger 2013, S. 116, unter Bezug auf Roberts 2002 und National Foster Care Coalition 2007).

Nach dem Zweiten Weltkrieg hatten indigene Aktivistinnen und Aktivisten begonnen, Rechte einzufordern. Insbesondere indigene Frauen setzen sich in organisierter Weise gegen die fortgesetzte Wegnahme indigener Kinder, ihre Unterbringung in Heimen und Internatsschulen sowie ihre Adoption durch weiße Familien ein. Es ist ihrem Kampf zu verdanken, dass 1978 der *Indian Child Welfare Act* beschlossen und diese Praxis zumindest erschwert wurde. Aber eine Aufarbeitung dieses dunklen Kapitels wurde in den USA erst mit der 2009 erschienenen Untersuchung von Margaret Jacobs begonnen, auf die ich mich in diesem Abschnitt vorwiegend bezogen habe.

In Australien wurde erst Ende des 20. Jahrhunderts die staatlich angeordnete Wegnahme der Kinder in einem offiziellen Report (HREOC 1997) eingestanden, und es dauerte noch einmal Jahre, bis die Regierung sich dafür entschuldigte (Rudd 2008; 2009; Gillard 2013). Die betroffenen Kinder werden seitdem als „gestohlene Generationen" bezeichnet.[104] Bis heute wird darüber gestritten, ob oder in welcher Weise die Menschen, die als Kinder entführt wurden, und die indigenen Familien und Gemeinschaften, aus denen sie stammen, zu ‚entschädigen' sind.[105]

6.2 Gewaltsames Verschwinden von Kindern jemenitischer Juden in Israel

> Wir haben Gebiete erobert, aber ohne Siedlungen haben sie keinen entscheidenden Wert, weder im Negev noch in Galiläa oder Jerusalem. Besiedlung, das ist die eigentliche Eroberung. [...] Tausende von Jahren waren wir ein Volk ohne Staat. Jetzt besteht die Gefahr, dass Israel ein Staat ohne Volk wird. (David Ben-Gurion, erster Staatspräsident Israels, 1949; zit. nach Segev 2010, S. 135 und 154)

Ein Staat, der in jüngerer Zeit aus einer Landnahme und Besiedelung durch Zuwanderer hervorging, ist Israel.[106] Seine Entstehung wird nicht nur legitimer Weise mit dem Holocaust begründet, sondern auch damit, dass das dafür in Anspruch genommene Territorium einer bestimmten Menschengruppe (den Juden) aufgrund der religiösen Überlieferung zustehe und sie sogar die einzigen rechtmäßigen Besitzer seien. Ein solches Selbstverständnis birgt die Gefahr,

---

104 Den Ausdruck prägte der australische Historiker Peter Read in einer zuerst 1981 erschienenen Schrift (Read 1998).

105 Über die Frage der ‚Entschädigung' hinaus konzipieren Chris Sarra (2011a; 2011b; 2014) und Gracelyn Smallwood (2015), beide selbst Aborigines, Perspektiven einer emanzipatorischen Pädagogik und Menschenrechtspolitik, die das aufgenötigte ‚Anderssein' der Aborigines gegen das ‚weiße' Mainstream-Denken zur Basis eines anderen Selbstbildes werden lässt.

106 Verschiedene israelische Historiker (Bober 1972; Rodinson 1973; Ram 1993; Abdo & Yuval-Davis 1995) betonen, das zionistische Siedlerprojekt in Palästina sei nicht weniger kolonialistisch gewesen als andere Siedlerkolonien. Erste Pläne zur Gründung eines jüdischen Staates gehen bereits auf die Balfour-Deklaration aus dem Jahr 1917 zurück, in der die britische Regierung im Zuge der Inbesitznahme Palästinas durch britische Truppen einem prominenten Vertreter der Zionistischen Weltorganisation eine „nationale Heimstätte für das jüdische Volk" in Aussicht stellte (vgl. Kirchhoff 2011; Schneer 2010, S. 436; Segev 2006, S. 43 ff.). Der Historiker Wolfgang Reinhard wirft denn auch in seiner Globalgeschichte der europäischen Expansion die Frage auf, ob Israel als „die letzte Siedlerkolonie des Westens" zu betrachten sei (Reinhard 2016, S. 1244).

diejenigen Bevölkerungsgruppen abzuwerten und auszugrenzen, die den Kriterien der rechtmäßigen Zugehörigkeit nicht entsprechen, im vorliegenden Fall die bislang im Land ansässige arabische bzw. palästinensische Bevölkerung. Dies gilt vor allem dann, wenn diese als Menschen mit anderer Hautfarbe und Gesichtszügen sowie anderer Religionszugehörigkeit identifiziert werden. Eine solche Unterscheidung beruht sowohl auf biologistischen bzw. ethnischen Kriterien, die gemeinhin als Rechtfertigung von Rassismus dienen, als auch auf religiösen Kriterien, die der Intoleranz Vorschub leisten. Daraus ergeben sich nahezu zwangsläufig Überlegenheitsgefühle, Arroganz, Ausgrenzung, Diskriminierung, Misstrauen und Gewalt gegenüber allen Menschen, die diesen Kriterien nicht entsprechen oder denen sie nicht zugebilligt werden.[107]

In den ersten Jahren nach der Gründung des Staates Israel hatte dieses binäre Denken, das mehr oder minder willkürlich zwischen verschiedenen Menschengruppen und der Legitimität ihrer Existenz und Zugehörigkeit unterscheidet, auch negative Folgen für Menschen, die sich selbst als Juden verstanden, aber äußere Merkmale oder Verhaltensweisen zeigten, die als minderwertig oder rückständig eingestuft wurden. Dies gilt sogar für Menschen, die in dem neugegründeten Staat Israel Zuflucht gesucht haben oder aus anderen Gründen eingewandert sind. Ich will hier ein Beispiel aus den Gründungsjahren des Staates Israel beleuchten, welches Kinder betrifft.

6.2.1 Die Entführung der jemenitischen Kinder

In den Jahren nach Gründung des Staates Israel, in denen auch viele Menschen jüdischen Glaubens aus muslimisch dominierten und mehrheitlich von Arabern bewohnten Ländern einwanderten[108], verschwanden zwischen 1948 und 1954 hunderte, vielleicht sogar tausende von Babys und Kleinkindern. Sie stammten hauptsächlich von Eltern aus dem Jemen. Die Kinder wurden kurz nach der Ankunft, als die Eltern noch in Lagern lebten, wegen angeblicher oder tatsächlicher Krankheit oder Unterernährung in Kliniken oder spezielle Kinderhäuser gebracht und oft nicht wieder zurückgegeben. In den meisten Fällen

---

107 Die Beziehungen zwischen jüdischen Siedlern und palästinensischen Einheimischen in den Jahren vor Gründung des Staates Israel werden dargestellt in Segev (2006); Brenner (2016). In ihrer Dissertation hat Shelley Harten (2016) die Prä- und Absenzen des „Arabischen" in der zionistischen und israelischen bildenden Kunst vom Anfang des 20. Jahrhunderts bis heute analysiert.

108 Zu Einzelheiten der Einwanderung von Juden aus arabischen Ländern, die vom neugegründeten israelischen Staat unter maßgeblicher Mitwirkung des Geheimdienstes Mossad mit nicht immer legalen Mitteln forciert wurde, vgl. Bunzl (1989, S. 89 ff.); Segev (2010, S. 149 ff. und 195 ff.).

wurde den Eltern versichert, die Kinder seien gestorben, ohne ihnen allerdings die angeblich toten Kinder oder einen amtlichen Totenschein zu übergeben. Verzweifelten Müttern wurde auf herablassende Weise suggeriert, sie bräuchten sich keine großen Sorgen machen, da sie ja mehrere Kinder hätten oder noch weitere gebären könnten. Viele Eltern nahmen diese Auskünfte fatalistisch hin, manche aber vermuteten, ihre Kinder seien an wohlhabende Familien aschkenasischer Juden (hellhäutige Juden europäischen Ursprungs) in Israel, Europa oder den USA verkauft und von diesen adoptiert worden. Es kam sogar der Verdacht auf, die israelische Regierung habe sich auf diese Weise Geld für Waffenkäufe beschafft (Weiss 2002a, S. 100).

Anfang der 1950er-Jahre hatte sich der israelische Verband der Jemeniten mehrfach an die Regierung gewandt, um den Verbleib verschwundener Kinder aufzuklären. In einem Memorandum vom September 1950 hieß es zum Beispiel: „Wiederholte Nachforschungen in den Haushalten der Einwanderer in Rosh Ha'ayin[109] haben ergeben, dass Kranke verschwinden; vielleicht sterben sie und werden begraben, und niemand weiß wann oder wo. Wir sind erstaunt, dass in dieser Lage niemand nach einer Erklärung sucht" (zit. n. Segev 2010, S. 234).

Doch weder den Eingaben des Verbandes noch den Nachfragen der verzweifelten Eltern wurde Beachtung geschenkt. Auch lange Zeit danach stießen sie bei den Behörden auf taube Ohren. Erst als die Kinder erwachsen und einige von ihren Adoptiveltern über ihr Schicksal aufgeklärt wurden oder dieses erahnten – meist wegen ihrer deutlich dunkleren Hautfarbe – oder als Eltern verschwundener Kinder mysteriöser Weise militärische Einberufungsbefehle oder Wahlunterlagen für ihre vermeintlich verstorbenen Kinder erhielten, liefen die ersten Untersuchungen an. Nachdem im Jahr 1966 auch mehrere Eltern, deren Kinder verschwunden waren, erneut Druck auf die Regierung ausübten und von einigen oppositionellen Medien unterstützt wurden, erkannte das israelische Parlament endlich die Notwendigkeit einer Untersuchung an. Die 1967 unter Leitung eines Richters gebildete sog. *Bahabul-Minkovski-Kommission* tagte hinter verschlossenen Türen und widmete sich einer begrenzten Zahl von Einzelfällen. In ihrem Bericht, der ein Jahr später nur in einer Zusammenfassung bekannt wurde, machte sie für das Verschwinden der Kinder das Chaos in den Aufnahmelagern verantwortlich und wies den Verdacht gezielter Entführung zurück. Danach dauerte es wiederum 20 Jahre, bis unter dem Druck der jemenitischen Community im Jahr 1988 eine weitere Untersuchungskommission, die sog. *Shalgi-Kommission*, ihre Arbeit aufnahm.

---

109 Kleinstadt bei Tel Aviv, die 1948 von jemenitischen Einwanderern gegründet worden war (Anm. d. Verf.).

In den sechs Jahren ihrer Existenz wurden wiederum nur wenige Fälle untersucht, die Polizei und andere Regierungsstellen hielten wichtige Unterlagen zurück, so dass der Bericht erneut eklatante Lücken und Mängel aufwies.

Zuletzt wurden ab dem Jahr 1995 von einer dritten Kommission, der sog. *Kedmi-Kommission*, ca. 800 Fälle untersucht. Nach deren im Jahr 2001 veröffentlichten Bericht waren in 733 Fällen die betroffenen Kinder bereits tot, in 56 Fällen konnten keine Belege für den Verbleib der Kinder ermittelt werden. Auch dieser Bericht fand harsche Kritik. In einer detaillierten juristischen Textanalyse kam Boaz Sanjero (2002, S. 48, zit. n. Madmoni-Gerber 2009, S. 135) zu dem Schluss, der Kommission habe die fundamentalste Basis für die Untersuchungsarbeit gefehlt: „eine Erkenntnistheorie des Verdachts" (*epistemology of suspicion*); stattdessen habe sie sich darauf beschränkt, ohne eigenen Standpunkt hin und her zu diskutieren und ohne zu einer Kritik am Handeln der Verantwortlichen zu gelangen. Ein weiterer Kritikpunkt war, dass wichtige Schriftstücke über die verschwundenen Kinder nicht öffentlich zugänglich gemacht wurden und bis 2071 als „Staatsgeheimnis" unter Verschluss bleiben sollen.[110]

Die sterblichen Überreste, die 1996 im Laufe der Untersuchungen in zehn Kindergräbern gefunden wurden, reichten für eine genetische Untersuchung nicht aus. Nur in einem Fall konnte eine Verwandtschaft der 1950 im Alter von zweieinhalb Jahren verstorbenen Leah Scharabi und ihrer Mutter zweifellos nachgewiesen werden. Die Mitteilung des Ergebnisses war monatelang verzögert worden, da der verantwortliche Gesundheitsminister Ausschreitungen befürchtete. Menachem Scharabi, dessen Schwester identifiziert worden war, wird in einem Zeitungsartikel (Jessen 1999) mit den Worten zitiert: „Erst wird sie begraben, ohne uns zu informieren. Und danach teilen sie uns jahrzehntelang nicht mit, wo sie begraben liegt. Wir wohnen 800 Meter vom Friedhof entfernt." Er erinnerte sich auch an eine dunkelhäutige Frau aus Haifa, die im Fernsehen mitgeteilt hatte, sie wisse, dass sie von ihren aus Europa stammenden Eltern adoptiert wurde. Sie ist den beiden anderen Schwestern Menachems wie aus dem Gesicht geschnitten. Aber sie verweigerte eine DNA-Analyse, weil sie mit ihren mutmaßlichen Verwandten nicht in Verbindung gebracht werden wollte. In derselben Ausgabe der Zeitung wird sie mit den Worten zitiert:

---

110 Die Geschichte der Untersuchungskommissionen und die Rolle der Medien in verschiedenen Stadien der Affäre werden in Büchern von Shoshi Zaid (2001) und Shoshana Madmoni-Gerber (2009) kritisch rekonstruiert. Das Verschwinden der jemenitischen Kinder ist auch das Thema eines Kriminalromans von Batya Gur (2005), der zuerst 2001 in Israel erschien.

„Selbst wenn es stimmen würde, ich habe eine Familie. Ich bin in einer anderen Kultur erzogen. Ich will es gar nicht wissen."

Ein anderer Fall war um die gleiche Zeit bekannt geworden. Die in Kalifornien verheiratete Tzila Levine, als Zila Rosenstock aufgezogen, hatte im Fernsehen mit tränenerstickter Stimme nach ihren leibhaftigen Eltern gesucht und ein Foto veröffentlicht, auf dem sie als Baby zu sehen war. 16 Elternpaare meldeten sich, doch nur die Familie Omessi war sicher, dass es sich um ihre vermisste Tochter und Schwester Saida handelte, die 1947 noch in Jemen geboren worden und nach der Einwanderung in Israel auf mysteriöse Weise verschwunden war. Als sich Tzila Levine daraufhin erstmals mit den Omessis traf, war auch ihr angesichts der frappanten Ähnlichkeit zwischen ihr und ihrer mutmaßlichen Schwester Jehudit klar: „Dies ist meine echte Schwester." Die DNA-Probe bestätigte diese Annahme, wurde allerdings von der Regierung angezweifelt (Landsmann 1997; Weiss, 2002a: 101–104).[111]

Den Anlass für die bisher letzte Untersuchungskommission hatte der jemenitische Rabbiner Uzi Meshulam gegeben, der mit einigen Dutzend Anhängern eine öffentliche Kampagne gegen den Staat Israel ins Leben gerufen hatte. Es kam zu Sabotageakten gegen Einrichtungen der Straßenüberwachung und der Telefongesellschaft, auch zum Versuch einer Brandstiftung an einem Gerichtsgebäude. Der Rabbiner wurde zu einer achtjährigen Freiheitsstrafe wegen terroristischer Umtriebe verurteilt, und – nur wenige der Eltern wollten an Zufall glauben – eine Woche vor Veröffentlichung der DNA-Analyse vorzeitig begnadigt.[112] Mindestens bis Ende der 1990er-Jahre gab es einem Zeitungsbericht zufolge (Jessen 1999) in Rosch Ha'ayin eine Falafel-Imbissbude mit dem Namen „Zu den verkauften Kindern". Über der Theke hing eine Preistafel: „Ein Junge: 5000 Dollar. Ein Mädchen: 4500 Dollar. Falafel: 8 Schekel." Der Besitzer Menachem Madmoni soll sich lange Zeit geweigert haben, den Namen seiner Imbissbude zu ändern.

Aufgrund einer Initiative des israelischen Schriftstellers und Menschenrechtsaktivisten Shlomi Hatuka, der sich erneut auf die Suche nach adoptierten Kindern machte und mit seinerzeit beteiligten Ärzten und Krankenschwestern sowie mit vermutlich adoptierten Kindern sprach (Hatuka 2014), wird in den letzten Jahren in Israel aufs Neue über das Verschwinden der Kinder öffentlich diskutiert und von der Regierung Rechenschaft gefordert. Hatuka hatte ermit-

---

111 Dieser Fall wurde auch in einem Film von Tzipi Talmor aufgegriffen, der unter dem Titel „Down – A One-way Road" im Jahr 1997 in Israel aufgeführt wurde. Weitere Fälle werden in Madmoni-Gerber (2009), Hatuka (2014) und Mann (o. J.) ausführlich dokumentiert.
112 Zu Einzelheiten von Meshulams Revolte und ihrer Vorgeschichte vgl. Madmoni-Gerber (2009), S. 159–173.

telt, dass tatsächlich viele der verschwundenen Kinder von aschkenasischen Familien adoptiert worden waren. Willkürlich waren die Daten der Kinder aus den Geburtsregistern gelöscht oder so verändert worden, dass ihre Herkunft nicht mehr nachverfolgt werden konnte. Geordnete, rechtlich geregelte Adoptionsvorgänge gab es nicht und manche adoptierenden Eltern trugen selbst dazu bei, die Spuren zu verwischen. Aufgrund des wachsenden öffentlichen Drucks versprach die Regierung im Juni 2016 erneut, die Beteiligung staatlicher Stellen am Verschwinden bzw. dem Verbleib der Kinder aufzuklären. Bis Ende 2016 wurden allerdings keinerlei Ergebnisse veröffentlicht (Tzadok 2016).

6.2.2 Ein früher Fall postkolonialer Biopolitik?

In der Entführungs- und Adoptionspraxis ebenso wie in der geringen Bereitschaft offizieller Stellen, deren näheren Umstände aufzuklären, spiegelt sich der zionistische Gründungsmythos des Staates Israel als eines Zivilisationsprojekts. Von Anbeginn verstanden sich die hellhäutigen, aus Europa stammenden Juden („Ashkenazim") als die aufgeklärte Elite des neuen Staates und gaben den Ton an. Die aus „orientalischen" Ländern eingewanderten dunkelhäutigen Juden („Mizrahim") galten demgegenüber als „primitiv und unbeherrscht"[113] und waren bestenfalls als untergeordnete Arbeitskräfte willkommen, die den Platz der vertriebenen palästinensischen Bevölkerung einnehmen sollten (vgl. Raz-Karkotzkin 2004). Die Entführung und Adoption der Kinder diente, auch wenn dies nicht allen Beteiligten seinerzeit bewusst gewesen sein mag, dem Zweck, sie dem Einfluss ihrer Eltern zu entziehen und durch Assimilierung „wertvoller" zu machen – vergleichbar dem „Entfärben" (*breading out the colour*") der australischen Aborigenes. Wohl deshalb kam es den Verantwortlichen nicht in den Sinn, ihre willkürliche Praxis als Delikt und Verstoß gegen Menschenrechte zu verstehen sowie dem Leiden und den verzweifelten Nachfragen der Eltern Beachtung zu schenken. Stattdessen verstanden sie ihr Handeln gleichermaßen als Wohltat für die Kinder wie als Beitrag zur Zivilisierung und genetischen Aufwertung der neu aufzubauenden israelischen Gesellschaft.

---

113 Als Beispiel zitiert Segev (2010, S. 199) aus einem Artikel der Zeitung *Haaretz* v. 22.4.1949, in dem es heißt: „Die Primitivität dieser Leute ist unübertrefflich. Sie haben fast überhaupt keine Bildung, und noch schlimmer ist ihre Unfähigkeit, irgendetwas Intellektuelles zu verstehen. In der Regel sind sie nur ein kleines bisschen fortgeschrittener als die Araber, Neger und Berber in ihren Ländern. Ihr Niveau ist auf jeden Fall niedriger als das der früheren palästinensischen Araber." Sie seien „völlig von wilden und primitiven Instinkten beherrscht." Zahlreiche weitere Beispiele für dieses rassistische Denken bei israelischen Politikern und selbst bei international angesehenen Soziologen wie Shmuel N. Eisenstadt finden sich in Madmoni-Gerber (2009).

Bei der Staatsgründung war unter den führenden israelischen Politikern noch umstritten gewesen, ob man die Juden aus den arabischen Ländern, namentlich aus dem Jemen, überhaupt aufnehmen sollte (Levitan 1990, S. 2 ff.). Die in Israel geborene und von jemenitischen Einwanderern abstammende Medienwissenschaftlerin Shoshana Madmoni-Gerber charakterisiert die Haltung der israelischen Staatsgründer gegenüber den jemenitischen Juden mit folgenden Worten (Madmoni-Gerber 2009, S. 23):

> Die Mizrahim wurden nicht nur diskriminiert, sondern wurden auch als ein größeres Hindernis für die Verwandlung Israels in ein europäisches Land gesehen: sie kamen zu dem internen ‚arabischen' Ärger hinzu, der schon in der als problematisch geltenden dominanten arabischen kulturellen Dominanz in Israel und den angrenzenden Gebieten gesehen wurde. Da die Zionisten Mizrahim durch die orientalistische Brille sahen, enthielt das über sie produzierte Wissen nicht nur Stereotype und falsche Vorstellungen, sondern auch Furcht. Die zionistischen Führer befürchteten, dass Mizrahim-Juden als die Mehrheit Israel in ein levantinisches Land verwandeln würden.[114]

Die israelische Anthropologin Meira Weiss (2002a) sieht in dem Umgang mit den Kindern der jemenitischen Einwanderer ausdrücklich eine frühe Form von Biopolitik, vergleichbar mit Organhandel, Leihmutterschaft und medizinischen Menschenexperimenten, in anderen Worten eine „Kultur des ausgewählten Körpers" (Weiss 2000b). Der Autorin zufolge (Weiss 2002a, S. 95)

> [...] regulierte die israelische Gesellschaft Körper als Teil einer fortdauernden Konstruktion ihrer kollektiven Identität. Die ständige Einbeziehung Israels in einen bewaffneten Konflikt mit seinen arabischen Nachbarn, hat eine Gesellschaft entstehen lassen, die um territoriale Grenzen ebenso stark besorgt war wie um körperliche Begrenzungen. Seit den frühen Tagen der Staatsbildung wurde der israelische Körper darauf ausgerichtet, einen ‚neuen Menschen' zu formen. Vor der Gründung des Staates Israel (1948) war dieser ‚neue Mensch' vorwiegend in dem Bild des ‚Pioniers' (*halutz*) verkörpert: säkular, stark, männlich, gesund und physisch perfekt. Immigranten wurden dazu angehalten, ihre frühere Sprache, Traditionen und

---

114 Mit dem Ausdruck „orientalistisch" bezieht sich die Autorin auf die zuerst 1978 veröffentlichte Studie *Orientalism* des aus Palästina stammenden Literaturwissenschaftlers Edward W. Said (2008). Darin zeigt er, wie durch eine eigens geschaffene Wissenschaftsdisziplin, die Orientalistik, eine von Europa verschiedene Welt imaginiert wird, die als „Orient" zur Projektionsfläche von Ängsten, Sehnsüchten oder eigenen Überlegenheitsgefühlen wird. Dies kommt auch in der offiziellen Bezeichnung des Transports der jemenitischen Juden als Operation „Fliegender Teppich" zum Ausdruck (Levitan 1990, S. 1 f.).

Kultur zu ‚vergessen', um Teil der sogenannten ‚Zusammenführung der Exile' (‚*gathering of the exiles*') oder eines ‚Fusionsreaktors' (*kur hahituch*) zu werden.

Von den jemenitischen Einwanderern wurde erwartet, dass sie sich diesem Muster anpassen und dafür Opfer bringen, eine Haltung, die den „den kolonialen Missionsbewegungen und medizinischen Unternehmungen sehr ähnlich war, die veranstaltet wurden, um die ‚Primitiven' zu ‚zivilisieren' " (a. a. O., S. 98).[115]

Die heute in Israel lebende Generation der Enkel und Urenkel der Einwanderer aus den arabischen Ländern scheint sich über die Leiden und Demütigungen ihrer Vorfahren zunehmend Gedanken zu machen. Junge Künstler, Wissenschaftler und Journalisten stellen die bisherige Assimilationspolitik in Frage und betonen die Notwendigkeit, die israelische Identität im gleichberechtigten interkulturellen Dialog „zwischen Orient und Okzident" neu zu bestimmen (Tal 2013). Sie spüren nicht nur ihren Wurzeln nach, sondern beleben auf eigene Weise deren Sprache und Kultur. Ein Beispiel sind die Musikgruppen, die arabische Klänge und Texte aufgreifen, sie über Konzerte und Videos verbreiten und bei vielen israelischen Jugendlichen begeisterte Resonanz finden.

Es sei zum Abschluss dieses Teils aus einem Zeitungsbericht über die Musikgruppe A-WA und eines ihrer Videos zitiert (Kaufmann 2016): „Wüste, Sonne und drei junge Frauen mit langen dunklen Haaren in auffallend pinkfarbenen Gewändern, sie tragen goldenen Schmuck, eine von ihnen eine Kette um die Taille, wie man sie von Bauchtänzerinnen kennt. Sie steigen in einen offenen Jeep, brausen über den Sand und sie singen ‚Habib Galbi' – ‚Liebe meines Herzens'. Eine ältere Frau in der Djellaba, einem traditionellen arabischen Gewand, sitzt in einem Schaukelstuhl und zieht an einer Wasserpfeife, drei junge Männer in blauen Adidas-Trainingsanzügen hüpfen zum Beat – was aussieht wie der Beginn einer Breakdance-Einlage, ist der ‚jemenitische Schritt', ein traditioneller Tanz."[116]

---

115 In ähnlicher Weise hatten schon John und Jean Comaroff (1992; 1997) am Beispiel Südafrikas beschrieben, wie die Kolonialisten den schwarzen Körper zunehmend mit Degeneration, Krankheit und Verseuchung gleichsetzten.

116 Die Videoaufnahme ist zu finden unter: www.youtube.com/watch?v=g3bjZlmsb4A; siehe auch den *Yemenite Rain Song* unter: www.youtube.com/watch?v=2jInF0ZLfNs oder das Interview mit den Musikerinnen: www.lennyletter.com/culture/interviews/a475/music-monday-an-interview-with-a-wa/

6.3 Fazit

Die aus verschiedenen Erdteilen und Zeiten zusammengetragenen Beispiele willkürlichen staatlichen Handelns gegenüber Kindern lassen erkennen, dass die mit der Kolonialisierung und Besiedelung „fremder" Territorien verbundene Willkür und Gewalt vor niemandem Halt machte. Sie hat ihren wesentlichen Grund in der Entwicklungsarroganz der Kolonialeliten und den damit verquickten Überlegenheitsfantasien der von der Kolonialisierung profitierenden sozialen Klassen und „ethnischen" Gruppen. Kinder waren in mindestens zweifacher Weise davon betroffen. Zum einen wurde die im neuzeitlichen Europa entstandene Kindheitsideologie, die Kinder zu primitiven, erst noch zu entwickelnden Wesen stilisierte, genutzt, um die Herrschaft über die kolonisierten Bevölkerungen zu legitimieren. Zum anderen wurden die Kinder selbst in eine Herrschaftsmatrix eingeordnet, in der Menschen nach ihren vermeintlich rassischen Eigenschaften und ihrer ökonomischen Verwertbarkeit bewertet und behandelt wurden. Entsprachen sie nicht den vorherrschenden Erwartungen und moralischen Vorstellungen, wurden sie zu einem Leben im Schatten der Gesellschaft verurteilt, ihrer Geschichte und kollektiven Identitäten beraubt oder ganz zum Verschwinden gebracht. Diese Praxis hat sich in den heutigen postkolonialen Gesellschaften zwar von direkter Gewalt und Diskriminierung in wissenschaftlich verbrämte Formen des Mitleids verwandelt, aber von einer Anerkennung der Menschenwürde und der Rechte der Kinder kann noch lange keine Rede sein. Die Auseinandersetzung mit der Geschichte der Gewalt an „fremden" Kindern hat längst begonnen. Nicht zuletzt sind daran junge Menschen beteiligt, die auf der Suche nach ihren Wurzeln sind.

7. Lateinamerikanische Kindheiten

Rassistische „Zivilisierung" und „soziale Säuberung"

Die Entdeckung der Gold- und Silberländer in Amerika, die Ausrottung, Versklavung und Vergrabung der eingeborenen Bevölkerung in die Bergwerke, die beginnende Eroberung und Ausplünderung von Ostindien, die Verwandlung von Afrika in ein Gehege zur Handelsjagd auf Schwarzhäute, bezeichnen die Morgenröte der kapitalistischen Produktionsära. (Karl Marx, *Das Kapital*, Erster Band, Kap. 24, S. 790)

Die Kolonisierung des Subkontinents, der heute Lateinamerika genannt wird, vollzog sich zunächst nach dem Muster von Beherrschungskolonien. Sie zielte auf die Ausbeutung der Naturschätze zugunsten der europäischen Kolonialmächte, insbesondere Spaniens und Portugals. Über die massenhafte Einwanderung europäischer Migranten und die Rekrutierung von Sklaven aus Afrika haben sich die Kolonien in diesem Subkontinent nach und nach zu Siedlerkolonien gewandelt.[117] Sie wurden zunächst von der Minderheit der Invasoren und Kolonisten beherrscht, die sich selbst als „Weiße" verstanden und sich das Recht herausnahmen, die nicht als weiß geltenden sog. indianischen und schwarzen Bevölkerungsgruppen nach Belieben zum eigenen Vorteil auszubeuten. Im Unterschied zu Nordamerika, Australien und Neuseeland, wo Separation vorherrschte, ging die Eroberung des südlichen Subkontinents von Anbeginn mit einer extensiven biologischen Vermischung zwischen den Kolonisten einerseits und den indigenen und aus Afrika stammenden Bevölkerungsgruppen, vorwiegend ihren Frauen, andererseits einher (spanisch *„mestizaje"*, portugiesisch *„mestiçagem"* genannt). Diese Vermischung setzte sich nach der Formierung unabhängiger lateinamerikanischer Republiken seit Beginn des 19. Jahrhunderts fort, ohne allerdings zunächst an der Vorherrschaft der Nachfahren der weißen Eroberer (*„criollos"*) Wesentliches zu ändern.[118]

---

117 Über diesen Prozess in Mexiko und Peru vgl. Guttiérrez (1995) und Radcliffe (1995).
118 Der Mestizierungs-Diskurs war Teil der Suche nach einer nationalen Identität der postkolonialen Staaten. Er diente der Assimilierung der nicht-weißen Bevölkerungsgruppen

Dieser Tatbestand hat Kritiker veranlasst zu betonen, auf die „erste" müsse eine „zweite" Unabhängigkeit folgen, in der deren rassistisch legitimierte Dominanz beendet wird.[119] Ähnlich wie bei der Kolonisierung Afrikas haben die europäischen Eroberer die kolonisierte Bevölkerung mit Kindern gleichgesetzt (vgl. Ashcroft 2001, S. 36 ff.). Im Vizekönigreich Peru z. B. haben die spanischen Autoritäten – die staatlichen ebenso wie die kirchlichen – die indigenen Völker der Anden häufig als kindlich oder sogar kindisch charakterisiert. Die Kulturhistorikerin Carolyn Dean (2002, S. 21) beschreibt dies so:

> Mittels infantilisierender Analogien wurden nicht nur die paternalistische Haltung der Kolonisatoren gerechtfertigt, sondern auch deren politische Vorherrschaft legitimiert; Kinder haben schließlich nicht dieselben sozialen Rechte wie Erwachsene und können (und sollen häufig auch) durch Erwachsene kontrolliert werden. Der den Kolonisierten auf diese Weise zugeschriebene beschränkte Intellekt und das angeblich kindliche Verhalten verschoben den Fokus vom Paternalismus der Europäer gegenüber den Einheimischen hin zu dem weniger problematisch erscheinenden Paternalismus von Eltern zum Kind.

Naheliegender Weise wurde den unterworfenen Bevölkerungsgruppen weder zugetraut noch zugebilligt, ihre eigenen Kinder zu erziehen. Die Kolonisatoren hatten Schwierigkeiten zu verstehen und waren nicht bereit, den eigenständigen Umgang mit deren Kindern zu akzeptieren. Insbesondere war ihnen ein Dorn im Auge, dass die Kinder nicht nach dem Muster westlicher Kindheit als irrationale Wesen mit geringen geistigen Fähigkeiten klassifiziert wurden, die erst zum vermeintlich rationalen Erwachsenen entwickelt und bis dahin von diesen getrennt und ihnen untergeordnet werden mussten (a. a. O., S. 46). Die Kinder wurden auch nicht nach ihrem chronologischen Lebensalter, sondern nach ihren körperlichen Kräften unterschieden und nahmen je nach ihrer Körpergröße und anderer physischer Eigenschaften bereits bestimmte Aufgaben im Rahmen der Gemeinschaft wahr (a. a. O., S. 44). Allerdings machten sich die Eroberer diese Art von Kindheit auch zunutze, indem sie die Kinder ebenso wie ihre erwachsenen Zeitgenossen zu auszubeutenden Arbeitskräften degradierten. Die Kinder galten ihnen ebenso wie die Erwachsenen als Objekte, mit denen beliebig umgesprungen werden konnte.

---

und wird spätestens seit den 1990er-Jahren von diesen in Frage gestellt (vgl. Mader 2001; zu Brasilien Costa 2007, S. 145 ff.).

119 Einer der ersten, der dies für notwendig hielt, war Simón Rodríguez (1769–1854), der Lehrer von Simón Bolívar (Rodríguez [1828]1990).

Im Gebiet des heutigen Chile zum Beispiel wurden am Ende des 16. Jahrhunderts manche Indigene zusammen mit ihren Kindern sogar gefangen genommen und nach Europa verschleppt, um sie hier als exotische Geschöpfe wie Tiere in besonderen Schauen auszustellen. Im Jahr 1599 hatte z. B. der Holländer Olivier van Noort vier Jungen und zwei Mädchen gekidnappt, um sie nach Holland zu bringen. Alle starben während der Überfahrt. Zur gleichen Zeit hatte, um ein anderes Beispiel zu nennen, Sebald de Weert, ein anderer holländischer Seefahrer, einer jungen Frau ihr sechs Monate altes Kind weggenommen und nach Amsterdam entführt, wo es kurz darauf starb (Rojas Flores 2010, S. 97; vgl. auch Báez & Mason 2006, S. 21).

Aus dem Gebiet des heutigen Chile ist am besten der Fall eines Jungen und eines Mädchens aus den Völkern der Yagán und Kawésqar dokumentiert. Sie wurden zu Beginn des 19. Jahrhunderts von dem Kapitän Robert Fitz-Roy an Bord seines Schiffes *Beagle* gebracht, um zu erproben, inwieweit sie sich „zivilisieren" ließen. Hierzu erhielten sie englische Namen (Jemmy Button und Fueguia Basket) und man brachte ihnen die englische Sprache bei. Fitz-Roy (1839) portraitiert die Kinder und ihren „Zivilisationsprozess" im Detail und mit offensichtlicher Befriedigung, doch es ist zu bezweifeln, dass es sich hierbei um mehr als die beschönigende Beschreibung eines ambitionierten, von Missionsgeist erfüllten Seemannes gehandelt hat (vgl. Rojas Flores 2010, S. 100).

Der Fall der beiden Kinder hat auch deshalb besondere Aufmerksamkeit gefunden, weil einer der Passagiere der *Beagle* der damals noch junge, aber bald berühmt werdende Naturforscher Charles Darwin war. Er notierte selbst, was er empfand, als er im Süden des heutigen Argentiniens an Land ging (Darwin [1845]2009, S. 280):

> Als wir am Ufer waren, wirkte die Gruppe [der Eingeborenen] recht bestürzt, redete und gestikulierte jedoch mit großer Schnelligkeit weiter. Es war ausnahmslos das merkwürdigste und interessanteste Schauspiel, dessen ich je ansichtig wurde. Ich hätte nicht geglaubt, wie groß der Unterschied zwischen dem wilden und dem zivilisierten Menschen ist. Er ist größer als zwischen wildem und domestiziertem Tier insofern, als beim Menschen ein größeres Vermögen zur Besserung vorhanden ist.

In den folgenden Abschnitten werde ich verschiedene, aber auf ähnliche Ursachen zurückzuführende Praktiken darstellen: erstens die rassistische Willkür gegenüber sog. illegitimen Kindern, zweitens die zum Zweck ihrer „Zivilisierung" erfolgende Behandlung von Kindern indigener und aus Afrika stammender Bevölkerungsgruppen sowie drittens die in neuerer Zeit verbreitete Verfolgung und Ermordung von Kindern und Jugendlichen, die nicht den vorherrschenden Vorstellungen einer sozialverträglichen Kindheit und Jugend entsprechen. Diese Praktiken gehen zum Teil auf die rassistischen Überzeugungen der kolonialen Machthaber zurück und wirken in den lateinamerikanischen Gesellschaften bis heute nach.

7.1 Rassistische Willkür gegen sogenannte illegitime Kinder in Lateinamerika

Eine mit der Kolonialherrschaft eingeführte Neuerung, die bis heute in Lateinamerika erhebliche Auswirkungen auf das Leben von Kindern hat, ist die hierarchische Unterscheidung von legitimer und illegitimer Geburt. In der Kolonialzeit galt Illegitimität häufig als „Schande", „Schandfleck" oder „unanständiges und schändliches Merkmal" (Konetzke 1958–1962, S. 473 f.; 335). Solche Auffassungen wurden insbesondere von der katholischen Kirche befördert, die jegliche sexuelle Beziehung außerhalb der Ehe als unmoralisch verurteilte. Sie waren ebenso mit bestimmten, aus den iberischen „Mutterländern" übernommenen Vorstellungen von Ehre verbunden. Die chilenische Historikerin Nara Milanich (2002, S. 75; 79; kursiv im Orig.) merkt dazu an:

> Haltungen gegenüber Illegitimität waren ebenso mit Vorstellungen von Rasse und Ethnizität verflochten. Eine wichtige Komponente der frühmodernen iberischen Weltsicht war die Idee von der *Reinheit des Blutes*. ‚Reines' Blut zu haben meinte, dass die Herkunft frei von ‚Vergiftung' durch Juden, Mauren, Leuten von illegitimer Geburt und – im heutigen Weltkontext – von Afrikanern und Indigenen ist. [...] In der kolonialen Vorstellung wurde Illegitimität untrennbar identifiziert mit Rassenmischung – so sehr, dass Illegitime und Menschen gemischter Rasse oft als zwei praktisch austauschbare Kategorien betrachtet wurden.

Sogenannte wilde Ehen zwischen weißen Männern und Frauen indigener oder afrikanischer Herkunft waren vor allem in Sklavenhaltergesellschaften weit verbreitet, wie z. B. Studien aus dem kolonialen Brasilien, Saint Domingue (woraus die beiden Staaten Haiti und Santo Domingo hervorgingen) oder Kuba zeigen (Martínez-Alier 1989; Collins 2006; Weaver 2006; Nazzari 1996). Weiße Väter im kolonialen Brasilien erkannten nur selten illegitime farbige Kinder als ihre eigenen an, und selbst wenn sie es taten, waren die Gerichte nur selten gewillt, solchen Nachkommen ihr rechtmäßiges Erbe zuzuerkennen (Silva 1993, S. 184 ff.).

Aber diese Praktiken waren keineswegs auf Sklavenhaltergesellschaften beschränkt und dauerten auch nach dem Ende der Sklaverei an. Die mexikanische Sozialhistorikerin Francesca Gargallo (2007, S. 539 f.) zieht aus ihren Forschungen das Fazit, die aus der oft gewaltsam erzwungenen Beziehung von weißen

Männern zu einheimischen Frauen hervorgegangen Mestizen-Kinder hätten vor der unerbittlichen Alternative gestanden,

> [...] durch die Anerkennung des Vaters zu hispanisierten Kindern oder zu Kindern von niemandem bzw. sog. Indiokindern (*hijos de India*) zu werden. Die Mutter behielt sie in der Nähe, ernährte sie und suchte ihnen Arbeit in der neuen Gesellschaft, [...] aber ihre Kinder hatten weder den Schutz der patriarchalen spanischen Familie noch der indigenen Gemeinschaft und waren somit darauf angewiesen, ihre Leben auf der Straße zu verbringen, unter der brennenden Sonne, oder in irgendeinem Konvent unterzukommen. [...] Sie konnten sich auch nicht am legalen, familiären oder kommunitären Schutz erfreuen. [...] Die koloniale Vergewaltigung, die an den schwarzen, mischrassigen (*mestizas*) und indigenen Frauen verübt wurde, und die daraus hervorgehende Mischung ist der Ursprung aller Konstruktionen der nationalen ‚Identitäten', die den abgestandenen Mythos der rassischen lateinamerikanischen Demokratie ausmachen.

Unter Bezug auf die brasilianischen Historikerinnen Sueli Carneiro (2005) und Ángela Gilliam (1996) bezeichnet Gargallo die koloniale sexuelle Gewalt als das Fundament aller Geschlechts- und Rassenhierarchien, die in den Gesellschaften Lateinamerikas allgegenwärtig seien. Sie hätten dazu geführt, die Rolle der schwarzen und der indigenen Frau bei der Herausbildung der nationalen Kultur zurückzuweisen, die Ungleichheit zwischen Mann und Frau zu erotisieren und die sexuelle Gewalt gegen die schwarzen und indigenen Frauen als „Romanze" erscheinen zu lassen. Für die aus solchen „Romanzen" hervorgegangenen Kinder habe dies bedeutet und bedeute es vielfach bis heute, dass sie wie ihre Mütter aus der Gesellschaft und den Strukturen des Schutzes ausgeschlossen seien. Ihre so erzwungene Schutzlosigkeit und Bedürftigkeit würde sogar dazu instrumentalisiert, die vermeintliche Überlegenheit der herrschenden Klasse zu legitimieren. Francesca Gargallo (2007, S. 540 f.) schreibt:

> Es scheint, dass die als physisch und moralisch schwach dargestellte Kindheit, die demnach auf irgendeine Art des Schutzes angewiesen ist, nicht die Anerkennung einer vollkommenen Menschlichkeit verdient: sie ist dreist und unfertig, repräsentiert eine Hoffnung und eine Last.

Unter diesen Umständen waren Kinder alleinstehender Mütter oder aus Haushalten, die von Frauen geleitet wurden, prädestiniert, zum Objekt von Diskriminierungen zu werden. Die kolonialen und postkolonialen Eliten brachten und bringen bis heute solche Familienkonstellationen und die in ihnen stattfindende Kindererziehung gerne mit Unordnung, Faulheit und Verbrechen in Verbindung. Nara Milanich (2002, S. 87) kommentiert:

Während alleinstehenden Müttern ein unmoralischer Einfluss auf ihre Kinder zugeschrieben wurde, existierte gleichzeitig der Glaube, illegitime Kinder seien etwas Schlechtes für ihre Mütter. Manche Hilfsorganisationen zum Beispiel, die an der Moralisierung der Armen arbeiteten, strebten danach, die Früchte sündiger Beziehungen zu entfernen, um die gefallenen Mütter zu rehabilitieren.

Die Wegnahme illegitimer Kinder war seit dem 17. Jahrhundert in ganz Lateinamerika eine weitverbreitete Praxis. Nachdem viele der traditionellen Regelungen aus der Kolonialzeit weggefallen waren, führten die in den unabhängig gewordenen Staaten erlassenen neuen Familiengesetze sogar dazu, die Diskriminierung von illegitimen Kindern noch zu verstärken. Über die erlittenen Diskriminierungen hinaus galten die Kinder als latente Gefahr für die soziale Ordnung (a. a. O., S. 88 ff.).

Ähnlich war die Behandlung von Kindern, die als „Waisen", als „ausgesetzte Kinder" oder als „Kinder der Kirche" galten – unter letzteren wurden solche Kinder verstanden, deren Vater ein Priester oder ein anderer religiöser Funktionsträger war. Üblicherweise stammten sie aus unehelichen Beziehungen, die – wie oben gezeigt – insgesamt als illegitim betrachtet wurden. Solche Kinder waren in der Kolonialzeit ein konstantes Thema, vor allem wenn sie aus Beziehungen zwischen Spaniern und schwarzen Sklavinnen hervorgingen. Sie wurden teilweise in speziellen Häusern untergebracht und unter einem strengen Reglement erzogen, das äußerst gewaltsam war. Unter Bezug auf ein zeitgenössisches „Wörterbuch der Regierungsführung" (*Diccionario de Autoridades*), das zwischen 1726 und 1739 von der Königlich-Spanischen Akademie (Nachdruck 1987) herausgegeben worden war, schreibt die mexikanische Sozialhistorikerin Cristina Masferrer León (2010, S. 309; kursiv im Orig.):

> Auf jeden Fall können wir annehmen, dass es besser war, das Kind einer Familie als ein Waisen- oder ausgesetztes Kind zu sein, denn sonst lief man Gefahr, als *Hurenkind*[120] abgestempelt zu werden, als welches generell Kinder galten, die nicht in einer legitimen Ehe gezeugt worden waren. *Kind seiner Mutter* zu sein war ebenso wenig gut, dann war es schon besser, *Kind seines Vaters* zu sein, denn ersteres als Bastard oder Hurenkind, während von letzterem gesagt wurde, ‚er gleicht vollständig ihm [seinem Vater] in seinem Handeln und seinen Gewohnheiten' (Real Academia Española [1726–1739]1987, S. 156). Es bestand ein Unterschied darin, *Kind seiner Mutter* oder *Kind seines Vaters* zu sein, ebenso war es ein großer Unterschied, ein *Junge* oder ein *Mädchen* zu sein. Deshalb benutzte man den Ausdruck *Haben wir einen Sohn oder eine Tochter?*, wenn man wissen wollte, ob ein

---

120 Der Ausdruck „*hijo de puta*" (Hurensohn) ist bis heute in Lateinamerika ein beliebtes Schimpfwort.

Geschäft gut oder schlecht lief. Oder mit dem Ausdruck *Schlechte Nacht und schon kommt ein Mädchen raus* wollte man sagen, dass man ‚trotz größter Arbeit und Achtsamkeit schlechte Ergebnisse erzielt hat'.

Während des frühen 20. Jahrhunderts wandelte sich die Haltung gegenüber illegitimen Kindern von direkter Diskriminierung zu wissenschaftlich verbrämtem Mitleid und entsprechenden institutionellen Arrangements durch den Staat. Illegitimität wurde hauptsächlich zu einer Frage öffentlicher Gesundheit. Staatliche Bedienstete und ein neu entstehendes Corps professioneller Ärzte widmeten sich zunehmend der Illegitimität, da man glaubte, unehelich geborene Kinder seien anfälliger für Krankheiten und zeigten höhere Sterberaten – doppelt so hoch wie bei legitimen Kindern. Außerdem glaubte man, – so ein argentinischer Kommentator im Jahr 1927 – dass aufgrund ihrer Institutionalisierung „Infektionen übertragen werden, die die Bevölkerung zugrunde richten" (Nelson 1927, S. 220, zit. n. Milanich 2002, S. 92). Auf diese Weise „wurde die traditionelle moralische Befürchtung gegenüber unehelicher Geburt einer neuen positivistischen Weltsicht angepasst, und es kam dazu, dass Illegitimität als ein öffentliches Gesundheitsproblem und eine soziale Krise gesehen wurde" (Milanich 2002, S. 92).

Eine wachsende Zahl von zeitgenössischen Kommentatoren stellte das traditionelle Stigma in Frage, das bislang mit Illegitimität verbunden wurde. Statt als „Schande" oder „Schandfleck" wurden illegitime Kinder nun zunehmend als schuldlose Opfer der Umstände betrachtet. Das illegitime Kind konnte – so der soeben zitierte argentinische Autor – als „der Sündenbock der Laster, der Verführung, der Unerfahrenheit, Ignoranz, des Aberglaubens, des individuellen und sozialen Egoismus anderer" und sogar als „ein zartes Opfer […], ein stiller sozialer Reformer" (Nelson 1927, S. 221, zit. n. Milanich 2002, S. 92) charakterisiert werden. Gleichwohl war Illegitimität weiterhin stark mit negativen Assoziationen aufgeladen. In den positivistischen Diskursen der damaligen Zeit blieb sie verbunden mit Delinquenz, Verbrechen, Krankheit und vor allem mit Kindersterblichkeit. Illegitimitätsraten wurden sogar als Indikatoren für den Rang eines Landes auf einer vorgestellten Zivilisationsskala verstanden. Nara Milanich (2002, S. 93) zitiert als Beleg einen chilenischen Politiker aus den späten 1920er-Jahren (Rubio 1928): „In den meisten zivilisierten Ländern Europas sind mehr als 90 Prozent der Geburten legitim, woran sich zeigt, dass die legal konstituierte Familie die Basis des menschlichen Fortschritts ist." Das Fazit von Milanich (2002, S. 93) lautet:

> Wie die Kategorien von Rasse, Ethnizität und Geschlecht (Gender), ist Abstammung eine sozial konstruierte Bezeichnung, die für die Herstellung sozialer Hierarchie seit dem Beginn des kolonialen Unternehmens in Lateinamerika grundlegend ge-

wesen ist. Illegitimität hat als eine kulturell maßgebende Kategorie überdauert, da historisch betrachtet die Familienordnung als wesentlich für die soziale Ordnung und die Abstammung als unabdingbare Voraussetzung für die Existenz der Familie gegolten hat.

Der zuvor erwähnte argentinische Autor aus den 1920er-Jahren, nahm an, dass „unzweifelhaft die vollständige Gleichstellung des illegitimen mit dem legitimen Kind […] zur Auflösung der Familie führen würde, wie wir sie kennen" (Nelson 1912, S. 227, zit. n. Milanich 2002, S. 93). Sein Kommentar fasst eine Überzeugung zusammen, die von vielen politischen, religiösen und sozialen Autoritäten von der Kolonialzeit bis in die Gegenwart immer wieder bekräftigt wurde. Der Geburtsstatus hatte nicht nur weitreichende Konsequenzen für das spätere Leben, sondern die Kinder waren auch ganz unmittelbar von den Vorurteilen und zerstörerischen Praktiken betroffen. „Illegitime waren der sehr realen Gefahr von Unterordnung, sozialem Abstieg und Versklavung ausgesetzt, und – als Insassen von Findelhäusern – dem vorzeitigen Tod" (Milanich 2002, S. 94).

Heute dauern viele der Lebenssituationen, die mit Illegitimität verbunden sind, fort. Die von Frauen geleiteten Haushalte, in denen viele als illegitim geltende Kinder aufwachsen, sind weiterhin die am weitesten verbreitete Familienform in den lateinamerikanischen Gesellschaften. Die Praktiken, Kinder aus solchen Familien ihren Müttern wegzunehmen und sie Fremden, Nachbarn oder speziellen Institutionen zu übergeben, sind zumindest in armen brasilianischen Communities und in manchen karibischen Ländern noch an der Tagesordnung (Cardoso 2011; Fonseca 1998). Eine brasilianische Autorin ist der Ansicht, dass die heutige internationale Adoptionspraxis dem aus der Kolonialzeit überlieferten Muster noch immer weitgehend entspricht (Fonseca 1998). Zwar wurden seit den 1990er-Jahren in den meisten lateinamerikanischen Staaten Familien- sowie Kinder- und Jugendgesetze beschlossen, die die unehelich geborenen den ehelich geborenen Kindern rechtlich gleichstellen, aber die Diskriminierung und teilweise Sonderbehandlung der lange als illegitim geltenden Kinder ist kulturell noch in ganz Lateinamerika tief verwurzelt.[121]

---

121 Zur Ambivalenz postkolonialer lateinamerikanischer Gesetzgebung zum Kinderschutz vgl. Milanich (2007).

7.2 „Zivilisierung" indigener und „irregulärer" Kinder

Nachdem die lateinamerikanischen Staaten in der ersten Hälfte des 19. Jahrhunderts ihre Unabhängigkeit erlangt hatten, stellte sich für die neuen Herren die Frage, wie mit den indigenen Bevölkerungsgruppen umzugehen sei, die den kolonialen Genozid überlebt hatten. An die Stelle der mit militärischer Gewalt betriebenen Auslöschung traten Versuche, die Reste der indigenen Ureinwohner den Vorstellungen der weißen Oberschicht anzupassen, ein Vorgang, der als „Zivilisierung" verstanden wurde. Ich will mich hier zunächst kurz auf das Beispiel Chile, danach etwas ausführlicher auf Mexiko beziehen.

Während der spanischen Kolonialzeit hatten sich die indigenen Völker, insbesondere die Mapuche im Süden Chiles, eine relative kulturelle und politische Autonomie bewahren können. Die alten kolonialen Autoritäten hatten die territorialen Grenzen und die Selbstregierung der Mapuche notgedrungen akzeptiert und gelegentlich sogar mit ihnen Absprachen getroffen und Handel betrieben. Da es der spanischen Kolonialmacht nie gelungen war, die Gebiete der Mapuche in ihren Besitz zu bringen, sahen sich diese auch nicht veranlasst, sich in den Unabhängigkeitskampf einzumischen. Diesen betrachteten sie als eine Angelegenheit der weißen Siedler, deren wirtschaftliche und politische Interessen von den eigenen durchaus verschieden waren. Der nach jahrelangem Unabhängigkeitskampf zunächst im Jahr 1813 und dann definitiv im Jahr 1826 an die Macht gelangten weißen Oberschicht begegneten die Mapuche naheliegender Weise mit Misstrauen. Umgekehrt pflegten die neuen republikanischen Autoritäten zwar einen patriotischen Diskurs, in dem auch die Indigenen formal zu Bürgern des neuen Staates erklärt und sogar ihr „wertvolles Blut" gepriesen wurde, aber in der Realität häuften sich die Anzeichen von Feindschaft, Diskriminierung und Konflikten. Während im Zentrum Chiles alle indigenen Völker bereits in den ersten Jahrzehnten der Republik praktisch ausgelöscht oder zwangsassimiliert wurden, konnten sich die Mapuche südlich des Bio-Bio-Flusses fast über das gesamte 19. Jahrhundert trotz der gegen sie im kolonialen Stil geführten Kriege eine gewisse Eigenständigkeit bewahren (Bengoa 2014, S. 44 ff.; Gaviláni 2016).[122]

Noch während der Kolonialzeit waren es zunächst die katholischen Missionen, die in die Gebiete der indigenen Völker vordrangen, um sie zum christli-

---

122 Noch bis heute dauern die Konflikte an. Seit Jahren fordern die Mapuche Land zurück, das ihnen Anfang des 20. Jahrhunderts vom chilenischen Staat geraubt und an Kolonisten aus Europa übereignet worden war. In diesem Zusammenhang kommt es immer wieder zu Polizeiaktionen, bei denen die Mapuche misshandelt und teilweise festgenommen und zu Freiheitsstrafen verurteilt wurden (vgl. Kassin 2016; Mapuche 2016).

chen Glauben zu bekehren und ihnen die „Errungenschaften der Zivilisation" aufzudrängen. Ab Mitte des 19. Jahrhunderts unternahm der neue chilenische Staat weitgehend diese Aufgabe, wobei zunehmend die Erziehung der Kinder in den Fokus der Aufmerksamkeit rückte. Ein Hauptpunkt der Kritik an den Indigenen war, dass sie ihren Kindern zu viel Freiheit gewährten. Die laszive Erziehungspraxis sollte durch Disziplin und Gehorsam gegenüber den erwachsenen Personen und Autoritäten ersetzt werden. „Nach und nach kam man zu der Auffassung, dass die ‚Zivilisierung' der Mapuche am besten mittels einer modernisierten Primarschule zu erreichen sei" (Rojas Flores 2010, S. 199). Ähnlich verliefen der postkoloniale „Zivilisierungsprozess" und der Umgang mit den Kindern der indigenen und – nicht zu vergessen – der schwarzen ehemaligen Sklaven in allen Teilen Lateinamerikas und der Karibik. Hier will ich näher auf Mexiko eingehen.

Während in der Kolonialzeit den Kindern der indigenen und in Armut lebenden Bevölkerungsgruppen mit einer Haltung der Mildtätigkeit begegnet wurde, setzte sich nach der Unabhängigkeit, die im Jahr 1810 errungen worden war, mehr und mehr das Bestreben durch, die Kinder zu „bessern". Insbesondere ging man gegen Kinder vor, die sich auf den Straßen der rasch wachsenden Städte „herumtrieben" und dort den verschiedensten Beschäftigungen nachgingen, um ihren Lebensunterhalt und oft auch den ihrer Familien, soweit sie eine hatten, zu bestreiten. Für die auf der Straße aufgegriffenen Kinder schuf man eine neue Art von „Besserungsanstalten", deren Ziel darin bestand, „dem Herumtreiben und den damit einhergehenden Tätigkeiten (Diebstahl, Betteln) ein Ende zu setzen und ihnen Arbeitsdisziplin und Respekt gegenüber der Autorität einzubläuen" (Sánchez Santoyo 2003, S. 43). Im Jahr 1926 wurde in der Stadt Mexiko ein spezielles Gericht für Minderjährige etabliert, das vornehmlich Freiheitsstrafen für das Delikt des „Herumtreibens" verhängte. Mädchen wurden im Besonderen verurteilt, weil sie allein ausgingen, um sich beim Tanz oder im Kino zu vergnügen, statt sich den häuslichen Pflichten zu widmen. Allein die vermutete Absicht, sich mit einem Mann zu treffen, galt als Delikt. Unter Verdacht standen nicht zuletzt alleinstehende Mütter, denen man jede moralische Qualität für die Erziehung von Kindern absprach. Eine Frau, die nicht heiratete, galt als „sehr schädlich" für die Gesellschaft (a. a. O., S. 53).

Die Kinder, die solcher „Taten" bezichtigt wurden, galten als „anormale Individuen", die „von ihren Eltern die natürliche Tendenz zum Verbrechen übernommen hätten und diese unvermeidlicher Weise an ihre eigenen Nachkommen vererben würden" (a. a. O., S. 55). Es war deshalb sicher kein Zufall, dass in den 1920er-Jahren Programme zur Sterilisierung der verurteilten Kinder entstanden, um zu vermeiden, dass das, was man als „schlechte rassische Eigenschaften" verstand, weiterverbreitet wurde. Über Mexiko hinaus zeichneten sich auf den *Panamerikanischen Kongressen des Kindes,* die seit 1916 veranstaltet wurden, folgende Tendenzen ab (Corona Caraveo 2003, S. 14 f.):

> Während der Zeit von 1916 bis 1935 war die Diskussion von der Sorge bestimmt, die Rasse zu verbessern. Mit speziellen Worten beschwor man das Bild eines idealen Kindes: ‚gesund, sauber, wissenschaftlich begutachtet, das Kind mit einer Mutter, die es ernähren und mit ihrer Liebe und ihrem Wissen verteidigen kann, das Kind, das dazu erzogen ist, Erbe einer großen Kultur zu sein'. Diese Planungen standen aber im Widerspruch zur Realität der meisten amerikanischen Kinder, die aus einer großen Zahl von indigenen, mischrassigen (*mestizos*)[123], schwarzen und verarmten weißen (*criollos*) Kindern bestand. Diese versuchte man mittels der Wissenschaft und der positiven Anwendung des Wissens rassisch zu verbessern.

Diese offen rassistische Vision stützte sich auf einen positivistischen Diskurs, der das in der Gesellschaft zu beobachtende Elend als Resultat genetischer Unterschiede zwischen den Klassen deutete. Nach Bekunden der mexikanischen Sozialwissenschaftlerin Yolanda Corona Caraveo sah man auch in ihrem Land die in Armut lebenden Kinder als latente Gefahr für die Gesellschaft und ein Hindernis für den Fortschritt. Selbst die Arbeit, die die Kinder zum Lebensunterhalt ausübten, sei für ihre „schlechten natürlichen Eigenschaften" verantwortlich gemacht worden (a. a. O., S. 16). Auf den Panamerikanischen Kongressen habe man einen rassistischen Diskurs praktiziert mit der Absicht, „die natürlichen Defekte mit eugenischen Maßnahmen und hygienischer Disziplin zu bekämpfen und korrigieren, die man aus Medizin, Biologie und den Persönlichkeitswissenschaften ableitete" (ebd.).

Naheliegender Weise war ein Programm, das von der „Überlegenheit der Rasse" sprach, nach den Erfahrungen mit dem Naziregime in Deutschland nicht mehr aufrechtzuerhalten. Nach 1942 konzentrierte man sich deshalb auf die Notwendigkeit, „antisoziales Verhalten" durch erzieherische Maßnahmen zu korrigieren. Der Terminus „Minderjährige" (*menores*) diente dazu, die Kinder zu kennzeichnen, die sich in einer „irregulären Situation" befinden und durch besondere Maßnahmen zu „retten" und zu „bessern" seien.[124] Zwar

---

123 Für den spanischen Terminus *mestizo, mestiza* gibt es kein adäquates deutsches Wort. Der in Wörterbüchern zu findende und hier aufgenommene Ausdruck „mischrassig" erweckt den falschen Eindruck, dass es verschiedene Menschenrassen gäbe. Er steht in der Tradition rassistischer Ideologien.

124 Der spanische Terminus *menores* weist nicht nur auf das geringe Alter hin, sondern hat auch die qualitative Bedeutung von Minderwertigkeit. Bis heute werden im spanischsprachigen Raum unter Juristen, Pädagogen und Kindheitswissenschaftlern kontroverse Debatten über die Legitimität des Terminus geführt. Dabei wird oft betont, er sei spätestens

wurde dieses Muster der Abwertung und Diskriminierung von Kindern seit den 1990er-Jahren durch die UN-Kinderrechtskonvention problematisiert, aber die repressiven Praktiken wurden unter teils neuen Vorzeichen fortgesetzt und sogar noch verschärft. Dies soll im folgenden Abschnitt am Wüten von Todesschwadronen, Praktiken des „Verschwinden Lassens" und „sozialer Säuberungen" gegen junge Menschen aus Armenvierteln, deren Verhalten stört und die als missraten gelten, gezeigt werden.

7.3 „Soziale Säuberung" missliebiger junger Menschen

Es kann nicht davon gesprochen werden, dass in der neueren Geschichte Lateinamerikas die Gewalt gegen Kinder abgenommen hat. Als ließe sich die negative Dialektik der Aufklärung noch steigern, hat sie für bestimmte Kinder sogar brutalere Formen angenommen. Der Furor, die Kinder „retten" zu wollen, hat nicht nur zu Bemühungen geführt, als minderwertig geltende Kinder durch rigide Erziehungsmaßnahmen zu „bessern", sondern auch Praktiken zur Folge gehabt, die auf ihre Vernichtung hinauslaufen. Zwar hält sich der Staat aus solchen Praktiken offiziell meist heraus, er duldet sie aber insgeheim durch Wegsehen. Mitunter fördert er sie indirekt sogar durch Programme, die sich als Beitrag zur „nationalen Sicherheit" darstellen. Grundlage solcher Praktiken ist die verbreitete und von manchen Massenmedien befeuerte Vorstellung, dass es sich bei den ins Visier genommenen jungen Menschen um „verkommene Subjekte" handele, die nicht nur die Moral, sondern auch die Sicherheit der Bürger und die Ordnung der Gesellschaft in Gefahr bringen. Die Praktiken der Verfolgung stellen sich als Akte „sozialer Säuberung" dar und reichen von gewaltsamer Vertreibung aus dem öffentlichen Raum, über das insgeheime „Verschwinden lassen", bis hin zur demonstrativ inszenierten physischen Vernichtung.

Am bekanntesten geworden sind die massenhaften Morde an „Straßenkindern"[125], die seit den 1980er-Jahren vor allem in Brasilien und Guatemala an der Tagesordnung sind und immer wieder geschehen. Weniger bekannt ist, dass in Ländern wie Argentinien, Paraguay, Kolumbien oder Mexiko Kinder und Jugendliche aus den Armenvierteln häufig entführt und „zum Verschwin-

---

mit der UN-Kinderrechtskonvention (1989) obsolet geworden, aber in der Praxis ist er weiterhin gang und gäbe.
125 Zur Problematik des Terminus „Straßenkinder" und der diesbezüglichen Debatte in Lateinamerika und Deutschland vgl. Liebel (2005) und Liebel (2011b).

den" gebracht werden oder zum Objekt periodischer „sozialer Säuberungen" werden und ebenfalls mit ihrem Leben bezahlen müssen.

Den historischen Hintergrund bildet die aus der Kolonialzeit überlieferte Praxis, „illegitim" gezeugte Kinder, teilweise bereits im Säuglingsalter, „auszusetzen" und ihrem Schicksal zu überlassen. Wie schon im Mittelalter in Europa, wurden sie später auch in Lateinamerika als Ärgernis empfunden. Bei weitem nicht alle diese Kinder wurden in speziell für sie geschaffenen Einrichtungen untergebracht. Vermutlich sogar die meisten wurden zum Teil der stets wachsenden, auf die Straße angewiesenen Armutsbevölkerung. So beginnt mit der Kolonialisierung „auch die Geschichte der Straßenkinder, die sich in unseren Tagen in ein Inferno verwandelt hat" (von Dücker 1992, S. 34).

Unter Bezug auf zeitgenössische Quellen beschreibt Uwe von Dücker (1992), wie mit der Kolonialisierung und dem Entzug der Lebensgrundlagen der Zusammenhalt der indigenen Urbevölkerung in ganz Lateinamerika bedroht wurde und sich die Armut unter ihnen ausbreitete. Intakte Großfamilien verwandelten sich in kinderreiche, misstrauisch beäugte Armenfamilien, die nun um ihr Überleben kämpfen mussten. Von Dücker (1992, S. 37) schreibt:

> Während das Kind in den indianischen Kulturen über Jahrhunderte hin als Garant der Fortpflanzung und Gesunderhaltung eines Volkes galt und als kindliche Persönlichkeit ernstgenommen wurde, verkehrten die spanischen Eroberer diese Werte in ihr Gegenteil. [...] Sie missachteten aufgrund eines patriarchalischen Wertesystems dessen Mutter und machten aus der Frau ein vom Satan erdachtes Wesen, das man lediglich als gelegentlich verführerisches Objekt nutzte.

Während die heute auf den Straßen lateinamerikanischer Großstädte lebenden Kinder kaum europäische Gesichtszüge zeigen, war dem Pädagogen José Maria Quijano Otero im Jahr 1874 in der heutigen kolumbianischen Hauptstadt Bogotá aufgefallen, dass eine bemerkenswerte Zahl von Kindern blonde Haare und blaue Augen hatten. Er meinte, dass wir „ihre längst unauffindbaren Vorfahren weit außerhalb der Grenzen Bogotás suchen müssten" (Quijano Otero 1874, zit. n. von Dücker 1992, S. 37).

Die von der katholischen Kirche eingeführte ambivalente Sexualmoral hatte in der kolonialen Gesellschaft zur Folge, dass die als illegitim betrachteten Kinder, die Kolonialisten mit indigenen Frauen gezeugt hatten, ausgestoßen und auf die Straße gesetzt wurden (von Dücker 1992, S. 37):

> Unzählige abwertende Bezeichnungen und Schimpfworte machten den Kindern das Leben zur Hölle und ließen ihnen nur einen schmalen Freiraum zum Überleben. Sie wurden allerorts als Rechtlose angesehen, deren Leben nichts galt, ver-

stoßen und angespuckt, verprügelt oder in Ketten gelegt. Man belegte die Tatsache ihrer Zeugung mit einem nicht enden wollenden Vokabular und beschimpfte sie.

Sie sahen sich dem Hass der „weißen", sich überlegen dünkenden Gesellschaft ausgesetzt und mussten vielfach als Sündenböcke für die unbefriedigte Gier nach Reichtum und sexueller Befriedigung herhalten. Auch wenn sich dieser Hass heute in den lateinamerikanischen Gesellschaften nur noch selten offen zeigt, gelten die „verlassenen Kinder" (*niños abandonados*) ebenso wie die Kinder aus verarmten Familien noch immer als Schandfleck und asoziale Störenfriede und werden auf die verschiedenste Weise erniedrigt und verfolgt.

Spätestens seit den 1990er-Jahren wird in einer Reihe von Schriften bezeugt, dass Kinder, die auf der Straße lebten, auf gezielte Weise und in großer Zahl gefoltert und ermordet wurden. Der brasilianische Journalist Gilberto Dimenstein (1991, S. 11 f.) leitet ein Buch zu diesem Thema mit folgenden Worten ein:

> Bei der Sammlung von Daten für dieses Buch stand ich einige Male vor ausgehungerten Kindern, die mir in ungerührtem Ton erzählten, wie grausam sie selbst und ihre Freund gefoltert worden waren. Einige hatten auch gesehen, wie ihre Freunde durch Kopfschüsse starben. […] Immer mehr Kinder werden Opfer von Killergruppen, welche die Todesstrafe durch ein ‚Volkstribunal' und durch Massenhinrichtungen zu einer alltäglichen Szene machen. In dieser Welt werden die Rechte des einzelnen zu einem Luxusartikel – zu einem Produkt, das von den Straßenkindern und ihren Familienangehörigen so weit entfernt ist wie eine Dose Kaviar oder eine Flasche Champagner.

Die Killergruppen bezeichnen sich selbst oft als „Todesschwadronen" und ihre Mitglieder verstehen sich als „Volksrichter" (*justiceiros*), die meinen, einen notwendigen „Dienst am Volk" zu verrichten. Viele von ihnen sind Polizisten, die ihrem grausamen Geschäft nach Dienstschluss nachgehen, oder ehemalige Polizisten, die die Mordaktionen zu einer neuen Geschäftsgrundlage gemacht haben. Meist handeln sie im Auftrag von Geschäftsleuten, die ihre Geschäfte mit Touristen und kaufkräftigen Klienten durch die sichtbare Präsenz der zerlumpten Kinder gestört sehen. In Brasilien ist es mitunter sogar die offizielle Militärpolizei, die bei ihren Razzien in den Armenvierteln und den Innenstädten gleich die verdächtigen Subjekte mit „beseitigt", egal wie alt sie sind, da in ihren Augen „Asoziale und Verbrecher kein Alter haben". Die Polizei und die Killergruppen „haben nicht nur deshalb so viel Spielraum, weil sie auf offizieller Seite mit Geheimhaltung rechnen können, sondern auch, weil die Gesellschaft ihnen Rückendeckung gibt" (a. a. O., S. 26).

Neben den Killergruppen tun sich auch angesehene Bürger aus den wohlhabenden Schichten zu einer Art Bürgerwehren zusammen, um die Kinder von öffentlichen Plätzen zu vertreiben. In Rio de Janeiro hatten sich selbsternannte „Schutzengel" (*anjos de guarda*) zum Ziel gesetzt, „Gerechtigkeit" zu schaffen. Sie vertrieben unter den wohlwollenden Blicken der Badegäste die Kinder von den Stränden der Copacabana oder brachten sie unter Gewaltanwendung zum nächsten Polizeikommissariat, wo sie nicht selten „verschwanden" (a. a. O., S. 73).

Dimenstein berichtet, dass die von ihm angesprochenen Kinder oft Angst hatten, über ihre Erfahrungen zu berichten, weil sie damit rechneten, deswegen umgebracht zu werden. In Brasilien hat sich dafür der Ausdruck „Archivverbrennen" eingebürgert. Die Angst hatte auch die Erwachsenen erfasst, die mit den betroffenen Kindern arbeiteten oder sie verteidigten. Viele von ihnen waren bedroht oder erpresst worden. In den Berichten sprechen die Kinder immer wieder von Erpressungen durch Polizisten. Die Kriminalität, die sie zu bekämpfen vorgeben, wird von ihnen selbst angeheizt. Ein 14-jähriger Junge bezeugte z. B.: „Die Polizisten bedrohen uns. Sie schicken einen los, um für sie zu klauen. Wenn wir nicht für sie klauen, wollen sie uns töten." Ein 13-Jähriger sagte über die Polizisten: „Sie schlagen uns. Wenn wir Geld haben, dann befiehlt man uns, das Geld rauszurücken, und man redet auf uns ein, für sie zu klauen. Einmal schnappte mich ein Polizist im Shopping-Center und machte mich fertig. Dann nahm er mir meine 500 Cruzados weg. Es waren nur 500 Cruzados, die ich hatte. Ich wollte mir dafür eine Tüte Plätzchen für meine Arbeit kaufen. Ich hatte bloß 500 Cruzados, aber der Polizist hielt mich fest und sagte, dass ich noch mehr klauen sollte, um es ihm zu geben. Ich verpfeife ihn nur nicht, weil ich Angst habe, einen Schuss abzukriegen" (zit. a. a. O., S. 66).

Der „Krieg gegen die Kinder", wie Dimenstein die Mordaktionen bezeichnet, ist nicht auf Brasilien beschränkt. Er wird spätestens seit den 1980er-Jahren auch in anderen Ländern Lateinamerikas mit kaum vorstellbarer Brutalität betrieben. Die mexikanische Journalistin Judith Calderón Gómez (2003) berichtet ausführlich z. B. von ähnlichen Vorgängen in Mexiko, Guatemala und Argentinien. Der kolumbianische Journalist Alonso Salazar (1991) hat eindringlich die Todesgefahren für Kinder in den Armenvierteln von Medellin beschrieben.

In einer neueren Studie aus Kolumbien (Perea Restrepo 2016) wird aufgezeigt, wie sich Praktiken „sozialer Säuberung" in den Städten ebenso wie auf dem Land ausgebreitet haben. Sie bestehen darin, dass Gruppen von vermummten Personen, meist im Schutz der Nacht, andere Personen töten, die völlig wehrlos sind. Sie schießen auf sie ohne jegliches Wort, wo immer sie diese antreffen. In der von den Akteuren selbst gewählten Formulierung kommt zum Ausdruck, dass die Menschen, gegen die sich die Aktion richtet, als „Schmutz", „Abfall" und „Müll" betrachtet werden, die die Umwelt verpesten.[126] Diese zugeschriebene Identität verurteilt und beraubt die Opfer jeglicher Würde und reduziert sie darauf, Verkörperung des Bösen zu sein, die vernichtet werden müssen. Das unerbittliche Urteil lautet auf Tod, weil „ein Baum, der keine Früchte hervorbringt, gefällt werden muss", wie es einer der Akteure ausdrückte (zit. a. a. O., S. 15). Es wird ohne Getue vollstreckt, auch mit der Bibel in der Hand.

Die „soziale Säuberung" richtet sich nicht in erster Linie gegen Kinder, sondern gegen alle, deren Verhalten oder äußere Erscheinung als „unanständig" oder „störend" empfunden wird. Ins Visier geraten meist junge Menschen, die Drogen konsumieren, betteln, auf der Straße leben, Straßencliquen angehören oder sich mit Freunden an Straßenecken treffen, als anormal geltende sexuelle Orientierungen zeigen oder in die Prostitution involviert sind. Mitunter sind auch Personen betroffen, die pflegebedürftig sind und hilflos umherirren, durch Krieg oder Landraub Vertriebene, die alles verloren haben und nicht mehr wissen, wo sie leben sollen, oder Angehörige ethnischer Minderheiten, denen unterstellt wird, sie seien fürs Verbrechen geboren (vor allem Angehörige der Roma). Kinder sind immer mitbetroffen, sei es dass sie miterleben, wie ihre älteren Brüder oder Väter umgebracht werden, sei es dass sie selbst als „Schandfleck" ins Fadenkreuz der Sauberkeitsfanatiker geraten. Arm zu sein und keine feste Bleibe zu haben, gilt als Vorstufe zum Verbrechen.

Heute werden die „sozialen Säuberungen" oft durch Flugblätter, sog. *panfletos*, angekündigt, in denen die Personen oder Gruppen von Personen aufgeführt werden, die in der folgenden Nacht umgebracht werden sollen. Damit sollen Angst und Schrecken verbreitet und die Bevölkerung veranlasst werden, sich von den bedrohten Personen oder Gruppen fernzuhalten und zu distanzieren. Die Flugblätter sollen auch den Eindruck erwecken, dass es sich um eine gleichsam offizielle Aktion handelt, die Legitimität beansprucht und im Namen „der Bevölkerung" erfolgt. Auf einem Flugblatt aus Kolumbien heißt es z. B.:

> Es kommt die Stunde der sozialen Säuberung. Jetzt sind sie an der Reihe, die bisher davongekommenen Drogen- und AIDS-Huren, Drogenverkäufer, Diebe, Herumtreiber, Entführer, Vergewaltiger, Autoeinbrecher und jungen Drogenfreaks ... Lasst

---

126 Der Terminus „Säuberung" geht auf die rassistische Ideologie und die Praktiken der Nazis in Deutschland und den während des Zweiten Weltkriegs besetzten Ländern zurück, die das Volk „rein" halten wollten von „fremdrassischen" Elementen. Er kulminierte in der angestrebten „Endlösung", dem Holocaust an den Juden.

euch gesagt sein, ihr Trippertypen[127] und widerwärtigen Hunde, wir spielen nicht[128] (zit. a. a. O., S. 73).

Die Selbstdefinition als „soziale Säuberung" zielt darauf ab, in der Bevölkerung Zustimmung zu finden, indem die sich als „anständig" verstehenden Menschen veranlasst werden, sich von den vermeintlich „unanständigen" abzugrenzen. Ihre legitimatorische Basis ist das Stigma, die Unterscheidung zwischen einem Wir und den Anderen, die „anders" sind[129] und die auch als Sündenböcke für das selbst erlittene Leid oder die eigene Armut und soziale Benachteiligung fungieren. Sie stützt sich auf eine „Gesellschaft, die aus dem Tod einen Mechanismus zur Lösung von Konflikten macht" (Perea Restrepo 2016, S. 50).

In Lateinamerika geht der Terminus „Säuberung" im Zusammenhang der Verfolgung von Menschen (ebenso wie die Rede von „Todesschwadronen" und „Verschwinden lassen") auf die Militärdiktaturen der 1960er- und 1970er-Jahre zurück. Mit ihm wurde die Vernichtung politischer Gegner durch Militär und Polizei legitimiert (vgl. Straßner 2007; Halbmayer & Kahl 2012). Der Ausdruck *soziale* Säuberung" bezieht sich hingegen nicht auf Verfolgungsmaßnahmen durch bestimmte militärische Organe, sondern ist Teil des täglichen Lebens vor allem in den Armenvierteln der Städte. Hier richtet sie sich gegen alle Personen, die als „schädlich" oder „nutzlos" gelten.[130] Die ersten, als „soziale Säuberung" deklarierten Aktionen begannen in Kolumbien, als die Stadtverwaltung von Pereira Ende der 1970er-Jahre auf die makabre Idee kam, das Gesicht und die Hände von Personen, die von der Polizei gefangen genommen wurden, mit Tinte zu kennzeichnen. Kurz darauf fanden sich Leichen in den Straßen, die auf diese Weise markiert waren. Und die Praxis breitete sich rasch auf andere größere und kleinere Städte aus (a. a. O., S. 26). Es wird geschätzt, dass zwischen 1998 und 2013 in Kolumbien fast 5000 Personen bei „sozialen Säuberungen" umgebracht wurden (Perea Restrepo 2016, S. 141).

Die Praktiken sozialer Säuberung sind in Kolumbien besonders verbreitet, sie finden sich jedoch auch in anderen Ländern Lateinamerikas. Sie lassen sich

---

127 Anspielung darauf, dass die Personen Überträger von Geschlechtskrankheiten sind.
128 Der Text lässt sich aufgrund des Slangs nur annähernd ins Deutsche übersetzen. Er lautet im Original: „Llegó la hora de la limpieza social. Ahora le toca el turno a las malparadas putas bazuqueras y sidosas, vendedores de drogas, ladrones, violadores callejeros y apartamenteros, jaladores de carros, secuestradores y jóvenes consumidores ... No estamos jugando gonorreas, perros asquerosos."
129 Der Vorgang wird im Englischen als *othering* bezeichnet (siehe Kapitel 5).
130 Perea Restrepo (2016, S. 57) weist auch darauf hin, dass sich die sozialen Säuberungen von den Auftragsmorden durch sog. *Sicarios* unterscheiden. Bei diesen geht es um die tödliche Begleichung einer individuellen „Schuld".

nicht trennen von der Verrohung der sozialen Beziehungen und der Zunahme der Gewalt, die mit einer Wirtschaftsweise einhergeht, die die soziale Ungleichheit ins Obszöne steigert[131] sowie jeden für die eigene Misere verantwortlich macht und in der Not sich selbst überlässt. Menschen, die nicht mithalten können in der unerbittlichen Konkurrenz um die wenigen begehrten Plätze an der Sonne (in den tropischen Regionen Lateinamerikas ist es eher der Schatten), werden an den Rand der Gesellschaft verwiesen und zu Überlebensstrategien genötigt, die selbst vor Gewalt nicht haltmachen. Wie hilflos, aber auch wie verständnis- und rücksichtslos Staaten damit umgehen, lässt sich exemplarisch an den repressiven Maßnahmen gegen sog. Jugendbanden studieren, von denen sich immer mehr Kinder und Jugendliche aus den Armenvierteln eine neue Identität und die Lösung ihrer Probleme erhoffen, sich allerdings oft in der organisierten Kriminalität, vor allem dem Drogenhandel, verstricken. Statt jungen Menschen neue Hoffnung auf ein besseres Leben zu vermitteln, wird ihre Menschenwürde durch diese Maßnahmen mit Füßen getreten und es werden mehr Wut und Gewalt erzeugt.[132] Ebenso werden destruktive Kräfte in der Gesellschaft befeuert, die aus dem Gefühl wachsender Unsicherheit und Angst selbst zur Gewalt greifen oder sich dazu hinreißen lassen, den Praktiken „sozialer Säuberung" oder der Ermordung von Straßenkindern Beifall zu klatschen.

Das Grundproblem besteht darin, dass politische Mandatsträger, Unternehmer, Polizei und Militär eng mit dem organisierten Verbrechen verquickt sind und von diesem korrumpiert werden. Der Leiter von *Casa Alianza*, einer Kinderrechtsorganisation in Honduras, beschreibt die Situation so (zit. n. ila 2017, S. 40):

> Wenn das organisierte Verbrechen eine Karikatur wäre, würde ich sie als Krake zeichnen: ein Tentakel wären die *Maras* [in Mittelamerika gängige Bezeichnung der Jugendbanden; Anm. d. Verf.], ein anderes die Polizei, ein weiteres das Militär, noch ein anderes Unternehmer, Politiker und Bürgermeister. Angesichts dieses Gewaltproblems gibt es in Honduras eine verfehlte Politik, die vor allem auf militärische Interventionen setzt. Prävention bedeutet für unsere Regierung, Polizei und Militärpatrouillen anzuordnen und ständig Kontrollen in den verarmten Vierteln durchzuführen, um die Leute zu überwachen. Ihre Logik sieht so aus: Wenn wir die

---

[131] Die wachsende Macht und der wachsende Einfluss der Drogenkartelle bis hinein in staatliche Strukturen, die sich in Mexiko, Kolumbien, Paraguay und anderen Ländern Lateinamerikas finden lassen, ist nur ein Ausdruck hiervon.
[132] Ich denke hierbei insbesondere an staatliche Programme der „harten Hand" oder „superharten Hand", mit denen z. B. in den mittelamerikanischen Ländern El Salvador, Honduras und Guatemala die Jugendbanden bekämpft werden (vgl. z. B. Peetz 2004; Vernal Schmidt & Bermejo Muñoz 2012).

Leute überwachen, werden sie sich benehmen. Doch damit löst sie Furcht in der Bevölkerung aus und das Problem wird nicht gelöst.

Aber es sollte auch bedacht werden, dass die um sich greifende Gewalt scheinbar harmlose und wenig Aufsehen erregende Vorläufer und Erscheinungsformen hat. Wenn Kinder von ihren Arbeitsplätzen auf Märkten oder an Verkehrsampeln vertrieben werden, um sie aus der Öffentlichkeit zu verbannen und die Armut weniger sichtbar zu machen (wie z. B. in Nicaragua, Mexiko, Chile oder Kolumbien), wird bei diesen Kindern ebenfalls Wut und Frustration erzeugt. Wenn die gleichen Kinder auch noch durch Gesetze diskriminiert werden, die ihre lebensnotwendige und selbstgewollte Arbeit als Betteln abstempeln und mit Verboten belegen (zu Peru vgl. Aufseeser 2014), wird sicher die Verbitterung noch weiter gesteigert.

Es sollte auch zu denken geben, dass sich in den Armenvierteln lateinamerikanischer Städte (z. B. in Argentinien, Paraguay, Honduras, Guatemala oder Mexiko) und in ländlichen Regionen mit indigener Bevölkerung die Fälle häufen, wo Kinder einfach „verschwinden", ohne dass sich die staatlichen Behörden nennenswert um Aufklärung bemühen. Mitunter sind diese sogar in die Gewalttaten verwickelt (zu Mexiko vgl. Goertz 2016; zu Honduras vgl. ila 2017). In Kolumbien wurden z. B. hunderte von Jugendlichen unter 20 Jahren von Militärs entführt und ermordet, um sie anschließend als vermeintliche Mitglieder der Guerilla der Öffentlichkeit zu präsentieren (sog. *falsos positivos*). In Mexiko werden ebenfalls immer wieder, teilweise unter Mitwirkung örtlicher Polizeiorgane, Jugendliche vor allem aus indigenen Gemeinden „zum Verschwinden gebracht" und in Massengräbern verscharrt, weil sie als „subversiv" gelten und um die indigene Bevölkerung in Angst und Schrecken zu versetzen. In Haiti z. B. werden häufig sehr junge Kinder von Banden entführt, um sie an wohlhabende Personen aus dem Ausland zur Adoption zu verkaufen. Mitunter werden diese Kinder auch getötet, um mit ihren Organen Geschäfte zu machen. Das Internet ist voll von Suchmeldungen verzweifelter Eltern, und in manchen Ländern haben sich eigens Organisationen gegründet, um die Fälle zu dokumentieren und die Kinder ausfindig zu machen.

Auch wenn die Hintergründe und Motive all dieser Gewalttaten verschieden sind, lässt sich doch ein gemeinsamer Nenner darin finden, dass die Kinder in der Regel aus Familien stammen, die in Armut leben oder zu indigenen oder afroamerikanischen Bevölkerungsgruppen gehören. In ihnen reproduzieren sich gleichermaßen die Verachtung und der Verdacht, die seit der Kolonialzeit gegenüber den Armen und der Bevölkerung indigener und afrikanischer Herkunft in den lateinamerikanischen Gesellschaften verbreitet sind.

7.4 Fazit

Durch die Geschichte und Gegenwart Lateinamerikas zieht sich seit der Kolonisation eine Spur der Gewalt. Sie bezieht sich nicht immer direkt oder im Besonderen auf Kinder, aber Kinder sind fast immer mitbetroffen und leiden unter der Gewalt in besonderem Maße. Die in diesem Kapitel beschriebenen Phänomene lassen sich in vielen Teilen der Welt finden (auch in Europa), aber sie wurden zuerst in Lateinamerika „erfunden" und dort bis heute zu besonderer Perfektion „kultiviert".

Es ist wohl noch ein langer Weg zu gehen, bis alle Kinder ungeachtet ihrer sozialen Lage, ihrer sozialen Herkunft, ihres Aussehens, ihres Geschlechts und ihres Alters unter gleichwertigen Bedingungen aufwachsen und ein Leben führen können, in dem ihre Menschenwürde und ihre Rechte gewahrt werden. Dabei wird darauf zu achten sein, dass diese Rechte ebenso wie die Menschenwürde in einer Weise verstanden werden, die der Subjektivität der Kinder sowie den kulturellen Besonderheiten und Kosmovisionen der Völker Lateinamerikas Rechnung trägt (siehe hierzu genauer Kapitel 10).

8. Afrikanische Kindheiten und Fallstricke postkolonialer Bildungs- und Kindheitspolitik

Jenes eigentliche Afrika ist, soweit die Geschichte zurückgeht, für den Zusammenhang mit der übrigen Welt verschlossen geblieben; es ist das in sich gedrungene Goldland, das Kinderland, das jenseits des Tages der selbstbewussten Geschichte in die schwarze Farbe der Nacht gehüllt ist (Hegel: *Vorlesungen über die Philosophie der Geschichte*, [zuerst 1805/06] 1986, Geographische Grundlage der Weltgeschichte).

„Hat nicht der große Denker Hegel Afrika ein Land der Kindheit genannt?", fragte Professor Ezeka in gekünsteltem Ton. „Vielleicht haben dann ja die Leute, die in den Kinos in Mombasa Schilder mit der Aufschrift ‚Keine Kinder und Afrikaner' aufgehängt haben, Hegel gelesen", sagte Doktor Patel und kicherte. „Hegel kann man doch nicht ernst nehmen. Habt ihr ihn genau gelesen? Er ist lustig, sehr lustig, aber Hume und Voltaire und Montesquieu und Locke haben über Afrika dasselbe gedacht", sagte Odenigbo. „Größe hängt immer vom Betrachtungswinkel ab ..." (Chimamanda Ngozi Adichie: *Die Hälfte der Sonne* (Roman), 2016, S. 80).

Mit 70 Prozent Menschen unter 30 Jahren, mehr als 450 Millionen Kindern und Jugendlichen unter 18 Jahren, darunter ca. 150 Millionen Kindern unter fünf Jahren (UNICEF 2014, S. 190)[133], ist Afrika der Kontinent mit der jüngsten Bevölkerung. Gleichwohl gibt es nur wenige sozialwissenschaftliche Studien, die sich in umfassender Weise mit Kindern und Kindheiten in Afrika befassen. Noch seltener greift die Kindheitsforschung postkoloniale Fragestellungen auf. Sie bezieht sich meist auf spezielle Themen wie Kinderarbeit, Kinderhandel, Straßenkinder, Kinder in bewaffneten Konflikten („Kindersoldaten") oder Waisenkinder infolge der HIV/AIDS-Pandemie und von Kriegen. Diese Akzentuierungen fügen sich ein in „eine völlig überholte pauschale Präsentation Afrikas als eines Horrorkontinentes der Rückständigkeit und der Katastrophen in Öffentlichkeit und Medien" (Lundt 2016, S. 33; vgl. auch Sturmer 2013).

---

133 Die Daten beziehen sich auf Afrika südlich der Sahara, erfassen also nur einen Teil des Kontinents.

Afrika ist keineswegs, wie aus der Ferne häufig angenommen wird, ein homogener Kontinent. Trotz der kolonialen Einflüsse und der weitgehenden Fortgeltung der Kolonialsprachen, weist er eine große kulturelle Diversität auf. Wenn afrikanische Autoren selbst gelegentlich von „afrikanischer Weltsicht" sprechen oder auf spezifisch afrikanische Eigenschaften verweisen (wie z. B. in der Philosophie der *Négritude* oder der Panafrikanischen Bewegung), handelt es sich um Versuche, der kolonialen Bemächtigung eine eigene kollektive Position entgegenzusetzen. Solche Positionierungen sind, wie ich in Kapitel 5 gezeigt habe, selbst nicht frei von Essenzialisierungen.

In diesem Kapitel will ich einen Eindruck davon vermitteln, wie sich die Situation der Kinder und die Charakteristiken von Kindheit in Afrika unter dem Einfluss postkolonialer Machtkonstellationen und Kindheitspolitiken[134] darstellen. Dabei will ich mich auf drei Aspekte konzentrieren. Zum einen auf die Veränderungen, die sich mit der Etablierung der Schule nach westlichem Muster ergeben. Zum zweiten auf die Auseinandersetzung um die Angemessenheit und Umsetzung der Kinderrechte, hier vor allem mit Blick auf besonders marginalisierte und prekarisierte Gruppen von Kindern. Zum dritten auf die Autoritätsverhältnisse zwischen Kindern und Erwachsenen und die darin enthaltenen Beschränkungen und Möglichkeiten von Kindern, in ihren Gesellschaften eine gleichberechtigte und aktive Rolle spielen zu können.

8.1 Kinder, Erziehung und Schule

Eine der größten Trugschlüsse der Entwicklungsideologie (*developmentalism*) in Afrika ist die Gleichsetzung von Erziehung [und Sozialisation] mit westlicher Erziehung [und Sozialisation]. [...] Die totale und nicht abgestimmte Umarmung durch das westliche Paradigma von Sozialisation wird nur zu einem Ergebnis führen: eine Nation von verwirrten Leuten, die vollständig von ihren ursprünglichen und bewährten produktiven kulturellen Praktiken wirtschaftlichen Lebensunterhalts entfremdet und in die ungewisse Welt westlich dominierter globaler Geldwirtschaft hineingeworfen werden. [...] Die afrikanische Weltsicht subsumiert in keiner Weise die Persönlichkeit des Individuums in deterministischer Weise unter den Willen des Kollektivs. Vielmehr unterstreicht sie die Reziprozität in der wechselseitigen Abhängigkeit von Individuum und Gemeinschaft für Zwecke des Lebensunterhalts und des weiteren Lebens von Allen. (Arewa 2014, S. 250, 251)

---

134 Ich spreche in diesem und dem folgenden Kapitel ausdrücklich von Kindheitspolitik (statt Kinderpolitik), um zu unterstreichen, dass es dabei um eine grundlegende Rekonzeptualisierung von Kindheiten (nicht nur Maßnahmen für und mit Kindern) geht.

Im postkolonialen Afrika ist Kindheit in starkem Maße von den während der Kolonialzeit eingeführten und als „modern" verstandenen Schulen geprägt. In den Ländern südlich der Sahara gehen sie vor allem auf die christlichen Missionsschulen und die von den europäischen Kolonialmächten eingeführten Kolonialschulen zurück. Zwar finden sich in einigen Ländern auch starke islamische Einflüsse, aber sie haben kaum Eingang in die offiziellen Schulsysteme gefunden und werden fast ausschließlich jenseits dieser Systeme als spezifische Institutionen religiöser Bildung (Koranschulen, Madrasas) fortgeführt (Nsasemang, 2010; Adick, 2013b).

Einer der wenigen afrikanischen Wissenschaftler, die sich ausdrücklich mit Kindheit im Kontext postkolonialer Machtkonstellationen befassen, ist der kamerunische Psychologe und Erziehungswissenschaftler Bame Nsamenang (2008; 2010). Er geht den verschiedenen Einflüssen nach, die die frühkindliche Erziehung in verschiedenen Teilen Afrikas seit der arabisch-islamischen und dann der europäischen Kolonisation geprägt haben. Ihm zufolge existieren die vorkolonialen Muster nicht mehr in ihren ursprünglichen Formen, aber sie seien nicht verschwunden und beeinflussten die heutigen Auffassungen. Die Frage ist, wie und in welchem Ausmaß sie dies tun und in der nächsten Zukunft tun könnten. Worin bestehen ihre hauptsächlichen Charakteristiken, zumindest der Intention nach? Laut Nsamenang (2010, S. 42 f.) schreibt die afrikanische Weltsicht

> [...] in ihrer ganzheitlichen, pronatalistischen und theozentrischen Perspektive dem Kinderkriegen und der Kindererziehung einen geheiligten Wert zu. Religiöse Ideen wie die des gottgegebenen Ursprungs von Kindern sind explizit oder implizit ein zentraler Aspekt von Kindererziehung, Kinderbetreuung und Bildung in afrikanischen Familientraditionen. Im Zentrum stehen die Verwandtschaftsbeziehungen, über die soziale Netzwerke entstehen, moralisches Verhalten angeregt sowie prosoziale Werte, produktive Fertigkeiten und die Muttersprache erlernt werden. Die Familie ist für alles zentral, da sie die naheliegende Institution für ‚den Bestand' neuer Mitglieder und ihre Versorgung ist. Dem wird eine solche Bedeutung beigemessen, dass Kinderbetreuung eher ein kollektives Unternehmen als ein elterliches Vorrecht darstellt.

Ein Rückblick auf die überlieferte Kindererziehung in Afrika zeigt, dass vor allem Mütter eine feinfühlige Balance zwischen Betreuung, Produktion zur Selbstversorgung und Haushaltsführung aufrechterhalten, während der Großteil der täglichen Pflege und Aufsicht der Kinder nach Ende der Stillzeit älteren Geschwistern und Peergroups aus der Nachbarschaft übertragen wird (Nsamenang 2008). Während in euro-westliche Kulturen die Kinderbetreuung meist als eine vorrangige Aufgabe der Erwachsenen gilt, werden in afrikanischen

Kulturen die dafür erforderlichen Fähigkeiten früh von Kindern erworben und in „geteilter Verantwortung und als sozial aufgeteilte Unterstützung" (Weisner 1997, S. 23) praktiziert. Mit Blick auf die traditionelle Praxis stellt Nsamenang (2010, S. 43) fest, dass

> [...] Kinderbetreuung ein soziales Unternehmen war, an dem Eltern und Verwandte, einschließlich der Geschwister aktiv mitwirkten. [...] Von frühem Alter an beobachteten und beteiligten sich die Kinder an den Aufgaben im Haushalt ebenso wie an der Betreuung jüngerer Geschwister. Sie erhielten dafür wenig oder keine Ausbildung, sie wurden aber durch Eltern und Nachbarn angeleitet und ermutigt. Dieses Muster frühen Lernens durch die Übernahme von Betreuungsaufgaben ist in afrikanischen Vorstellungen von Kindern als sozialen Akteuren in ihrem eigenen ‚Entwicklungsprozess' verwurzelt.

Die Kinder hatten in der Regel bis zum Ende der Stillzeit eine besonders enge, aber nicht ausschließliche Beziehung zur Mutter. Sie wurden aber nicht primär den Eltern zugeordnet, sondern als Teil der dörflichen Gemeinschaft verstanden, die sich für sie mitverantwortlich sah. Der Rechtswissenschaftler und Soziologe Gerhard Grohs (1967, S. 32) beschreibt auf der Basis autobiografischer Aufzeichnungen von Afrikanern, die in antikolonialen Bewegungen aktiv waren, die Rolle der Mutter so:

> Das wichtigste Merkmal der ersten zwei bis drei Jahre des afrikanischen Kindes ist die Tatsache, dass die Mutter das Kind nicht nur ständig bei sich trägt, mit einem Tuch auf den Rücken gebunden, sondern dass sie das Kind, das auch nachts mit ihr schläft, immer dann, wenn es das Kind verlangt, nährt, ob es nachts ist oder tags, ob die Mutter gerade Milch hat oder nicht. Manchmal vertraut sie das Kind einer älteren Schwester des Neugeborenen oder einer jüngeren Verwandten an, aber auch diese gibt das Kind sofort wieder der Mutter zurück, wenn es zu weinen anfängt. Diese ausschließliche Zuwendung der Mutter zum Kind beruht auf der in allen Stämmen Afrikas tief verwurzelten Vorstellung, dass die Mutter die Pflicht hat, das Kind für den Stamm, für die Großfamilie zu beschützen und zu nähren, um den Ruhm und den Reichtum der Gemeinschaft zu erhöhen und der Verpflichtung gegenüber den Vorfahren nachzukommen.

Die in Afrika lange vorherrschende Familienform zeichnete sich dadurch aus, dass sie in weitreichende Verwandtschaftsbeziehungen eingebettet war. Während die Mutter in erster Linie für das Neugeborene zuständig war, wurde das Kind nach Ende der Stillzeit weitgehend anderen Mitgliedern der Großfamilie überantwortet und „in die Schar seiner Altersgenossen eingereiht" (ebd.). Grohs (1967, S. 33) stellt die Beziehungen so dar:

Die einseitige Bindung an die Mutter wird durch eine Vielfalt von Beziehungen zu den in einem Gehöft wohnenden Tanten, Onkeln, Großeltern, Geschwistern und Vettern, um die europäische Terminologie zu verwenden, abgelöst.

Gemäß der matrilinearen Erbfolge hatte zumindest im westlichen Afrika, aber auch in manchen anderen Regionen, die Frau eine starke Stellung in der Gemeinschaft. Ihre Stellung ging mit einem offenen Genderkonzept einher, in dem die Geschlechterrollen nicht einander übergeordnet, sondern komplementär definiert waren. Dieses Genderkonzept wurden ebenso wie gemeinschaftlichen Erziehungspraktiken durch die europäischen Kolonialmächte auszulöschen versucht, teils durch die Schule als neue, individualisierende und separierende Erziehungsform, teils durch die Einführung der kapitalistischen Produktionsweise und Geldwirtschaft, die die Frau aus ihrer zentralen Rolle als Produzentin lebenswichtiger Güter verdrängten und zur „Hausfrau" degradierten.[135] Obwohl sich die traditionellen Lebens- und Familienformen nur teilweise erhalten konnten, sind sie weiterhin für die sozialen Beziehungen im Nahraum und die Sozialisation der Kinder einflussreich (vgl. Kossodo 1978; Himonga 2008; Miescher 2009; Ampofo 2013; Kam Kah 2015).[136]

Mit Blick auf die Gegenwart sieht Bame Nsamenang (2010) in der Kinderbetreuung Ungereimtheiten und Schwierigkeiten entstehen, da die traditionelle Unterstützung durch die Gemeinschaft und namentlich die Geschwister aufgrund der langen in der Schule verbrachten Zeit kaum noch möglich ist. Der Schulbesuch hat seiner Ansicht nach aber die gemeinsamen Aktivitäten der Kinder und Jugendlichen nicht zum Verschwinden gebracht, sondern eher modifiziert. Sie zeigten sich heute darin, dass Kinder und Jugendliche verschiedenen Alters und verschiedener Schulstufen in „reziproker Geselligkeit" miteinander verbunden und sowohl innerhalb als auch außerhalb der Schule aktiv seien. An diese informellen Netzwerke könne und könne angeknüpft werden, um lebensnotwendige Aufgaben in Familie und Gemeinschaft zu erfüllen.

Schließlich betont Nsamenang, auch heute seien afrikanische Eltern davon überzeugt, dass die Kinder „am besten zusammen in der Schule des Lebens" (Moumouni 1968, S. 29) aufgehoben seien. Darunter versteht er eine Umge-

---

135 Dorothy Munyakho (1992, S. 10) weist am Beispiel Kenias auch daraufhin, dass die britische Kolonialmacht durch eine Neuregelung der Eigentumsverhältnisse die Frauen an der weiteren Nutzung des Landes gehindert und zur Migration in die Städte gezwungen hatte.
136 In den islamisch geprägten afrikanischen Gesellschaften war auch die Polygamie weit verbreitet und teilweise gesetzlich erlaubt, sie wird aber von der heutigen jungen Generation, insbesondere den Frauen, weitgehend abgelehnt. Zu den Auseinandersetzungen von Frauen mit der Polygamie vgl. die eindrucksvollen Romane von Mariama Bâ (1984; 2002) und Sembène Ousmane (1979).

bung gegenseitiger Verbundenheit, die von unsichtbaren kulturellen Scripts durchdrungen ist, denen zufolge „eine Person erst eine Person zusammen mit anderen Menschen ist" (Zimba 2002, S. 98). Im Unterschied zu euro-westlichen Kulturen mit ihrer Betonung selbst-zentrierter Haltungen und Verhaltensweisen zeichneten sich afrikanische Kulturen dadurch aus, dass sie „einen Sinn für Verbundenheit fördern, indem sie die Individuen aneinander binden und wechselseitig verpflichten" (Nsamenang 2010, S. 46). Auch die Kulturanthropologin Alma Gottlieb (2004) weist in ihrer Studie zur Kindererziehung in Westafrika daraufhin, dass Kinder nicht als separate, für sich existierende Wesen, sondern als Teil eines Netzes der Gegenseitigkeit gesehen wurden. Mit ihrer ganzheitlichen und integrierten Sichtweise auf Familie und Universum, so Gottlieb und Nsamenang, könnten afrikanische Kulturen dazu beitragen, mit alltäglichen Dingen anders umzugehen, als die euro-westliche Einflüsse bisher nahelegten.

Die Einführung der Schule durch die Kolonialmächte stellte einen starken Bruch mit der überlieferten Erziehungs- und Bildungspraxis dar. Im Unterschied zum Lernen durch das Vorbild der Älteren, die Erzählung von Geschichten und die Beteiligung an den alltäglichen Arbeiten der Erwachsenen traten mit der Schule verbale Anweisungen, Drill und Bestrafungspraktiken in den Vordergrund. Auch wenn das Leben der Kinder in der Gemeinschaft stark durch die Älteren reguliert war, hatten die Kinder auch viele Freiräume zur Erkundung ihrer Umwelt. Körperliche Züchtigungen kamen sehr selten vor. In der Schule wurden diese dagegen nun zu einem wesentlichen Erziehungsmittel, um die Kinder zu Disziplin und Gehorsam zu veranlassen (vgl. Grohs 1967, S. 33 ff.).

Wie in anderen Teilen der Welt, zeichnet sich die heute in Afrika dominierende Schulbildung auch dadurch aus, dass sie fast vollständig getrennt vom täglichen Leben der Kinder erfolgt. Deren Erfahrungen zählen ebenso wenig wie das Wissen, das sie durch ihre Beteiligung an der täglichen Arbeit innerhalb und außerhalb der Familie erworben haben (vgl. Katz 2004, S. 59 ff.; Katz, 2012). Die in den Schulen vermittelten Inhalte sind von der gelebten Realität weit entfernt und ignorieren die vielfältigen kulturellen Wissensbestände (vgl. Shizha 2014; Banfegha Ngalim 2014). In den Grundschulen Kenias zum Beispiel „stellt das bei weitem meist verbreitete Schulbuch das Familienleben nach dem Muster der biologischen und monogamen Kernfamilie dar" (Archambault 2010, S. 230). Darin repräsentieren sich Vorstellungen von Familie, die dem europäischen Vorbild nacheifern und in Afrika höchstens in privilegierten Bevölkerungsgruppen anzutreffen sind, die auch schon von der kolonialen Herrschaft profitiert hatten.

Zwar wird in den Schulbüchern z. B. des frankophonen Afrikas heute nicht mehr behauptet, die Afrikaner stammten von den Galliern ab, aber sie transportieren in vielen Fällen immer noch koloniale Denkmuster. Die Bücher werden oft weiterhin aus Europa importiert und stammen von großen Verlagen, die in den ehemaligen Kolonialländern ihren Hauptsitz haben oder als multinationale Konzerne organisiert sind. Der englischsprachige Schulbuchmarkt wird z. B. von den Großverlagen *Macmillan, Pearson Education, Longman* oder *Heineman Educational Books*, der französische von *Hachette* und *Hatier* dominiert. Einige Verlage besitzen sogar besondere Abteilungen für die Produktion von Schulbüchern, die in Afrika eingesetzt werden, bei *Hachette* z. B. das *Bureau d'Etdudes Africaines*. Zwar hat die UNESCO schon in den ersten Jahren nach der Unabhängigkeit Versuche unternommen, eine einheimische Schulbuchproduktion in Afrika aufzubauen, aber sie scheiterten bisher an den mangelnden ökonomischen Ressourcen vor Ort und möglicherweise auch am fehlenden politischen Willen afrikanischer Staaten (vgl. Lembrecht 2013, S. 252 ff.; Ehling 2011).

Die Erziehungswissenschaftlerin Ute Brock-Utne merkte zu Beginn des neuen Jahrtausends an: „Während afrikanische Pädagogen fleißig dabei waren, das Versprechen der Schulausbildung für die Massen von Afrikanern zu erfüllen, blieben die Curricula und Schulbücher zusammen mit den Lehrmethoden in den Händen der Bildungsindustrie und Verlage des Nordens" (Brock-Utne 2000, S. 116). Bis in die jüngste Zeit hätten „die mächtigen Geldgeber und Spender für die Schulausbildung in Afrika die Macht, nicht nur die Art der Schulausbildung zu definieren, die sie für afrikanische Kinder geeignet finden, sondern auch das Konzept von ‚Bildung' selbst" (a. a. O., S. 276). Dieses Konzept werde weitgehend mit Unterricht in Schulräumen (*classroom education*) gleichgesetzt. Konsequenterweise kritisieren manche afrikanischen Autoren, wie z. B. Joseph Ki-Zerbo, ein Historiker aus Burkina Faso, das System der Schulausbildung gleiche „einer fremden Zyste im sozialen Körper, einem bösartigen Tumor" (Ki-Zerbo 1990, S. 12).

Die Schule in ihrer gegenwärtigen Form wird von manchen Forschern „weniger als Lösung für die zahlreichen Probleme des Kontinents, sondern als Teil des Problems" (Dei et al. 2006, S. 11) oder als „trügerische Hoffnung" (Schäfer 2010, S. 459) gesehen. Dabei wird zum einen auf die „Vermarktlichung der Bildung", zum anderen auf die Irrelevanz des vermittelten Wissens für das tägliche Leben verwiesen. Die Schule habe die Klassenspaltung in Afrika vertieft, indem sie für viele vergeudete Zeit und unbezahlbare Kosten mit sich gebracht habe, während sie gleichzeitig zu einem unvermeidlichen Werkzeug für die erhoffte soziale Mobilität geworden sei. Außerdem bedrohe die Schule die kulturelle und sprachliche Vielfalt der afrikanischen Gesellschaften, indem sie für die nationale Integration innerhalb der durch die Kolonialmächte vorgegebenen Staatsgrenzen instrumentalisiert werde (Dei et al. 2006, S. 7; vgl. auch Dei & Opini 2007).

Die Kinder und ihre Familien haben keinerlei Einfluss auf das, was in der Schule gelehrt wird. Kinder werden vor allem als „Trichter" für vordefiniertes Wissen und potentielles „Humankapital" behandelt. Darin zeigen sich nicht nur die Nachwirkungen der Kolonialherrschaft, sondern auch die Unterwerfung der afrikanischen Staaten unter die Handlungsmaximen der globalisierten kapitalistischen Ökonomie und die damit einhergehende Instrumentalisierung von Bildung für die Zwecke wirtschaftlicher Verwertung. Allerdings schreibt eine bloß nachahmende Schulbildung auch den untergeordneten Status der afrikanischen Gesellschaften im hierarchisch strukturierten kapitalistischen Weltsystem fest. Über die Vermittlung von Lerninhalten hinaus können Schulen als eine „moralische Technologie" in dem Sinn verstanden werden, dass sie eine „spezifische Art von Subjektivität oder moralischem Charakter im Kind" produzieren (Wells 2009, S. 111). Dies zielt auf einen bestimmten Habitus, in dem Unterordnung und individuelle Konkurrenz als quasi natürliche Lebensform verinnerlicht sind.

Wie in der Schule ein solcher Habitus erzeugt wird, kommt sehr anschaulich in dem autobiografisch inspirierten Roman *Blauer Hibiskus* der nigerianischen Schriftstellerin Chimanda Ngozi Adichie zum Ausdruck. Sie lässt die Tochter einer privilegierten christlich orientierten Familie ihre Erfahrungen in einer offiziell anerkannten Privatschule beschreiben:

> Mein Zeugnis hielt ich fest an die Brust gedrückt. Die Ehrwürdigen Schwestern gaben uns unsere Zeugnisse immer unverschlossen. Ich war in meiner Klasse Zweitbeste geworden. Es stand in Zahlen unter dem Zeugnis „2/25". Meine Klassenlehrerin, Schwester Clara, hatte geschrieben: „Kambili ist für ihr Alter äußerst intelligent, ruhig und verantwortungsbewusst." Die Äbtissin, Mutter Lucy, schrieb: „Eine ausgezeichnete, gehorsame Schülerin und eine Tochter, auf die man stolz sein kann." Aber ich wusste, dass Papa nicht stolz sein würde. Er hatte Jaja [Bruder vom Kambili; d. Verf.] und mir oft gesagt, er würde nicht so viel Schulgeld für die Töchter des Unbefleckten Herzens und für St. Nicholas ausgeben, wenn andere Kinder am Schluss besser seien als wir. Für seine eigene Schulbildung habe niemand Geld ausgegeben, erst recht nicht sein gottloser Vater, unser Papa-Nnukwu, und trotzdem sei er in der Schule immer Bester gewesen. Ich wollte Papa stolz machen, wollte so gut sein, wie er es gewesen war. [...] Aber ich war nur Zweitbeste geworden. Ich hatte versagt. (Adichie 2015, S. 46 f.)

Die Trennung vom täglichen Leben der Kinder und die lehrerzentrierte Form des Unterrichts werden noch dadurch verstärkt, dass in den Schulen vorwiegend, in den Sekundarschulen sogar ausschließlich in den (ehemaligen) Kolonialsprachen unterrichtet wird. „Wo eine Kolonialsprache zur Lehrsprache wird, wird all das Wissen und die Erziehung mitgeschleppt, die den Menschen in dieser Sprache in der Kolonialzeit eingetrichtert wurden. Dies beseitigt und negiert die Entwicklung von Vertrauen in die eigene Herkunft und die eigenen Kulturen" (Prah 2005, S. 28) und „es gräbt sich die Spaltung zwischen der Elite und den Massen ein" (a. a. O., S. 32).[137] Dem Argument, dass der Gebrauch der Muttersprachen zu einer Zersplitterung führe, hält derselbe Autor unter Hinweis auf eine Untersuchung des *Centre for Advanced Studies of African Society (CASAS)* entgegen, die afrikanischen Sprachen ließen sich durchaus auf 12 bis 15 „Kernsprachen" (*core languages*) konzentrieren (a. a. O., S. 40). Zu dem ebenfalls häufig vorgebrachten Einwand, die afrikanischen Sprachen seien nicht verschriftlicht, wird in einem Überblickartikel zu Bildung in Subsahara-Afrika (Adick 2013b, S. 130) angemerkt, die Islamisierung sei mit dem „Gebrauch von Schrift und Zahl" einhergegangen. Dies habe dazu geführt, „dass etliche afrikanische Sprachen bereits vor der europäischen Kolonialherrschaft in arabischen Buchstaben verschriftlicht worden waren. Islamisierten afrikanischen Völkern stand somit jenseits des religiösen Unterrichts im Arabischen ein neues Kommunikationsmedium in ihrer eigenen Sprache zur Verfügung, das sich auch für säkulare Zwecke nutzen ließ" (ebd.).

Um das Lernen wieder mit dem Leben und den vor- und außerschulischen Erfahrungen der Kinder zu verbinden, läge in den meist vielsprachigen afrikanischen Ländern ein *multilingualer* Unterricht auf muttersprachlicher Basis nahe. Dieser wurde in den ersten Jahren nach der Unabhängigkeit auch durchaus in einigen Ländern praktiziert, dann aber fast überall wieder preisgegeben (vgl. Reh & Heine 1982; Brock-Utne & Holmarsdottir 2004). Es ginge dabei nicht darum, die ehemaligen Kolonialsprachen zu ersetzen, sondern ihnen eine *ergänzende* Funktion zu den Muttersprachen zuzuweisen. Ein multilingualer Unterricht würde die Kinder also nicht einschränken und ihr Wissen im internationalen Zusammenhang entwerten, sondern *erweitern* und *bereichern*. Um das Lernen mit den alltäglichen Erfahrungen zu verbinden und das kulturelle Selbstvertrauen zu stärken, könnte zudem angeknüpft werden an vorkolonialen Formen der Bildung, die meist durch Eltern, Großeltern oder im Rahmen der Dorfgemeinschaft oder der Peergruppen vermittelt wurde.

---

137 Brock-Utne (2000, S. 126) weist auch darauf hin, dass der Gebrauch der Kolonialsprachen ebenso wie die Privatisierung des Bildungswesens von den afrikanischen Eliten befürwortet wird, vor allem um den eigenen Kindern Vorteile zu verschaffen. Vgl. auch Myers-Scotton (1993) zur Abschottung der Eliten durch Sprachpolitik. Zur Sprachpolitik in Afrika in den ersten Jahren nach der Unabhängigkeit vgl. Reh & Heine (1982).

Zahlreiche traditionelle Betreuungs- und Erziehungsmethoden sind weiterhin zumindest in ländlichen Regionen Afrikas verbreitet. Sie hatten lange Zeit vor allem den Zweck, den sozialen Zusammenhalt der Gemeinschaft zu garantieren:

> Bildung diente im Allgemeinen einer unmittelbaren Eingliederung in die Gesellschaft und einer Vorbereitung auf das Erwachsensein. Afrikanische Bildung betonte vor allem soziale Verantwortlichkeit, Arbeitsorientierung, politische Teilnahme sowie spirituelle und moralische Werte. Kinder lernten durch eigenes Tun, d. h. sie waren im Rahmen partizipatorischer Prozesse beschäftigt mit Zeremonien, Ritualen, Imitation, Rezitation und Demonstration. [...] Bildung im alten Afrika war eine integrierte Erfahrung (Fafunwa 1974, S. 15 f.).

Trotz kultureller und regionaler Unterschiede gab es in den Bildungszielen und -praktiken afrikanischer Gesellschaften einige Gemeinsamkeiten. Die Ziele basierten im Allgemeinen auf Gemeinschaftlichkeit und dem Erlernen von Verantwortlichkeit und bildeten damit einen Kontrast zu euro-westlichen Erziehungswerten, die in ihrer vorherrschenden Form individualistisch und konkurrenzbetont sind. Nach Ina Gankam Tambo (2014, S. 127) zählten zu den hauptsächlichen erzieherischen Zielen: Charakterbildung, die Vermittlung eines Gefühls von Zugehörigkeit and aktive Beteiligung in Community und Familie, Respekt und Gehorsam gegenüber Älteren, Verständnis und Wertschätzung des kulturellen Erbes der Community, Entwicklung von physischen, intellektuellen und beruflichen Fertigkeiten ebenso wie eine Grundhaltung von Fleiß und Ehrlichkeit. Die Bildung und Betreuung der Kinder lag nicht in der Verantwortung der Familie allein, sondern ebenso der Gemeinschaft. Nach Renate Nestvogel (1996, S. 15) drückte sich dieses kollektive und soziale Lernen darin aus, dass die Lernenden und Erzieher aller Altersgruppen meist einbezogen waren in einen Lernprozess, der verortet war im öffentlichen und täglichen Leben, also nicht nur gelegentlich im Rahmen eines institutionalisierten Prozesses stattfand. Auf diese Weise wurde ein „Gemeinschaftssinn" gefördert (Nsamenang 1994, S. 136), der die kollektive Verantwortlichkeit ebenso wie das soziale Netzwerk verstärkte.

Die Erziehungswissenschaftlerin Ina Gankam Tambo (2013, S. 282 f.) beschreibt diese Bildungspraxis am Beispiel der Igbo und Yorùbá im heutigen Nigeria:

> Tradition und Kultur der Igbo [...] basierten auf einer gemeinschaftlich oientierten Erziehung (*community based education*). Bei dieser war die gesamte Gemeinschaft für die Erziehung und Ausbildung eines Kindes bzw. Heranwachsenden zuständig. Sensibilisiert wurde zu sozialer Verantwortung und Solidarität in der Gemeinschaft.

Das damalige Curriculum bestand aus sechs Hauptbestandteilen, die eng miteinander verflochten waren und die – im Gegensatz zum westlichen Bildungssystem – nicht als voneinander abgetrennte Kategorien zu verstehen sind. Neben musischer Erziehung, Sport, moralischer Erziehung, Religion und sozialem Lernen, wurden praktische Kompetenzen in Bereichen wie der Landwirtschaft und der Fischerei erworben. Dabei galt in der Regel das Prinzip *learning by doing*, also das Lernen im Prozess; gelernt wurde durch Imitation und Beobachtung und partizipatorisch etwa durch Teilnahme an Zeremonien und Ritualen. Erziehung stellte einen ganzheitlichen Prozess dar, der intellektuelle mit handwerklichen und sportlichen Aktivitäten vereinte und der Charakterbildung diente. [...] Auch die Yorùbá verfolgten mit Erziehung das Ziel, eine in die Gemeinschaft integrierte Persönlichkeit heranzubilden. Erziehung ist dabei ein lebenslanger Lernprozess, in dem gemeinsam mit einem Lehrer oder einem Mentor Werte wie Respekt gegenüber den Älteren, Ehrlichkeit, Großzügigkeit, Mut, vor allem aber auch Fleiß angeeignet worden sind.

Eine solche Bildungspraxis ist zwar nicht eins zu eins auf die heutigen afrikanischen Gesellschaften zu übertragen, aber sie enthält viele Elemente, die afrikanische Kinder aus den Zwängen, Einseitigkeiten und der Konkurrenzorientierung postkolonialer Schulausbildung befreien könnten. Ute Brock-Utne (2000, S. 111 f.) beschreibt diese Elemente, die sie in vielen Regionen Afrikas verwurzelt sieht,

[...] als ein System von Verbindungen zwischen: [a] allgemeinem Wissen und praktischem Leben; [b] Bildung und Produktion; [c] Bildung und sozialem Leben; [und d] Bildung und Kultur (durch den Gebrauch der Muttersprache; die Einbeziehung kultureller Praktiken wie Spielen, Tänzen, Musik und Sportarten; und die Vermittlung ethischer Werte).

Solche Elemente könnten gerade in einem Kontinent, der sich durch eine lebendige Vielfalt von Kulturen und Sprachen auszeichnet, leicht zu einem dialogischen, interkulturellen und gemeinde-bezogenen Bildungsprozess ausgebaut werden, der das Handlungsvermögen der Kinder respektiert, ihr Gerechtigkeitsempfinden und Selbstvertrauen stärkt und ihre Widerstandskräfte ermutigt (vgl. Ensor 2012; Shizha 2014; Banfegha Ngalim 2014; Dei 2016).[138]

---

138 Ich bin in Mali, Senegal, Elfenbeinküste, Ghana und Kenia immer wieder Kindern und Jugendlichen begegnet, die in mehreren afrikanischen Sprachen zu Hause waren, ohne dabei immer die jeweilige Staatssprache (Französisch oder Englisch; in Kenia neben Englisch auch Swahili) zu beherrschen.

8.2 Dogmatische Umsetzung der Kinderrechte

Wenn die Geschichten der Kinder den globalen Rechtsdiskursen gegenübergestellt werden, zeigen sich wichtige Dissonanzen zwischen ihrem Leben einerseits und der Rhetorik andererseits, die bedauerlicherweise ihre Fähigkeiten und Beiträge abwertet. (Abebe 2013, S. 86)

Wie in anderen Kontinenten des Globalen Südens leben auch in Afrika sehr viele Kinder unter äußerst prekären Bedingungen. Dies ist zu weiten Teilen der postkolonialen Machtkonstellation geschuldet. Sie geht einher mit der Ausbreitung einer Produktionsweise, die auf den kapitalistischen Weltmarkt ausgerichtet ist und die Herstellung lebensnotwendiger Güter im Land selbst weitgehend unmöglich macht. Großgrundbesitzer und multinationale Konzerne eignen sich teils gewaltsam, teils mit Unterstützung korrupter Regierungen das Land vieler Bauern an (*„land grabbing"*), z. B. für den großflächigen Anbau von Exportprodukten oder für Tourismusprojekte, mit der Folge, dass die auf Selbsterhaltung gerichteten lokalen kleinbäuerlichen Produktionsweisen zerstört werden. Die Konkurrenz um die knapper werdenden Lebensgrundlagen mündet mitunter in gewaltsame Konflikte, die oft noch – auch unter Ausnutzung religiöser Identitäten und Konkurrenzen – von mächtigen Gruppen geschürt werden, die sich davon zusätzlichen wirtschaftlichen Profit und mehr politische Macht versprechen. Eine Folge ist, dass vor allem junge Menschen zur Migration in die Städte und andere Länder veranlasst werden. Die Zahl der Kinder, die auf eigene Faust überleben müssen, nimmt zu. Aufgrund der erzwungenen Unterernährung breiten sich Krankheiten aus, die wiederum aufgrund fehlender oder unzugänglicher Gesundheitsdienste und Medikamente nicht behandelt werden können und oft tödlich enden. Die in Afrika lange bestehende gegenseitige Unterstützung im Rahmen von Verwandtschaftsgruppen (*„extended family"*) wird ebenfalls unterhöhlt mit der Folge, dass Kinder und Jugendliche mehr als zuvor auf eigene Überlebensstrategien angewiesen sind.[139]

---

139 Ina Gankam Tambo (2014) untersucht dies für Nigeria am Beispiel von Kindern, die in die Städte emigrieren, um als Hausbedienstete zu arbeiten. Dabei geht sie auch der durch die kapitalistische Produktionsweise forcierten Umstrukturierung der Familienverhältnisse und der sich verändernden Arbeitsteilung zwischen Männern, Frauen und Kindern nach (zu ähnlichen Prozessen in der Elfenbeinküste vgl. Jacquemin 2006).

Durch all diese Vorgänge werden unzweifelhaft die Rechte von Kindern verletzt.[140] Dies gilt insbesondere für diejenigen Kinder, die genötigt sind, in großer Armut zu leben, deren Gesundheit oder gar Leben bedroht ist und die aus ihren Lebenszusammenhängen herausgerissen werden und genötigt sind, ohne familiäre Begleitung und Unterstützung zu überleben. Doch die Art und Weise, in der sich internationale Hilfsorganisationen und selbst UN-Agenturen auf die Kinderrechte beziehen und sie in Kampagnen, Projekten oder Maßnahmen umsetzen, geht meist an der Realität dieser Kinder vorbei und schadet ihnen eher, als ihnen zu nützen. Ihre Praxis orientiert sich in abstrakter Weise an einem Kindheitsmuster, das sich aus westlichen Idealen speist, aber mit den realen Lebensbedingungen vor Ort nichts zu tun hat und weder die sozialen noch die kulturellen Kontexte beachtet. Statt sich auf die lokalen Bedingungen einzustellen, werden die Kinderrechte als ewige, ahistorische Regeln verstanden, die vermeintlich „für sich selbst sprechen"[141], mit der Folge, dass die intervenierenden Organisationen vor allem als „moralische Wachhunde" in Erscheinung treten (Valentin & Meinert 2009). Die Kinder werden als hilflose Opfer betrachtet und in paternalistischer Manier zu Objekten institutioneller Betreuung gemacht. Damit wird auf mentaler Ebene auch, möglicherweise ungewollt, die ungleiche postkoloniale Machtkonstellation verstärkt, statt ihr entgegenzuwirken.

Ich will dies unter Bezug auf vorliegende Studien am Beispiel einiger Kampagnen und Hilfsprogramme veranschaulichen, die Kinderhandel bekämpfen und sogenannten Straßenkindern oder Waisenkindern zu helfen beanspruchen. Dabei werde ich auch versuchen, mögliche Alternativen zumindest knapp zu skizzieren.

Mit Blick auf Kampagnen gegen Kinderhandel in Afrika, die seit einigen Jahren unter Berufung auf die UN-Kinderrechtskonvention (UN 1989) und die ILO-Konventionen zu Kinderarbeit[142] geführt werden, kritisieren die britische Kindheitsforscherin Jo Boyden und der Kindheitsforscher Neil Howard, dass diese auf einem eurozentrischen Kindheitsbild basieren. Sie werfen ihnen vor, die Wanderungsbewegungen junger Menschen in pauschaler Weise als Miss-

---

140 Dass daran auch die Handelspolitik und sogar die Entwicklungspolitik europäischer Staaten, der Europäischen Union, der USA und neuerdings auch Chinas mitwirkt, wird gerne im Globalen Norden und, soweit ich weiß, auch in China ausgeblendet.
141 Zur Kritik dieses Kinderrechtsverständnisses und möglichen Alternativen vgl. Liebel (2009; 2013); Hanson & Nieuwenhuys (2013); Vandenhole et al. (2015).
142 Dies sind die ILO-Konvention 138 (ILO 1973), in der Mindestalter für die Arbeit festgelegt werden, und die ILO-Konvention 182 (ILO 1999), in der die „schlimmsten Form von Kinderarbeit" definiert werden.

brauch und Ausbeutung von Kindern zu skandalisieren, ohne die näheren Umstände zu beachten:

> Institutionen, die in den verschiedensten Kontexten tätig sind, sind dazu übergegangen, den Auszug eines Kindes aus dem Elternhaus (sei es zum Zweck von Pflege, Lernen oder Arbeit) als eine Kindeswohlgefährdung zu verstehen. Dabei wird unterstellt, es handele sich um einen unfreiwilligen Akt, der in Vernachlässigung und Ausbeutung gründet und unaufhaltsam den Kindern, ihren Familien und ihren Gemeinschaften Schaden zufügt. In der Konsequenz sind Wanderungsbewegungen von Kindern (*child movement*) in wachsendem Maße mit illegalem Handel gleichgesetzt worden, was signifikante Folgen für die diesbezügliche Politik hat. (Boyden & Howard 2013, S. 354)

Eine solche Politikauffassung, die Howard (2012, S. 557) als „Kinderexzeptionalismus" im Rahmen einer „globalisierten Kindheit" bezeichnet, erweckt den Eindruck, dass migrierende Kinder durch „Armut, schädliche soziale Praktiken oder den Zusammenbruch sozialer Werte" (Heissler 2010) aus ihren Elternhäusern vertrieben werden. Auf diese Weise seien mobile, nomadische und außerhalb des Elternhauses lebende Kinder zum Gegenstand einer weitverbreiteten, von Institutionen geschürten moralischen Panikmache geworden:

> Diese Rhetorik ist eher intuitiv als belegt und beruht auf drei Arten von Vorstellungen. Die erste hat mit der Steuerung von Bevölkerungen zu tun. Die zweite bezieht sich auf Kinder und ihre Entwicklung. Und die dritte auf die Verortung von Kindern. Regierungen imaginieren überall auf der Welt Menschen, die in Bewegung sind, als Gefahr für die nationale Souveränität und Sicherheit, und viele greifen zu Maßnahmen wie strikten Einschränkungen bei Grenzüberschreitungen und Erlaubnissen zur Migration, als Mittel zu ihrer Beherrschung. Da Kinder bisher meist zurückgelassen wurden oder sich als Angehörige von Familien bewegt haben, sind Bewegungen von Kindern erst in der jüngsten Zeit Anlass für Besorgnis geworden, als es offensichtlich wurde, dass viele junge Leute allein emigrieren. (Boyden & Howard 2013, S. 356)

Stattdessen legen Boyden und Howard nahe, Wanderungsbewegungen von Kindern in den „historischen und moralökonomischen Kontexten zu verstehen, in denen Haushalte immer von der Mitarbeit aller aktiven Familienmitglieder abhängig waren und wo Kindheiten niemals räumlich innerhalb dauerhafter, geschlossener Familienstrukturen fixiert waren" (a. a. O., S. 365). Unter Bezug auf seine eigene Forschung in einer ländlichen Region von Benin bekräftigt Howard (2012, S. 566), dass „Kinder in dieser Region arbeiten, weil sie darauf angewiesen sind und ihre Arbeit individuell und kollektiv wertgeschätzt wird. Dabei zeigt sich, dass der Umschlagpunkt zwischen ‚Arbeit' und ‚Ausbeutung' wesentlich nuancierter ist, als die rigide, an Altersgrenzen ausgerichtete Zweiteilung politischer Normen vorgibt."¹⁴³ Konsequenterweise fordern Boyden und Howard (2013, S. 365) eine andere Kinderpolitik:

> Wenn Politiker aufrichtig Kinder vor dem, was sie als Ausbeutung erfahren, schützen wollen, dann sind Investitionen nötig, um Arbeitsinspektionen auszuweiten und Arbeitsplätze für Kinder zu schaffen, wo sie (ebenso wie die Erwachsenen neben ihnen) in der Lage sind, in Würde zu arbeiten. In ähnlicher Weise sind wirtschaftliche Investitionen erforderlich, um zu garantieren, dass diese Kinder und ihre Familien in der Lage sind, Zugang zu dem Geld zu haben, das für jedes Leben in der kapitalistischen Marktwirtschaft zentral ist, ohne hierfür emigrieren zu müssen. Es ist unsinnig, von den Leuten zu verlangen, ,zu Hause' zu bleiben, wenn sie hier keine Chance haben, wirtschaftlich voranzukommen. Das tonangebende und die Politik bestimmende Establishment muss also seine Vorgehensweise ändern – es ist an der Zeit, *mit* den armen Communities zusammenzuarbeiten, statt *über* sie zu bestimmen, wenn sie diese wirklich schützen wollen (kursiv im Orig.).

Mit Blick auf die moralischen Aspekte einer adäquaten Politik, die sich an den Kinderrechten orientiert¹⁴⁴, ergänzen Boyden und Howard (ebd.):

> Statt die moralische Integrität von Familien anzugreifen und Kinder in ihrem Wesen als Opfer hinzustellen, müsste sich die Politik neu aufstellen, wenn sie das Wohlbefinden von Migranten und potentiellen jungen Migranten wirklich zu fördern wünscht. Dies muss in einer Weise geschehen, die die soziokulturellen und wirtschaftlichen Realitäten der Kinder, einschließlich ihrer geschlechtsdifferenten Rollen und Verantwortlichkeiten, in Rechnung stellt.

Ähnliche Fragen stellen sich mit Blick auf eine Politik, die die Situation von Kindern, die auf städtischen Straßen leben, verbessern will. Ebenso wie die Kinder, die von Kinderhandel betroffen sind (*„trafficked children"*), werden diese Kinder oft als passive und hilflose Opfer dargestellt. Der britische Soziologe Matthew Davies (2008, S. 327) stellt auf der Grundlage eigener Forschung in einer Kleinstadt in Nordwest-Kenia ausdrücklich die Annahme in Frage, dass diese Kinder „ganz dringend Hilfe brauchen". Er übersieht nicht, dass Kinder oft Gewalt ausgesetzt sind, hält es aber vor allem für notwendig, die

---

[143] Differenzierte Untersuchungen zur Arbeit von Kindern in Haushalten wohlhabender Familien in Nigeria und Tansania finden sich in Gankam Tambo (2014) und Rockenfeller (2014).

[144] Kampagnen gegen Kinderhandel setzen oft auf moralische Panikmache. Westwood (2016) zeigt dies an Kampagnen in Großbritannien unter Bezug auf die sog. *Moral Panics Theory*.

Relevanz der eigenen Netzwerke der Kinder (von ihm „Subkulturen" genannt) zu erkennen und sie anzuerkennen (ebd.):

> Die Anerkennung der Subkulturen der Straßenkinder erfordert eine Politik, die auf Dialog gründet und die Gesellschaft der Erwachsenen auffordert, ihre Philosophie grundlegend zu reformieren. Wenn wir sie tatsächlich anerkennen wollen, dürfen wir Straßenkinder nicht als Kinder im Abseits („*children out of place*") betrachten, sondern müssen sie als kompetente Akteure wahrnehmen, die dann, wenn sie größeren Zugang zu Informationen und breitere Wahlmöglichkeiten haben, in der Lage sind, Entscheidungen zu treffen, die ihr Leben verändern. Wir haben die Zeit (wenn auch nicht die Ressourcen), um *mit* diesen Kindern, statt *für* sie zu arbeiten. Unser Ziel sollte sein, diesen Straßenkindern zu helfen, ihr Leben durch ihre eigenen ‚Kinderkulturen' zu ändern, statt ihnen unsere Sichtweisen aufzudrängen.[145]

Der ghanaische Erziehungswissenschaftler Yaw Ofosu-Kusi und der britische Soziologe Phillip Mizen (Mizen & Ofosu-Kusi 2010, Ofosu-Kusi & Mizen 2012), sind auf der Grundlage einer gemeinsam durchgeführten Untersuchung mit Kindern, die im Zentrum von Accra, der Hauptstadt von Ghana, auf der Straße leben, zu ähnlichen Ergebnissen gelangt (Mizen & Ofosu-Kusi 2010, S. 453):

> Dass die Kinder ein starkes Gefühl von gegenseitiger Unterstützung in ihrem von Entbehrungen geprägten Leben haben, legt nahe, die tiefere Bedeutung ihrer Freundschaften zu bedenken. Indem die Kinder sich als Freunde verstehen, machen sie auf die Schaffung neuer Lebensweisen, neuer Formen von Kindheit aufmerksam. Sie trotzen damit einer Erklärung, die ihr Leben als groben Gegensatz zu einer rationalen Organisation des sozialen Lebens einstuft. In ihrer Fähigkeit zu Gemeinsamkeit und Gegenseitigkeit, Austausch und Zusammenarbeit weisen die Freundschaften der Kinder in mancherlei Hinsicht über die Grenzen hinaus, die ihnen durch die Marktbeziehungen aufgenötigt werden, und lassen offenere und inklusivere Lebensformen zum Vorschein kommen. Diese Art, als Kinder zu leben, bietet allen Neuankömmlingen die Möglichkeit, in diesen Zonen täglicher Gewalt zu überleben, die durch Armut, Entbehrung und Verstädterung herbeigeführt werden. Diese Offenheit gibt denjenigen, die mit diesen Bedingungen nicht vertraut sind, die Chance, der Verzweiflung und dem Gefühl des Ausgeschlossenseins zuvorzukommen, das diese Fremden sonst befallen würde. In diesen Freundschaften ist deshalb mehr als ihre praktische Bedeutung enthalten. [...] In ihren Freundschaften zeigen die Straßenkinder eine eigensinnige Weigerung, ‚sich gehen zu lassen' und der Brutalität des Marktes zu erliegen. Ihre Netzwerke von Sozialität weisen

---

145 Zur Problematik des Terminus „Straßenkinder" und den mit dem Begriff „*Children out of Place*" verbundenen Forschungsansätzen vgl. Liebel (2005) und Invernizzi et al. (2017).

den Druck zurück, alles und jeden auf den Status einer Ware zu reduzieren, die ihren Preis hat und auf die man gelegentlich verzichten könnte.

Bemerkenswert an dieser Studie ist, dass die Forscher den von ihnen wahrgenommenen sozialen Zusammenhalt zwischen den Kindern als „neue Lebensweisen" und „neue Formen von Kindheit" deuten. Sie erklären nicht ihr Zustandekommen, aber es ist anzunehmen, dass sich in ihnen die Erinnerung an oder die Erfahrung mit kulturell tradierten Formen der Gegenseitigkeit niederschlägt und angesichts der neuen Herausforderungen des städtischen Straßenlebens reaktiviert wird. Ihre Formen mögen widersprüchlich und ihre Reichweite begrenzt sein, um die täglich erfahrenen Entbehrungen, Risiken und Diskriminierungen zu bewältigen. Aber sie enthalten offensichtlich ein widerständiges Potenzial, in dem eine Form von Gesellschaft aufscheint, in der die Menschen nicht an ihrer äußeren Erscheinung oder an ihrer Verwertbarkeit gemessen werden, sondern ihre Menschenwürde bedingungslos respektiert wird (vgl. auch Ofosu-Kusi & Mizen, 2012; Mizen & Ofosu-Kusi, 2013).[146]

Eine Herausforderung für den Umgang mit Kindern, die unter sehr prekären Bedingungen leben müssen, besteht auch darin, mit ihrer zweifellos gegebenen Verletzlichkeit in einer Weise umzugehen, die ihre Fähigkeit zu eigenständigen Antworten nicht unterschlägt. Ähnlich wie bei Straßenkindern und migrierenden Kindern stellt sich bei Kindern, die ihre Eltern und Verwandten verloren haben oder von ihnen durch die Lebensumstände getrennt wurden, die Frage, welche Art von Unterstützung sie tatsächlich benötigen.

Patricia Henderson (2006; 2013), eine Mitarbeiterin des *Centre for HIV/AIDS Networking (HIVAN)* in Südafrika, untersucht einige Annahmen, die im Entwicklungs- und Interventionsdiskurs bezüglich der Verletzlichkeit von AIDS-Waisen in ihrem Land verbreitet sind. In einer Untersuchung mit Kindern und Jugendlichen zwischen 14 und 22 Jahren in einer ländlichen Region macht sie darauf aufmerksam, wie globale Begriffe daran scheitern können, lokale Besonderheiten zu erfassen. Auf der Grundlage ihrer Forschung argumentiert sie, dass ein „zu enger Fokus auf die Verletzlichkeit von AIDS-Waisen" das Risiko mit sich bringt, „ihre Gemeinsamkeiten mit anderen in Armut lebenden Kindern ebenso wie ihre Stärken, die sie zur Bewältigung ihrer Lebensumstände hervorbringen, unsichtbar zu machen" (Henderson 2006, S. 303). Ihre Forschungsergebnisse zeigen die variierenden Umstände, in denen Waisen leben; die Grade ihrer Aufnahme durch Verwandtschaftsgruppen; ihre Geschicklichkeit, ihr Wissen und ihre Fähigkeiten, sich in der lokalen Umge-

---

146 Zu ähnlichen Ergebnissen gelangt eine ethnografische Studie in Daressalam, der Hauptstadt Tansanias (Wagner, Lyimo & Lwendo 2012).

bung zurechtzufinden; und den reichen Set von kulturellen Ressourcen und lokalen Repertoires, mit Erfahrungen und Verlust umzugehen. Henderson sieht sich veranlasst, einige implizite Bedeutungen des Kinderrechtsdiskurses in Hilfsprogrammen für AIDS-Waisen in Frage zu stellen, namentlich was als „Kind" verstanden und wie das Verhältnis der Kinder zu Betreuungspersonen gesehen wird (a. a. O., S. 304 f.):

> In Hilfsprogrammen, die sich am Kinderrechtsdiskurs orientieren, ist ein paternalistisches Verständnis von Verletzlichkeit verbreitet, dass der tatsächlichen Situation der Kinder nicht gerecht wird. Oft werden mutmaßliche Ideale von Kindheit in plumper Weise auf lokale Situationen übertragen. In vielen Fällen verhindert importiertes Wissen, das Interventionen zugrunde gelegt wird, die Wertschätzung lokaler Verständnisweisen. Es bleibt dadurch verborgen, inwiefern die importierten Annahmen unangemessen sind und in die Irre führen.

In einem anderen Text kommt Henderson (2013, S. 45) zu dem Schluss:

> Das Ergebnis ist ein oberflächliches Engagement mit jungen Leuten in Beziehung zu Rechten, wie sie in der UN-Kinderrechtskonvention verkündet werden. Es wird vollständig übersehen, wie unter Beachtung lokaler Formen von Sozialität damit begonnen werden könnte, einige der anspruchsvollen Forderungen, die in dem Dokument enthalten sind, zu erfüllen. In mancherlei Hinsicht macht dies NGOs ‚blind' für die Lektionen, die sie lernen könnten, wenn sie auf das Lokale achten würden.[147]

In ähnlicher Weise fordern Helen Meintjes und Sonja Giese, zwei andere südafrikanische Forscherinnen, unter Bezug auf „die unermüdlichen Advokaten, Forscher und Aktivisten in der HIV/AIDS-Arbeit" dazu auf, über die Wirksamkeit „ihrer Waisen-zentrierten, rhetorisch aufgeladenen Appelle nachzudenken, mit denen sie Interventionen in einer desaströsen epidemischen Gefährdung mobilisieren wollen" (Meintjes & Giese 2006, S. 425).

> Weit entfernt davon, zur bekundeten Verwirklichung der Rechte dieser Kinder beizutragen, führt diese oft wiederholte Art von Appellen – trotz gewiss guter Absichten – dazu, die Erfahrungen, Bedürfnisse und Kontexte der Kinder zu unterminieren. Obwohl diese Appelle häufig von den Intentionen der UN-Kinderrechtskonvention angetrieben werden, sind sie in der Gefahr, verwaiste Kinder in Situationen zu bringen, in denen sie tatsächlich ‚als besonderen Schutzes bedür-

---

147 Zur Bedeutung lokaler Orientierungen in der Kinderrechtspraxis, auch unter Bezug auf Beispiele in Afrika, vgl. Vandenhole (2012) und Liebel (2009).

ftig' verstanden werden könnten. Sie versäumen, die Rechte anderer Kinder im Kontext von AIDS angemessen anzugehen. Politische Empfehlungen, Service-Designs, Umsetzungsprozeduren and andere Interventionsformen, die vom Waisenzentrierten Denken ausgehen, sind nicht sensibel genug für lokale Wege des Weltverständnisses (und die Konsequenzen der Pandemie), und könnten damit unbeabsichtigt neue soziale Ungleichheiten herbeiführen und das Schadensrisiko für einige der vielen Kinder vergrößern, denen sie mit ihren Interventionen helfen wollen (a. a. O., S. 425 f.).

Die Autorinnen veranschaulichen wie der globale Fokus auf Waisen dazu führt, Stereotypen über die Erfahrungen der Kinder zu verfestigen, und plädieren dafür, bei der Beschreibung von Kindheiten im Kontext von AIDS sorgfältiger den konzeptionellen und darstellenden Aspekten Beachtung zu widmen. Sie warnen vor der Annahme, dass die Kinder aufgrund ihrer „Waisendaseins" hilflose Opfer seien, und fordern mehr Beachtung für die Ähnlichkeiten mit anderen Kindern, die in Armut leben. Wenn arme Kinder in erster Linie als Opfer charakterisiert werden, werden ihnen negative Stereotype angeheftet. So zeigen zum Beispiel Nancy Scheper-Hughes und Carolyne Sargent (1998, S. 3), wie arme Kinder auf einen marginalen Platz verwiesen und in der Folge zu passiven Empfängern nationaler oder globaler Politikansätze gemacht werden, dargestellt als der „durch und durch überzählige Andere (*quintessential supernumery others*)".

Auf der Suche nach Alternativen in diesem Kontext ist es von großer Bedeutung, wie die Erfahrungen von „Kinderhaushalten" (*child-headed households*) bewertet werden, die infolge von AIDS-Pandemie und Kriegen vor allem im südlichen und östlichen Afrika entstanden sind. Im Gegensatz zum Mainstream einer Forschung, die auf die Risiken und Verletzlichkeiten der Kinder gerichtet ist, nehmen Maureen Kendrick und Doris Kakuru, zwei Forscherinnen aus Uganda und Kanada, Kinderhaushalte als „Wissensquelle" (*funds of knowledge*) in den Blick (Kendrick & Kakuru 2012). Mit ethnografischen Methoden dokumentieren sie die Erfahrungen und Aktivitäten von Kindern in fünf ländlichen Regionen Ugandas. Sie stellen Kinder als findige, kompetente und kenntnisreiche Akteure dar, wobei sie deren Fähigkeit, neues Wissen hervorzubringen, zu nutzen und zu erwerben, ebenso betonen wie die Bedingungen extremer Not, denen die Kinder ausgesetzt sind. Die Absicht der Autorinnen besteht darin, die Kenntnisse über die Kinder in solchen Haushalten zu vertiefen, indem sie ein nuanciertes Verständnis der Beziehungen zwischen den Risiken und Fähigkeiten der Kinder gewinnen. In einer Untersuchung, die in Sambia durchgeführt wurde, gelangt Ruth Payne (2012a; 2012b) zu ähnlichen Ergebnissen.

Am Beispiel von Haushalten, die von Kindern in eigener Verantwortung geleitet werden, will ich nun zeigen, inwiefern auch hier nur ein kontextspezifisches Verständnis der Kinderrechte den Kindern gerecht wird und von ihnen als Unterstützung verstanden werden kann. Diese Haushalte rufen ein Missbehagen hervor, da nach verbreiteter Meinung Kinder eigentlich keine elterliche Verantwortung übernehmen sollten (als ein Beispiel vgl. UNICEF 2006, S. 62). Elternschaft gilt *ausschließlich* als Angelegenheit von Erwachsenen. Jedwedes Lebensarrangement, das von dieser Norm abweicht, wird tendenziell als eine Quelle von Fehlentwicklung gesehen, selbst wenn es von den Kindern ausdrücklich gewünscht wird und für sie unter den gegebenen Umständen offensichtlich die vorteilhafteste Lösung darstellt. Anstatt darin ein begründetes Interesse und innovative Lebensstrategien von Kindern zu erkennen, die aus der spezifischen Situation der Kinder heraus entstehen, besteht bei Behörden und Hilfsorganisationen, die sich Waisen widmen, die Tendenz, die so lebenden Kinder zusätzlich zu diskriminieren und auszugrenzen (vgl. Ennew 2005; Cheney 2013; 2016).

Dabei wird nicht berücksichtigt, dass in vielen Ländern Kinder damit befasst sind, für jüngere Geschwister, die oft noch sehr klein sind, zu sorgen. Sie lernen dies an der Seite ihrer Eltern und entlasten diese, indem sie sich um die physischen und psychischen Bedürfnisse ihrer jüngeren Brüder und Schwestern kümmern und Arbeiten im Haushalt übernehmen. Die Betreuung von Geschwistern wird in vielen Familien als Teil einer normalen Entwicklung und als wesentliche Vorbereitung auf das Erwachsenenleben betrachtet. In afrikanischen Gesellschaften ist das Aufziehen von Kindern ohne Beteiligung von Erwachsenen weit verbreitet.

Das Zusammensein von Kindern in eigener Verantwortung hat in Afrika eine lange Tradition. Es ist mitunter Bestandteil einer Art Initiationsritus, in dessen Verlauf Kinder eine Zeitlang sich selbst überlassen werden, um sich in autonomen Kindergruppen zu bewähren und sich gemeinsam fürs Leben fit zu machen (vgl. Liebel 2001, S. 116 ff.; Kam Kah 2015, S. 188 ff.). In vielen Teilen Afrikas übernehmen Gruppen von Kindern auch genau definierte soziale Funktionen, z. B. die Instandhaltung von Brunnen oder Moscheen (in muslimischen Gemeinschaften), die Sauberhaltung der Dörfer, Hilfe für Kranke und Behinderte oder die Unterstützung von Opfern schwerer Regenfälle oder Brände (vgl. Sall 2002, S. 89). Die weite Verbreitung von Kinderhaushalten ist heute allerdings vorwiegend einer Notsituation geschuldet. Eine besonders große Zahl solcher Haushalte findet sich in Ländern, die stark von der HIV/AIDS-Pandemie betroffen sind, z. B. in Südafrika, Zimbabwe, Malawi, Swasiland, Uganda oder Tansania (vgl. Germann 2005; Penn 2005, S. 104 ff.; van Breda 2010; Germann 2010; Wolf 2010; Tolfree 2004). Im südlichen Afrika wird geschätzt, dass 15 % aller Haushalte von Kindern geführt werden (vgl. Penn 2005, S. 181). In Ruanda entstanden infolge des Genozids schätzungsweise 60.000 von Kindern geführte Haushalte (Tolfree 2004, S. 163).

Die folgenden Äußerungen von Kindern aus Ruanda und Tansania, die in solchen Haushalten lebten, illustrieren, was die Kinder bewegt (zit. n. Tolfree 2004, S. 162):

Ich bin 14 Jahre alt und ich bin ein Kind. Aber wenn ich jemals heiraten sollte, weiß ich, dass ich immer fortfahren werde, für meine Kinder zu sorgen. Wie kann eine Familie ihre Kinder vernachlässigen? Für mich ist eine Familie eine Gruppe von Leuten, die für einander sorgen, wenn sie hungrig oder krank sind. Ich habe eine Familie, ich brauche ein Zuhause.

Ich bin zu jung, um eine Mutter zu sein, aber ich bin eine Mutter und ich würde nie meinen Bruder und meine Schwester allein lassen.

Ich bin 12 Jahre alt und kam hierher mit meinen Eltern, die vor einem Jahr weggingen, und mir gefällt es nicht, von meinen kleinen Schwestern und Brüdern getrennt zu sein, wir bleiben zusammen, ich sorge besonders für den jüngsten, der ein Jahr alt ist. (...) Weil ich mich um ihn kümmerte, wurde ich gezwungen, die Schule zu verlassen. (...) Aber wir freuen uns, wenn wir zusammen sind, ohne dass sich irgendjemand von außerhalb unserer Familie einmischt.

Solche Vorlieben werden häufig von Organisationen, die sich unter Berufung auf Kinderrechte um den Schutz und die Versorgung verlassener und von Erwachsenen getrennt lebender Kinder bemühen, missachtet. David Tolfree (2004, S. 161) berichtet, dass sich z. B. in Tansania Kinder in solchen Haushalten nur mit Mühe davon überzeugen ließen, sich einer Ersatzfamilie anzuvertrauen, obwohl sie in ihrem eigenen Haushalt große Schwierigkeiten zu bewältigen hatten. In Malawi wurden Haushalte von Kindern von Mitgliedern der Gemeinden prinzipiell als unangemessen betrachtet, auch wenn das älteste „Kind" bereits 18 Jahre oder älter war.

Kinder, die in Kinderhaushalten leben, müssen mit einigen Schwierigkeiten rechnen. Da sie wenig Verständnis für ihre Lebensweise finden und kaum unterstützt werden, haben sie oft Schwierigkeiten, ihren Lebensunterhalt zu verdienen. Ihnen fehlen mitunter die nötigen Erfahrungen, um ihr gemeinsames Leben in eigener Regie zu bewältigen und auftretende Probleme zu lösen. Ein 15-jähriger Junge drückt das so aus (zit. n. Tolfree 2004, S. 165):

Was für eine Wahl habe ich? Ich bin 15 Jahre alt. Ich weiß nicht, wie ich diese Mädchen aufziehen soll. Ich weiß nicht, wie ich auf sie aufpassen soll. Ich kann mich um mich selbst kümmern, aber ich kann mich nicht um sie kümmern. Manchmal weiß ich nicht, was ich tun soll. Ohne mich würden sie nichts zu essen und keinen Platz zu Schlafen haben. Aber was kann ich tun?

Wenn diese Kinder weder Schutz noch Unterstützung finden, sind sie in besonderer Gefahr, missbraucht und ausgebeutet zu werden (vgl. van Breda 2010, S. 269 ff.; Germann 2010, S. 290). Insoweit sie selbst vollständig für ihren Lebensunterhalt sorgen müssen und die staatlichen Behörden nicht auf ihre besondere Situation Rücksicht nehmen, können sie oft keine Schule besuchen (van Breda 2010, S. 272 ff.). Die Kinder beklagen selbst sehr oft, dass sie niemanden haben, der für sie spricht und sie gegen Anschuldigungen verteidigt. Sie fühlen sich allein gelassen und sagen z. B.: *„Wenn du allein bist, verlierst du den Mut"* (Tolfree 2004, S. 163). Die Kinder, die sich rund um die Uhr ums Überleben und ihre Geschwister kümmern müssen, stehen unter starkem sozialen und emotionalen Stress (van Breda 2010, S. 266 ff.). Die Probleme der Kinder resultieren nicht zuletzt daraus, „dass ihnen Akzeptanz, Anerkennung und Respekt für die von ihnen entwickelten unkonventionellen Lebensformen vorenthalten wird" (Germann 2010, S. 294).

Gleichwohl können die von Kindern geführten Haushalte mehr als eine Notlösung sein und für die Kinder manche Vorteile mit sich bringen. Sie ermöglichen z. B. den Geschwistern, zusammen zu bleiben und die gegenseitigen Bindungen zu festigen, die auch für ihr späteres Leben wichtig sind. David Tolfree (2004, S. 163 f.) berichtet, dass manche Kinder ausdrücklich die Befürchtung geäußert hätten, in Pflegefamilien oder Heimen von ihren Geschwistern getrennt und schlecht behandelt zu werden. Teilweise beruht dies auf eigenen Erfahrungen. Unter Umständen ist das Zusammenbleiben auch ein Weg, um das Haus nicht zu verlieren, den zugehörigen Gemüsegarten für die Selbstversorgung weiter nutzen zu können oder eine dort ausgeübte Arbeit fortzuführen, die für den Lebensunterhalt unverzichtbar ist. Ältere Kinder betonen, dass ihnen besonders wichtig ist, die wirtschaftliche Unabhängigkeit nicht zu verlieren und so eine bessere Ausgangsbasis für das Erwachsenenleben zu haben.

Die Kinder zeigen ein starkes Zusammengehörigkeitsgefühl und entwickeln Fähigkeiten, auch mit den schwierigsten Situationen umzugehen (Germann 2010, S. 293; Kendrick & Kakuru 2012). Angelika Wolf (2010, S. 189) zitiert einen Jungen aus einem Kinderhaushalt in Malawi mit folgenden Worten:

Was ich sehe, das uns ermöglicht, zusammen leben zu können, ist der Geist der Einheit, der unter uns ist. Wir streiten nicht über bestimmte Themen ... – zum Beispiel als der Vater gestorben war, gab es Konflikte wegen Eigentum – ... und man will seinen eigenen Weg gehen. Aber wir, wir sitzen zusammen und beraten uns oder sagen uns gegenseitig, wie wir Dinge tun sollten, wir tauschen Ideen aus. Wir halten nichts von Alter, einer hört auf die anderen. Wir machen Dinge wie eine einzige Person.

Die schwierige Lebenssituation lässt selten widerspruchsfreie Lösungen zu. Die Kinder sind meist genötigt, Kompromisse zu finden, bei denen die einen zugunsten der anderen auf Wünsche verzichten müssen. In zwei in Malawi untersuchten Kinderhaushalten z. B. „übernahmen die ältesten Schwestern den Haushalt und die Versorgung der jüngeren Geschwister. Sie verzichteten auf den weiteren Schulbesuch, um Arbeit zu finden und Geld zu verdienen. Sie legten großen Wert darauf, den jüngeren Geschwistern den Schulbesuch zu ermöglichen" (Wolf 2010, S. 199). Die Kinder begnügten sich aber nicht mit dieser Situation, sondern versuchten bei Nachbarn und anderen Dorfbewohnern „Gehör zu finden, andere zu überreden oder sie zu Handeln in ihrem Sinne zu bewegen" (a. a. O., S. 197).

Für die Kinder hängt viel davon ab, ob sie bei Erwachsenen für ihre ungewöhnliche, aus der Not geborene Lebensform Anerkennung und für die Lösung ihrer Probleme Unterstützung finden. In einigen afrikanischen Ländern wird inzwischen die Notwendigkeit gesehen, auch staatlicherseits den Kinderhaushalten Unterstützung zu gewähren und dafür einen legalen Rahmen zu schaffen. Südafrika ist das erste Land, in dem die Kinderhaushalte unter ausdrücklichem Bezug auf die Kinderrechte als neue Familienform gesetzliche Anerkennung fanden und in das staatliche Sozialsystem einbezogen wurden (vgl. Couzens & Zaal 2009; van Breda 2010). Allerdings stellt sich dabei die in Südafrika und anderen afrikanischen Ländern seit Jahren heftig diskutierte Frage, ob die Kinder nur als Versorgungsobjekte betrachtet oder bei der Suche nach möglichen Lösungen als Partner einbezogen und in ihrer Eigenständigkeit und mit ihren eigenen Vorstellungen akzeptiert werden. Nur dann werden die Kinderrechte auch für diese Kinder Sinn ergeben und sie können sie in ihrem Interesse nutzen.

Wenn Kinder darauf angewiesen sind, sich selbst zu helfen, wie im Fall migrierender, Straßen- oder Waisenkinder, ist ihr Interesse am besten gewahrt, wenn sie Anerkennung und Unterstützung für die Lebensformen finden, die sie für sich als angemessen betrachten. Nur dann werden sie auch einen Sinn in den Kinderrechten sehen und sie sich ggf. zunutze machen.

8.3 Paternalismus und Kinderpartizipation

Das im neuzeitlichen Europa entstandene Kindheitsmuster basiert auf der strikten Trennung von Erwachsenen und Kindern. Im Unterschied zur traditionellen Form des Paternalismus, die in der bedingungslosen Unterordnung der Kinder unter die Macht der Erwachsenen besteht, sieht das moderne Kindheitsmuster Freiräume vor, in denen Kinder in begrenzter Weise ein Eigenleben entwickeln können. Doch dieses Eigenleben ist auf den räumlichen und zeitlichen Bereich der Kindheit beschränkt und erlaubt Kindern nicht, sich in die Welt der Erwachsenen einzumischen. Damit ist der Paternalismus der Gesellschaft nicht aufgehoben, sondern nur weniger sichtbar geworden. Der Schutz und die Versorgung der Kinder wurden gleichsam mit dem Verlust ihrer Unabhängigkeit erkauft, ein historischer Vorgang, der gelegentlich auch als „Infantilisierung" bezeichnet wird.[148]

Mit der europäischen Kolonialisierung wurde das als modern geltende Kindheitsmuster sukzessive auch in Afrika propagiert und durchzusetzen versucht, wie an der Institutionalisierung von Schulausbildung besonders deutlich wird. Die damit verbundenen Freiräume wurden Kindern in den Kolonien allerdings nie in gleicher Weise zugebilligt oder sie wurden auf privilegierte Minderheiten beschränkt.[149] Die moderne Konzeption von Kindheit dient bis heute eher dazu, Lebenspraktiken als rückständig oder überholt zu diskreditieren, in denen Kinder teilweise in durchaus eigenständige Weise Verantwortung übernehmen, dabei die lebensnotwendigen Fähigkeiten erwerben, früher als nach dem europäischen Kindheitsmuster vorgesehen Selbstständigkeit erlangen und eine aktive Rolle in ihrem Lebensumfeld einnehmen. Mit Blick auf die heutige postkoloniale Situation in Afrika stellt sich die Frage, welche Kindheitsmuster sich aus dem Zusammentreffen europäischer Einflüsse mit afrikanischen Traditionen ergeben haben und wie in ihnen das Verhältnis von Kindern und Erwachsenen gestaltet ist.

In vielen afrikanischen Gesellschaften wird das Kind meist vorgestellt als integrales Mitglied eines Gemeinwesens mit zwar besonderen Eigenschaften, aber nicht getrennt von den „erwachsenen" Mitgliedern dieses Gemeinwesens. Von den Kindern wird erwartet, je nach vorhandenen Fähigkeiten (nicht notwendiger Weise gemessen am chronologischen Lebensalter) spezifische Aufgaben zu übernehmen, die für die Gemeinschaft wichtig sind.[150] Diese Aufgaben

---

148 Zur Unterscheidung „traditionaler" und „moderner" Formen von Paternalismus im Verhältnis von Erwachsenen zu Kindern vgl. Liebel (2007c); zur Problematik der Unterscheidung von „Tradition" und „Moderne" und der Notwendigkeit „indigener Perspektiven" für das Verständnis afrikanischer Kindheiten vgl. Schäfer (2010).
149 Es sei auch darauf hingewiesen, dass während der Kolonialzeit zahlreichen Kindern ein Kindheitsstatus gänzlich verweigert wurde, um sie beliebig ausbeuten zu können (vgl. Nieuwenhuys 2008; Morrison 2015).
150 Dies kommt in der Afrikanischen Charta der Rechte und der Wohlfahrt des Kindes (1990) zum Ausdruck, indem neben den Rechten auch Pflichten des Kindes gegenüber seiner Fa-

können sozialer, wirtschaftlicher oder politischer Natur sein, z. B. die Mitwirkung bei der Feldarbeit, die Übernahme von Aufgaben im Haushalt oder die Ausübung von Ämtern im Gemeinwesen. Zugleich existieren (z. B. in West- und Ostafrika) oft Regeln, die den Kindern spezifische Güter (Land, Nutztiere) zusprechen, z. B. als Erbe noch zu Lebenszeiten der Eltern oder als Beitrag der Gemeinde, wobei es sich nicht um beliebig verfügbares „Privateigentum" handelt, sondern um sozial gebundenen Besitz.[151] Diese Erwartungen und Regeln lassen sich ebenso als Voraussetzungen wie als Formen von Partizipation verstehen (ohne allerdings so genannt zu werden und individuell verfügbares Recht zu sein; zu einem Beispiel aus Burkina Faso vgl. Hilbert & Strack 2011). Hinsichtlich der Stellung und des Einflusses der Kinder in der Gesellschaft können diese Regelungen über das westliche Verständnis von Partizipation hinausgehen, da die Kinder bereits als verantwortliche Mitglieder des Gemeinwesens gelten.

Davon zu unterscheiden ist die ebenfalls in afrikanischen Gesellschaften verbreitete Vorstellung, dass Kinder den Älteren (vor allem ihren „Ernährern") gegenüber bedingungslos gehorchen und zu Diensten sein müssen sowie ihren Entscheidungen in vollem Maße unterworfen sind. Im östlichen und südlichen Afrika z. B. sind laut Bert Rwezaura (1998, S. 59) die intergenerationalen Beziehungen meist von einer Ethik der Dominanz geprägt, in welche die ökonomischen und sozialen Rollen von Kindern eingebettet sind:

> Feldstudien über afrikanische Sozialsysteme haben eine Art Leim ermittelt, der die Menschen aneinander bindet. Diese Bindung ist in der Vorstellung des Respekts gegenüber den Eltern enthalten und wird wiederum durch die Ethik der Dominanz verstärkt. [...] Jedes Kind ist nach seiner Geburt in dieses System hineingewachsen, in dem seine sozialen und wirtschaftlichen Rollen mehr oder weniger vorherbestimmt waren.

---

milie, der Gemeinschaft, dem Staat sowie gegenüber der Staatengemeinschaft hervorgehoben werden. Innerhalb der Familie äußert sich dies durch seine Pflicht, für den Zusammenhalt der Familie Sorge zu tragen und die Eltern und ältere Menschen zu respektieren. Gegenüber dem Staat hat das Kind unter anderem die Pflicht, der nationalen Gemeinschaft zu dienen, indem es seine intellektuellen und physischen Fähigkeiten einbringt. Allerdings gelten die Rechte unabhängig von der Erfüllung der Pflichten (englische Version der Charta: www.humanrights.ch/upload/pdf/070629_Afr.Charta_RechtedesKindes.pdf; zur Diskussion vgl. Lloyd 2002; 2008; Olowu 2002).

151 Grohs (1967, S. 34) zitiert als Beispiel aus einer schriftlich überlieferten Kindheitserinnerung in Westafrika: „Als ich zehn Jahre alt war, gaben sie mir ein Stück Acker, um es zu kultivieren und zu bepflanzen mit Getreide, das ich mein eigenes Eigentum nennen konnte." Zu weiteren Beispielen vgl. Liebel (2001, S. 121 ff.).

Von der aus Ghana stammenden Kindheitsforscherin Afua Twum-Danso (2005; 2010) wird die Situation im vor- und nachkolonialen Westafrika in ähnlicher Weise beschrieben. Nach dieser Vorstellung steht es Kindern nicht zu, den Älteren zu widersprechen oder Rechenschaft bzw. Begründungen für ihr Verhalten oder ihre Entscheidungen zu verlangen. Diese Art des Generationenverhältnisses lässt sich als paternalistisch oder autoritär bezeichnen. Demnach nehmen Kinder am Handeln der Gesellschaft teil, während sie vom Sprechen und Entscheiden über die Inhalte und Bedingungen ihres Handelns ausgeschlossen bleiben. Dies ist nicht nur mit jeglicher Partizipation von Kindern, die auf deren eigenem Willen beruht, unvereinbar, sondern verletzt auch deren Würde und bringt womöglich sogar ihr Leben in Gefahr.

Der ghanaische Philosoph Kwasi Wiredu (1996, S. 158 f.) hebt allerdings auch hervor, hier mit Blick auf die Ethnie der Akan in Ghana, dass alle Menschen von Geburt an als soziale Wesen betrachtet werden, denen menschliche Würde zukomme und denen deshalb mit „einem gewissen Grundrespekt" zu begegnen sei:

> Die Akan haben einen intensiven Sinn von der Angewiesenheit eines menschlichen Wesens. Unmittelbar nach der Geburt ist ein Kind wehrlos und abhängig. Dies ist die Zeit, in der es am stärksten auf Versorgung und Schutz durch andere angewiesen ist, und – nach Auffassung der Akan – die Zeit des größten Rechts auf Hilfe. Aber dieses Recht bedeutet nicht, dass jemand für alle Zeiten als mangelhaft an sich betrachtet wird. Die Logik dieses Rechts könnte einfach so beschrieben werden: ein genuines menschliches Bedürfnis bringt das Recht mit sich, befriedigt zu werden. Das Recht, ernährt zu werden, ist folglich das erste Menschenrecht. Im Laufe der Zeit wird es auf dialektische Weise transformiert in eine Pflicht, nämlich die Pflicht, die eigene Mutter zu ernähren, wenn sie alt ist. ‚Wenn deine Mutter dich ernährt, damit deine Zähne wachsen', sagt ein Sprichwort der Akan, ‚ernährst du sie, wenn sie ihre verliert'. Aber es gibt einen anderen Aspekt der Ernährung eines menschlichen Wesens – es muss in den lebensnotwendigen Angelegenheiten unterwiesen werden – und diese Aufgabe schreiben die Akan dem Vater zu. Dem Vater kommt folglich die Pflicht zu, den Charakter des Kindes zu bilden, ihm Allgemeinbildung zu vermitteln und es auf den Beruf vorzubereiten.

Wiredu (a. a. O., S. 169) sieht im Denken der Akan viele Elemente von Menschenrechten, wie sie heute weltweit verstanden werden:

> Das Denken der Akan erkennt das Recht eines Neugeborenen an, ernährt und gebildet zu werden; das Recht eines Erwachsenen auf ein Stück Land vom angestammten Besitz; das Recht einer jeden Gemeinschaft auf Selbstverwaltung; das Recht aller, bei der Berufung und Abberufung ihrer ‚Chiefs' oder ihrer ‚Ältesten' mitzureden und an der Regierungspolitik mitzuwirken; das Recht aller auf Gedan-

ken- und Meinungsfreiheit in allen politischen, religiösen und metaphysischen Angelegenheiten; das Recht eines jeden auf Beratung vor einem Urteilsspruch; das Recht einer Person, an irgendeinem Ort zu bleiben oder ihn zu verlassen; usw.

Mit Blick auf Kinder sieht derselbe Autor allerdings ein Problem darin, dass ihnen keine eigene Meinung zugestanden werde, zumal wenn diese den Ansichten der Älteren widerspreche (a. a. O., S. 170):

> Es ist leicht zu verstehen, dass in einer traditionalen Gesellschaft Wissen ebenso wie Weisheit dazu tendiert, mit dem Alter zu korrespondieren. Folglich stand ihnen praktisch automatisch Respekt zu. Aber eine unglückliche Konsequenz davon war, dass die selbstständigen Äußerungen der Jüngeren rigoros begrenzt wurden. Die abweichende Meinung eines Jüngeren wurde fast gleichgesetzt mit fehlendem Respekt oder Halsstarrigkeit. [...] Tatsächlich konnten die Jüngeren aufgrund des traditionalen Ethos gewöhnlich nichts ohne die Einwilligung der Älteren tun. Aber im modernen Kontext ist dieses Ethos nicht länger mit den Rechten der Nicht-Erwachsenen auf freie Meinungsäußerung in Einklang zu bringen.

Allerdings kann der in afrikanischen Gesellschaften oft betonte und geforderte Respekt der Jüngeren gegenüber Älteren auch Bedeutungen haben, die sich diesem Verdikt entziehen. Respekt meint nicht notwendigerweise Unterordnung unter bestimmte Personen, sondern bezieht sich auf die Anerkennung von Traditionen und Wissensbeständen, die durch diese Personen repräsentiert werden. Respekt in diesem Sinne ist auch nicht nur auf Personen bezogen, sondern schließt einen rücksichtsvollen, d. h. nicht beliebigen Umgang mit der natürlichen Umwelt bzw. den Lebensgrundlagen ein. Er zielt letztlich auf ein Zusammenleben, das durch Verbundenheit, Zuwendung und gegenseitige Achtung gekennzeichnet ist, die auch gegenüber Kindern praktiziert werden.

Diese teilweise einander widersprechenden Normsetzungen und Praktiken können in der sozialen Realität einer Kultur oder Gesellschaft zur selben Zeit vorhanden sein, sich überschneiden, jeweils nur in bestimmten Bereichen (z. B. Familie oder Öffentlichkeit) gelten[152] oder für beide Geschlechter unterschiedlich geregelt sein. Ebenso ist zwischen Normen und Ansprüchen einerseits und der tatsächlichen Praxis zu unterscheiden. Auch stellt sich die Frage, inwieweit die je spezifischen Vorstellungen von Partizipation oder deren Gegenteil mit Machtstrukturen verwoben sind und deren Veränderung anstreben oder zu

---

152 Frank Girling (1960) zeigt an der Ethnie der Acholi in Uganda, wie sich verschiedene Bereiche und Ausmaße wirtschaftlicher und politischer Partizipation innerhalb einer gesellschaftlichen Gruppe unterscheiden können.

vermeiden suchen. Partizipation ist nicht per se transformativ, sondern kann auch einen integrierenden bzw. machterhaltenden Zweck erfüllen.

Um zu veranschaulichen, wie verschieden oder gar widersprüchlich das Verhältnis von Älteren und Jüngeren und die soziale Stellung der Kinder innerhalb afrikanischer Gesellschaften verstanden und geregelt sein kann, will ich mich auf ein Beispiel in Eritrea beziehen. Bei den in diesem Land lebenden Ethnien der Tigrinya und Saho gilt die Norm, Kinder grundsätzlich von Gesprächen über wichtige, insbesondere problematische Themen, fernzuhalten (Woldeslase, Berhe & Belay 2002, S. 30, zit. n. Fleischhauer 2008, S. 77):

> Die Partizipation des Kindes in Familien- und Gemeinschaftsangelegenheiten hängt davon ab, ob es durch Gesprächsinhalte belästigt oder geistig verwirrt werden könnte. [...] Die Befragten glauben, dass ein Kind Gefühle der Abneigung und Feindseligkeit entwickeln könnte, wenn es Streitereien zwischen Eltern und Nachbarn beiwohnt. [...] Ein Kind kann an Diskussionen in der Ortsversammlung teilnehmen, sobald es die Adoleszenz erreicht hat.

Dagegen erhält nach Ansicht derselben Autoren (ebd.) bei den im selben Land lebenden Ethnien der Tigre und Hedareb ein Kind

> [...] in hohem Maße Gelegenheit, an Familien- und Gemeinschaftsangelegenheiten teilzunehmen. Einem Kind wird erlaubt zuzuhören und in der Diskussion zwischen Vater und Mutter eigene Ideen einzubringen. Es wird begrüßt, wenn ein Kind etwa einen Wechsel der Viehweide vorschlägt oder seine Meinung äußert, welcher Teil des Viehbestands verkauft oder getauscht werden soll. [...] Ein männliches Kind wird eingeladen, an den Diskussionen in einer Ortsversammlung teilzunehmen. Damit wird die Absicht verfolgt, das Kind in allen Familien- und Gemeinschaftsangelegenheiten heranzubilden und mit Informationen auszustatten.

Solche Unterschiede in der sozialen Positionierung von Kindern (auch solchen verschiedenen Geschlechts) und im Umgang mit ihnen mahnen, weder Afrika insgesamt noch einzelne afrikanische Länder als kulturell homogen zu stilisieren. Ähnliches gilt für die Art und Weise, wie die Erbschaften der Kolonialzeit und heutige westliche Einflüsse verarbeitet werden. Neben unterwürfiger Nachahmung, die sich heute besonders bei afrikanischen Machteliten und staatlichen Autoritäten findet, versuchen viele Menschen, zu durchaus eigenständigen und mitunter auch widerständigen Antworten auf die widerstreitenden Einflüsse und Herausforderungen zu gelangen. Dies gilt auch und gerade für junge Menschen.[153] Sie leben ebenso wenig wie Erwachsene und vielleicht noch weniger als diese abgeschottet von dem, was in anderen Ländern und anderen Teilen der Welt geschieht. Für die Zukunft wird vieles davon abhängen, wie sie die ihnen heute zugänglichen Informationen, wozu auch die Kinderrechte zählen, für die eigene Positionierung in der Gesellschaft und der Welt nutzen können.

8.4 Fazit

Die postkoloniale Konstellation, insbesondere die wachsende soziale Ungleichheit zwischen dem Globalen Norden und Süden, die sich auch in den afrikanischen Ländern selbst reproduziert, bringt für die große Mehrheit der Kinder große Probleme mit sich und stellt sie vor neue Schwierigkeiten, Die Zerstörung überlieferter Produktionsweisen und die neuen mit der globalisierten kapitalistischen Produktionsweise und Geldwirtschaft verbundenen Formen von Armut und prekärer Arbeit, schränken die Möglichkeiten ein, ein Leben in Würde zu führen. Das vom Leben losgelöste Schulsystem vermittelt nur wenigen neue Perspektiven, sondern verstärkt die soziale Spaltung und den Konkurrenzdruck um einen halbwegs sicheren Platz im Leben. Die auf die Gemeinschaft bezogenen Werte werden ebenso auf eine harte Probe gestellt wie die Möglichkeit, weiterhin Unterstützung durch die Großfamilie zu erhalten. Viele Kinder sind auf sich selbst zurückgeworfen und müssen spätestens, wenn sie als Jugendliche auf ein Arbeitseinkommen angewiesen sind, auf eigene Faust Lösungen für ihre alltäglichen Probleme suchen. Immer wieder aufkeimende Unruhen und Proteste gegen die Arroganz und Korruption der Machteliten im eigenen Land zeigen, dass große Teile der heutigen jungen Generation den Status quo nicht länger hinzunehmen bereit sind.

Die staatlichen Bekenntnisse zu Kinderrechten haben für das reale Leben der Kinder nur eine geringe Bedeutung. Selbst Kinderhilfsorganisationen, die sich auf die Kinderrechte berufen, tragen in den meisten Fällen eher dazu bei, Kinder als Fürsorgeobjekte zu stigmatisieren, statt ihnen zu erleichtern, eigenständige Lösungen für ihre alltäglichen Probleme zu finden sowie ihren Zu-

---

153 Vgl. hierzu die Studien zum Aktivismus von Jugendlichen seit den Kämpfen um die Unabhängigkeit in Kamerun, Eritrea und Simbabwe sowie seit dem Kampf gegen die Apartheid in Südafrika in Chimanikire (2009). Zur Jugendbewegung *Y'en a marre* im Senegal, die in den letzten Jahren mit vielfältigen Ausdrucksformen gegen die postkoloniale Korruption und die prekären Lebensverhältnisse aufbegehrte, vgl. Prause (2013) und Denis (2015). Ähnliche Bewegungen finden sich in Mali und Burkina Faso.

sammenhalt mit anderen Kindern und ihre Stellung in der Gesellschaft zu stärken. Es bringt Kindern nichts, wenn sie nur als Opfer betrachtet werden. Viele von ihnen sind sich durchaus bewusst, dass ihre Zukunft weder in einer idealisierten Vergangenheit noch in der Nachahmung westlicher Lebensmuster gefunden werden kann. Vermutlich läge ein starkes Motiv für ihr Handlungsvermögen darin, wenn sie sich ihres Rechts vergewissern könnten, respektiert zu werden und in Würde zu leben. Gleichwohl könnten sie ein solches Leben nicht realisieren, solange sie auf sich allein gestellt sind.

Die Berufung auf eigene Rechte, wie sie z. B. in der UN-Kinderrechtskonvention oder der Afrikanischen Kinderrechtscharta verankert sind, kann für die Kinder hilfreich sein, wenn sie diese Rechte in ihrem Sinne gebrauchen können. Mindestens genauso wichtig ist, dass die Kinder Gelegenheit finden, sich in eigenen Organisationen zusammenzuschließen, in denen sie sich – möglichst mit der solidarischen Unterstützung von Erwachsenen – ihrer gemeinsamen Interessen vergewissern und sich gegenseitig unterstützen können. Dort, wo dies geschieht, wie z. B. in den Bewegungen arbeitender Kinder und Jugendlicher (vgl. Gankam Tambo & Liebel 2013) oder den Kinderhaushalten, lässt sich beobachten, dass die Kinder auf ihrer Menschenwürde bestehen, ihre Interessen und Rechte selbstbewusst vertreten und großen Wert darauf legen, in ihren Gemeinschaften und der Gesellschaft eine respektierte und aktive Rolle spielen zu können.

9. Inszenierung postkolonialen Wohlwollens

Kinderpatenschaften, Spendenwerbung, Freiwilligentourismus

Es ist die Entrechtete, die uns am meisten lehrt, indem sie sagt: Ich erkenne mich nicht im Objekt deines Wohlwollens. Ich erkenne nicht meinen Anteil an deiner Benennung. (Gayatri Spivak: *Outside in the Teaching Machine*, [1993]2009, S. 152)

Es ist problematisch, wenn wir meinen, Veränderungen in den Nord-Süd-Beziehungen über Wohltätigkeit und Hilfe erreichen zu können. Denn dabei berücksichtigen wir nicht, in welchem globalen Gesellschaftssystem wir leben und welche Position wir darin haben: Wohltätigkeit verschleiert globale kapitalistische Ausbeutung und Ungleichheit und mildert diese – im besten Fall – meist nur soweit ab, dass es nicht zu Aufständen und zum Systemkollaps kommt und alles weiter wie gehabt zu unserem Vorteil laufen kann. (Glokal e.V.: *Mit kolonialen Grüßen ...*, 2013, S. 46)

Als ich in den 1980er-Jahren mit einer Organisation namens *Flüchtlingshilfe Mittelamerika* nach Honduras in ein Lager salvadorianischer Flüchtlinge ging, das von dem dort gerade herrschenden Militärregime bedroht war, wollte ich dazu beitragen, die in diesem Lager lebenden Menschen zu schützen. Als ich anschließend als Teil einer Gruppe, die sich *Ökumenische Initiative Frieden und Gerechtigkeit für Nicaragua* nannte, in eine Landkooperative im Norden Nicaraguas ging, die sich inmitten eines grausam geführten Krieges befand, wollte ich den hier lebenden Campesinos beistehen und sie spüren lassen, dass sie nicht allein waren. Auch wenn ich mein Handeln als eine Form gelebter Solidarität mit Menschen verstand, deren Leben gefährdet war, war es nicht frei von Paternalismus und Wohlwollen, denn bei allen Gefahren, denen ich mich aussetzte, konnte ich gehen, wann immer ich wollte. Der Gedanke, unfreiwillig und womöglich gegen eigene Überzeugungen paternalistisch zu handeln und bestehende Ungleichheit zu reproduzieren, treibt mich seitdem um und hat meinen Blick für problematische Aspekte jeder Art von Hilfepraxis für notleidende Menschen in anderen Weltregionen geschärft – und sei sie noch so gut gemeint.

Da ich mich in der Folgezeit vornehmlich mit Kindern und Kinderrechten befasste, hatte ich viel mit Organisationen zu tun, die Kindern im Globalen Süden beistehen wollen. Ich finde deren Hilfepraxis wichtig, bin aber im Lauf der Jahre zu dem Ergebnis gelangt, dass manche problematischen Aspekte dieser Praxis zu wenig beachtet werden. Ich will mich in diesem Kapitel vor allem auf solche Aspekte beziehen, die mit der bestehenden sozialen Ungleichheit und den Abhängigkeitsstrukturen zwischen dem Globalen Norden und dem Globalen Süden verwoben sind. Diese Ungleichheit ist sowohl Ursache von Notlagen als auch Anlass für jede Praxis, die der Not begegnen will. Doch sie reproduziert sich auch im Verhältnis zwischen den Helfenden und denjenigen, denen die Hilfe zugutekommen soll, und nicht minder in den Strukturen, in welche die Hilfepraxis eingebettet ist. Zudem hat sie nicht selten für beide Seiten ungeahnte Folgen, die ungern eingestanden werden, weil sie unangenehm sind, und denen zu selten begegnet wird, weil sie den Sinn der Hilfe selbst in Frage zu stellen drohen.

Seit Inkrafttreten der UN-Kinderrechtskonvention hat sich bei international tätigen Kinderhilfsorganisationen (NGOs) ebenso wie in der auf junge Menschen bezogenen staatlichen Entwicklungszusammenarbeit viel geändert. Zwar bestehen weiterhin zahlreiche Organisationen, vor allem im Bereich der Katastrophenhilfe, die Kinder umstandslos zu Hilfsobjekten degradieren, aber die meisten verstehen Kinder heute als Rechtssubjekte, mit denen partnerschaftlich umzugehen ist und die einen Anspruch darauf haben, in ihrer Menschenwürde respektiert zu werden. Diese Organisationen versuchen auch, die individuelle Hilfe in Notlagen zumindest durch Handlungsansätze zu ergänzen, die auf strukturelle Änderungen der Lebensbedingungen und damit auf die Ursachen der Probleme gerichtet sind. Dies gilt in Deutschland auch für die staatliche bzw. im staatlichen Auftrag praktizierte Entwicklungszusammenarbeit. So orientiert sich das Handlungskonzept der Deutschen Gesellschaft für internationale Zusammenarbeit (GIZ) ausdrücklich an der UN-Kinderrechtskonvention und setzt sich namentlich für die Partizipationsrechte von Kindern ein (vgl. GIZ 2014a; Stamm & Bettzieche 2014; Newiger-Addi 2016). Gleichwohl lassen sich auch bei den Organisationen, die die Umsetzung der Kinderrechte zu ihrem Programm gemacht haben, manche Widersprüche zwischen Anspruch und Wirklichkeit nicht übersehen.

In den folgenden Abschnitten will ich mich auf drei Bereiche konzentrieren. Die beiden ersten beziehen sich auf zivilgesellschaftliche Kinderhilfsorganisationen, die ihren Handlungsschwerpunkt im Globalen Süden haben. Hier gehe ich der Frage nach, inwiefern ihre Praktiken der Spendenbeschaffung den selbst erklärten Zielen widersprechen, aber durchaus auf diese zurückwirken. Zunächst widme ich mich sog. *Kinderpatenschaften* als Mittel von Fundraising, anschließend setze ich mich mit den in der *Spendenwerbung* gebrauchten Bildern und Sprachformeln auseinander. Im letzten Teil gehe ich auf das relativ neue Feld des sog. *Freiwilligentourismus* ein, insbesondere soweit er sich auf die Hilfe für Kinder im Globalen Süden bezieht, und untersuche die Implikationen der sich rasch ausweitenden Kommerzialisierung internationaler Freiwilligendienste. Am Ende des Kapitels frage ich nach möglichen Alternativen.

9.1 Kinderpatenschaften

Unter Kinderpatenschaften wird verstanden, dass einer Person, die einer Kinderhilfsorganisation eine Spende zukommen lässt, der Briefkontakt zu einem Kind ermöglicht wird, dem seine Spende direkt oder indirekt zugutekommen soll. Damit soll dem Spender das Gefühl vermittelt werden, seine Hilfe habe einen persönlichen Adressaten und seine Spende eine unmittelbare Wirkung. Kinderpatenschaften sind ein sehr verbreitetes Mittel der Spendenbeschaffung.

Die großen entwicklungspolitischen Hilfsorganisationen, die heute in Deutschland und Österreich mit dem Mittel der Kinderpatenschaften arbeiten sind: *Kindernothilfe, Plan International, World Vision, SOS-Kinderdörfer* und *UNICEF*. Daneben bedienen sich weitere 36 kleine Organisationen dieses Mittels (vgl. www.patenvergleich.de/). Laut Fundraising-Forscher Jörg Reschke (2014) überweisen Paten monatlich Beträge zwischen fünf und 30 Euro (teilweise auch mehr). Da Patenschaften in der Regel über mehrere Jahre bestehen, bedeuten diese für die Arbeit der Organisation eine weitgehend stabile Einnahmequelle. Meist werden den Spendern verschiedene Arten von Patenschaften angeboten.

Die österreichische *Kindernothilfe* z. B. offeriert die folgenden Arten von Patenschaften. Bei einer „Patenschaft mit jährlichem Fortschrittsbericht" erhält der Spender ein aktuelles Foto und einen Report über die „Entwicklung" des Kindes. Bei einer „Patenschaft mit Briefkontakt" kann der Pate zusätzlich Kontakt mit dem Kind aufnehmen und so „weitere, oft ganz persönliche Eindrücke" erhalten. Durch eine „Patenschaft zur Finanzierung eines Platzes für ein Kind" können Paten zudem hauptsächlich als besonders schutzbedürftig geltende Kinder in Hilfszentren unterstützen. Beim Abschluss einer Patenschaft kann ausgewählt werden, ob ein Kind aus „Afrika", „Asien", „Lateinamerika" oder „dort, wo es am nötigsten ist" gefördert werden soll. Gewählt werden kann auch das Geschlecht eines Kindes (Deflorian 2012, S. 14).

Anders als bei ökologischen Tier- oder Baumpatenschaften steht bei humanitären Kinderpatenschaften ein Individuum im Zentrum der Fürsorge, was grundlegende ethische und politische Fragen aufwirft. Da die Patenschaften der Kinderhilfsorganisationen der Spendenbeschaffung dienen, handelt es sich bei der Beziehung zwischen Paten und Kind nicht um ein gelebtes Sorgeverhältnis zwischen einander vertrauten und sich nahestehenden Personen, wie etwa bei Patenschaften im Rahmen von Großfamilien oder Verwandtschaftsverhältnissen, sondern um ein im Wesentlichen monetäres Verhältnis zwischen einer wohlhabenden (in der Regel „weißen") Person und einem als hilfebedürftig geltenden (in der Regel dunkelhäutigen) Kind. Die Beziehung ist einseitig und hierarchisch und kann durch den Paten jederzeit beendet werden. Nicht das Kind, sondern der Pate wählt aus. Die monetäre Patenschaft schafft Abhängigkeiten und fördert beim Patenkind und seinen Angehörigen Gefühle der Unterlegenheit, der Pflicht zur Dankbarkeit und eine Haltung der Unterwürfigkeit. Politisch ist insbesondere problematisch, dass mit den Patenschaften der Eindruck vermittelt wird, durch individuelle Hilfe ließen sich Probleme lösen, die tatsächlich strukturelle Ursachen haben.

Kinderpatenschaften werden schon seit den 1970er- und 1980er-Jahren kritisiert. Zu dieser Zeit gab es unter den in der Bundesrepublik und in Österreich tätigen Hilfsorganisationen eine breite Debatte über die Problematik von Kinderpatenschaften. Kritisiert wurde vor allem, dass eine Patenschaft „Einzelfallhilfe" sei, die sich nicht mit den Ursachen von Armut und Entwicklungsproblemen auseinander setze, dass Patenschaften Kinder isolierten und Neid erzeugten oder dass Kinder im Rahmen von Patenschaften oft in Heimen untergebracht und damit familiäre und soziale Strukturen zerstört würden. Außerdem wurde kritisiert, dass Patenschaften einen hohen Verwaltungsaufwand verursachten und damit teuer seien. Gerhard Müller-Werthmann (1985) kam damals in seinem „kritischen Ratgeber" *Markt der offenen Herzen* zu dem Ergebnis, sie befriedigten offenbar gerade bei den Bundesdeutschen ein sozialpsychologisch motiviertes Bedürfnis. In keinem anderen Land der Erde habe sich die Strategie der Vermarktung von Einzelschicksalen als so erfolgreich erwiesen. Im Nachrichtenmagazin *Der Spiegel* (H. 48/1985) wurde den Kinderpatenschaften der „Beigeschmack einer kolonialen Einstellung" attestiert.[154]

In einer vor zwölf Jahren unter entwicklungspädagogischen Fragestellungen vorgenommenen Analyse der Kinderpatenschaften setzt sich die Erziehungswissenschaftlerin Annette Scheunpflug (2005) vor allem mit den Kommunikationsaspekten auseinander. Als erfreulich bezeichnet sie, dass „mitleidheischende Darstellungen hungernder Kinder" kaum noch zu sehen seien, aber die

---

154 Zum Wettbewerb karitativer Organisationen um Spenden vgl. auch Knaup (1996).

„katalogartige Werbung", bei der den Spendern verschiedene Kinder zur Auswahl angeboten werden und diese ihr „Wunschkind" (eine Formulierung von *World Vision*) auswählen können, finde sich weiterhin. Als problematisch bezeichnet Scheunpflug, die Spende mit dem Persönlichkeitsprofil von Kindern zu verbinden. Auf der Homepage von *Plan International* gebe es zudem keinerlei Hinweis, dass Name und Biografie geändert seien.

> Für deutsche Kinder wäre eine solche Darstellung nicht zulässig. Eine solche Darstellung widerspricht potenziell dem Gedanken der Entwicklungszusammenarbeit, nach dem Menschen aufgrund ihrer unantastbaren Würde und nicht aufgrund persönlicher Eigenschaften geholfen wird. Entwicklungspädagogisch sensible Darstellung von Kindern vermeidet die Darstellung von Kindern als Opfer, sondern stellt diese als Subjekte ihres eigenen Lebensvollzugs dar (a. a. O., S. 11).

Die „kulturelle Wurzel" des Patenschaftsverständnisses sieht Scheunpflug in der „persönliche[n] Fürsorgestruktur" zum Ausdruck kommen. Ihr entspreche, dass den Paten angeboten werde, „ihrem" Patenkind zu schreiben und ihm ggf. Geschenke zukommen zu lassen. *Plan International* unterhält sogar einen eigenen Shop für Geschenke, für den in der Spenderzeitung aktiv geworben wird. Als „grundsätzlich problematisch" bewertet Scheunpflug „die Asymmetrie dieser Kommunikation" (a. a. O., S. 12):

> Die Kinder schreiben ja schließlich nicht freiwillig, sondern ‚verdienen' sich damit quasi ihre Unterstützung. Sicherlich wird es auch ernst empfundene Dankbarkeit geben, die sich gerne in der Korrespondenz ausdrückt. Aber grundsätzlich täuscht auch diese Dankbarkeit nicht darüber hinweg, dass die Kommunikation seitens der Spender mit hohen Erwartungen erfüllt ist.

Deshalb sei es folgerichtig, dass die *Kindernothilfe* und *SOS-Kinderdörfer* die Kinder von der Pflicht des Briefeschreibens entbinden und diese als betreuende Einrichtung selbst verfassen. Bei den anderen Organisationen werde dieses Thema nicht offensiv transportiert, obwohl auch hier kein Zwang zum Schreiben von Briefen bestehe. Die Asymmetrie der Kommunikation wird dadurch jedenfalls nicht aufgehoben, sondern de facto durch eine Scheinkommunikation ersetzt.

Die zivilgesellschaftliche Hilfsorganisation *Nord-Süd-Brücken* (2010) wendet gegen die Kinderpatenschaften ein, die Unterstützung setze bei wenigen Individuen an, anstatt lokale Strukturen vor Ort zu stärken. Zudem bemängelt sie, „dass eine Förderung von Personen weit weniger nachhaltig ist als die Stärkung von Gruppen oder Strukturen". Auch problematisiert sie, dass durch die Patenschaften unmittelbar Spaltung und Ungerechtigkeit zwischen den „geförderten" und „nicht geförderten" Kindern erzeugt werde. Grundlegender noch ist die Kritik, dass die Beziehung zwischen Pateneltern/Nord-NGO und Patenkind in der Regel auf Machtbeziehungen basiere, die von wohlwollend-zurückhaltend bis hin zu eindeutig dominant und offen rassistisch reichten. Schließlich wird der entwicklungs- und bildungspolitische Schaden bemängelt, der durch die hierzulande in der Spendenwerbung verwandten Aussagen und Bilder ausgelöst werden, z. B. sexistisch-rassistische Darstellungsformen, Verstärkung vorhandener Stereotypen oder die Vereinfachung komplexer Probleme.

Einige Organisationen wie die *Deutsche Welthungerhilfe, Brot für die Welt, Misereor, terre des hommes* und *medico international*, die sich im Bündnis „Entwicklung hilft"[155] zusammengeschlossen haben, lehnen Kinderpatenschaften heute ausdrücklich ab. Sie begründen dies in einem Informationsflyer (www.misereor.de/fileadmin/publikationen/informationsflyer-kinderpatenschaften.pdf) damit, dass Hilfsleistungen keine Konkurrenz unter den Empfängern fördern dürften. Diese seien keine Almosenempfänger, sondern die Unterstützung müsse ihnen helfen, ihr Schicksal selbst in die Hand zu nehmen. Die lokalen Partnerorganisationen, mit denen sie vor Ort eng zusammenarbeiten, dürften in der Außendarstellung nicht zu kurz kommen. Ebenso müssten die Ursachen von Armut und Konflikten benannt werden. Als entwicklungspolitische Hilfsorganisationen gehe es ihnen nicht um schnelle, medienwirksame Erfolge, sondern um wirksame und nachhaltige Veränderungen. Im Flyer heißt es:

> Kinderpatenschaften appellieren an unsere Gefühle, unseren Beschützerinstinkt und unsere Spendenbereitschaft. Das wird dann problematisch, wenn die Werbung mit ihnen einen falschen Eindruck von der Hilfe vor Ort entstehen lässt. Wenn für Einzelpartnerschaften geworben wird, praktisch aber Projektförderung stattfindet, können wir das nicht vertreten. Auch deshalb werben wir nicht mit Patenschaften, sondern lassen keinen Zweifel an der Tatsache, dass wir immer Gruppen und Gemeinschaften von Menschen unterstützen – seien es Schüler, Dorfgemeinschaften oder Menschen, die sich für die Rechte anderer einsetzen.

---

155 Diese Bezeichnung ist ein problematischer Tribut an die in der deutschen Öffentlichkeit noch immer vorherrschende Vorstellung, durch „Entwicklung" und „Hilfe" ließe sich der Ungleichheit in der Welt begegnen. Zumindest *medico international* und ansatzweise auch *terre des hommes* stellen diese Ideologie längst in Frage. Schon in den 1980er-Jahren bezeichnete der Schweizer Publizist Al Imfeld (1985, S. 9) die Hilfe für die „Dritte Welt" aus dem Westen ebenso wie aus dem Osten „als eine verwässerte oder säkularisierte Form der Mission". Letztlich wollten „die Helfenden eine Bestätigung ihres Glaubens. So wurde Hilfe zum (pseudo)wissenschaftlichen Test der Richtigkeit von Glauben, Weltanschauung oder Ideologie. Diese Hilfe ist daher zu einem modernen Religionsphänomen geworden: ein Ablasshandel des 20. Jahrhunderts."

Als Alternative zu Kinderpatenschaften favorisieren die genannten Organisationen deshalb „Projekt- oder Förderpartnerschaften", die den Spendern eine sehr direkte und nachvollziehbare Möglichkeit böten, Menschen in Entwicklungsländern konkret zu unterstützen und damit auch Verantwortung zu übernehmen. In dem Informationsflyer betonen sie, es bestehe heute Einigkeit darüber, dass sich wirksame Hilfe am Gemeinwesen orientieren und Selbsthilfe fördern müsse. Nur eine gleichberechtigte Entwicklungspartnerschaft könne langfristig Erfolg haben. Eine Beschränkung auf Einzelfallhilfe habe in diesem Verständnis wenig Platz. Als „kleines Beispiel" wird genannt: „Statt nur einem einzelnen Kind den Schulbesuch zu ermöglichen, ist es sinnvoller, eine Dorfschule instand zu setzen und Lehrer aus- und weiterzubilden." Beim Blick auf die Praktiken der Spendenwerbung zeigt sich allerdings, dass nicht nur diejenigen Hilfsorganisationen, die auf Kinderpatenschaften setzen, oft weiterhin einem paternalistischen und neokolonialen Muster folgen, das ihren erklärten Zielen widerspricht.

9.2 Spendenwerbung

Zivilgesellschaftliche Kinderhilfsorganisationen finanzieren ihre Arbeit großenteils aus Spenden. Trotz des Anspruchs, Kinder als Rechtssubjekte zu verstehen und mit ihnen in partnerschaftlicher Weise umzugehen, greifen fast alle diese Organisationen immer wieder auf eine Sprache und auf Bilder zurück, die die Kinder, denen geholfen werden soll, entwürdigen. In Deutschland beachten sie oft nicht einmal die Vorgaben des DZI-Spendensiegels[156], mit dem sich die Hilfsorganisationen freiwillig verpflichtet haben, „unangemessen emotionalisierende und bedrängende" ebenso wie „erniedrigende und diskriminierende Darstellungen in Wort und Bild" und „eine katalogähnliche Auswahl [...] von zu unterstützenden Einzelpersonen" zu unterlassen. Es scheint den PR-Abteilungen dieser Organisationen gleichgültig zu sein, dass sie mit ihren Werbemethoden nicht nur paternalistische Einstellungen und Überlegenheitsgefühle bestärken, sondern sogar rassistische und neokoloniale Bilder verfestigen. Der vermeintlich gute Zweck scheint alle Mittel zu heiligen.

Eine beliebte Formel, die sich in der Spendenwerbung findet, ist die von den „Kindern ohne Kindheit". Darin wird ein historisch spezifisches, in Europa entstandenes Muster von Kindheit zum Maßstab für die Beurteilung des Lebens

---

156 Siehe Kapitel „Werbung und Öffentlichkeitsarbeit" der „DZI-Spendensiegel-Leitlinien" der Stiftung DZI aus dem Jahr 2011: www.dzi.de/wp-content/uploads/2011/11/DZI-Spenden-Siegel-Leitlinien-2011.pdf.

von Kindern herangezogen, das *fremd* erscheint. Trotz bester Absicht, diesen Kindern ein besseres Leben zu ermöglichen, werden ihre Lebensformen als defizitär oder unterentwickelt abgewertet. Die Kinder erscheinen auf Spendenplakaten und in Anzeigen fast immer als Opfer, die hilfebedürftig sind, und werden zum Objekt der Hilfsmaßnahmen derer gemacht, die vermeintlich über das bessere Wissen darüber verfügen, was Kinder brauchen und was ihnen guttut. Es wird der Eindruck erweckt, sie müssten *gerettet* werden (vgl. Liebel 2017d).

Während jahrzehntelang im Globalen Norden kein Hehl aus der Annahme eigener Überlegenheit gemacht wurde, werden Hilfsangebote heute in die Sprache des Rechts gekleidet. Statt lediglich die Hilfebedürftigkeit von Kindern zu betonen, wird unter Bezug auf die UN-Kinderrechtskonvention häufig gesagt, Kinder hätten das *Recht* auf Hilfe. Dies ist nur scheinbar eine Abkehr von der paternalistischen Grundhaltung, denn Kinderrechte werden in diesem Fall nicht als persönliche Rechte verstanden, die Kinder selbst einfordern und in Anspruch nehmen können, sondern dienen vornehmlich als Legitimation des Handelns der Hilfeleistenden. Die Kinder selbst kommen als handelnde Subjekte kaum noch in den Blick.

Etliche Spendenplakate zeigen vermeintlich arme, kranke, hungernde oder körperlich beeinträchtigte Kinder, die mit einem als *leidend*, *traurig* oder *leer* wirkenden Gesichtsausdruck in die Kamera blicken. Diese Bilder stehen in einem direkten Gegensatz zu dem idealisierten europäischen Kindheitsbild von gesunden Kindern, die vermeintlich frei von jedweder Sorge unbefangen spielen und leben können. Gerade aus diesem gegensätzlichen Bild heraus scheint die Verwendung solcher Bilder besonders lukrativ für die Hilfsorganisationen zu sein, denn diese Bilder rufen Gefühle des Mitleids hervor. Sie bekräftigen die im Globalen Norden verbreitete Auffassung, dass Kinder im Globalen Süden hilflose, bedürftige und abhängige Opfer sind, ohne die Fähigkeit zum Handeln. Mit Recht wird in diesem Zusammenhang von einer „Pornografie des Elends"[157] gesprochen.

Kinder werden auch häufig als einsame Wesen dargestellt, ohne Zeichen von Geschichte, Kultur oder Gemeinschaft. Es lässt sich auf den Plakaten nicht erkennen, wo und unter welchen Bedingungen das Kind lebt, geschweige denn in welcher Situation das Foto zustande kam. Das Kind steht für eine abstrakte Menschheit, nicht für ein bestimmtes Kind, das gerade von politischen Umständen betroffen ist. Da weder Familie noch andere Personen der einheimi-

---

157 Diese vielfach verwendete Metapher weist auf eine Bildsprache, die darauf ausgerichtet ist, beim Betrachtenden Betroffenheit und Schuldgefühle auszulösen (vgl. Liebel & Wagner 1986; Baringhorst 1998; Caparrós 2015).

schen Bevölkerung auf den Plakaten zu sehen sind, wird der Eindruck erweckt, die Kinder seien völlig alleingelassen, ohne Beziehungen zu einheimischen Verwandten oder Zugang zu gesellschaftlichem Beistand. Auf diese Weise tragen diese Bilder nicht nur dazu bei, die Kinder als hilflos und hilfsbedürftig wahrzunehmen, sondern sie vermitteln auch den Eindruck, dass ihre Eltern und der Rest der einheimischen Gesellschaft darin versagt haben, sich um das Kind zu kümmern. Das vermittelte Bild von der totalen Hilflosigkeit der Kinder und dem damit verbundenen Bild der Abhängigkeit von äußeren Kräften soll potentielle Spender davon überzeugen, dass ihre Spende die einzig mögliche Hilfe für diese Kinder ist.

Seit einigen Jahren werden Kinder mitunter auch lachend oder lächelnd dargestellt. Doch nur auf den ersten Blick wird so die Würde der Kinder gewahrt und sie erscheinen als Subjekt eigenen Handelns. Der Kontext, die Realität der Kinder und ihre Lebenssituation bleiben ausgeblendet. Häufig werden solche positiven Bilder von Kindern dazu genutzt, den Spendern zu zeigen, wie ihre Spende gewirkt hat und das Leben der Kinder verändert. Es scheint den Hilfsorganisationen also auch in der Darstellung von lachenden Kindern weniger darum zu gehen, möglichst realitätsnah und umfassend über einzelne Problematiken im Globalen Süden zu informieren, sondern in erster Linie darum, zum Spenden zu animieren.

Wenn Kinder oder Erwachsene auf den Plakaten mal als aktiv dargestellt werden, geschieht dies immer in einem begrenzten Rahmen: Sie kochen, sie holen Wasser, sie arbeiten auf dem Feld oder sorgen für ihren Lebensunterhalt. Timo Kiesel und Daniel Bendix (2010, S. 487) nennen dieses Motiv „begrenzt aktiv" oder „aktiviert", da die abgebildeten Menschen in keinem einzigen Fall selbst als Menschen auftauchen, die sich engagieren, anderen helfen, politisch oder sozial aktiv sind oder Berufen nachgehen, die über die Selbsterhaltung innerhalb einer globalen Arbeitsteilung hinausgehen. Wenn es sich um Kinder handelt, wird sogar der Eindruck erweckt, sie würden durch die gezeigten Aktivitäten („Kinderarbeit") ihrer sorglosen Kindheit beraubt.

Oft werden auf Spendenplakaten Kinder in ländlichen, verarmten Gegenden gezeigt. Auf einem Plakat der *Kindernothilfe* z. B. wird der Slogan „Wir schließen Bildungslücken" mit einem Bild kombiniert, das den gesamten afrikanischen Kontinent als schwarze „Bildungslücke" in einer ansonsten aus weißen Legosteinen bestehenden Umgebung visualisiert (vgl. Kiesel & Bendix 2010, S. 485; Castro Varela & Heinemann 2016, S. 20). Die Idee der armen, ungebildeten Subjekte im Globalen Süden wird in immer neuen Bildern den vermögenden, gebildeten und modernen Menschen im Globalen Norden entgegengesetzt. Ein ähnliches Beispiel ist eine Werbekampagne der *Raiffeisen-Bank* in Wien und Niederösterreich. In einer gemeinsamen Aktion mit *Caritas* suggeriert sie Studierenden, mit der Eröffnung eines Kontos einer Familie in Afrika eine Ziege zu spenden. Unter der Überschrift „Studentenkonto eröffnen. Ziege für Afrika spenden" sind auf Plakaten junge, weiße Studierende zu sehen, wie sie cool jeweils eine Ziege schultern (siehe: http://shop.caritas.at/eine-ziege-fuer-notleidende-menschen-in-burundi).

Indem die Kinder in der Natur oder im ländlichen Raum gezeigt werden, wird eine direkte Verbindung von Globalem Süden zu Natur, Natürlichkeit und Ursprünglichkeit suggeriert. Diese Naturalisierung des Globalen Südens wurde bereits im Kolonialismus genutzt, um eine vermeintliche Abwesenheit von Kultur und Zivilisation darzustellen. Im Gegensatz dazu steht der Globale Norden mit seinem städtischen Umfeld als Ideal von Moderne und Fortschrittlichkeit. Mit der gelegentlichen Darstellung von halbnackten oder nackten schwarzen Kindern wird neben dem Mangel an Kleidung und dem Mangel an Besitz auch ein Mangel an „Attributen der Zivilisation" ausgedrückt. Auch wenn diese extreme Darstellung heute seltener gebraucht wird, nutzen doch immer wieder einige Hilfsorganisationen dieses Motiv. Diesen Bildern wohnt der koloniale Gedanke inne, dass der fortschrittliche Norden dem zurückgebliebenen Süden die Zivilisation und den Fortschritt bringen müsse.

Ein weiteres zentrales Motiv ist die Konstruktion des „Selbst" – in Form der Organisation und der Spender im Globalen Norden – als aktiv, und des „Anderen" – in Form der Kinder und Menschen aus dem Globalen Süden – als passiv. So werden die Menschen im Globalen Süden in Spendenplakaten durchweg als hilfsbedürftig und passiv konstruiert, als Menschen denen geholfen werden muss. Das Wort Hilfe taucht dementsprechend oft auf den Plakaten auf. Formulierungen wie „Jetzt helfen!", „Bitte helfen Sie", „Wir helfen Kindern in Not" oder „Helfen Sie uns, Leben zu retten" sind nur einige Beispiele, wie Hilfsorganisationen das Wort Hilfe in Plakaten nutzen. Durch solche Formulierungen werden jedoch nicht nur die „Anderen" als passiv und hilfsbedürftig konstruiert, sondern auch suggeriert, wer allein den Kindern helfen kann: „Sie", die kompetenten Spender im „Norden", und „Wir", die kompetente Organisation, die aktiv Hilfe leistet.

In einer der wenigen vorliegenden Analysen zu den postkolonialen und rassistischen Implikationen der Plakatwerbung wird angemerkt (Kiesel & Bendix 2010, S. 486):

> Wo Schwarze Menschen und People of Colour[158] abgebildet sind, erfahren wir nur äußerst selten etwas über sie als Individuen. Alle Formen von Subjektivierung wer-

---

158 Von „Schwarzen Menschen" (mit großem S) wird gesprochen, um deutlich zu machen, dass es sich bei der Benennung von Menschen als „schwarz" nicht um die Hautfarbe, son-

den ihnen von der NRO [Hilfsorganisation; Anm. d. Verf.] genommen. Stattdessen werden sie zu Stellvertreter_innen eines Kollektivs gemacht.

Die Art und Weise, wie Kinder auf Spendenplakaten gezeigt werden, lässt nicht erkennen, dass sie Persönlichkeiten mit vielfältigen Eigenschaften und individuellen Eigenarten sind, sondern sie stehen für eine abstrakte Bevölkerungsgruppe oder sollen sogar den ganzen Globalen Süden symbolisieren. Im Gegensatz dazu werden Weiße auf Plakaten als individuelle Subjekte dargestellt. Dies geschieht zum Beispiel dadurch, dass ihr Name auf dem Plakat erscheint und sie zusätzlich durch Angaben zu ihrer beruflichen Person spezifiziert und damit individualisiert werden. Hinzu kommt, dass Weiße, wenn sie auf Plakaten erscheinen, meist das Privileg erhalten, etwas sprachlich mitteilen zu können. Den Kindern im Globalen Süden, die auf Spendenplakaten abgebildet werden, bleibt dieses Privileg jedoch verwehrt. Sie dürfen in der Regel nicht selbst sprechen, sondern es ist die Hilfsorganisation, die für bzw. über die abgebildeten Kinder spricht. Diese gegensätzliche Darstellung von Weißen als individuellen Subjekten, die etwas zu sagen haben, und Kindern aus dem Globalen Süden als stummem Kollektiv führt dazu, dass Weiße in den Spendenplakaten wichtiger, gebildeter und höherwertiger erscheinen.

Den Betrachtern der Spendenplakate wird auch nahegelegt, sie hätten ein selbstverständliches Recht, andere anzustarren, ohne zu hinterfragen und anzuerkennen, dass sie selbst Teil dessen sind, was passiert. Beim Betrachten der Plakate sind sie versucht, auf Distanz zu bleiben, andere zu bewerten und beständig etwas Falsches oder einen Mangel zu finden. Paulette Goudge (2003, S. 125) bezeichnet dies als den „Blick, der von Nord nach Süd reist". Durch diesen Blick werden die abgebildeten Menschen einmal mehr zum Objekt gemacht.

Es gäbe durchaus andere, würdige Formen, um für Unterstützung und Spenden zu werben. Zumindest von den wenigen Kinderhilfsorganisationen, die sich vor Ort um eine solidarische, die Rechte und die Menschenwürde der Kinder achtende Praxis bemühen, wäre zu erwarten, dass sie ihre PR-Abteilungen an die Leine nehmen und ihre Spendenwerbung mit den selbstgesetzten Zielen in Übereinstimmung bringen. Vorschläge dazu werde ich in der untenstehenden Bilanz darlegen.

---

dern um eine in der Regel diskriminierende politische Zuschreibung handelt. Der Ausdruck „People of Colour" wird aus der Schwarzen Community in den USA übernommen, die sich um eine diskriminierungsfreie Sprache bemüht (Anm. d. Verf.).

9.3 Freiwilligentourismus

Neben den von zivilgesellschaftlichen Hilfsorganisationen (NGOs), den Kirchen und dem Staat betriebenen Freiwilligendiensten, die sich als Bestandteil der Entwicklungszusammenarbeit und Orte Globalen Lernens verstehen (vgl. GIZ 2014b; Grundmann & Overwien 2011; zur Analyse verschiedener Aspekte vgl. Schwinge 2011; Haas 2012; Kontzi 2015; Kühn 2015)[159], hat sich seit den 1990er-Jahren eine spezifische Form des Tourismus herausgebildet, die in Anlehnung an den englischen Sprachgebrauch meist *Volunteer-Tourismus, Voluntourismus* oder *Freiwilligentourismus* genannt wird. Besonders in Großbritannien und anderen angelsächsischen Ländern wie Australien, den USA und Neuseeland boomt diese Reiseform bereits seit zwei Jahrzehnten. In Deutschland ist sie noch relativ neu, wird aber bereits von einer Reihe von Agenturen wie *praktikawelten, freiwilligenarbeit.de* oder *Rainbow Garden Village* angeboten. Seit den 1970er-Jahren entwickelte der internationale Ferntourismus eine neue Dimension, sodass die „weite Welt" auch für Normalbürger immer einfacher erreichbar wurde. In diese Zeit fiel dann auch der Auftakt für die neuere Form des Freiwilligentourismus. Die Organisation *Earthwatch* hatte im Jahr 1973 ihr erstes Programm gestartet, bei dem Touristen an Forschungsreisen teilnahmen und bei der wissenschaftlichen Feldforschung und Datenerhebung mitwirkten. Wiederum ausgehend von US-amerikanischen und britischen Anbietern setzte Ende der 1990er-Jahre eine rasch voranschreitende Kommerzialisierung des Bereiches ein. Insbesondere die Anbieter von Sprachreisen nahmen freiwilliges Engagement mit in ihr Programm auf. Die Projektbesuche wurden als Attraktion vermarktet.

Das Spektrum der Anbieter reicht inzwischen von Annoncen unterstützungsbedürftiger Einzelpersonen, über kleine unabhängige Gemeindeprojekte, bis zu den Hochglanzprojekten der großen, vornehmlich westlichen Vermittlungsagenturen, die ihre Rundum-Sorglos-Pakete im Luxussegment anbieten. Unter den Anbietern finden sich Organisationen wie *WorldWideHelpers, WorldUnite!* oder *HandsUpHolidays. WorldWideHelpers* z. B. ist eine Art virtu-

---

[159] In Deutschland ist das seit 2008 vom Bundesministerium für wirtschaftliche Zusammenarbeit und Entwicklung (BMZ) betriebene *weltwärts*-Programm der wichtigste nicht-kommerzielle entwicklungspolitische Freiwilligendienst. An ihm haben nach eigenen Angaben seit seiner Gründung 26.000 junge Menschen teilgenommen (vgl. www.weltwaerts.de/). Zu erwähnen ist auch das von den Vereinten Nationen bereits seit 1970 betriebene Programm der *UN Volunteers* (www.unv.org/; UNV 2015). Dieses Programm, das seinen Hauptsitz in Bonn hat, richtet sich an Personen ab 25 Jahre und dient heute dazu, Menschen *im eigenen Land* für die Umsetzung der Nachhaltigen Entwicklungsziele der Post-2015-Agenda zu mobilisieren.

eller Marktplatz, auf dem auch nicht-kommerzielle Anbieter von Freiwilligenarbeit mit Interessenten in Verbindung treten können. *WorldUnite!* ist ein Zusammenschluss kommerzieller Reiseanbieter, die sich laut eigener Aussage „für einen sozial- und umweltverträglichen Tourismus einsetzen" und „viele Jahre Erfahrung im Umgang mit Reisenden aus Europa haben und gleichzeitig perfekt das Leben und die Bedürfnisse ihres Heimatlands verstehen." *HandsUpHolidays* schließlich ist ein kommerzieller US-amerikanischer Anbieter von „Luxury Voluntourism", der „maßgeschneiderte Erlebnisse mit der Möglichkeit, sich gesellschaftlich zu engagieren", verspricht.

Der Voluntourismus ist heute ein weltweit boomender Geschäftszweig geworden, wo Milliarden von Dollars und Euros umgesetzt werden (vgl. Callanan & Thomas 2005, S. 183; Richter & Norman 2010, S. 223). Von Deutschland aus reisten im Jahr 2014 schätzungsweise 15–25.000 Freiwillige mit kommerziellen und nicht-kommerziellen Veranstaltern zu Projekten ins Ausland, eine Tendenz, die weiter anzusteigen scheint. Der Voluntourismus stellt sich selbst als eine alternative und nachhaltige Form des Reisens dar und „wurde vielfach zu einem sich finanziell selbsttragenden Heilsbringer stilisiert" (Etlefsen 2016, S. 1). Sein selbsterklärtes Ziel besteht darin, Arbeit für einen „sinnstiftenden Zweck" und Urlaub zu verbinden. Die Dauer der Arbeitseinsätze kann stark variieren, angefangen von zwei Wochen (mit integriertem Sprachkurs) bis hin zu langen Aufenthalten, die unterschiedliche Tätigkeitsbereiche umfassen können. Sie können in Bereichen des Natur- und Tierschutzes liegen, beziehen sich aber meist auf „Menschen in Not" und versprechen, dazu beizutragen, ihr Leben leichter zu machen und sogar die Armut zu reduzieren (vgl. Wearing 2001). Besonders gefragt sind Hilfsprojekte für Kinder.

Die Motive für die Teilnahme reichen von „etwas Sinnvolles machen oder Gutes tun", Sprachkenntnisse verbessern bis hin zum interkulturellen Austausch und sozialem Engagement. Altruistische Motive mischen sich mit der Hoffnung auf Vorteile für die eigene Person. Aus Umfragen geht hervor, dass die Teilnehmer insbesondere darauf hoffen, ihrem Lebenslauf ein attraktiveres Profil zu vermitteln („Auslandserfahrung"), ihre Sprachkenntnisse zu verbessern, andere Lebensweisen und Kulturen kennenzulernen, vor Ort Hilfe zu leisten oder zur Verbesserung des Lebens notleidender Menschen beizutragen. Jane Reas (2012, S. 128) betont allerdings, die meisten der von ihr befragten Teilnehmer seien vor allem an der Verbesserung ihres Selbstbildes interessiert gewesen. Von den beim Freiwilligeneinsatz gemachten Erfahrungen hätten sie sich einen Vorteil bei Bewerbungen an der Universität oder für einen Job versprochen. Auch Michelle Callanan und Sarah Thomas (2005, S. 186) gewannen den Eindruck, die Teilnehmer seien besonders an ihrer eigenen individuellen Entwicklung und Pluspunkten für ihren Lebenslauf interessiert gewesen. Auch die Hilfeleistung werde unter dem Aspekt persönlicher Befriedigung gesehen, sie mache ein „gutes Gewissen".

Außer der Kritik an den egoistischen Motiven werden gegen den Voluntourismus vor allem folgende Einwände vorgebracht. Von den Teilnehmern werde keinerlei Qualifikation erwartet, sie würden nicht ausreichend vorbereitet, seien den gestellten Aufgaben oft nicht gewachsen, die Programme seien schlecht koordiniert, nähmen Zeit und Ressourcen der Arbeitskräfte vor Ort über Gebühr in Anspruch, die lokalen Partner würden nicht in die Planung einbezogen, den Einheimischen gingen Jobs verloren oder sie würden sogar zugunsten des Profits der Veranstalter ausgebeutet (vgl. Callanan & Thomas 2005; Guttentag 2009; Richter & Norman 2010).

Unter den sozialen Projekten ist die Arbeit mit Kindern besonders beliebt, wobei „Waisenprojekte" oder „Waisenhäuser" einen besonderen Schwerpunkt bilden. „Mit der Unterstützung kleiner, schutzbedürftiger Kinder hat die Industrie einen Bestseller gelandet. Der Verkaufsschlager ‚Hilfe für Kinder' zieht Freiwillige an wie ein Magnet, und kein zweites Volunteering-Angebot erfreut sich so großer Popularität wie der Einsatz im Waisenhaus", so der Verein BRAVEAURORA (2013, S. 43) mit Sitz im österreichischen Linz, der das Geschäft mit Waisenkindern vor allem in Ghana kritisiert. Aufgrund der großen Nachfrage in diesem Bereich kommt es sogar so weit, dass „Waisenhäuser" geschaffen werden, für die überhaupt kein Bedarf besteht. Kinder werden oft als Waisen ausgegeben, obwohl diese gar nicht elternlos sind. „Kinder werden aus ihren Familien heraus gerissen und in ‚künstliche' Waisenhäuser gebracht, nur damit man Freiwillige empfangen kann, die mit sehr noblen Motiven armen Kindern in Afrika helfen wollen", schreibt BRAVEAURORA (ebd.). Daniel Rössler (2015) berichtet ebenfalls aus Ghana, dass in abgelegenen Dörfern seit einiger Zeit Einrichtungen stehen, die nichts mit dem Leben der dortigen Menschen zu tun haben. In ihnen sind Kinder untergebracht, die als Waisen ausgegeben werden, obwohl die allermeisten von ihnen eine Familie haben. Sie leben ohne Notwendigkeit von ihrer Familie getrennt, allein weil für sie Orte geschaffen wurden, die die große Nachfrage der Volunteer-Touristen befriedigen sollen. Auf der indonesischen Insel Bali, um ein weiteres Beispiel zu nennen, werden Kinder aus ärmeren Familien von ihren Eltern selbst in Waisenhäuser gebracht, da sie hoffen, dass die Schulkosten von den Reisenden aus dem Westen übernommen werden (vgl. Sahdeva 2011).

Tess Guiney (2012) zeigt am Beispiel von Kambodscha, wie die Besuche in Waisenhäusern kommerzialisiert werden. Über sie wird auf Flugblättern und in Broschüren berichtet, die in Geschäften und anderen öffentlichen Lokalen ausgelegt und verteilt werden. In Siem Rap werden die Kinder zu den von Touristen frequentierten Plätzen geschickt, um auf ihre Aktivitäten und die Events in den Waisenhäusern aufmerksam zu machen. Die Freiwilligenarbeit und Besuchsmöglichkeiten in den Waisenhäusern werden in Reiseführen wie denen des Reiseveranstalters *Lonely Planet* aufgelistet und angepriesen. Waisenhäuser haben eigene Webseiten und Portale in den sozialen Medien wie bei Facebook. Jane Reas (2012, S. 132 ff.) zeigt, wie Kinder als Touristenattraktion herhalten müssen, indem sie z. B. in Hotels Weihnachtslieder singen. Das Hotelpersonal legt den Hotelgästen nahe, die Waisenhäuser zu besuchen. Um bei den Touristen Mitgefühl zu erzeugen und Spenden zu generieren, werden die Kinder als besonders hilflos und hilfebedürftig dargestellt.

Auch UNICEF (2011, S. 8) warnt in einer Studie aus Kambodscha vor den Gefahren und möglichen Eigendynamiken, die durch den „Waisentourismus" verursacht würden:

> Seitdem fast alle Heime durch Einzelpersonen aus Übersee gegründet werden, wenden sich viele Einrichtungen dem Tourismus zu, um mehr Spender zu gewinnen. In den schlimmsten Fällen führt dies zu einem ‚Waisenhaus-Tourismus'-Business, in dem die Kinder routinemäßig veranlasst werden, sich bei Spendern anzubiedern und in einigen Fällen sogar aktiv Spenden zu erbitten, um das Überleben des Heims zu sichern. Heime haben sich auch an internationale Freiwillige gewandt in der Hoffnung, Geld zu beschaffen. Als eine Folge haben Kurzzeit-Freiwillige, deren Hintergrund nicht zuvor überprüft wurde, häufig Zugang zu den Kindern gehabt, was zu einer Gefährdung des Kinderschutzes geführt hat.

In einer Studie, die sich länderübergreifend mit dem „Waisentum" befasst, kritisieren die südafrikanischen Forscherinnen Helen Meintjes und Sonja Giese (2006, S. 425), der Hype um die Waisenkinder sei zu einer „global zirkulierenden Ware" geworden. Die als Waisen ausgegebenen Kinder würden zu Objekten degradiert und als touristische Attraktion vermarktet. Linda Richter und Amy Norman (2010, S. 217) kritisieren, die „AIDS-Waisen" und „zurückgelassenen Kinder" würden von Medien, NGOs und Tourismusagenturen immer wieder als vernachlässigte und hilflose Wesen dargestellt, die auf die Fürsorge durch Erwachsene angewiesen seien. Solche Bilder würden insbesondere bei den Menschen der westlichen Länder das Gefühl erzeugen, sie hätten eine Mission, um diese Kinder zu retten und für sie zu sorgen.

In einer Analyse der Erfahrungen von Studierenden, die an Projekten des Voluntourismus teilgenommen hatten, merkt Angela Schweizer (2014) an, der freie Zugang zu den intimen Räumen einer anderen Gesellschaft sei nur möglich aufgrund eigener Privilegien. Die Präsenz vor Ort erscheine einem selbst dadurch als eine gute Tat, ein Akt des Wohlwollens und der Gnade, und es sei kein Wunder, dass sich die freiwilligen Helfer oft beschweren, nicht sehr freundlich vom lokalen Personal aufgenommen worden zu sein. Doch wie würde man in Deutschland reagieren, fragt die Autorin, wenn beispielsweise afrikanische Studierende ohne Berufserfahrung für ein paar Tage oder Wochen den Unterricht oder die Betreuung von Kindern übernehmen wollten?

Eine nahezu unvermeidbare Folge eigener Enttäuschungen ist, dass bestehende Klischees und Vorurteile über andere Länder und ihre Bewohner bei den Kurzzeit-Freiwilligen nicht abgebaut, sondern sogar noch verstärkt werden. Im Vordergrund steht bei diesen Reisen vor allem das Erleben von Armut und sozialen Problemen, was neokoloniale Dynamiken vom großzügigen Geber und dem hilfsbedürftigen Empfänger auf der Mikroebene reproduziert. Globale Zusammenhänge können dabei nicht ohne weiteres reflektiert werden, und es liegt nahe, auf einfache Erklärungsmuster zurückzugreifen, nicht zuletzt um die eigene privilegierte Stellung zu rechtfertigen.

> In einer durch und durch ökonomisierten Welt scheint Voluntourismus die perfekte Win-Win-Situation zu sein, um den eigenen Lebenslauf aufzupolieren und interkulturelle und soziale Kompetenzen unter Beweis zu stellen. Wer jedoch am ungleichen Zugang zu Ressourcen und dem globalen Weltwirtschaftssystem wirklich etwas ändern möchte, muss dafür nicht um die halbe Welt fliegen. (Schweizer 2014)

Die immer wieder geäußerte Kritik am Freiwilligentourismus, vielleicht auch ein gewisses Gefühl für die Ungereimtheiten und Unzulänglichkeiten des eigenen Handelns veranlassen die Veranstalter gelegentlich, das eigene Handeln scheinbar selbstkritisch zu reflektieren. So wird beispielsweise in einem Reiseführer von *Lonely Planet* die Frage aufgegriffen, ob der Voluntourismus womöglich Teil eines „New Age Kolonialismus" sei (Kate Simpson in: Lonely Planet 2010, S. 10):

> Die Frage, ob Voluntourismus der neue Kolonialismus sei, wird oft gestellt, und die kurzen Antworten sind: ‚Ja', ‚Nein', ‚manchmal' und ‚vielleicht'. Internationale Freiwilligenarbeit ist Teil einer langen Tradition von Leuten aus dem Westen, die sich daran machen, den Ländern des Globalen Südens (d. h. der Entwicklungswelt) zu helfen oder sie zu ändern, und die Abenteuer erleben, wenn sie dies tun. Diese Leute mögen einmal Missionare und Soldaten, Kolonialisten und Erforscher, Lehrer und Unternehmer gewesen sein – nun sind sie internationale Freiwillige. Wenn Freiwillige in dem Glauben reisen, sie hätten wenig zu lernen und viel zu geben, dann laufen sie Gefahr, wenig mehr als ‚New Age-Kolonialisten' zu sein. Niemand wird ein internationaler Freiwilliger aus rein altruistischen Beweggründen: sie machen das auch, weil es aufregend ist, weil sie etwas lernen möchten, weil sie neue Leute zu treffen hoffen, die anders leben, und weil sie vielleicht meinen, etwas anzubieten zu haben. Wenn Du anerkennst, dass du ein Freiwilliger bist, wirst du unseren Gastgebern erzählen, dass sie Leute sind, von und mit denen du was lernen kannst, nicht aber dass sie dankbare Empfänger deines Altruismus sein sollen. Du

bittest sie, deine Lehrer zu sein, statt sie zu nötigen, deine Schüler zu sein. Ob also internationale Freiwilligenarbeit der neue Kolonialismus ist oder nicht, hängt zu großen Teilen von deiner Haltung als Freiwilliger ab und von der der Organisation, mit der du gehst. Wenn du nicht ein Kolonialist des 21. Jahrhunderts sein willst, lass dich nicht auf Organisationen ein, die dir nahelegen, ‚die Welt zu retten' oder dir das Image eines Paten der Entwicklungswelt verpassen. Dann frage dich selbst. Sei offen der Frage gegenüber, warum du ein internationaler Freiwilliger sein willst und was du lernen musst von jenen, die du besuchst. Um zu vermeiden, ein New Age-Kolonialist zu sein, braucht es einige Anstrengung und Erforschung, und es wird nötig sein, viele der üblichen Vorstellungen über die Entwicklungswelt loszuwerden.

Die vielfach geäußerte Kritik am kommerziellen Freiwilligentourismus hat dazu geführt, dass eine spezifische Sparte entstanden ist, die sich selbst „Ethischer Freiwilligentourismus" nennt. Dessen Veranstalter verweisen darauf, dass sie sich an selbstgeschaffenen Chartas oder Prinzipien für nachhaltigen bzw. ethischen Tourismus orientieren (z. B. www.tourismconcern.org.uk/about/who-we-are/ethical-fair-trade-tourism-principles/) oder berufen sich auf die Zertifizierung durch bestimmte Agenturen wie *Fair Trade Tourism* (www.fairtrade.travel/). Gewiss können dadurch Auswüchse wie die des Waisenhaus-Tourismus vermieden werden, aber solange das kommerzielle Interesse der grundlegende Beweggrund bleibt, werden die Tourismusanbieter die „Entwicklungswelt" immer nach Gelegenheiten abgrasen, um lukrative Geschäfte zu machen. Wie auch immer der Tourismus konzipiert wird, er impliziert bestimmte Sichtweisen und Tendenzen. Pierre de Hanscutter, der Direktor des belgischen *Service Volontaire International*, einer nicht-kommerziellen Organisation für internationalen Jugendaustausch, ist jedenfalls der Ansicht, dass der Vountourismus nicht zu reformieren ist (De Hanscutter 2012, S. 1):

> Letztlich ist ‚Voluntourism' nichts anderes als Voyeurismus, eine neue Form des ‚positiven' Rassismus. Die Annahme der Teilnehmer ist, dass sie auch ohne jede Qualifikation ‚denen da unten' helfen können. Sie kommen schließlich von weit her, aus einer Industrienation, und werden den unterentwickelten Einheimischen sicher etwas beibringen können! Implizit bedient das den Mythos des edlen Wilden: ‚Diese einfachen Menschen sind arm, aber glücklich. Sie werden mich mit offenen Armen empfangen, schließlich bin ich kein Tourist!'

Allerdings ist die Frage zu stellen, ob auch die meiste Kritik am Freiwilligentourismus zu kurz greift. Ayami Tsuchihashi (2014) weist in ihrer Untersuchung des Waisenhaus-Tourismus in Kambodscha m. E. zu Recht darauf hin, dass in der Kritik fast immer nur beklagt wird, dass die Kinder als Objekte und Opfer herhalten müssen. Aus ihrer Sicht reproduziert sich in dieser Kritik selbst ein

„westliches" Kindheitsbild, das sich Kinder nur als bedürftige, abhängige und zu versorgende Wesen vorstellen kann. Demgegenüber fordert sie, die Kinder, auf die sich der Freiwilligentourismus richtet, selbst in ihren Lebenskontexten zu studieren, in denen sie meist Handelnde seien, und zu bedenken, dass sie durchaus eigene Vorstellungen davon hätten, wie ihr Leben beschaffen und zu verbessern ist. Jede Kritik könne deshalb nicht nur von außen vorgebracht werden, sondern müsse auch die Sichtweisen und Handlungskompetenzen der Kinder ernstnehmen und auf ihnen aufbauen (vgl. auch Yaniv & Timothy 2014).

Ebenso ist zu fragen, ob die voyeuristische Konstruktion des Freiwilligentourismus nur für diesen selbst gilt, oder ob nicht auch Freiwilligen- und Entwicklungsdienste, die nicht den Maximen des kommerziellen Tourismus unterliegen, einem ähnlichen Muster folgen. Schließlich besteht im Kontext von Nord-Süd-Beziehungen der konzeptionelle Ausgangspunkt immer darin, „dass die aus dem Norden kommenden Akteure als Sorgende auftreten, die aktiv und generös sind, während die südlichen Akteure als Versorgte gelten, die passiv und dankbar sind" (Silk 2004, S. 230). Bei aller bekundeten Lernbereitschaft agieren die Freiwilligen aus dem Norden in erster Linie als „Experten", die sich berechtigt sehen, „Andere" zu bewerten, was leicht dazu führen kann, sich diesen überlegen zu fühlen „und zu denken, man habe ein Anrecht auf gesellschaftliche Privilegien" (Kontzi 2015, S. 141). Wanda Vratsi (2013) sieht im Freiwilligentourismus sogar eine Machtstrategie am Werk, deren unternehmerisches Muster als neoliberales Vorbild und Einfallstor für alle Freiwilligendienste diene, die sich aus dem Globalen Norden in den Globalen Süden erstrecken.

9.4 Bilanz: Auf der Suche nach Alternativen

Kinderpatenschaften und andere hier dargelegte Formen der Spendenwerbung durch Kinderhilfsorganisationen tragen ebenso wie der kommerziell betriebene Freiwilligentourismus dazu bei, postkoloniale Ungleichheit der Macht und des Wissens sowie vorurteilsgeladene Denkweisen gegenüber den Menschen des Globalen Südens zu reproduzieren und sogar zu verstärken. Die an diesen Praktiken geübte Kritik ist allerdings nicht so zu verstehen, dass jede Art von Hilfsprogrammen oder Freiwilligenarbeit abzulehnen ist. Kinder, Jugendliche, indigene Gruppen oder wen auch immer im Süden zu unterstützen und mit ihnen Solidarität zu praktizieren, ist nicht nur ehrenwert, sondern auch notwendig. Aber es ist nicht minder notwendig, sich immer wieder zu fragen, welche Mindestanforderungen und Rahmenbedingungen gegeben sein müssen und wie mit den darin immer enthaltenen Widersprüche und Risiken umgegangen werden kann.

Zu den Mindestanforderungen gehört, die Unterstützung nicht auf individuelle, karitativ verstandene Hilfen zu beschränken, sondern die strukturellen Ursachen der Notlagen in den Blick zu nehmen (und vor möglichen Spendern nicht zu verbergen). Zu ihnen gehört ebenso, die Kinder und Jugendlichen im Süden einschließlich ihrer sozialen Bewegungen und Organisationen zu stärken und sich dafür einzusetzen, dass sie auf die Politik internationaler Organisation Einfluss nehmen können (z. B. auf die Internationale Arbeitsorganisation in der Frage der „Kinderarbeit"). Schließlich müsste auch gewährleistet werden, dass sich die angestrebten Partnerschaften auf gleicher Augenhöhe bewegen und keine Einbahnstraßen sind. In diesem Sinne verdient Anerkennung, dass sich z. B. die deutsche Sektion von *terre des hommes* seit einigen Jahren bemüht, den Partnern im Süden (wozu auch Kinder und Jugendliche selbst gezählt werden) zu ermöglichen, die strategische Ausrichtung der Projektförderung mitzugestalten. Damit werden die Machtungleichheit und darin liegenden Widersprüche nicht außer Kraft gesetzt, aber sie werden leichter sichtbar und können bearbeitet werden (vgl. Große-Oetringhaus 2011; Overwien 2016). Ein weiterer positiver Ansatz ist darin zu sehen, dass das *weltwärts*-Programm nicht mehr nur Auslandsaufenthalte im Globalen Süden vermittelt, sondern seit Ende 2013 über das sog. Süd-Nord-Programm auch jungen Menschen aus dem Süden ermöglichen will, in Deutschland als Freiwillige tätig zu werden. Diese neue Komponente dürfte allerdings nicht auf eine kleine Nische begrenzt bleiben (die leicht als Alibi dienen kann), sondern müsste annähernd den Umfang der Entsendungen ins Ausland erreichen (wovon bisher keine Rede sein kann). Mit ihr müsste auch die regierungsoffizielle ab- und ausgrenzende Flüchtlingspolitik in Frage gestellt und ein solidarischer Umgang mit jungen Migranten und Asylsuchenden eingeleitet werden, indem diese einbezogen werden.[160]

Hinsichtlich der Spendenwerbung hat *ProNATs*, ein Verein, der sich für die Rechte arbeitender Kinder einsetzt und die Selbstorganisation dieser Kinder im Globalen Süden unterstützt, einige bedenkenswerte Mindestanforderungen

---

160 Kristina Kontzi (2015, S. 235) merkt auch an, dass die neue Süd-Nord-Komponente (auch Reverse-Komponente genannt) darauf befragt werden müsste, ob sie die bisherige Diskurslogik von „Helfenden" bzw. „Entwickelten" und „zu Helfenden" bzw. „zu Entwickelnden" in Frage stellt. In einem Diskussionsbeitrag zur Neuausrichtung des *weltwärts*-Programms hatte Timo Kiesel (2012) bereits vor dessen Einführung darauf hingewiesen, dass sich die Freiwilligen, die aus dem Süden nach Deutschland kommen, in einer weitaus weniger privilegierten Situation befänden als jene, die aus Deutschland in andere Länder reisen.

formuliert (www.pronats.de/news/forderungen-an-kampagnen/). Demnach wäre von den Kinderhilfsorganisationen zu erwarten, dass sie ...

- *... Kinder als Akteure darstellen!* Denn Kinder – auch die, die von Armut oder Gewalt betroffen sind – sind im Allgemeinen keine passiven Hilfsempfänger. Sie haben eigene Meinungen, Sichtweisen und stellen Forderungen, die auf den Plakaten Erwähnung finden sollten. Ihre ausschließlich passive Darstellung, die den Beschützerinstinkt hervorrufen soll, diskriminiert sie entlang eines adultistischen Herrschaftsverhältnisses, die Kinder als inkompetente, schutzlose Wesen begreift.
- *... Zitate von Kindern im Kontext darstellen!* Denn oft werden Kindern Sätze in den Mund gelegt und sie werden als Alibivertreter einer Organisationsagenda benutzt. Falls Kinder in der Werbung „sprechen", sollten sie entweder persönlich oder ihre Selbstorganisationen namentlich erwähnt werden. Das von ihnen „Gesprochene" sollte ihrer tatsächlichen Meinung entsprechen.
- *... stigmatisierende Bezeichnungen vermeiden!* Denn Begriffe wie „Straßenkind", „Sklavin" oder „Kinderarbeiter" stärken Bilder von Kindergruppen, die mit der Realität wenig zu tun haben und nur in äußerst seltenen Fällen als Eigenbezeichnung Verwendung finden.
- *... deutlich machen, wofür die Spenden eingesetzt werden!* Denn die Spenden fließen weder direkt an Kinder und Jugendliche, noch direkt an ihre Familien oder Gemeinden. Die Projekte der Kinderhilfsorganisationen, die gefördert werden, sollten in den Werbekampagnen im Mittelpunkt stehen. Dies würde bedeuten, dass einzelne Kinder(-gesichter) ohne Zusammenhang zum Projekt nicht als Lockmittel in Betracht kommen.
- *... Kinder als individuelle Subjekte darstellen!* Denn einige Spendenkampagnen, die „Kinderpatenschaften" (wie im vorigen Abschnitt beschrieben) bewerben, vermitteln den Eindruck, man könne ein „eigenes" Kind heraussuchen. Diese katalogähnliche Auswahl von Kindern widerspricht nicht nur dem DZI-Siegel, sondern reduziert Kinder zum (käuflichen) Objekt (Ware) und entspricht der inhärenten Logik des Paternalismus und Kapitalismus.
- *... globale Machtverhältnisse, die beispielsweise zu Kinderarmut führen, thematisieren!* Denn Ursachen der schwierigen Situationen von Kindern in anderen Teilen der Welt liegen, historisch gesehen, oftmals im Kolonialismus oder im ungerechten Weltwirtschaftssystem begründet. Auch aktuell trägt der Globale Norden auf vielfacher Weise weiterhin zur Ausbeutung des Globalen Südens bei.
- *... auf komplexe gesellschaftliche Zusammenhänge aufmerksam machen!* Denn nur wer ehrlich ist, wird feststellen, dass einfache Lösungen, wie „Eine

kleine Spende hilft ..." oder „Jetzt Pate werden ..." oder „Mach dein Kreuz für ..." (im Sinne eines Wahlplakats) das Leben der Kinder nicht maßgeblich verändern werden, wie so oft propagiert. Auch wenn die simplifizierende Werbelogik eine ausführliche Erklärung dieser komplexen Zusammenhänge erschwert, sollte die Werbekampagne zumindest auf weiterführende Informationsquellen hinweisen.

- *... auf die eigene (politische) Verantwortung verweisen!* Denn die europäischen Konsumenten der Spendenwerbung stehen im Verhältnis zum Subjekt der Werbung meist in einer privilegierten Position. Es bedarf einer kritischen Überprüfung der Rollenverteilung sowie weitgehendes politisches Engagement der Gesellschaft, auch außerhalb der Entwicklungs- und Organisationslogik, um nachhaltige Veränderungen im Leben der Kinder herbeizuführen.
- *... sich gegen Rassismus positionieren anstatt ihn zu verstärken!* Denn Schwarze Kinder sind nicht Vertreterinnen des afrikanischen Kontinents oder der Armut.[161] Weiße Erwachsene sind nicht ihre Retter oder Befreier. Diese oft verwendete Bildersprache konstruiert antagonistisch „die Anderen" und das „Selbst", verdreht Tatsachen und verstärkt Klischees, Vorurteile und Diskriminierungen, die auf Unterdrückungsverhältnissen basieren.[162]
- *... eine Bildersprache wählen, die auf Solidarität, nicht auf Mitleid zielt!* Denn obwohl manche Kinderhilfsorganisationen inzwischen eingesehen haben, dass die reißerische Darstellung von notleidenden Kindern auf Spendenplakaten unwürdig und manipulativ ist, wirken die diskriminierenden Botschaften in der Bildersprache an anderer Stelle weiter. Stattdessen könnte die Werbung lokale Ressourcen darstellen sowie Kämpfe um Gerechtigkeit und Menschenwürde vor Ort betonen und zu deren Unterstützung aufrufen.
- *... unterschiedliche Kindheiten als gleichwertig akzeptieren!* Denn Kindheiten, die nicht dem westlichen Kindheitsbild entsprechen und anderen Logiken des Aufwachsens folgen (und z. B. von Arbeit geprägt oder dem westlichen Bildungssystem fern sind), werden häufig als minderwertig dargestellt. Dabei ist das westliche Kindheitskonstrukt eines Schutz-, Schon- und Lern-

---

161 Ein Beispiel für eine rassistische Spendenwerbung ist die Plakatkampagne von UNICEF-Deutschland aus 2007, die weiße Kinder schwarz angemalt präsentierte (sog. *Blackfacing*) und erst nach Aufforderung ihrer Schwesterorganisation in den USA die Kampagne einstellte. Siehe hierzu: http://no-racism.net/article/2209.
162 Siehe hierzu den Film „white charity – Schwarzsein & Weißsein auf Spendenplakaten" von Carolin Philipp und Timo Kiesel (2011).

raums historisch gewachsen, nicht das Maß aller Dinge und keineswegs frei von Gewaltverhältnissen.

- *… Kindern und Jugendlichen vor Ort ermöglichen, sich an der Konzipierung der Werbekampagne zu beteiligen!* Denn nur sie können letztlich beurteilen, ob sie in Werbekampagnen angemessen und würdig dargestellt werden. Auch die Meinungen von weiteren Menschen und/oder Betroffenengruppen, die mit dem Dargestellten in Verbindung stehen, sollten eingeholt werden.[163]

Selbst wenn diese Forderungen erfüllt würden, blieben noch viele Fragen offen. Beispielsweise würde auch mit einer „würdigen" Spendenwerbung nicht geklärt, wie die eingenommenen Spenden letztendlich verwendet werden. Die Gefahr einer beschönigenden Darstellung der Hilfeleistungen vor Ort (ohne z. B. die unerwünschten Nebenwirkungen der Eingriffe von Nichtregierungsorganisationen zu beleuchten; vgl. Brand et al. 2002) bestünde weiterhin. Ebenso bliebe das Problem, dass die Menschen und Kinderrechtsorganisationen im Globalen Süden von den Spenden, die fast ausschließlich im Norden generiert werden, abhängig und damit ihrer Macht unterworfen bleiben, die Prioritäten zu setzen.[164] Aber es wäre zumindest ein Schritt getan, um die entwürdigende und diskriminierende Instrumentalisierung der Kinder aus dem Globalen Süden zu beenden.

Mit meiner Kritik am Freiwilligentourismus will ich keineswegs jungen Menschen das Reisen vermiesen. Ich plädiere auch nicht dafür, nur altruistische Motive walten zu lassen, denn diese wären selbst nichts anderes als eine Form postkolonialen Wohlwollens. In der globalisierten Welt sind „Auslandserfahrungen" ein notwendiger Bestandteil „globalen Lernens" und könnten auch zu „universeller Bürgerschaft" beitragen (vgl. Bunk 2017). Aber es ist zu bedenken, dass „freies Reisen" bisher ein Privileg der Menschen ist, die im wohlhabenden Teil der Welt leben und über das hierfür nötige Einkommen (und die „richtigen" Pässe) verfügen. Junge Menschen aus dem Globalen Süden sind weitgehend von solchen Möglichkeiten ausgeschlossen, sie werden sogar explizit durch die politische Abschottung Europas ebenso wie der USA und die Errichtung neuer Grenzmauern an globaler Mobilität und somit an „Auslander-

---

163 Zur Kritik der Spendenwerbung internationaler Hilfsorganisationen und möglichen Alternativen vgl. auch Glokal & ISD (2016).
164 Makau Mutua (2009, S. 32) schlägt deshalb vor, dass NGOs im Süden durch eigene Unternehmen die nötigen Mittel für ihre Menschenrechtsarbeit generieren; diese Unternehmen, so Mutua, müssten allerdings unter der Kontrolle der Non-Profit-Organisationen bleiben.

fahrungen" gehindert oder müssen dahingehende Versuche sogar mit dem Leben bezahlen.

Was heute als Freiwilligentourismus praktiziert wird, ist ebenso wenig wie die Kinderpatenschaften von Hilfsorganisationen reformierbar, auch nicht als „Faires Reisen".[165] In der kapitalistisch dominierten Welt wird der Voluntourismus weiter um Kunden werben (und Kunden finden), aber er sollte nicht als „soziale Tat" oder gar Beitrag zu Armutsbekämpfung oder „globaler Bürgerschaft" hochgejubelt werden. Den Freiwilligentourismus abzulehnen, bedeutet allerdings auch nicht, freiwilliges Engagement abzulehnen. Aber es müsste von der Reflexion darüber begleitet sein, dass es ungewollte Folgen haben kann (z. B. Ungleichheit und rassistische Einstellungen zu verstärken), vor allem wenn es Ausdruck eigener Privilegien ist und mit vermeintlich humanitären Botschaften daherkommt (vgl. Glokal 2013; Lundt 2016a; 2016b). Und es müsste außerhalb kommerzieller Bahnen stattfinden und *Allen* in allen Richtungen und über alle Grenzen hinweg möglich sein. Statt den Freiwilligentourismus mit einem humanitären Mäntelchen zu verkleiden, plädiere ich deshalb dafür, den internationalen Kinder- und Jugendaustausch jenseits kommerzieller Bahnen auszubauen und weltweit inklusiv zu gestalten. Dies könnte auch dazu beitragen, postkoloniales Wohlwohlen gegenstandslos zu machen.

---

165 Ein anders gelagerter Ansatz sind Versuche, einen „solidarischen Tourismus" durch Selbsthilfsorganisationen im Globalen Süden zu praktizieren. In der peruanischen Stadt Cuzco z. B. unterhalten Kinder und Jugendliche mit Unterstützung einer lokalen NGO eine selbstverwaltete Herberge und bieten Touristen alternative Touren an, bei denen sie verborgene Seiten des sozialen und kulturellen Lebens der Menschen vor Ort kennenlernen können. Diese Aktivität ist für die Kinder und ihre Familien auch eine Einnahmequelle, aus der sie ihren Lebensunterhalt bestreiten.

10. Postkoloniale Dilemmata der Kinderrechte

Dass es keine verbürgte Universalität der Menschenrechte, sondern nur einen Prozess ihrer Universalisierung gibt, hat [...] Konsequenzen dafür, wie jede Konzeption der Menschenrechte sich selbst verstehen und zu sich selbst verhalten muss: Sie muss sich einer permanenten Selbstkritik unterziehen. (Christoph Menke & Arnd Pollmann: *Philosophie der Menschenrechte*, 2007, S. 85)

Wer sich heute mit Kindern und Kindheit(en) in der Welt befasst und sich über ihre universellen Rechte klar werden will, muss auf die UN-Kinderrechtskonvention Bezug nehmen. Dieses 1989 von der Generalversammlung der Vereinten Nationen einmütig beschlossene und von fast allen Staaten (mit Ausnahme der USA) ratifizierte völkerrechtliche Übereinkommen ist nicht nur der Kulminationspunkt eines Prozesses, der auf die Postulierung der Menschenrechte in der europäischen Aufklärung zurückgeht. Es hat auch die seitdem weltweit geführten Debatten um das, was kindgemäß ist und Kindern zusteht, stark geprägt. In diesen Debatten wird die UN-Kinderrechtskonvention keineswegs einhellig begrüßt. Neben denen, die Kinderrechte überhaupt in Zweifel ziehen, weil Kinder keine zum rationalen Denken fähige Menschen seien, werden selbst von Kinderrechtsbefürwortern mindestens zwei gegensätzliche Positionen vertreten. Während die einen die Kinderrechtskonvention als „Meilenstein" (UNICEF) auf dem Weg zu einer besseren Kindheit betrachten und nur noch ihre mangelnde Umsetzung beklagen, sehen die anderen in ihr ein imperiales eurozentrisches Projekt, mit dem die westlichen Vorstellungen von Kindheit ungeachtet kultureller Diversität globalisiert und dem „Rest der Welt" aufgedrängt werden.

Hier soll versucht werden, über diese kontroversen Positionen hinauszugehen und zu einer differenzierteren Beurteilung zu gelangen. Die mit der Kinderrechtskonvention transportierte Kindheitskonstruktion ist ohne Zweifel westlichen Ursprungs und kann mit dazu beitragen, Kindheiten zu missachten und fehl zu deuten, die dieser Konstruktion nicht entsprechen. Aber es ist auch anzuerkennen, dass die Konvention für die Nöte und Interessen von Kindern, die bislang wenig Beachtung fanden und auf die wenig Rücksicht genommen wurde, sensibilisiert hat. Vermutlich wären die an Kindern über Jahrhunderte verübten Gräuel und Verbrechen allein durch das Vorhandensein eines völkerrechtlichen Übereinkommens zu Kinderrechten nicht verhindert worden, aber mit der Konvention ist ein rechtliches Instrument entstanden, das solche Gräuel und Verbrechen wirkungsvoller anzuklagen und zu bekämpfen erlaubt. Nicht zuletzt durch Kinder selbst, die sich nun auf international verbürgte eigene Rechte berufen können.

In den letzten Jahren sind Forschungsansätze entstanden, die für eine differenzierte Beurteilung der Kinderrechte – auch in postkolonialen Zusammenhängen – hilfreich sein können. Diese Ansätze firmieren unter Bezeichnungen wie „Kinderrechte von unten" (*Children's Rights from Below*) (Liebel 2009; 2012), „Kinderrechte als Lebende Rechte" (*Living Rights*) (Hanson & Nieuwenhuys 2013) oder „Kritische Kinderrechtsstudien" (*Critical Children's Rights Studies*) (Vandenhole et al. 2015). Ihnen ist gemeinsam, dass sie Kinderrechte nicht nur als legales Konstrukt betrachten, das für sich selbst spricht und nur noch umgesetzt werden muss, sondern als historisch gewachsenes spezifisches Ergebnis sozialer Auseinandersetzungen, das prozesshaft und in kontextbezogener Weise zu verstehen, zu handhaben und weiterzuentwickeln ist. „Kinderrechte umfassen nicht nur Regeln, sondern beziehen sich auch auf Strukturen, Beziehungen und Prozesse" (Reynaert et al. 2015, S. 5; vgl. auch Morrow & Pells 2012; 2017; Mayall 2015). Diese neuen Ansätze bezweifeln nicht, dass Kinderrechte und die UN-Kinderrechtskonvention als ihre gegenwärtig wichtigste rechtliche Grundlage für alle Kinder der Welt gelten. Aber sie machen auch darauf aufmerksam, dass Kinderrechte für Kinder je nach Lebenssituation verschiedene Relevanz und Bedeutung erlangen können und immer wieder hinsichtlich ihres Universalitätsanspruchs und ihrer Angemessenheit kritisch zu hinterfragen sind.

Um dem Dilemma eines eurozentrischen Verständnisses und entsprechenden Gebrauchs der Kinderrechte zu entgehen, hat Roy Huijsmans (2016) in einer Rezension zweier Studien zur Bedeutung und dem Umgang mit Kinderrechten in Indien (Balogapalan 2014) und Ägypten (Morrison 2015) vorgeschlagen, die Idee der Kinderrechte zu „de-zentrieren". Dieser Vorschlag lehnt Kinderrechte nicht aufgrund ihrer europäischen Vorgeschichte ab, sondern läuft darauf hinaus, diese aus der Perspektive der Kinder in den postkolonialen Weltregionen zu rekonzeptualisieren. Er ähnelt früheren, auf den Umgang mit Menschenrechten bezogenen Vorschlägen, diese „von unten zu gebrauchen" (Spivak 2008b) oder ihren Ursprung über eine „Provinzialisierung Europas" (Chakrabarty 2010) zu historisieren und in außereuropäischen Kontexten neu zu verorten.[166] In diesem Kapitel will ich einige Fragen erörtern, die sich in diesem Zusammenhang stellen.

Da die Kinderrechte als Menschenrechte zu verstehen sind (Freeman 2009; Invernizzi & Williams 2011), soll zunächst auf die Frage eingegangen werden, wie der Universalitätsanspruch der Menschenrechte zu verstehen und zu beurteilen ist. Anschließend werde ich diese Frage mit Blick auf die Kinderrechte erörtern und unter Bezug auf konkrete Fälle ihre Relevanz für die Kinder des Globalen Südens beleuchten.

10.1 Ambivalenzen der Menschenrechte

Menschenrechte sind nicht frei von Ambivalenzen. Diese hängen zum einen mit ihrer europäischen bzw. liberalen Prägung zusammen, in der ein Menschenbild vorherrscht, das die Selbstverantwortlichkeit der Individuen betont. Zum anderen gehen sie auf den Umstand zurück, dass sie von bestimmten Bevölkerungs- oder Machtgruppen in ihrem Sinne instrumentalisierbar sind und immer wieder in diesem Sinne gebraucht wurden. Ihr universaler Anspruch ist deshalb auch auf den konkreten Interessenkontext zu beziehen, in dem sie ins Spiel gebracht und angewendet werden.

Vor diesem Hintergrund unterscheidet z. B. Immanuel Wallerstein (2007) mit Blick auf die Menschenrechte einen „europäischen Universalismus" und einen „universellen Universalismus". Er versucht, zu zeigen, „dass der Universalismus der Mächtigen immer ein geteilter und verzerrter Universalismus gewesen ist" (a. a. O., S. 8). Er bezeichnet diesen als europäischen Universalismus, „weil er von paneuropäischen Führern und Intellektuellen propagiert wurde, die bestrebt waren, die Interessen der herrschenden Schichten des Weltsystems zu verfolgen" (ebd.). In dem Kampf zwischen dem europäischen und dem universellen Universalismus sieht Wallerstein „die zentrale ideologische Auseinandersetzung der zeitgenössischen Welt" (ebd.). Den europäischen Universalismus bezeichnet er als „moralisch zweideutige Doktrin" (a. a. O., S. 38),

---

166 Dies bedeutet auch, einen Blick dafür zu gewinnen, dass die europäische Entstehungsgeschichte der Menschen- und Kinderrechte selbst von Einflüssen aus anderen Weltregionen und früheren historischen Epochen mitgeprägt wurde (vgl. z. B. Frankopan 2016). Die Erklärung des persischen Reichsgründers Kyros II. in Babylon aus dem Jahr 539 v. Chr. gilt als die erste Charta der Menschenrechte und wird von den Vereinten Nationen auch ausdrücklich als solche anerkannt. Hinzuzufügen wäre, dass auch in Europa selbst Traditionslinien der Menschen- und Kinderrechte auszumachen sind, die hinter ihrem heute dominierenden eurozentrischen Verständnis und Gebrauch bislang weitgehend verborgen geblieben sind (vgl. z. B. Liebel 2017b).

da er „gleichermaßen die Verteidigung der Menschenrechte sogenannter Unschuldiger wie die materielle Ausbeutung durch die Starken" (ebd.) rechtfertige. Er greife die Verbrechen einiger an und übergehe die Verbrechen anderer. Wallerstein bestreitet nicht, dass es globale universelle Werte gibt und geben müsse, aber sie gewännen nur Bedeutung für alle, wenn sie nicht von den Stärkeren monopolisiert werden können. Dies erfordere eine weltweite „Struktur, die weit egalitärer ist als irgendeine, die wir bisher errichtet haben" (ebd.).

Auch Edward Said ([1978]2008) warnt in seinem Hauptwerk *Orientalismus* vor angeblichen Universalismen, die nicht nur Machtstrukturen und deren Ungleichheiten verdeckten, sondern auch die existierenden unmoralischen Polarisierungen entscheidend beförderten und bewahrten. Er sieht in ihnen einen Ausdruck „europäischer Überlegenheitsphantasien" (a. a. O., S. 17), die in eine „perfide Struktur kultureller Herrschaft" (a. a. O., S. 36) eingebettet seien. Es ist sicher nicht zufällig, dass Kritik an dem Menschenrechtsdiskurs, der von Staaten und NGOs aus dem Globalen Norden dominiert wird, von Vertretern postkolonialer Theorie geäußert wird. Ihnen fällt auf, dass bei Menschenrechten immer wieder mit zweierlei Maß gemessen wird und der Globale Norden sich als Hüter der Menschenrechte stilisiert, während dem Globalen Süden menschenrechtlicher Nachholbedarf unterstellt wird.

So kritisiert der aus Kenia stammende Rechtswissenschaftler Makau Mutua (2016) am Menschenrechtsdiskurs, dass er im Globalen Süden nur Defizite wahrnehme. Dies resultiere seinerseits aus den Defiziten einer internationalen Ordnung, die durch multiple Asymmetrien gekennzeichnet sei und bei der Normsetzung einen kulturellen Bias zugunsten des Nordens hervorbringe. Schon in einer früheren Arbeit hatte Mutua (2002) kritisiert, dass die Menschenrechtsbewegung darauf fixiert sei, zu beweisen, dass der Globale Süden barbarisch sei und keine funktionierenden staatlichen Strukturen zustande bringe. Demnach stünden die Retter aus den zivilisierten Nationen den Opfern gegen die Wilden zur Seite (a. a. O., S. 10):

> Die Menschenrechtsbewegung zeichnet sich durch eine verdammte Metapher aus. Die große Erzählung der Menschenrechte enthält einen Subtext, wonach in einem epochalen Wettstreit Wilde auf der einen Seite gegen Opfer und Retter auf der anderen Seite ihre Kräfte messen.

Bei der von Mutua kritisierten, als viktimisierend verstandenen Menschenrechtspolitik wird die Handlungsmacht vor allem bei den Regierungen des Globalen Nordens und den Internationalen Nichtregierungsorganisationen (INGOs) gesehen, die ebenfalls im Norden residieren. Ihr Gestus gegenüber dem Globalen Süden stehe in einer nicht zu übersehenden Kontinuitätslinie mit den früheren Kolonialbeamten und Missionaren. Menschenrechte würden häufig instrumentalisiert, um im Liberalismus wurzelnde Ideologien von Regierung und Handel durchzusetzen, z. B. über sog. Freihandelsabkommen (vgl. auch Mutua 2009). Als Alternative fordert Mutua, den Normsetzungsprozess im globalen Maßstab inklusiv und partizipativ zu gestalten, und entwirft ein „multikulturelles" Konzept von Menschenrechten, das auch Menschenrechtstraditionen aus nicht-westlichen Kulturen würdigt und aufgreift (Mutua 2002, S. 71 ff.).

Mutuas Überlegungen kreisen um die Konzeptionen des Staates und des Individuums. Er bezweifelt, dass der neuzeitliche Nationalstaat die unparteiische (oder gar engagierte) Instanz sein könne, die über die Einhaltung der Menschenrechte wacht. Zumindest in Afrika sei er ein den Menschen aufgezwungenes koloniales Konstrukt, das nicht als eine die Menschenwürde sichernde Instanz geeignet sei. Stattdessen müssten Instanzen wiederbelebt oder geschaffen werden, die den Menschen näher und ihnen verpflichtet seien und die sie tatsächlich repräsentieren könnten. Bezüglich des Individuums kritisiert er die Vorstellung, dass die Menschen „atomistische Einheiten" seien, die aus sich selbst heraus existieren. Stattdessen empfiehlt er, sich auf die in Afrika verbreiteten Konzeptionen des Menschseins zurückzubesinnen, die die Menschen als aufeinander angewiesene und einander verpflichtete Personen verstehen (a. a. O., S. 64 ff.).[167] Dies erfordere auch, sich erneut der „Dialektik von Rechten und Pflichten" zu vergewissern (a. a. O., S. 82 ff.; vgl. auch Wohlgemuth & Sall 2006).

Unbestreitbar gehen die Menschenrechte in ihrer heute dominierenden Form auf die europäische Aufklärung seit dem 17. Jahrhundert zurück. Ihren umfassendsten juristischen Ausdruck fanden sie in der Allgemeinen Erklärung der Menschenrechte (AEMR) von 1948 und in den folgenden Pakten für bürgerliche und politische sowie wirtschaftliche, soziale und kulturelle Rechte (1966). Alle Menschen, so das grundlegende Postulat der AEMR, sind mit gleichen Rechten ausgestattet. Diese sind universal gültig, unveräußerlich und unteilbar. „Die Idee universeller Menschenrechte wurde unbestreitbar von den europäischen Philosophen der Aufklärung geprägt, weswegen der Vorwurf des Eurozentrismus ebenso wichtig und richtig wie gleichzeitig banal ist" (Castro

---

167 Mutua bezieht sich in diesem Zusammenhang beispielhaft auf den nigerianischen Rechtswissenschaftler B. Obinna Okere und den kenianischen Religionsphilosophen John S. Mbiti. „The African conception of man is not that of an isolated and abstract individual, but an integral member of a group animated by a spirit of solidarity" (Okere 1984, S. 148). John Mbiti habe seinerseits argumentiert, dass in Afrika die individuellen Rechte, Bedürfnisse, Sorgen und Pflichten in einem Geflecht verwoben seien, das den galoppierenden Individualismus zurückweise: „I am because we are; and since we are, therefore I am" (Mbiti 1970, S. 141).

Varela 2011, S. 46). Ein Problem entsteht nicht durch die Idee und ihren europäischen Ursprung, sondern durch die Behauptung, die Geschichte der Menschenrechte verkörpere einen linearen und bruchlosen Fortschritt der Aufklärung und sei eine alleinige Errungenschaft Europas, den die außereuropäischen Völker nur nachzuholen hätten, also ihr Anspruch einer Mission.

Doch die AEMR ist nicht die Folge eines ungebrochenen Fortschritts, sondern die Antwort auf die innerhalb Europas mit dem Faschismus und außerhalb Europas mit dem Kolonialismus sichtbar gewordene Barbarei, die ihrerseits in der Aufklärung selbst mit angelegt war (vgl. Horkheimer & Adorno [1944]2005; Menke & Pollmann 2007, S. 12 ff.). Sie ist auch nicht frei von Zweideutigkeit, da sie von einer Minderheit von Nationalstaaten und zu einer Zeit beschlossen worden war, als ein Großteil der Welt sich noch in kolonialer Abhängigkeit befand. Der Anspruch der Universalität machte erst einmal vor den Kolonien halt, deren Wunsch, die Idee der Menschenrechte auf sich selbst zu beziehen, mit brachialer Gewalt von den europäischen Mächten bekämpft wurde (zuerst deutlich sichtbar im Feldzug Napoleons I. gegen die haitische Revolution zu Beginn des 19. Jahrhunderts und später in den Kolonialkriegen z. B. in Vietnam und Algerien). Bis heute zeigen sich der imperiale Anspruch und die entsprechend instrumentelle Verwendung der Menschenrechte in der „Entwicklungsbotschaft", dass die westlichen „demokratischen" Mächte den „unterentwickelten" Nationen die Menschenrechte beizubringen hätten.

Mit Gayatri Spivak (2008b) bin ich der Ansicht, dass es nicht darum geht, die Idee der Menschenrechte wegen ihres europäischen Ursprungs zu verdammen, sondern darum, aus der Perspektive des Globalen Südens eine Lesart der Menschenrechte zu entwickeln, die den eigenen Bedingungen entspricht. Auf diese Weise würde auch der imperialen Botschaft widersprochen, dass Europa insgesamt das nachzuahmende Vorbild zu sein habe. Angesichts der barbarischen europäischen Geschichte, die sich auch im Kolonialismus zeigte und noch heute in der postkolonialen Weltordnung nachwirkt, wäre das unglaubwürdig. Es gilt mithin, einen anderen Umgang mit den Ideen und Schriften der Aufklärung zu suchen, der laut Spivak (a. a. O., S. 181) darin bestehen könnte, „sie von unten zu gebrauchen (*ab-use*)". Unter Bezug auf das Diktum von Horkheimer und Adorno ([1944]2005, S. 9), das Programm der Aufklärung sei „die Entzauberung der Welt" gewesen, ließe sich sagen, dieses Programm sei erst vollendet, wenn die Aufklärung selbst entzaubert ist.

Menschenrechte können auch nicht allein aus der „Natur des Menschen" abgeleitet werden. Diesen Gedanken, der ebenfalls auf die europäische Aufklärung zurückgeht, hatte schon Hannah Arendt ([1955]2005) unter Verweis auf die „Anomie der Menschenrechte" als unzureichend kritisiert. Darunter verstand sie, dass die Menschenrechte letztlich nur von denen in Anspruch genommen werden könnten, die als Teil eines politischen Gemeinwesens anerkannt sind – was für die vielen vertriebenen und in der Welt umherirrenden „Staatenlosen" oder „Ausgebürgerten" bekanntlich nicht zutrifft. Das von Arendt proklamierte „Recht, Rechte zu haben", könne nur durch politische Setzung von Rechten und die rechtliche Anerkennung der Menschen als (Staats-)Bürger eingelöst werden. Konsequenterweise wäre aus der Idee der Menschenrechte zu folgern, eine „universelle Bürgerschaft" durchzusetzen, die nicht an bloß nationale Zugehörigkeit geknüpft ist.

Die Legitimität der Menschenrechte und der Umgang mit ihnen sind eng verknüpft mit der Frage globaler Gerechtigkeit. Der Universalitätsanspruch der Menschenrechte ist nur dann glaubwürdig, wenn er mit Bemühungen um globale Gerechtigkeit einhergeht und diese auch praktische Ergebnisse haben. Bis heute besteht in der Welt eine gravierende soziale Ungleichheit zwischen den wohlhabenden Ländern des Nordens, insbesondere den ehemaligen Kolonialmächten, und den ehemaligen Kolonien des Südens. Diese Ungleichheit gründet in der ungleich verteilten wirtschaftlichen Macht und reproduziert sich über die ungleichen Handelsbeziehungen zwischen den Staaten und die Einflussnahme der vom Norden dominierten internationalen Finanzinstitutionen wie dem Internationalen Währungsfonds (IMF), der Weltbank und der Welthandelsorganisation (WTO), die die ehemaligen Kolonien weitgehend auf den Status von Rohstofflieferanten festnageln. Ein Teilaspekt ist die „Schuldenfalle", in der die ehemaligen Kolonialländer gegenüber den Staaten des globalen Nordens und den internationalen Finanzinstitutionen gefangen gehalten werden. Aus der Sicht des Globalen Nordens wird sie nur ungern in Beziehung gesetzt zur moralischen Schuld und den wirtschaftlichen Schulden, die sich die Kolonialmächte durch die langjährige Ausbeutung ihrer Kolonien aufgeladen haben.

Diese Ungleichheit im Verhältnis der Staaten und ihrer Bevölkerungen kann nicht durch wohlwollende Hilfsmaßnahmen ausgeglichen werden, die sich als Entwicklungshilfe oder Entwicklungszusammenarbeit verstehen und z. B. von dem kenianischen Philosophen Henry Odera Oruka ([1979]1997, S. 48) als „internationale Wohltätigkeit" (*international charity*) bezeichnet werden. Stattdessen ist die moralische Verantwortung der wohlhabenden Staaten und ihrer Bevölkerungen zu betonen, das fundamentale Recht auf Selbsterhaltung und ein Leben in Würde anzuerkennen und diese mit einer Politik einzulösen, die ein solches Leben für alle auf der Erde lebenden Menschen gewährleistet.[168] Es entspricht einer verkürzten und historisch zweifelhaften Sichtweise, diese nur als „Bekämpfung der Fluchtursachen" zu verstehen, zumal diese sich

---

168 Der Sozialphilosoph Valentin Beck (2016) hat in diesem Sinne eine „Theorie der globalen Verantwortung" formuliert.

aus dem Interesse speist, die Menschen aus den ehemaligen Kolonien vom eigenen Territorium und dem eigenen Wohlstand fernzuhalten und auszuschließen.

Globale Gerechtigkeit in dem hier verstandenen Sinn geht über *internationale* Gerechtigkeit hinaus, insofern sie den Nationalstaat als Horizont möglicher Lösungsversuche überschreitet. Felix Heidenreich (2011, S. 207) formuliert dies so:

> Während internationale Gerechtigkeit das zwischenstaatliche Verhältnis meint, beinhaltet der Begriff der globalen Gerechtigkeit einen größeren Anspruch. Er stellt die Frage nach einer gerechten Weltordnung, die weder räumlich noch zeitlich begrenzt ist, alle lebenden und künftigen Menschen berücksichtigt.

Wie eine solche Weltordnung, die es bis heute allenfalls in bescheidenen Annäherungen gibt, beschaffen sein könnte, wird kontrovers diskutiert. Heidenreich unterscheidet drei Denkschulen. Erstens Theorien, die sich als kosmopolitisch verstehen: sie plädieren für die Errichtung einer Weltordnung, die die bisherige Rolle der Nationalstaaten als Garant von Grundrechten und entscheidende Steuerungsebene übernehmen soll. Zweitens Theorien, die an der Rolle des Nationalstaats festhalten: sie konzipieren die künftige Weltordnung als Kooperationsprojekt zwischen prinzipiell souveränen Nationalstaaten (nach diesem Muster sind die Vereinten Nationen konstruiert). Drittens vermittelnde Positionen: sie entwerfen Modelle einer föderalen Ordnung, in denen sich (ähnlich wie im Falle der Europäischen Union) verschiedene Instanzen in einem Mehrebenensystem die Aufgaben teilen sollen und wo zwischen den Bürgern der verschiedenen Staaten ein Geflecht abgestufter Verbindlichkeiten besteht.

Kosmopolitische Theorien, auf die ich hier näher eingehen will, plädieren dafür, „Gerechtigkeit als einen Wert zu denken, der global verwirklicht werden muss und nicht auf der Ebene des Nationalstaats allein umgesetzt werden kann. Zur Gerechtigkeit sind wir einander als Menschen bzw. als Weltbürger (nicht nur als Bürger eines bestimmten Gemeinwesens) verpflichtet" (a. a. O., S. 208). Wird der Gedanke globaler Gerechtigkeit in diesem Sinne ernstgenommen, müsste eine globale Umverteilung der auf der Erde bestehenden Ressourcen vorgenommen werden, und alle Menschen müssten sich gleichermaßen zu einem Lebens- und Konsumstil verpflichten, der mit diesen Ressourcen schonend umgeht und sie auch für künftige Generationen sichert. Da nicht zu erwarten ist, dass Menschen, die bisher von der ungleichen Weltordnung profitieren, ohne weiteres auf bisherige Privilegien verzichten, müsste die notwendige Umverteilung durch eine Art Weltregierung mit umfassenden Kompetenzen sichergestellt werden. Dies gilt umgekehrt auch für die Menschen, die seit Jahrhunderten unter der ungleichen Weltordnung zu leiden haben und ihre

Hoffnung auf ein besseres Leben an wirtschaftlichen Wohlstand knüpfen oder durch Migration dem Elend zu entkommen versuchen. Sie werden nur dann einem schonenden Umgang mit den natürlichen Ressourcen zustimmen, wenn ihre materiellen Bedürfnisse soweit erfüllt werden, dass sie ein Leben ohne Hunger und in Würde führen können.

Wie komplex die zu lösenden Aufgaben sind, aber auch welche möglichen Wege sich abzeichnen, wird an den im Rahmen der Vereinten Nationen geführten Debatten und Verhandlungen um die „Agenda 2030" mit den sog. „nachhaltigen Entwicklungszielen" deutlich (UN 2015). In ihnen sind Fragen globaler *sozialer* Gerechtigkeit eng mit Fragen *ökologischer* bzw. *klimatischer* Gerechtigkeit verknüpft. Da eine gerechte Weltordnung, die beide Dimensionen vereint, demokratisch konstituiert und allen Menschen rechenschaftspflichtig sein müsste, stellt sich die Frage, ob die bisherigen auf „internationale" Vereinbarungen zwischen den Nationalstaaten beruhenden Versuche der angemessene Weg sind. Unter pragmatischen Aspekten gibt es erst einmal keine andere Alternative, aber perspektivisch müssen Lösungen ins Auge gefasst und angestrebt werden, in denen die Menschen selbst sich näherkommen und in gegenseitiger Anerkennung den nötigen Druck erzeugen. Als grundlegende Kategorien, die eine Basis solcher Vereinbarungen sein können, bieten sich die *Menschenwürde* und die Anerkennung der Menschen als *soziale Subjekte* an, die mit anderen Menschen verbunden, auf sie angewiesen und ihnen verpflichtet sind.[169]

10.2 Universalitätsanspruch und Kulturbezug der Kinderrechte

Wie alle in Verträgen der Vereinten Nationen kodifizierten Menschenrechte beanspruchen auch die in der UN-Kinderrechtskonvention formulierten Kinderrechte weltweite Gültigkeit. Gleichwohl werden sie vor allem in südlichen Weltregionen häufig als Ausdruck westlicher Dominanz oder gar Arroganz kritisiert, die mit manchen kulturellen Traditionen nicht kompatibel sind. Es

---

169 Hinsichtlich der Berufung auf die Menschenwürde ist allerdings mit Frantz Fanon ([1961]1969, S. 35) zu bedenken, dass sie nicht auf der „Ebene des abstrakten Universalen" stehen bleiben darf, sondern die konkrete Situation der gegen die Kolonialisierung aufbegehrenden Menschen und Völker beachten muss. Fanons Mahnung bezieht sich darauf, dass sich die Kolonialmächte mit der Berufung auf die Menschenwürde häufig ein humanitäres Mäntelchen für ihre vermeintlich zivilisatorische Mission umgehängt hatten, indem sie z. B. die „Befreiung der Frau" für sich Anspruch nahmen.

stellt sich die Frage, ob bzw. inwieweit diese Kritik berechtigt ist und wie der Universalitätsanspruch der Kinderrechte mit kultureller Vielfalt einhergehen kann und die materiellen Ungleichheiten der gegenwärtigen Weltordnung berücksichtigt. Im Besonderen ist der Frage nachzugehen, in welcher Weise die weitere Entwicklung der Kinderrechte kulturspezifische Lebensweisen der Kinder ebenso wie deren Gleichberechtigung und Anerkennung als soziale Subjekte mit eigenen Sichtweisen und Interessen fördern kann.

In der Literatur werden dazu verschiedene Positionen vertreten. Einige Autorinnen und Autoren sowie insbesondere der UN-Ausschuss für die Rechte des Kindes[170] betonen, dass die Kinderrechtskonvention für verschiedene Kulturen offen sei, und weisen darauf hin, dass Kulturen keine statischen, in sich abgeschlossenen Gebilde, sondern „lernende Systeme" seien (z. B. Alston 1994; Brems 2007). In diesem Sinn werden auch die Konvention und das UN-System der Menschenrechte allgemein als sich permanent veränderndes lernendes System verstanden. Von den Kulturen wird allerdings häufig erwartet, dass sie sich dem Gedanken der Menschen- und Kinderrechte ebenfalls „öffnen", sich ihm also annähern, indem sie sich weiterentwickeln, sozusagen menschenrechtsfreundlicher werden. Besonders deutlich wird diese Perspektive von Vertretern der Entwicklungszusammenarbeit formuliert, fokussiert auf Sensibilisierung und *Capacity Building* für Menschenrechte im Allgemeinen und Kinderrechte im Besonderen.

Dagegen haben manche Kindheitsforscherinnen (z. B. Boyden [1990]1997; Burman 1994) schon kurz nach der Verabschiedung der UN-Kinderrechtskonvention angemerkt, dass ihr ein Konzept von Kindheit zugrunde liege, das dem im Globalen Norden dominierenden Kindheitsverständnis folge.[171] Dieses Konzept zeichnet sich in erster Linie dadurch aus, dass Kindheit als ein „Lebensstadium der Unschuld und Verletzlichkeit" (Cregan & Cuthbert 2014, S. 32) verstanden wird, in dem Kinder auf Schutz und Versorgung durch Erwachsene angewiesen sind.[172] Der implizite Bezugspunkt ist dabei eine Gesellschaft, die dem Kind schadet, wenn es nicht vor ihr geschützt wird. Ergänzt wird dies durch die Vorstellung, dass das Kind in erster Linie versorgt werden muss, d. h.

---

170 Dieser Ausschuss besteht aus 18 von den Vertragsstaaten nominierten und von der UN-Generalversammlung gewählten unabhängigen Experten, die die Umsetzung der UN-Kinderrechtskonvention in den Vertragsstaaten überprüfen, Empfehlungen aussprechen und die Kinderrechtskonvention in sog. *General Comments* interpretieren und konkretisieren.
171 Dies wurde in den Folgejahren auch von anderen Autorinnen und Autoren unterstrichen (vgl. z. B. Pupavac 1998; 2001; Scheper-Hughes & Sargent 1998; Ennew 2002; Cussiánovich 2010; Holzscheiter 2010).
172 Die Frage der Verletzlichkeit von Kindern wurde in neuerer Zeit im deutschen Sprachraum in differenzierter Weise diskutiert (vgl. Andresen, Koch & König 2015).

die Beziehung zu Erwachsenen oder dem Staat wird nicht als interdependent, sondern als dependent vorgestellt.

Zwar ist dieses Konzept im Vergleich zur Kinderrechtsdeklaration des Völkerbundes von 1924 und der UN-Kinderrechtserklärung von 1959 um Elemente erweitert worden, die Kinder auch als handlungs- und partizipationsfähige Rechtssubjekte ausweisen, aber im Kern bleibt das paternalistische Grundmuster erhalten. Die dem Kind in der UN-Kinderrechtskonvention zugestandene Partizipation bleibt auf das Versprechen beschränkt, dass Erwachsene und Institutionen ihrer Verpflichtung nachkommen, den Kindern Gehör schenken und ihre Sichtweisen aufgreifen und bei Entscheidungen berücksichtigen (vgl. Liebel 2007a, S. 61 ff.; Tisdall 2015). Im Hintergrund steht die Annahme, dass das Kind für eigene Entscheidungen erst noch die nötige Reife erwerben müsse. Der implizite Bezugspunkt ist hierbei der als vollkommen oder zumindest überlegen vorgestellte Erwachsene und die von ihm verkörperte Rationalität, womit eine paternalistisch oder adultistisch zu nennende Machtordnung mit persönlichen Eigenschaften verwechselt wird.[173]

Andere Autorinnen und Autoren gehen zwar davon aus, dass die Kinderrechtskonvention und der Menschenrechtsgedanke für verschiedene Kulturen offen sind, sie nehmen aber auch die Art und Weise, wie die Menschenrechte und mit ihnen die Kinderrechte interpretiert und vor allem umzusetzen versucht werden, kritisch in den Blick. Unter anderem kritisieren sie, dass der Menschen- und Kinderrechtediskurs in instrumenteller Weise von bestimmten Machtgruppen benutzt wird und dass diese als „moralische Wachhunde" agieren, um vermeintlich rückständige Kulturen und Lebensweisen zu „modernisieren" und zu „zivilisieren" (z. B. Pupavac 1998; Bentley 2005; Burr 2004; 2006; Valentin & Meinert 2009; Montgomery 2001; 2017). Es werde einem „kolonialistischen Paternalismus Vorschub geleistet, wenn ‚Kinderexperten' aus dem Norden ihre Hilfe und ihr Wissen dem ‚infantilisierten Süden' anbieten" (Cockburn 2006, S. 84). Die Einwände gegen diesen Umgang mit Menschen- und Kinderrechten lassen sich nicht notwendigerweise von kulturrelativistischen Erwägungen leiten, sondern unterscheiden ausdrücklich zwischen „wirklicher Kultur" und der „Kultur, die nach außen von Regierungen und Intellektuellen präsentiert wird" (Freeman 2002, S. 30; ähnlich Harris-Short 2003). Ihre Einwände richten sich vor allem dagegen, dass die Menschen- und Kinderrechte über staatliche Anordnung und durch Machteliten quasi von oben ver-

---

173 Indem der UN-Ausschuss für die Rechte des Kindes (im *General Comment* N° 12, 2009) das Recht, angehört zu werden, auch als Kollektivrecht von Kindern auslegt, versucht er, Kinder als soziale Gruppe zu stärken und den adultistischen Machtverhältnissen entgegenzuwirken.

ordnet werden, und sie stellen dem eine „Lokalisierung" des Rechteverständnisses und „dialogische" Verfahren entgegen (z. B. Vandenhole 2012; Recknagel 2010). Auf diese Weise sollen Lebensweisen und Kulturen nicht als prinzipiell rückständig abgewertet, sondern ihre Vielfalt und ihre Sinngehalte sollen anerkannt und gefördert werden. Dies setzt allerdings voraus, dass das der Kinderrechtskonvention zugrundeliegende Kindheitskonzept nicht als historisch besonders fortgeschrittenes Stadium von Kindheit hochstilisiert („Kindheit der Moderne"; kritisch dazu schon Alanen 1992) und zur absoluten Norm für vermeintlich zurückgebliebene Gesellschaften und Kulturen erhoben wird.

Die UN-Kinderrechtskonvention basiert auf einer scheinbar einfachen Formaldefinition des *Kindes*, indem sie eine Altersspanne benennt, innerhalb derer junge Menschen als Kinder gelten (bis zur Vollendung des 18. Lebensjahres). Eine solche Festlegung mag in einem rechtlichen Dokument kaum zu vermeiden sein, aber sie entspricht nicht unbedingt dem, was in einer spezifischen Gesellschaft oder Kultur als „Kind" oder „Kindheit" verstanden wird. Die Altersspanne ist sehr weit gefasst und kann deshalb nur relativ abstrakt erfassen, worin die spezifischen Interessen und das Selbstverständnis der jungen Menschen in dieser Altersspanne bestehen.[174] Die subjektiven Interessen eines oder einer 16-Jährigen haben wenig mit den subjektiven Interessen eines Kleinkindes gemein; ein Kind, das in absoluter Armut lebt, wird andere Prioritäten setzen, als ein Kind, das im Wohlstand lebt. Ebenso unterscheiden sich die Handlungskompetenzen und machen spezifische Konzepte und Regelungen für Schutz und Partizipation erforderlich. Kinder, die schon früh Verantwortung für andere übernehmen, sehen sich durch die Bezeichnung als Kind in unangemessener Weise „infantilisiert".

In den meisten Kulturen des Globalen Südens wird zwar zwischen Kindern und Erwachsenen unterschieden, dies geschieht jedoch meist nicht durch Markierung des chronologischen Alters, sondern durch die Anerkennung ihrer Kompetenzen, die sich in der Übertragung von Aufgaben und die Übernahme von Verantwortung ausdrückt. In solchen Kulturen und Gesellschaften wird oft überhaupt nicht das Geburtsdatum als wichtig erachtet und kaum jemand weiß in Jahren anzugeben oder interessiert sich dafür, wie alt jemand „genau" ist. Die scharfe, durch chronologische Altersangaben markierte Trennung zwischen Kindsein und Erwachsensein führt zwangsläufig zu Missverständnissen, „falschen" Zuordnungen oder Diskriminierungen. Dies gilt auch, wenn die kon-

---

174 Dies hat kürzlich den UN-Ausschuss für die Rechte des Kindes veranlasst, eine besondere Interpretation der Kinderrechte für die 10- bis unter 18-Jährigen auszuarbeiten (*General Comment* N° 20, 2016, „on the implementation of the rights of the child during adolescence").

krete Lebenssituation der Kinder und der kulturelle Kontext nicht genügend berücksichtigt werden, wie das folgende Beispiel aus Südamerika belegt.

In Beiträgen zu einer vergleichenden Studie zwischen der UN-Kinderrechtskonvention und den Kindheitsvorstellungen in den andinen und amazonischen Kulturen Südamerikas wird beispielsweise auf grundlegende Unterschiede hingewiesen. Während in der Präambel der Konvention betont wird, dass „das Kind wegen seiner mangelnden körperlichen und geistigen Reife besonderen Schutzes und besonderer Fürsorge [...] bedarf", gelte in den Lebensweisen und Kosmovisionen der andinen und amazonischen Völker „das Kind nicht als eine Person in Evolution", sondern die Kinder seien „Personen mit Attributen und Verantwortlichkeiten in ihrer Familie ebenso wie in ihrer Gemeinschaft und der natürlichen Umgebung" (ABA 2011, zit. n. terre des hommes 2014, S. 11). Das Quechua-Wort *wawa* sei nicht gleichbedeutend mit dem Ausdruck Kind, „da in den Gemeinschaften der Körper eines alten Menschen das Kind umfasst und der Körper des Kindes gleichermaßen den alten Menschen" (Carillo & Jaulis 2012, zit. ebd.). Bei Festlichkeiten und Ritualen werde Kindheit nicht mit einem bestimmten Alter gleichgesetzt (a. a. O., S. 11 f.):

> Jungen und Mädchen von 7 Jahren ‚wissen schon, ihr Leben zu verbringen', d. h. sie wissen schon, das Feld zu bestellen, sie wissen schon, mit den Tieren umzugehen und ebenso ‚wissen sie schon, mit den Göttern und der Natur zu sprechen'. Damit das Kind sich ‚im Leben verteidigen kann', leisten die Eltern und das Ayllu [traditionelle Form der Gemeinschaft] einen vitalen Beitrag; sie ermöglichen ihm nicht nur, ‚ein gutes Herz für die Bestellung der Felder [chacra]', ‚ein gutes Herz für die Tiere', ‚ein gutes Herz für die Herstellung von Kleidung', ‚ein gutes Herz für die Übernahme von Verantwortung und Führungsaufgaben' zu haben, sondern auch ‚ihre Gemütsart zu verbessern' und einen Charakter zu haben, mit dem sie zur Harmonie zwischen den Menschen, der Natur und den andinen Göttern beitragen.[175]

Mit diesen kritischen Anmerkungen will ich nicht geringschätzen, dass Kindern mit der UN-Kinderrechtskonvention erstmals der völkerrechtlich verbriefte Status von Rechtssubjekten zuerkannt wird, sondern auf dessen Begrenztheit

---

175 Es sei auch darauf hingewiesen, dass die in den andinen ebenso wie anderen indigenen Kulturen Amerikas und Afrikas vorgestellte Präsenz der Ahnen ein anderes Verhältnis der Generationen nahelegt, als in Kulturen, in denen die Welt der Lebenden strikt vom „Jenseits" der Toten getrennt wird. Dies kommt auf anschauliche Weise in einem Roman des nigerianischen Schriftstellers Ben Okri (1994) zum Ausdruck, in welchem ein Kind aus dem Geisterreich der Toten in die Welt der Lebenden zurückkehrt und verwundert das Handeln der Erwachsenen beobachtet.

und (entgegen menschenrechtlichen Grundsätzen auch) Bedingtheit hinweisen. Ich will auch nicht bestreiten, dass in der Konvention manche Formulierung enthalten ist, die eine Anerkennung anderer Kulturen und der dort praktizierten Kindheiten einschließt. So heißt es schon in der Präambel, dass die mit der Konvention getroffenen staatlichen Vereinbarungen und alle Maßnahmen unter „gebührender Beachtung der Bedeutung der Traditionen und kulturellen Werte jedes Volkes für den Schutz und die harmonische Entwicklung des Kindes" zu verstehen sind. Aber die Konvention lässt wenig Raum, sich andere Kindheiten und Kinderrechtskonzepte vorzustellen, die nicht dem Strukturmuster „moderner" westlicher Kindheit entsprechen.[176] Sie werden durchaus in manchen Kulturen praktiziert, können über die uns bekannten Gesellschaften und Kulturen sogar hinausweisen und werden möglicherweise durch Kinder selbst mit hervorgebracht.

10.3 Fallstudien zu Dilemmata der Kinderrechte

Kinderrechte entstehen und existieren nicht in einem ahistorischen und gesellschaftsfernen Raum. Ihr universeller Geltungsanspruch trifft auf eine Welt, die von ungleicher Macht und kultureller Diversität geprägt ist. Um die darin angelegten Widersprüche zwischen Geltungsanspruch einerseits sowie Legitimität und möglicher Wirkung andererseits sichtbar zu machen, soll anhand von Beispielen aus dem asiatischen Raum auf problematische Anwendungen des Universalitätsanspruchs Bezug genommen werden.[177]

In einer Studie, die sich mit der Umsetzung der UN-Kinderrechtskonvention in Vietnam auseinandersetzt, kreidet Rachel Burr (2006) den dort agierenden internationalen und lokalen Kinderhilfsorganisationen an, sie propagierten Vorstellungen von Kindheit, die mit der Lebenswirklichkeit der Kinder nichts tun hätten, und schüfen auf diese Weise „unrealistische und nicht anwendbare Erwartungen" (a. a. O., S. 22). Viele Kinder bedürften der Hilfe, aber diese sei nur möglich, wenn man sich „die Mühe macht, sie kennenzulernen und ihre Kultur zu verstehen" (a. a. O., S. 23). Es bestünde ein Abgrund zwischen zwei Welten: „der Welt, in der die Kinder um ihr Leben kämpfen, oft ohne jegliches Verständnis, dass ihnen jemand zur Seite steht, und der anderen Welt, in denen

---

[176] Zum Verständnis solcher Konzepte ist ein Blick in kulturanthropologisch und sozialgeographisch orientierte Kindheits- und Kinderrechtsstudien aufschlussreich (vgl. z. B. André 2015; Aitken 2015; Montgomery 2017).

[177] Vergleichbare Beispiele aus Afrika und Lateinamerika habe ich in den Kapiteln 7 und 8 diskutiert.

Agenturen denken, sie stünden auf der Seite der Kinder, aber meist mit einem begrenzten Verständnis der realen Probleme der Kinder" (a. a. O., S. 21). Das im Land selbst existierende Verständnis von Menschen- und Kinderrechten (vgl. Tai 1988; 2004–05) werde von den Kinderhilfsorganisationen weder beachtet noch ernstgenommen. Dies zeige sich unter anderem daran, dass das schon 1991 beschlossene „Gesetz über Kinderschutz, Sorge und Bildung" international (von UNICEF) und von den vor Ort agierenden Hilfsorganisationen ignoriert werde, da es nicht ihren Vorstellungen von Kindheit und Kinderrechten entspreche (a. a. O., S. 19). Als besonders anstößig gilt der Art. 13.1, in dem den Kindern nahegelegt wird, „den Großeltern und Eltern mit Liebe und Respekt begegnen, Höflichkeit gegenüber Erwachsenen, Zuneigung gegenüber jüngeren Kindern und Solidarität mit Freunden zeigen" (zit. ebd.).[178] Bei der Ablehnung solcher Bestimmungen wird übersehen, dass es sich nicht um Bedingungen handelt, an deren Erfüllung die Gewährung der Rechte geknüpft wird, sondern um moralische Ansprüche und Erwartungen. Es ist deshalb auch nicht angemessen, von Pflichten zu sprechen, die den Kindern auferlegt werden, sondern eher von der Erwartung, Verantwortung und Mitverantwortung zu übernehmen, also eine Art geteilte Verantwortung. Als Quintessenz ihrer Studie sieht Rachel Burr Vietnam auch nach dem formalen Ende der Kolonialherrschaft „auf subtile Weise einer Invasion von kulturellen Piraten (*cultural hijackers*)" ausgesetzt (a. a. O., S. 25).

Als weitere Beispiele will ich ausführlicher auf zwei Fallstudien aus Indien und Indonesien eingehen. In ihnen geht es um Kinder, die auf die Straßen und öffentlichen Plätze großer Städte als Arbeits- und Lebensort angewiesen sind. Wenn sie gewöhnlich als Straßenkinder bezeichnet werden, wird der Eindruck nahegelegt, es handele sich um Angehörige einer einheitlichen Gruppe, die ein soziales Problem darstellen und in besonderem Maße hilfebedürftig sind. Dabei gerät leicht aus dem Blick, dass „die Straße" von ihnen auf durchaus verschiedene Weise genutzt wird und für sie verschiedene Bedeutungen hat. Manche Kinder nutzen den öffentlichen Raum z. B. um zu arbeiten und kehren danach zu ihrer Familie zurück; andere Kinder sind auf ihn angewiesen, da sie keine Wohnung oder Familie haben, so dass er zum zentralen Lebensort wird; wiederum andere leben mit ihren Familien praktisch im öffentlichen Raum oder wechseln ihren Lebensort je nach Notwendigkeit und eigenen Interessen. Der Terminus Straßenkind ist auch deshalb problematisch, weil er negative Assoziationen nahelegt und zu zusätzlicher Diskriminierung der Kinder beitragen

---

178 Ähnliche Formulierungen finden sich in der Afrikanischen Charta für die Rechte und die Wohlfahrt des Kindes (1990) und dem neuen Kinder- und Jugendgesetz von Bolivien aus dem Jahr 2014 (vgl. Liebel 2015b; 2015c).

kann, weshalb die Kinder sich selbst auch fast nie als Straßenkinder bezeichnen oder bezeichnen lassen wollen (zur Geschichte und Problematik des Terminus vgl. Liebel 2005, S. 26 ff.; Liebel 2011b). Da der Terminus in den hier diskutierten Fallstudien gebraucht wird, komme ich nicht umhin, ihn in der folgenden Darstellung zu verwenden, seine Problematik ist aber immer mit zu bedenken.

Die erste Fallstudie stammt von der indischen Sozialforscherin Sarada Balagopalan (2013; 2014). An drei Beispielen aus sog. Straßenkinderprojekten in der indischen Metropole Kalkutta zeigt sie, in welch unerwarteter und eigensinniger Weise die Kinder die ihnen zugedachten Rechte verstanden und mit ihnen umgingen, und welche Dilemmata sich aus der Berufung auf Kinderrechte in sozialen und pädagogischen Projekten ergeben können (die folgenden Beispiele nach Balagopalan 2013, S. 138–142).

- *Erstes Beispiel:* Eine örtliche Kinderhilfsorganisation, die Straßenkinder betreut, hatte Kinder eingeladen, in einem Sketch öffentlich darzustellen, dass sie Rechte haben. Ein Erzieher schlug einer Runde von 20 Straßenkindern vor: „Dieser Sketch soll dem Publikum zeigen, dass alle Kinder Rechte haben, auch ihr. Ihr habt ein Recht auf Essen, auf Bildung, unter einem Moskitonetz zu schlafen." Shankar, einer der älteren Jungen, der gerne als Schauspieler auftrat, sagte: *„Wir machen also diesen Sketch, dass die Leute wirklich verstehen, wie wir leben, wie wir im Leben klar kommen."* Lite, ein kleinerer Junge, der sich selten zu Wort meldete, mischte sich ein mit der Frage: *„Werden sie uns Geld geben, wenn wir ihnen erzählen, dass wir Rechte haben?"* Sofort griffen das die anderen Jungen auf, und diskutierten heftig, wie das zu machen sei. Der Erzieher antwortete laut: „NEIN, alles was wir wollen, ist, dass sie uns verstehen." Liton, scharf darauf, eine Rolle zu übernehmen, fügte hinzu: *„Ich weiß den perfekten ersten Part. Ich kann den Dialog eröffnen, indem ich so tue als wäre ich nicht einer von euch und sage: ‚Warum sollte der Babus (feine Herr) euch zuhören? Weil er danach mit Leuten wie euch Geld machen kann'."*
- *Zweites Beispiel:* Mehrere Kinderhilfsorganisationen wollten mit Kindern eine Demonstration für Kinderrechte veranstalten. Alle Kinder, die kamen, hatten sich, so gut es ging, herausgeputzt. Während sie üblicherweise in einfachen Sandalen rumliefen, hatten sich einige der Kinder diesmal irgendwie Schuhe verschafft. Oder sie trugen ansehnliche Hemden, die vorher nie zu sehen waren. Auf der Demo, die durch das Geschäftsviertel der City und eine Wohngegend von Wohlhabenden führte, hielten die Kinder Transparente hoch und riefen Slogans, die ihnen die Erzieher mit- und nahegebracht hatten. Nach einer Viertelstunde hatte sich das Interesse der Kinder erschöpft, die älteren Jungen reichten die Transparente an die jünge-

ren weiter und beschwerten sich, dass es nichts zu trinken gäbe. Einige begannen unter den missbilligenden Blicken der Erzieher Metallteile aufzusammeln, die sie auf der Straße fanden und die sie offenbar meinten weiterverwerten zu können. Die Demonstration endete in einer Höheren Schule, die keines dieser Kinder je besucht hatte. Hier war eine Bühne aufgebaut, von der NGO-Offizielle nun Reden gegen Kinderarbeit hielten. Einige Kinder gingen noch während der Reden dazu über, herumliegende Plastikbecher und leere Cola-Flaschen aufzusammeln, um sich mit dem so erzielten Geld am Abend einen Film anzugucken. Manche älteren Kinder, die dem Treiben nur zuschauten, meinten auf Nachfrage, sie würden sich lieber ihre schönen Kleider nicht schmutzig machen, die seien nicht fürs Arbeiten gedacht.

- *Drittes Beispiel:* Wie auf allen Märkten in Ländern des Globalen Südens sind auch in Kalkutta viele Kinder damit beschäftigt, restliches Gemüse oder Obst aufzusammeln. Mitunter klauen sie auch was von den Ständen. Meist sind sie in Gruppen unterwegs und teilen sich die Arbeit auf. Während einige sammeln oder klauen, schleppen andere die Beute in kleinen Säcken weg, um sie danach untereinander aufzuteilen oder an anderen Stellen des Marktes weiterzuverkaufen. Eines Morgens brachten einige Kinder einen kleineren Jungen zum Treffpunkt einer Hilfsorganisation und sagten, er sei von einem Händler geschnappt und an Ort und Stelle von einem Polizisten verprügelt worden. Der Junge blutete an mehreren Stellen und sah übel zugerichtet aus. Als der Junge einigermaßen wiederhergestellt war, wurde ihm gesagt, der Polizist habe unrecht gehandelt und müsse zur Rechenschaft gezogen werden. Nachdem der Junge ruhig zugehört hatte, sagte er: *„Hör mal, Tante, es wäre viel schlimmer gewesen, wenn er mich mitgenommen und eingesperrt hätte. Sie hätten mich weiß Gott wie lange da drin gelassen und da wären viel schlimmere Dinge passiert. Der Polizist hat seinen Job gemacht und mir geholfen, indem er mich gleich auf dem Markt verhauen hat. Ich kenne ihn, er hat mich öfter kleine Aufträge erledigen lassen. Wenn ich auf dem Markt einen Platz zum Schlafen suchte, hat er mir eine Decke besorgt, damit ich mich in der Nacht zudecken konnte."*

Offensichtlich sahen die Kinder wenig Sinn darin, auf ihre Rechte aufmerksam gemacht zu werden. Sie konnten sich nicht vorstellen, inwiefern die Berufung auf diese Rechte dazu beitragen könnte, ihre Lage zu verbessern. Es wäre allerdings kurzschlüssig, darin einen Mangel an Verständnis der Kinderrechte zu sehen. Das Problem liegt zum einen in der Art, in der den Kindern ihre Rechte vermittelt und schmackhaft gemacht werden sollten, zum anderen in der politisch-gesellschaftlichen Konstellation, in der sich die Kinder befinden und die es ihnen nahezu unmöglich macht, sich als Subjekte eigenen Rechts zu verstehen.[179]

Beim Sketch und der Demonstration (Beispiele 1 und 2) sollten die Kinder besser gestellten Menschen ihre Rechte aufzeigen, um ihre Situation als Unrecht kenntlich zu machen und für sie mehr Verständnis zu erreichen. Dieses Anliegen widersprach ihrer gesamten Lebenserfahrung. Die „Reichen", die sie ansprechen sollten, erleben sie in der Regel als rücksichtslos und sogar als Ursache ihrer Probleme. Wie sollten sie ausgerechnet von denjenigen, die sie ausbeuten und schlecht behandeln, erwarten, dass diese etwas *für sie* tun? Zudem fühlten sich die Kinder wahrscheinlich sogar durch dieses Ansinnen in ihrem Stolz und ihrer Würde verletzt, da sie sich als eine Art Bittsteller vorkommen mussten, die an das Mitleid der Bessergestellten appellieren. Nicht von ungefähr ist den meisten Kindern das Betteln verhasst, und sie klauen lieber oder sind auf andere Weise *aktiv*, um ihrer Notlage abzuhelfen.

Beim Sketch wiesen die Kinder bemerkenswerter Weise die Idee, eigene Rechte zu haben, nicht einfach zurück, sondern gaben ihr eine unerwartete eigene Deutung. Sie griffen sie auf, nicht um für Verständnis zu werben, sondern um die für ihre Lage Schuldigen zu kennzeichnen und ironisch auf die Schippe zu nehmen. Die Kinder vertrauten nicht darauf, dass das Recht für sie spricht oder gar wirkt, sondern wollten aufzeigen, dass „das Recht" viel eher von den Mächtigen benutzt wird, um sich selbst auf ihre Kosten Vorteile zu verschaffen. Was aus unserer Sicht als Missbrauch des Rechts erscheinen mag, ist aus der Sicht der Kinder der Normalfall des herrschenden Gesellschafts- und Rechtssystems.

An der Demonstration nahmen die Kinder offensichtlich nicht teil, weil sie von ihrem Sinn überzeugt waren, sondern um ihre Betreuer nicht zu enttäuschen. Dass sie sich festlich einkleideten (und dafür möglicherweise erneut geklaut haben), zeigt, dass sie ihre zu spielende Rolle anders deuteten als die Veranstalter der Demonstration. Während die NGOs dem Ruf nach Beachtung der Kinderrechte durch das sichtbare Elend der verlumpten Kinder Authentizität verleihen wollten, waren die Kinder darauf bedacht, sich im besten Licht darzustellen und jeden Anschein zu vermeiden, sie seien auf das Mitleid anderer angewiesen. Statt auf die verbalen Appelle an Geschäftsleute und gutsituierte Passanten zu vertrauen, hielten es einige Kinder wohl auch für effektvoller,

---

179 In diesem Zusammenhang sei auf das Problem hingewiesen, dass eine Konzeption individueller Rechte, wie sie in der UN-Kinderrechtskonvention angelegt ist, gegenüber den strukturellen Bedingungen von sozialer Ungleichheit, Armut, Gewalt und Unterdrückung hilflos bleibt (vgl. Boyden [1990]1997, S. 220).

die durch die Demonstration ermöglichte Anonymität zu nutzen, um etwas für ihren Lebensunterhalt oder ihr Vergnügen zu tun.

Die Weigerung des kleinen Jungen, gegenüber dem Polizisten, der ihn misshandelt hatte, auf seinen Rechten zu bestehen (Beispiel 3), macht sichtbar, dass allgemein formulierte Rechte je nach konkreter Situation und Erfahrung ganz verschiedene Bedeutungen erlangen können. Der Junge hatte nicht nur komplexere Erfahrungen mit dem Polizisten gemacht, als sie für seine Betreuerin vorstellbar waren, sondern er hatte auch weit mehr als nur die gerade erlittene Misshandlung im Blick. Da er in seinem täglichen (und nächtlichen) Leben weiterhin mit dem Polizisten rechnen musste, war es für ihn durchaus naheliegend, die Vor- und Nachteile einer Rechtsbeschwerde abzuwägen. Weit entfernt von einer Haltung der Unterwürfigkeit, bewies er ein bemerkenswertes Gespür für die real existierenden Abhängigkeiten und Machthierarchien und wusste sie in seinem Sinne zu handhaben.

Das in den drei Beispielen gezeigte Verhalten der Kinder mag für manche Verfechter der Kinderrechte enttäuschend sein, es zeigt aber umso deutlicher die Notwendigkeit, Rechte nicht ohne Beachtung des konkreten Lebenskontextes zu propagieren und sich der Erfahrungen und Sichtweisen der Kinder vor Ort zu vergewissern.[180] Die Autorin der Fallstudie weist ausdrücklich darauf hin, dass es ihr nicht darum gehe, die Kinderrechte aufgrund ihres liberalen „westlichen" Ursprungs für Straßenkinder in Indien als prinzipiell unsinnig und nutzlos zu betrachten. Ebenso wenig geht es ihr darum, der Straflosigkeit von Rechtsverletzungen das Wort zu reden und die bestehenden Machthierarchien und Ungerechtigkeiten hinzunehmen oder auf persönliche Überlebenstricks der Machtunterworfenen zu vertrauen. Sie hält es aber für unabdingbar, mit Kinderrechten (ebenso wie mit Menschenrechten allgemein) in kontext- und situationsspezifischer Weise umzugehen.

Daraus ist der Schluss zu ziehen, dass Kinderrechte nicht nur „angewendet", sondern kulturell „übersetzt" und mit lokalen Denk- und Handlungstraditionen sowie Rechtsvorstellungen und -praktiken vermittelt werden müssen. Hierzu gehört, Kinderrechte nicht nur im Sinne individueller Ansprüche, sondern wechselseitiger Bezüge und Verpflichtungen, auch zwischen Angehörigen verschiedener Generationen, zu verstehen. Hierzu gehört aber auch, ungeachtet kultureller oder regionaler Besonderheiten, darauf zu achten, dass Rechte nicht schon dadurch wirksam werden, dass sie den Menschen als „natürlich" zugeschrieben oder in Gesetzen und Regeln verbrieft sind. Sich auf sie zu berufen,

---

180 Ein anderes eindrückliches Beispiel für die Notwendigkeit einer kontextualisierten Herangehensweise ist die Studie von Heather Montgomery (2001) zur Kinderprostitution in Thailand.

ergibt nur Sinn, wenn sie nicht durch tatsächliche Macht- und Besitzunterschiede unterlaufen werden. Angesichts ihres vielfach marginalisierten Status gilt dies für Kinder, die unter Bedingungen extremer Armut und Unterdrückung leben, in besonderem Maße.

Wie die Straßenkinder in Indien, von denen in diesem Abschnitt die Rede war, gibt es eine Unzahl von Kindern in der Welt, deren Rechte massiv verletzt werden und die wenig Grund haben, an die „Macht des Rechts" zu glauben. Viele dieser Kinder finden sich nicht damit ab, nur als Opfer widriger Umstände gesehen oder behandelt zu werden, sondern versuchen notgedrungen, selbst Lösungen für ihre Probleme zu finden. Dies will ich anhand einer Fallstudie aus der indonesischen, auf der Insel Java gelegenen Stadt Yokyakarta aufzeigen, wo sich Straßenkinder gegen ein Gesetz der Provinzregierung wehrten, das vorgeblich ihrem Schutz dienen sollte (van Daalen, Hanson & Nieuwenhuys 2016; vgl. auch Beazley 2000; 2003).

Das geplante Gesetz sah vor, „Kinder, die Ärger auf der Straße haben" (*children who have troubles on the street*[181]), dadurch zu schützen, dass das „Herumtreiben" und Betteln auf Straßen und öffentlichen Plätzen verboten wird. Die Polizei sollte nicht nur ermächtigt werden, diese Aktivitäten zu unterbinden, sondern auch gegen Menschen vorzugehen, die den Kindern Geld oder andere Güter zukommen lassen (dies sollte ausdrücklich unter Strafe gestellt werden).[182] Im Unterschied zu anderen indonesischen Provinzen, in denen ähnliche Gesetze unter Berufung auf die UN-Kinderrechtskonvention und das nationale Kinderschutzgesetz ohne weitere Konsultation von den örtlichen Parlamenten beschlossen worden waren, gab die Provinzregierung von Yokyakarta „Repräsentanten der Zivilgesellschaft" die Gelegenheit, ihren Gesetzentwurf zu kommentieren. Die örtlichen Kinderhilfsorganisationen sahen in dem Gesetz eine pure Legitimation der Polizeirazzien, die vorher stattgefunden hatten, und lehnten es einhellig ab. Bemerkenswerterweise meldeten sich diesmal auch die direkt betroffenen Kinder zu Wort.

Zusammen mit Erwachsenen, für die die Straßen und öffentlichen Plätze Arbeits- und Lebensort sind, zogen hunderte von Kindern, die ihre Gesichter und Körper eigens bemalt hatten, begleitet von traditioneller javanischer Musik

---

181 Diese Formulierung verdeckt, dass die Kinder eigentlich als Personen verstanden wurden, die „*Ärger machen*".
182 Ähnliche Gesetze gibt es in vielen Länder des Globalen Südens. Sie ähneln auch den immer wieder im Globalen Norden unternommenen Versuchen, jungen Menschen die Nutzung öffentlicher Räume zu untersagen, eine Praxis, die im Englischen meist als „*Status Offenses*" bezeichnet wird (vgl. Liebel 2013, S. 159 ff.). Während die diesbezüglichen Gesetze und Dekrete früher mit dem „irregulären" Verhalten der jungen Menschen legitimiert wurden, werden sie heute durchweg als Maßnahmen zum Schutz der Minderjährigen ausgegeben.

wiederholt durch die Straßen und vor das Regionalparlament und riefen Slogans wie die folgenden: „*Weg, weg, weg mit dem Gesetz!*" „*Kämpft, kämpft, kämpft!*" „*Wer dieses Gesetz weghaben will, muss es laut sagen: WEG DAMIT!*" „*Lasst uns durch diese Straßen gehen, Hände weg von unseren Straßen!*" Einige Kinder hielten selbst gemalte Schilder hoch, auf denen zu lesen war: „*Das Gesetz ist die Hölle!*" „*Das Gesetz ist Scheiße!*" „*Scheiß auf dieses Machwerk!*" Auf anderen Plakaten taten die Kinder kund, wie sie ihr Recht, in der Stadt zu leben, verstanden: „*Schluss mit der Gewalt gegen die Straßenleute!*" „*Die Straße ist unser Zuhause! Lasst uns hier leben!*" „*Dies ist unser Land! Wir haben das Recht, hier zu sein!*"[183]

Die Proteste hatten zur Folge, dass die Regierung sich auf Verhandlungen über das geplante Gesetz einließ. In der auf Initiative der internationalen NGO „Save the Children" gebildeten Verhandlungskommission trafen Funktionäre der Regierung und Parlamentsabgeordnete mit Repräsentanten örtlicher Kinderhilfsorganisationen und einigen Erwachsenen der sog. *Unabhängigen Straßenbewegung*[184] zusammen. Kinder waren nicht eingeladen, zeigten allerdings auch wenig Interesse, an den sich über zwei Jahre hinziehenden Debatten über Details des Gesetzes teilzunehmen.[185] Ihnen schien am wichtigsten zu sein, dass der Gesetzentwurf überhaupt erst mal zurückgezogen worden war. Während der Verhandlungen machten sie aber immer wieder mit eigenen Aktionen auf sich aufmerksam, in denen sie ihr Recht betonten, auf der Straße arbeiten und leben und so ihre Familien unterstützen zu können. Sie artikulierten dies nicht immer mit Worten, sondern indem sie demonstrativ den Straßenraum für diverse akrobatische Showeinlagen, Gesänge und andere Musikdarbietungen in Anspruch nahmen. Dies ließe sich als kreative Antwort auf ihren faktischen Ausschluss von den politischen Verhandlungen deuten, könnte aber auch un-

---

183 Interessant ist in diesem Zusammenhang auch ein Beispiel aus Südafrika, wo Kinder in einer Anhörung des Parlaments das Recht forderten, auf der Straße zu leben (vgl. Syring 2011).

184 Diese hatte zunächst unter Beteiligung der Kinder folgende Forderungen aufgestellt: „1. Ablehnung des Gesetzentwurfs. 2. Die Regierung muss ihrer Verpflichtung nachkommen, menschenwürdige Jobs und Lebensbedingen für die [Straßen-]Communities zu gewährleisten. 3. Schluss mit den Razzias gegen die Straßencommunity. 4. Jede Form von Gewalt auf den Straßen unterlassen. 5. Regelungen annullieren, die die Rechte der städtischen Armen verletzen. 6. Ähnliche örtliche Regelungen in allen anderen Provinzen Indonesiens annullieren; 7. Die Straßencommunity mit Ausweisen ausstatten" (zit. n. van Daalen, Hanson & Nieuwenhuys 2016, S. 810).

185 Einige Kinder waren nur bei einem Gespräch mit zwei Abgeordneten zugegen, wendeten sich aber bald ab, zupften an den mitgeführten Gitarren, rauchten und trieben Schabernack.

terstrichen haben, dass die Kinder anderen Formen der politischen Beteiligung vorzogen, als sie von den Erwachsenen praktiziert wurden.

In dem schließlich aus den Verhandlungen der Erwachsenen hervorgegangen und im Jahr 2011 beschlossenen „Gesetz über den Schutz von Kindern, die auf der Straße leben" wird den Erwartungen und Forderungen der Kinder in keinerlei Weise Rechnung getragen. In dem Gesetz, das sich ausdrücklich auf die UN-Kinderrechtskonvention beruft, setzte sich ein Konzept von Schutz durch, das sich von den während der Protestaktionen artikulierten Vorstellungen der Kinder über ihre Rechte grundlegend unterscheidet. Darin wurde zwar unter dem Beifall aller Kinderhilfsorganisationen auf repressive Maßnahmen gegen die Kinder verzichtet, aber die Straßen werden aufs Neue ausdrücklich als Orte definiert, die für das Aufwachsen der Kinder verderblich sind. Der einzige Weg zu ihrem Schutz und zur Wahrung ihrer Rechte auf ein kindgerechtes Leben wird darin gesehen, die Kinder von der Straße zu entfernen und fernzuhalten.[186] Stattdessen sollen sie in ihre Familien zurückgeführt und nach Möglichkeit in sozialen Projekten betreut werden. Dabei wird pauschal unterstellt, dass Kinder, die die Straße für lebensnotwendige Tätigkeiten und/oder zu ihrem Vergnügen nutzen, keinerlei Familienkontakte haben, in besonderem Maße hilfsbedürftig sind und „gerettet" werden müssen. Wie es gelingen soll, sie ohne Anwendung von Zwangsmitteln von Straßen und öffentlichen Plätzen zu entfernen, wird im Gesetz nicht weiter ausgeführt und bleibt letztlich der Phantasie und dem Belieben der Gesetzesanwender überlassen.

In ihrer Analyse des Falles kommen Edward van Daalen, Karl Hanson und Olga Nieuwenhuys (2016) zu dem Schluss, dass sich die an den Verhandlungen beteiligten Erwachsenen, die sich als Verteidiger der Kinderrechte verstanden und im Namen der Straßenkinder sprachen, offenbar überhaupt nicht über die Diskrepanz zwischen den Vorstellungen der Kinder von ihren Rechten und ihrer eigenen Interpretation der Kinderrechte im Klaren waren. Während die Erwachsenen nur im Auge hatten, wie die auf der Straße ausgeübten und als genuin schädlich bewerteten Aktivitäten unterbunden werden können, ging es den Kindern darum, wie sie diese nunmehr unter sicheren und menschenwürdigen Bedingungen ausüben können. Darin verbergen sich nicht nur verschiedene Konzepte von Schutz bzw. von dem, was für Kinder gut ist, sondern auch die Frage, ob und ggf. wie sich die Rechtsvorstellungen der Kinder überhaupt in

---

186 Art. 3 des Gesetzes lautet: „The protection of children living on the street aims to: a. Remove children from street life; b. Ensure the fulfillment of child's rights to live, grow, develop and participate optimally in accordance with human dignity and values, and; c. Provide protection against discrimination, exploitation and violence, for the realization of qualified, noble, and prosperous children."

ein Gesetz bzw. in positives Recht transformieren lassen. Nach Ansicht der Autorin und der Autoren der Fallstudie muss hierfür ein neuer konzeptioneller Rahmen gefunden werden, der die bisher dominierende Praxis von Recht und Gesetz transzendiert. Sie bezeichnen dieses Konzept als „*Living Rights*" (van Daalen, Hanson & Nieuwenhuys 2016, S. 818):

> Living Rights sollten erstens verstanden werden als Berechtigungen handlungswilliger Personen oder Kollektive, die mit den unvermeidlichen Widersprüchen und Spannungen umgehen können, in die sie häufig verwickelt sind. Dies schließt zweitens ein, dass Rechte nicht statisch und ein für alle Mal festgelegt sein können und dass das, was nur Normen oder sogar Tabus waren, in legale Rechte transformiert werden können und umgekehrt. Living Rights werden deshalb immer wieder angesichts veränderter Umstände neu erfunden. Schließlich sind Living Rights, sogar bevor sie ihren Weg in formales Recht gefunden haben, schon im Leben und den Kämpfen der Leute präsent, wenn sie sich mit den täglichen Herausforderungen auseinandersetzen und versuchen, das Beste aus ihrer Situation zu machen. Unsere Pointe ist, dass dies *auch* für die Rechte derer gilt, die wie die Straßenkinder vom Staat und sogar von den Outsidern, die in ihrem Namen ‚von unten' zu sprechen beanspruchen, ausgeschlossen werden.

Das Konzept der *Living Rights* schließt im Falle der Kinderrechte die Notwendigkeit ein, dass die Kinder als soziale Rechtssubjekte auch direkt und kontinuierlich an der Rechtssetzung und Rechtspraxis mitwirken können. Es muss hierfür anerkannt und politisch durchgesetzt werden, dass auch von Kindern „erfundene" Normen und Praktiken nicht nur als Gesetz, d. h. in staatlich kodifizierter Form, Geltung haben, sondern auch im gesellschaftlichen Leben jenseits formaler Gesetze Anerkennung finden und wirksam werden können.[187] Um dies zu erreichen, setzen van Daalen, Hanson und Nieuwenhuys darauf, dass die Vorstellungen und Erwartungen der Kinder von erwachsenen Personen aufgegriffen und in solidarischer Weise „übersetzt", d. h. öffentlich kommuniziert und unterstützt werden. Dabei sind sie sich bewusst – und zeigen

---

187 Van Daalen, Hanson & Nieuwenhuys (2016) diskutieren diese Fragen im Rückgriff und in Auseinandersetzung mit sog. pluralistischen Rechtstheorien (*legal pluralism*). In diesen wird davon ausgegangen, dass das Recht nicht nur aus staatlich sanktionierten Gesetzen besteht, sondern sich aus verschiedenen Quellen wie Gewohnheitsrechten, überlieferten lokalen Rechtssystemen sowie Rechtsvorstellungen und -ansprüchen sozialer Gruppen und Bewegungen speist. Hierbei wird angenommen, dass Recht mittels der Agency sozialer Akteure entsteht und erneuert wird und werden kann (vgl. Kleinhans & Macdonald 1997; Webber 2006; Tamanaha 2011; Inksater 2010; Ndulo 2011, Messner 2012). In diesen Rechtstheorien wird allerdings auf Kinder kaum Bezug genommen. Zur Bedeutung des Gewohnheitsrechts für das Verständnis von Kinderrechten in Afrika vgl. Himonga (2008).

dies in der Fallstudie –, dass diese Übersetzungsarbeit mit zahlreichen Schwierigkeiten und Widersprüchen konfrontiert ist (a. a. O., S. 821):

> Die Studie über die Rechte der Straßenkinder von Yogyakarta macht deutlich, dass die Umsetzung von Rechten nicht begrenzt ist auf die Übersetzung zwischen internationalen, nationalen und lokalen Ebenen. Übersetzungen ereignen sich auch zwischen verschiedenen Organisationen, zwischen Führungs- und unteren Ebenen innerhalb derselben Organisationen und zwischen Organisationen und den Leuten, die sie zu vertreten beanspruchen. Wie unsere Fallstudie nahelegt, finden Übersetzungen von Kinderrechten in vielen solcher ‚Übergangsräume' (Flax 1993) zwischen einer Unzahl von Akteuren auf verschiedenen Regierungsebenen und in Verbindung mit verschiedenen Weltsichten statt. In jedem dieser Räume und zwischen allen diesen Akteuren ereignen sich verschiedene Formen von Übersetzung. Wir sehen Living Rights und Übersetzung vor allem als konzeptionelle Werkzeuge, die helfen können zu verstehen, wie verschiedene Gesichtspunkte über Kinder- und Menschenrechte in besonderen Kontexten zur Geltung gebracht werden. Dieser Ansatz erklärt jedoch nicht das Ergebnis solcher Übersetzungen; dies ist eine Frage, die [...] eher zum empirischen als zum konzeptionellen Bereich gehört.

Im Unterschied zu der zuvor diskutierten Studie zu den Straßenkindern in Kalkutta, die die Bedeutung der Rechte für die Kinder im Kontext von Machtstrukturen diskutiert, bewegt sich die Studie zu den Straßenkindern in Yogyakarta eher auf einer abstrakten, rechtstheoretischen Ebene. Es stellt sich die Frage, wie das Konzept der Living Rights so weit konkretisiert werden kann, dass es auch zur Kritik und Überwindung illegitimer Machtstrukturen und instrumenteller Formen von Partizipation und Repräsentation genutzt werden kann. Das folgende Fazit soll dazu beitragen.

10.4 Fazit: Wege aus den postkolonialen Dilemmata

Ich habe mich in diesem Kapitel auf Fallstudien bezogen, weil letztlich nur induktiv über die Analyse konkreter Situationen und Fälle ermittelt werden kann, wie der eurozentrische und paternalistische Bias der Kinderrechte unterlaufen und Kinderrechte „von unten gebraucht" bzw. als „Living Rights" praktiziert werden können. Aus den hier dargestellten Fällen lassen sich meines Erachtens folgende Schlüsse ziehen:

Vor aller Berufung auf Kinderrechte stellt sich die Frage, ob diese in der gegebenen Situation überhaupt ein effektives und tragfähiges Instrument sein können, um die Menschenwürde der Kinder zu sichern und ihre Stellung in der Gesellschaft zu stärken. Wenn wir uns in diesem Sinne Kinder als Akteure, d. h.

als handelnde Subjekte eigenen Rechts, vorstellen wollen, muss ein Minimum an Voraussetzungen gegeben sein. Dazu gehört, dass die Kinder sich nicht nur zutrauen, sondern auch den nötigen Spielraum haben, um überhaupt agieren zu können. Dazu gehört des Weiteren, dass sie auf der rechtlichen Ebene Ansprechpartner finden, die den Rechtediskurs ernstnehmen, und dass staatliche Strukturen existieren, in denen die Menschenrechte nicht vollkommen ignoriert werden (vgl. z. B. Freeman 2009, S. 380). Dazu gehört schließlich auch, dass die Kinder in der Gesellschaft unter den Erwachsenen Bündnispartner finden, die bereit sind, ihre Rechtsansprüche aufzugreifen und zu unterstützen. Die Entstehung dieser Voraussetzungen ist ebenso wie die Entstehung der Menschenrechte nicht als eine Art Naturtatsache, sondern als Ergebnis sozialer Kämpfe zu verstehen, kann also herbeigeführt und verändert werden (vgl. Stammers 2009; 2013).

In den Fallstudien zeigt sich, dass es für die Kinder nicht ausreicht, über die eigenen Rechte nur informiert zu sein. Kinder haben keinen plausiblen Grund, an diese Rechte zu „glauben" und sich auf sie zu berufen, wenn diejenigen, die mehr Macht haben als sie selbst, auf die Rechte der Kinder pfeifen oder sie in selbstherrlicher Weise und zu eigenen Gunsten instrumentalisieren (etwa um ihr Image zu verbessern). Kinder müssen die Möglichkeit haben, ihre eigenen Vorstellungen von Rechten und daraus abgeleitete Ansprüche und Forderungen ins Spiel zu bringen. Dabei ist es auch wichtig, Kinderrechte nicht nur als individuelle, sondern auch als kollektive Rechte zu verstehen, d. h. zu akzeptieren und ggf. zu unterstützen, dass Kinder – in welchen Formen auch immer – sich auf der Basis gemeinsamer Interessen zusammenschließen und in organisierter Weise handeln können (vgl. Kimiagar & Hart 2017). Werden Kinderrechte nur als individuelle Rechte verstanden, bleiben sie zumindest dann „hilflos", wenn die Umsetzung der Rechte auch strukturelle Änderungen notwendig macht und die bestehenden Machtverhältnisse in Frage stellt. In diesem Sinn unterscheiden Didier Reynaert und Rudi Rose (2017) ein „minimalistisches" und „maximalistisches" Verständnis der Kinderrechte und demonstrieren dies am Umgang mit sozialer Ungleichheit und Kinderarmut. Nach minimalistischem Verständnis ist Ungleichheit und Armut das Ergebnis unzureichender individueller Inanspruchnahme von Rechten und kann durch die Erziehung zu individueller Verantwortung behoben werden. Nach maximalistischem Verständnis müssen dagegen die strukturellen Ursachen in den Blick genommen und eine Umverteilung des gesellschaftlichen Reichtums vorgenommen werden.

Van Daalen, Hanson und Nieuwenhuys (2016) weisen in ihrer Fallstudie zu Recht daraufhin, dass sich im Handlungsfeld der Kinder verschiedene Interessen kreuzen und oft auch widersprechen. Kinder, die für ihre Rechte eintreten, können deshalb nicht davon ausgehen, dass diese selbst von Kinderrechtsbefürwortern immer in ihrem Sinne verstanden und in ihrem Interesse „umgesetzt" werden. Für Kinder im Globalen Süden ist im besonderen Maße relevant, dass die Kinderrechte nicht nur in adultistischer bzw. paternalistischer, sondern auch in eurozentrischer Weise gedeutet werden. Um dem entgegenzuwirken und den eigenen Deutungen der Kinder Gewicht zu geben, führt kein Weg an der Frage vorbei, wie mit dem Universalitätsanspruch der Kinderrechte umgegangen werden kann.

Angesichts ihres Universalitätsanspruchs müssen Kinderrechte in offener, dynamisch-pozesshafter, kultursensibler und kontextbezogener Weise verstanden werden. Dazu gehört, mit den in der UN-Kinderrechtskonvention kodifizierten Rechten in kritischer und reflexiver Weise umzugehen und anzuerkennen, dass sie nicht der Endpunkt einer Entwicklung sind, sondern geändert und weiterentwickelt werden können und sogar müssen (vgl. Reynaert et al. 2015). Hierbei muss den Sichtweisen und Forderungen von Kindern besondere Beachtung geschenkt werden, zumal wenn sie diese selbst in Form von Rechten und Rechtsansprüchen zum Ausdruck bringen (zu Beispielen vgl. Liebel 2009, S. 63 ff.).

Die unter Bezug auf bestimmte Artikel der UN-Kinderrechtskonvention vom UN-Ausschuss für die Rechte des Kindes hervorgehobenen „allgemeinen Prinzipien" scheinen mir geeignete Orientierungspunkte für ein solches dynamisches und kultursensibles Verständnis der Kinderrechte zu sein. Hierbei handelt es sich um folgende vier Rechtskomplexe:

- Das Recht auf Nichtdiskriminierung (Art. 2);
- Das Recht auf vorrangige Berücksichtigung der besten Interessen des Kindes (Art. 3, Abs. 1);
- Das Recht auf Leben und bestmögliche Entwicklung (Art. 6);
- Das Recht auf Berücksichtigung der Sichtweisen und Meinungen des Kindes in allen es betreffenden Angelegenheiten (Art. 12).

In diesen Prinzipien drückt sich aus, dass jedes Kind ungeachtet seines Alters und anderer persönlicher Eigenschaften als eigenständiges Subjekt von Rechten anzuerkennen und dessen Würde als Mensch mit gleichem moralischem Status unter allen Umständen zu gewährleisten ist. Nach meinem Verständnis bedeutet dies, dass weltweit die Verpflichtung besteht, die bestmöglichen Lebensverhältnisse für Kinder herzustellen und dafür zu sorgen, dass kein Kind in vermeidbarer Weise behindert, benachteiligt, diskriminiert, ausgebeutet oder auf andere Weise in seiner Würde verletzt wird. Ebenso bedeutet es, dass bei jeder zu treffenden Entscheidung das beste Interesse der Kinder vorrangig und unter

Beachtung der Sichtweisen der betroffenen Kinder zu berücksichtigen ist (vgl. Maywald 2012; Liebel 2015a, S. 104 ff.).

Dabei ist zu unterscheiden zwischen allgemeinen Prinzipien einerseits, auf deren Einhaltung alle Kinder der Welt einen uneingeschränkten rechtlichen Anspruch haben, und ideologisch oder kulturell spezifischen Bestimmungen andererseits, die nicht uneingeschränkt anwendbar, sondern unter Beachtung der jeweiligen kulturellen und sozialen Kontexte auszudeuten und ggf. zu problematisieren sind. Zu letzteren zähle ich z. B. Bestimmungen, die ein (chronologisches) Mindestalter für bestimmte Tätigkeiten vorschreiben, die von Kindern selbst gewählt oder gewünscht sind,[188] oder die das Recht auf Bildung auf die Verpflichtung zum Schulbesuch eingrenzen. Kritisch zu reflektieren ist auch, dass bestimmte Rechte in einem Spannungsverhältnis zueinander stehen können und sich unter Umständen gegenseitig ausschließen oder behindern. Dies ist z. B. der Fall, wenn Schutzrechte so gedeutet werden, dass sie einer Entmündigung von Kindern gleichkommen und ihren Status als Subjekte, denen das Recht auf Partizipation und Selbstbestimmung zusteht, verletzen. Oder wenn Förder- und Entwicklungsrechte nur als Verpflichtung staatlicher Autoritäten, nicht aber auch als subjektive Rechte der Kinder verstanden werden, die sie selbst konkretisieren, mitgestalten und praktisch einfordern können (vgl. Liebel 2013, S. 120 ff.).

Die uneingeschränkt geltenden allgemeinen Prinzipien werden in der heutigen Welt auf mindestens zweifache Weise verletzt:

- Die postkoloniale Weltordnung hat für die große Mehrheit der Kinder vor allem im Globalen Süden zur Folge, dass sie vermeidbarer Not, Gewalt, Krankheiten und Zwängen ausgesetzt sind, die ihre Menschenwürde verletzen und ihre bestmögliche Entwicklung verhindern.
- Überall auf der Welt existieren verschiedene ideologisch oder religiös gerechtfertigte Praktiken, die den moralischen und rechtlichen Anspruch der Kinder auf die Anerkennung ihrer Subjektivität, die Wahrung ihrer Menschenwürde und die Mitwirkung an den sie betreffenden Maßnahmen und Entscheidungen missachten.

---

188 James Schmidt (2010) zeigt in einer detaillierten historischen Studie über die Entstehung rechtlicher Normen zum Umgang mit der Arbeit von Kindern und Jugendlichen in den USA, wie es zur Etablierung von Mindestaltern kam; in diesem Prozess, so Schmidt, habe sich die Mittelklasse des Kinderrechtediskurses bemächtigt und ihn gegen die Selbstbestimmungs- und Emanzipationsbestrebungen der arbeitenden Kinder und Jugendlichen gewendet. Zur Debatte um die Festlegung von Mindestaltern vgl. das Diskussionspapier des *Child Rights International Network* (CRIN 2015).

Dies sei an einigen, mir besonders wichtig erscheinenden Geltungsbereichen konkretisiert: Dominiert im Umgang mit Kinderrechten das europäisch-westliche Kindheitsverständnis, liegt es nahe, den Schutz von Kindern in paternalistischer Weise auf Kosten ihrer (relativen) Autonomie und Partizipation zu praktizieren. Allerdings bringt auch ein eher im Globalen Süden verbreitetes Kindheitsverständnis, das die Mitverantwortung der Kinder betont, die Gefahr mit sich, den gleichen moralischen Status und das Recht der Kinder zu missachten, eigenständige Entscheidungen über ihr Leben zu treffen und an für sie wichtigen Entscheidungen gesellschaftlicher und staatlicher Institutionen mitzuwirken.

Die postkolonial bedingte und mit der kapitalistischen Globalisierung verstärkte materielle Ungleichheit erhöht die Gefahr, dass Kinder, die in Armut und prekären sozialen Verhältnissen leben müssen, in ihrer Menschenwürde verletzt und größeren Risiken ausgesetzt werden. Da sie weniger Optionen für eigene Entscheidungen haben, sind sie in besonderem Maße dem Risiko wirtschaftlicher Ausbeutung sowie der Gefährdung ihrer Gesundheit und sogar ihres Lebens ausgesetzt (auch durch Zerstörung der natürlichen Lebensgrundlagen und der Lebensumwelt). Ebenso werden sie daran gehindert, ihr Recht auf eine ihnen dienliche und mit ihrem Leben verbundene Bildung wahrzunehmen. Dies kann auch die Folge von Bildungssystemen sein, die den Zugang von materiellen Ressourcen abhängig machen und in ihren Lernformen und -inhalten die spezifische Lebenssituation und das aus den Alltagserfahrungen der Kinder resultierende Wissen missachten. Mit der postkolonialen Weltordnung sind nicht zuletzt Formen sozialer Ungleichheit verknüpft, die auf der ungleichen Bewertung von Menschen verschiedener Herkunft und Hautfarbe beruhen. Sie können sich zu rassistischen Praktiken verdichten, die in Verbindung mit anderen sichtbaren Persönlichkeitsmerkmalen zu multiplen Formen von Diskriminierung und Behinderung führen („Intersektionalität").

Schwieriger ist es, mit den als traditionell bezeichneten Bräuchen umzugehen.[189] Sie können Kindern schaden, etwa indem sie Schmerzen verursachen

---

189 In Art 24.3 der UN-Kinderrechtskonventon heißt es: „Die Vertragsstaaten treffen alle wirksamen und geeigneten Maßnahmen, um überlieferte Bräuche, die für die Gesundheit der Kinder schädlich sind, abzuschaffen." Diese Formulierung wirft die Frage auf, ob nicht auch „neue" Bräuche, die mit der Kapitalisierung von Gesellschaften und dem „technischen Fortschritt" einhergehen (z. B. solche, die auf einem durch die kommerzielle Werbung propagierten Schönheitsideal beruhen und auf dem Wege der plastischen Chirurgie herbeigeführt werden), schädliche Wirkungen haben können. Auch die mit den neuen reproduktionsmedizinischen und genetischen Technologien verbundenen Vorstellungen und Praktiken, die auf das „perfekte (Wunsch-)Kind" zielen, können für Kinder extrem negative Auswirkungen haben (vgl. z. B. die Debatte um die sog. liberale Eugenik als Teil eines „genetischen Supermarktes": Robertson 1996; Habermas 2001; Sandel 2007; Compagna 2015; Sorgner 2015). Sie haben auch schon dazu geführt, dass im Globalen Süden ein florierender

und zu langwierigen körperlichen Beeinträchtigungen führen. Dies gilt z. B. für oft religiös kaschierte traditionelle Bräuche, wie die Beschneidung der Klitoris von Mädchen oder die Amputation der Penisvorhaut von Jungen in den ersten Lebensmonaten oder -jahren. Auch der Brauch, Mädchen oder Jungen früh zu verheiraten, missachtet die Subjektivität der Kinder. Sie kann ihre Unversehrtheit in physischer ebenso wie in psychischer Hinsicht gefährden, mit negativen Folgen für ihre Gesundheit verbunden sein und ihre Lebensperspektiven einschränken. Aber statt sie als Ausdruck einer „barbarischen Kultur" schlicht von außen zu verurteilen und zu verbieten, entspräche es einem kultursensiblen Verständnis der Kinderrechte, im respektvollen Dialog mit den involvierten Menschen und Gemeinschaften nach Lösungen zu suchen, die für die Kinder eher Vor- als Nachteile mit sich bringen und ihnen ermöglichen, letztlich selbst Entscheidungen über ihr Leben zu treffen. Da die Kinder weiter in ihre soziokulturellen Gemeinschaften eingebunden sind, können Lösungen im Interesse der Kinder nicht von außen herbeigeführt, sondern müssen innerhalb dieser Gemeinschaften gefunden werden (zu Beispielen misslungener und gelungener Praxis vgl. Wessels & Kostelny 2017).

Auch die fehlende Anerkennung der moralischen Gleichheit der Geschlechter („Sexismus") oder „abweichender" sexueller Orientierungen („Homophobie") kann ebenso zu sozialer Benachteiligung und Diskriminierung führen wie die fehlende Anerkennung der moralischen Gleichheit allein aufgrund des geringen Alters der Kinder („Adultismus"). Doch hierbei handelt es sich nicht um besondere Kennzeichen „postkolonialer" Weltregionen, sondern um den Ausdruck von Gesellschaften, die in starkem Maße hierarchisch strukturiert sind, rigide Herrschaftsstrukturen aufweisen und Gleichheitsprinzipien geringschätzen. Sie sind allerdings eng mit kolonialen oder quasikolonialen Denkweisen und Praktiken insofern verbunden, als sie solche Menschen und Lebensformen abwerten und ausgrenzen, die nicht den in der Welt oder in einzelnen Gesellschaften dominierenden Vorstellungen und Interessen entsprechen. Sie können sogar selbst ein Resultat von Kolonialisierung oder religiöser Missionierung sein.[190] Deshalb ist auch beim Umgang mit sog. traditionellen Bräuchen darauf zu achten, dass sie nicht mit dem besserwisserischen Gestus des vermeintlichen aufgeklärten Menschen schlicht abgeurteilt werden. Wie die Menschen- und Kinderrechte im Allgemeinen müssen auch sie im jeweiligen

---

Geschäftszweig zur Rekrutierung von Leihmüttern entstanden ist (zu diesem und weiteren Beispielen vgl. Cregan & Cuthbert 2014, S. 147 ff.).
190 Dies haben z. B. Karl Hanson und Roberta Ruggiero (2013) an der Verfolgung von sog. Hexenkindern gezeigt. Vgl. auch die Studien zu Hexenkindern, Kinderbanden und Straßenkindern in: Behringer & Opitz-Belakhal (2016).

historischen Kontext verstanden und in kultursensibler Weise bewertet werden. Dabei sollte immer auch bedacht werden, dass sich in sog. traditionellen Bräuchen sogar ein Wissen verkörpern kann, das durch den Kolonialisierungsprozess marginalisiert wurde und dessen Wiederbelebung den Menschen zugutekäme (z. B. naturkundliche Heilmethoden).

Die Anerkennung und hier beispielhaft erläuterte Interpretation allgemeiner Prinzipien der Kinderrechte ist noch keine Gewähr dafür, dass sie auch im Sinne der von Rechtsverletzungen betroffenen Kinder praktiziert werden. Hierzu ist es unabdingbar, auch die Sichtweisen der Kinder zu beachten und die Kinderrechte in der Weise zu verstehen, dass sie von den Kindern selbst sowohl individuell als auch kollektiv in Anspruch genommen werden können. In diesem Sinne müssen Kinderrechte nicht nur als individuelle, sondern auch als kollektive Rechte verstanden werden. Und es muss bedacht werden, dass die Rechte selbst nur praktische Bedeutung erlangen, wenn sie mit strukturellen Änderungen der jeweiligen Gesellschaften einhergehen, die zu mehr Egalität und sozialer Gerechtigkeit führen und insbesondere die soziale Stellung der Kinder stärken. Dies schließt die Vertretung der Kinder durch Erwachsene und staatliche Institutionen nicht aus, erfordert jedoch zu erkennen, dass jede Repräsentation durch „Andere" auch mit Risiken verbunden ist, denen nur durch eine umfassende Partizipation und Selbstorganisation der Kinder begegnet werden kann.[191]

---

191 Es sei zumindest am Rande vermerkt, dass dies auch Konsequenzen für die Kindheits- und Kinderrechtsforschung haben muss in dem Sinne, dass sie die Kinder im Forschungsprozess nicht zu Objekten degradiert und ihre Lebensäußerungen ebenso wie den Umgang mit Kinderrechten immer auch aus der Sicht der Kinder zu beleuchten und verstehen versucht (vgl. Bessell, Beazley & Waterson 2017).

Ausblick: Kindheiten und Kinderpolitik jenseits des postkolonialen Paternalismus

Die heute in der Welt lebenden Kinder befinden sich noch immer in den Fängen des postkolonialen Paternalismus. Er materialisiert sich in dem, was ich postkoloniale Kindheiten genannt habe, und zeigt sich in verschiedenen miteinander verbundenen Formen:

- in der seit der Kolonialepoche fortbestehenden Ungleichheit der Macht und der materiellen Lebensverhältnisse zwischen dem Globalen Norden und dem Globalen Süden und der damit verbundenen weltweiten Ungleichheit und sogar wachsenden Diskrepanz der Lebensperspektiven der Kinder;
- in der Dominanz von Wissensformen, Denk- und Sichtweisen, die Kindheiten des Globalen Südens unsichtbar machen oder nur verzerrt zum Ausdruck kommen lassen und dazu führen, die große Mehrheit der Kinder der Welt zu missachten, zu diskriminieren und ihre Stimmen zu negieren;
- im Fortbestehen rassistischer Gewalt gegenüber Kindern, die nicht den in Europa entstandenen Maßstäben einer vermeintlich einzigen „richtigen" Kindheit entsprechen oder auf einem Leben bestehen, das diesen Maßstäben widerspricht;
- in der Unterdrückung und Entwürdigung der Kinder als unreife und inkompetente Zeitgenossen, ihrer sozialen und politischen Ausgrenzung sowie ihrer Instrumentalisierung als potentielles Humankapital im Interesse einer globalisierten kapitalistischen Ökonomie;
- in der Verbiegung und Verballhornung der Menschen- und Kinderrechte im Rahmen einer eurozentrischen Entwicklungs- und Hilfspolitik des gnädigen Wohlwollens gegenüber den „armen Kindern" des Globalen Südens.

Ich habe in dem Buch versucht, postkoloniale Kindheiten in verschiedenen Aspekten darzustellen und die damit für die Kinder verbundenen Zumutungen sichtbar und verständlich zu machen. Dies verlangt nach weiteren, umfassenderen und tiefergreifenden Untersuchungen. Obwohl ich mich bemüht habe, die Kinder nicht nur als Objekte gegebener Umstände, sondern auch als (mögliche) Akteure zu betrachten, sollte in weiteren Untersuchungen auf die Agency von Kindern noch stärkeres Gewicht gelegt werden, ohne diese zu essentialisieren. Einige Fragen, die sich dabei stellen, will ich andeuten.

Zu ihnen gehört die Frage, welche Bedeutung eigenständigen Kinder- und Jugendbewegungen zukommt, wie sie sich mit den Zumutungen des postkolonialen Paternalismus auseinandersetzen, welche Visionen einer „besseren Kindheit" sie hervorbringen und wie sie zu unterstützen und zu stärken sind. Damit könnte die Frage verbunden werden, ob sich eine weltweite Bürgerschaft von Kindern vorstellen lässt, die zur Überwindung des postkolonialen Paternalismus beiträgt, welche Ansätze dazu erkennbar sind, aber auch welche Fallstricke damit verbunden wären (vgl. Liebel 2017b). In diesem Zusammenhang stellt sich auch die Frage, welche Anforderungen an politisches Handeln zu stellen wären, das sowohl weltweit als auch vor Ort die soziale Stellung der Kinder stärkt und ihre Handlungsmöglichkeiten erweitert, und in welcher Weise rechtliche Regelungen auf internationaler und nationaler Ebene dazu beitragen können (wobei auch hier den möglichen Fallstricken einer auf staatliche Macht angewiesenen Politik Aufmerksamkeit zu widmen wäre).

Wenn eine solche Politik zur Überwindung des postkolonialen Paternalismus beitragen will, muss sie weltweit und vor Ort für gesellschaftliche Verhältnisse und Lebensqualitäten sorgen, die Mindestanforderungen von sozialer und ökologischer Gerechtigkeit standhalten (vgl. Stainton Rogers 2004; Bühler-Niederberger & Sünker 2009; Alderson 2016). Dies kann naheliegender Weise keine Politik sein, die über die Köpfe der Kinder hinweg betrieben wird, sondern in ihr müssten die Kinder selbst eine maßgebliche Rolle spielen können, zumal diejenigen, deren Kindheiten bislang missachtet oder unsichtbar gemacht wurden. Sie müssten ungeachtet ihrer Herkunft, ihrer Hautfarbe und ihres Lebensortes die reale Möglichkeit haben, sich gegen jede von ihnen empfundene Ungerechtigkeit zur Wehr zu setzen. Als Orientierungspunkte hierfür betrachte ich

- das Recht der Kinder auf eine Welt, in der kein Kind länger der Macht von Personen und Institutionen unterworfen ist, die ohne Rücksicht auf ihre Interessen und Rechte über sie verfügen können;
- das Recht der Kinder auf ein Leben, in dem sie nicht länger leiden und sich anderen fügen müssen, die Macht über sie haben;
- das Recht der Kinder auf eine Kindheit, die als gleichberechtigter Teil der Gesellschaft anerkannt ist und in der Kinder über alle Fragen in signifikanter Weise mitentscheiden, die ihre Gegenwart und Zukunft betreffen;
- das Recht der Kinder, sichtbar zu sein und mit ihrer Geschichte, ihren Identitäten, ihren Eigenheiten und ihren Sichtweisen anerkannt und respektiert zu werden.

Um deutlich zu machen, wie diese Rechte Teil praktischer Politik werden können, möchte ich am Ende des Buches einige Erfahrungen darstellen, die ich im Februar 2017 in dem westafrikanischen Land Senegal gemacht habe.

Saint-Louis, im Norden des Senegal an der Grenze zu Mauretanien, ein Städtchen mit morbidem Charme, das zu Kolonialzeiten einmal die Hauptstadt von Französisch-Westafrika war. Auf den Straßen hunderte von kleinen Jungen, meist in Gruppen, die mit weiß angemalten Büchsen und Kästchen in der Hand die Passanten beharrlich um Münzen angehen. Es sind *Talibés*, Schüler von Koranschulen, die im Auftrag ihrer religiösen Lehrer, der *Marabouts*, Geld sammeln. In diesen Schulen, den sog. *Daaras*, werden vor allem Jungen im Lesen und Rezitieren des Korans unterrichtet. Außer vereinzelten Touristen scheint sich kein Einheimischer an den bettelnden Kindern zu stören. In der islamisch geprägten Gesellschaft Senegals ist es allgemeiner Brauch, den Bedürftigen eine Gabe zukommen zu lassen, zumal wenn es einem (so wird angenommen) wohltätigen Zweck dient.

Am Nachmittag sind wir, die sieben Teilnehmerinnen und Teilnehmer einer „taz-Reise in die Zivilgesellschaft"[192], in Saint-Louis mit der Ortsgruppe der Afrikanischen Bewegung arbeitender Kinder und Jugendlicher verabredet. Der Kontakt war uns durch mir bekannte Mitarbeiter im Koordinationsbüro der Bewegung, das in der Hauptstadt Dakar gelegen ist, vermittelt worden. Zu unserer Überraschung warten auf uns in einem Innenhof im Stadtzentrum ausschließlich Mädchen, schätzungsweise zwischen 12 und 18 Jahre alt. Sie stellen sich als die gewählten Delegierten der 18 Basisgruppen vor, aus denen sich die Bewegung in Saint-Louis zusammensetzt. Sie sind eigens zu unserem Treffen aus den Vorstädten gekommen, wo die Bewegung nach den Angaben unserer Gastgeberinnen nicht weniger als 1.800 Mitglieder umfasst, im Schnitt also hundert in jeder Gruppe.

Die Delegierten berichten uns, dass sich in der Bewegung Jungen ebenso wie Mädchen organisiert haben, die sich mit den verschiedensten Arbeiten in Haushalten, auf Märkten oder in Werkstätten den Lebensunterhalt verdienen oder in ihren eigenen Familien jüngere Geschwister betreuen und andere Hausarbeiten übernehmen (sie betonen, dass sie darin eine „richtige Arbeit" sehen, die ebenso wie Erwerbsarbeit Anerkennung verdient). Das Betteln gehöre nicht dazu, aber sie stünden in Kontakt zu einigen Koranschulen und in manchen Fällen hätten sich *Talibés* andere Tätigkeiten gesucht und der Bewegung angeschlossen. Sie verstünden sich auch nicht als Konkurrenz zu diesen

---

192 Die Tageszeitung *taz* führt Themenreisen in kleinen Gruppen durch, die von einheimischen Aktivisten und Auslandskorrespondenten der Zeitung geleitet werden.

Schulen, sondern wollten eher dazu beitragen, dass in ihnen auch gelernt werde, wie man selbstständig im Leben zurechtkommt.

Zu den wichtigsten Tätigkeiten der Basisgruppen gehört, auf Französisch Lesen und Schreiben zu lernen. Französisch ist die Amtssprache Senegals, die vor allem in der Verwaltung und im Schulunterricht verwendet wird. Daneben gibt es sechs Nationalsprachen, von denen *Wolof* am weitesten verbreitet ist. Sie werden bisher allerdings weder als Unterrichtssprachen gebraucht, noch in der Schule gelehrt. Bestrebungen, dies zu ändern, sind bisher nicht weit gekommen. Beim Treffen in Saint-Louis sprechen die Mädchen mit uns in *Wolof*. Sie betonen, ihre eigene Sprache sei ihnen wichtig, aber um im Leben voranzukommen, sei es unabdingbar, sich auf Französisch zu „alphabetisieren".

Kaum eine unserer Gesprächspartnerinnen hatte bisher eine Schule besucht oder, wenn das der Fall war, nur kurze Zeit. Sie sehen eine ihrer Aufgaben darin, allen arbeitenden Kindern den Zugang zur Schule zu verschaffen, verstehen aber ihr Recht auf Bildung auch so, dass sie in der Schule mit ihren Erfahrungen als arbeitende Kinder ernstgenommen werden und Dinge lernen können, die sie im Leben gebrauchen können (wozu sie auch ausdrücklich eine Sexualkunde zählen, die vor allem Mädchen dazu anhält, sich selbst zu vertrauen und anderen, die sich ihrer bemächtigen wollen, Grenzen zu setzen). Bei Schwierigkeiten mit der Schule unterstützen sie sich gegenseitig, um mit ihnen besser klar zu kommen und die Schule abschließen zu können. Hierbei finden sie die Unterstützung erwachsener Mitarbeiter und Mitarbeiterinnen, die teilweise auch Lehrer und Lehrerinnen sind.

Eine weitere wichtige Aufgabe der Basisgruppen besteht darin, sich für Tätigkeiten zu qualifizieren, die den Kindern und Jugendlichen ein besseres Leben und eine bessere Zukunft ermöglichen. Dies sind nicht allein fachlich-berufliche Qualifikationen in dem uns in Europa vertrauten Sinn, sondern Qualifikationen, die ihnen eine „Arbeit in Würde" und den Aufbau gemeinsamer, selbstbestimmter Arbeitsprojekte ermöglichen (von ihnen „einkommensschaffende Aktivitäten" genannt). An ihren bisherigen Arbeitsstellen sehen sie sich meist schlecht behandelt und ausgebeutet. Als „Dienstmädchen", so erzählen uns unsere Gesprächspartnerinnen, müssten sie meist sieben Tage die Woche arbeiten und verdienten im Monat umgerechnet nur zwischen 22 und 38 Euro, was auch im Senegal nicht einmal für den eigenen Lebensunterhalt ausreicht. Mit der Gründung kleiner Kooperativen, in denen sie in eigener Regie lebenswichtige Güter herstellen und alle Entscheidungen selbst treffen, hoffen sie, für sich bessere Lebensperspektiven zu finden. An anderen Orten im Senegal konnten wir auch bei älteren Frauen erfahren, dass diese Form der sozialen oder solidarischen Ökonomie, in der z. B. Seife, Lebensmittel oder künstlerisch gestaltete Kleidungsstoffe hergestellt werden, weit verbreitet ist und oft den Lebensunterhalt sichert.

Die Aufgaben, die sich die Bewegung der arbeitenden Kinder und Jugendlichen gestellt hat, gehen noch über das Lernen und die Vorbereitung auf ein würdevolleres Arbeitsleben hinaus. So verstehen sich die Basisgruppen auch als eine Art ältere Geschwister (franz. „ainées"), die jüngere Kinder ermutigen, sich gegen jede Art von Gewalt zu wehren, und sie dabei unterstützen. Zum Beispiel engagiert sich die Bewegung gegen die im Senegal noch verbreitete Zwangsverheiratung von Mädchen und Jungen, oder sie steht Kindern zur Seite, die ihre Familien verloren haben, auf eigene Faust auf der Straße überleben müssen oder ohne Begleitung aus Nachbarländern in den Senegal eingewandert sind (viele *Talibés* z. B. stammen aus dieser Gruppe). Sie unterstützen diese Kinder, indem sie sie in ihre Basisgruppen integrieren und ihnen „Mentoren" zur Seite stellen, öffentlich gegen Missstände protestieren oder Nachbarn und staatliche Autoritäten an ihre Verantwortung für die Kinder erinnern (von ihnen „Sensibilisierung" genannt).

In unseren Gesprächen gewannen wir den Eindruck, dass es den in der Bewegung organisierten Kindern und Jugendlichen nicht in erster Linie darum geht, politische Parolen zu verbreiten, sondern im Alltag sich gegenseitig und anderen in Not geratenen Kindern beizustehen und Schritt für Schritt ein besseres Leben zu erreichen. Die Quintessenz der Bewegung liegt darin, dass sie nicht nur Forderungen an staatliche und andere Autoritäten stellt (das tut sie aus gegebenen Anlässen auch), sondern vor allem durch solidarisches Handeln das Selbstvertrauen in die eigenen Fähigkeiten und die eigene Stellung als sozial benachteiligte Kinder und Jugendliche in der Gesellschaft stärkt.

In Saint-Louis betonten unsere Gesprächspartnerinnen, es sei im Senegal keineswegs ungewöhnlich, dass Mädchen zu Delegierten gewählt würden. Und tatsächlich trafen wir kurz darauf in Thiès, der zweitgrößten Stadt des Senegal, eine weitere Delegiertengruppe, die bis auf einen einzigen Jungen wiederum aus Mädchen bestand. Bei dieser Gelegenheit erinnerte ich mich, dass schon in den Anfängen der Afrikanischen Bewegung junge Frauen eine treibende Kraft waren. In den 1990er-Jahren waren es junge Hausbedienstete, auf Französisch *Petites Bonnes* genannt, die auf einer Demo am 1. Mai in Dakar auf Schildern und Transparenten gefordert hatten, ihre Würde und ihre Rechte zu respektieren (vgl. Coly & Terenzio 2005; Gankam Tambo & Liebel 2013). Sie hatten damit eine soziale Bewegung in Gang gebracht, die heute in 27 afrikanischen Ländern aktiv ist und fast eine Million Mitglieder umfasst. Sie ist über ihre Länder hinaus als Interessenvertretung der arbeitenden Kinder und Jugendlichen anerkannt und z. B. bei der Afrikanischen Union als zivilgesellschaftliche Organisation akkreditiert.

Literaturverzeichnis

Der Zugang zu den Internetquellen wurde zuletzt am 20.03.2017 überprüft.

ABA (2011): Tierra y territorio, espacio de crianza y compartir. Nuestras responsabilidades para el buen vivir. Ayacucho (mimeo).
Abdo, Nahla & Nira Yuval-Davis (1995): Palestine, Israel and the Zionist Settler Project. In: Stasiulis & Yuval-Davis, S. 291–322.
Abebe, Tarek (2013): Interdependent rights and agency: the role of children in collective livelihood strategies in rural Ethiopia. In: Hanson & Nieuwenhuys, S. 71–92.
Abusch, Alexander (1950): Die Geistige Coca-Kolonisierung – und der Friede. In: *Sonntag – Wochenzeitung für Kultur, Politik und Unterhaltung*, 22. Januar 1950.
Acosta, Alberto (2015): *Buen Vivir. Vom Recht auf ein Gutes Leben*. München: oekom.
Adichie, Chimamanda Ngozi (2015): *Blauer Hibiskus* (Roman). Frankfurt a. M.: Fischer.
Adichie, Chimamanda Ngozi (2016): *Die Hälfte der Sonne* (Roman). Frankfurt a. M.: Fischer.
Adick, Christel (Hrsg.) (1997): *Straßenkinder und Kinderarbeit. Sozialtheoretische, historische und kulturvergleichende Studien*. Frankfurt a. M.: IKO.
Adick, Christel (2000a): Der Beitrag des Dokumentarfilmers Gordian Troeller zur entwicklungspolitischen Bildung in Deutschland. In: B. Overwien (Hrsg.): *Lernen und Handeln im globalen Kontext*. Frankfurt a. M.: IKO, S. 407–416.
Adick, Christel (2000b): Fernsehfilme als interkulturelle Bildungsmedien. Öffentliche Wirkungen und didaktische Einsatzmöglichkeiten des Filmwerks von Gordian Troeller. In: *Tertium Comparationis. Journal für internationale Bildungsforschung*, 6(1), S. 6–25.
Adick, Christel (2005): Die Söhne des Tafelhauses. Wie aus arbeitenden Kindern und Jugendlichen Schüler werden. In: Overwien, S. 225–241.
Adick, Christel (Hrsg.) (2013a): *Bildungsentwicklungen und Schulsysteme in Afrika, Asien, Lateinamerika und der Karibik*. Münster: Waxmann.
Adick, Christel (2013b): Bildung in Subsahara-Afrika. In: Adick (2013a), pp. 125–146.
Adick, Christel & Franz R. Stuke (Hrsg.) (1996): *Fremde Länder – Fremde Sitten. Analysen zum Filmwerk von Gordian Troeller*. Frankfurt a. M.: IKO.
Afrikanische Charta der Rechte und der Wohlfahrt des Kindes (1990); online Englisch: http://www.humanrights.ch/upload/pdf/070629_Afr.Charta_RechtedesKindes.pdf.
Aguilera Ruiz, Óscar (2016): *Movidas, Movilizaciones, y Movimientos. Cultura Política y Políticas de las Culturas Juveniles en el Chile de hoy*. Santiago de Chile: RIL editores.
Aitken, Stuart C. (2015): Children's rights: A critical geographic perspective. In: Vandenhole et al., S. 131–146.
Alanen, Leena (1992): *Modern Childhood? Exploring the "child question" in sociology*. Jyväskylä: University of Jyväskylä.
Alderson, Priscilla (2013): *Childhoods Real and Imagined*. London & New York: Routledge.
Alderson, Priscilla (2016): *The Politics of Childhoods Real and Imagined: Practical application of critical realism and childhood studies*. London & New York: Routledge.
Alderson, Priscilla & Tamaki Yoshida (2016): Meanings of children's agency: When and where does agency begin and end. In: Esser et al. 2016a, S. 75–88.

Alston, Philip (1994): The best interest principle: Towards a reconciliation of culture and human rights. In: *International Journal of Law, Policy, and the Family*, 8(1), S. 1–25.

Altvater, Elmar & Birgit Mahnkopf (2002): *Globalisierung der Unsicherheit. Arbeit im Schatten, Schmutziges Geld und informelle Politik*. Münster: Westfälisches Dampfboot.

Alvarado, Sara Victoria, Héctor Fabio Ospina, Patricia Botero & Gérman Muñoz (2008): Las tramas de la subjetividad política y los desafíos a la formación ciudadana en jóvenes. In: *Revista Argentina de Sociología*, 6(11), S. 19–43.

Ampofo, Akosua Adomako (2013): Gender and Society in Africa – An Introduction. In: T. Manuh & E. Sutherland-Addy (Hrsg.): *Africa in Contemporary Perspective. A Textbook for Undergraduate Students*. Legon-Accra (Ghana): Sub Saharan Publishers, S. 94–115.

Anderson, Benedict R. (1988): *Die Erfindung der Nation. Zur Karriere eines folgenreichen Konzepts*. Frankfurt a. M. & New York: Campus.

André, Géraldine (2015): Anthropologists, ethnographers and children's rights. In: Vandenhole et al., S. 112–130.

Andreotti, Vanessa (2011): *Actionable Postcolonial Theory in Education*. Basingstoke: Palgrave Macmillan.

Andresen, Sabine; Claus Koch & Julia König (Hrsg.) (2015): *Vulnerable Kinder. Interdisziplinäre Annäherungen*. Wiesbaden: Springer VS.

Anta Diop, Cheikh (1959): *L'Unité culturelle de l'Afrique Noire*. Paris: Présence Africaine (engl.: *The Cultural Unity of Black Africa*. Chicago: Third World Press, 1974).

Anta Diop, Cheikh (1960): *L'Afrique Noire Précolonial*. Paris: Présence Africaine (engl.: *Precolonial Black Africa*. Westport: Lawrence Hill & Co, 1987).

Appadurai, Arjun (2009): *Die Geographie des Zorns*. Frankfurt a. M.: Suhrkamp.

Archambault, Caroline (2010): Fixing families of mobile children: Recreating kinship and belonging among Maasai adoptees in Kenya. *Childhood*, 17(2), S. 229–242.

Arendt, Hannah ([1955]2005): *Elemente und Ursprünge totaler Herrschaft*. München: Piper.

Arewa, Adebesi (2014): The Humanist Basis of African Communitarianism as Viable Third Alternative Theory of Developmentalism. In: Onazi, S. 241–264.

Ariès, Philippe (1960): *L'enfant et la vie familiale sous l'Ancien Régime*. Paris: Plon.

Ariès, Philippe (1962): *Centuries of Childhood. A social history of family life*. New York: Vintage Books.

Ariès, Philippe ([1960]1975): *Geschichte der Kindheit*. München: Hanser.

Ashcroft, Bill (2001): *On Post-Colonial Futures: Transformations of Colonial Cultures*. New York: Continuum.

Aufseeser, Dena (2014): Control, protection and rights: A critical review of Peru's Begging Bill. In: *International Journal of Children's Rights*, 22(2), S. 241–267.

Bâ, Mariama (1984): *Der scharlachrote Gesang* (Roman). Frankfurt a. M.: Fischer.

Bâ, Mariama (2002): *Ein so langer Brief* (Roman). Berlin: List.

Baader, Meike S., Florian Eßer & Wolfgang Schröer (Hrsg.) (2014): *Kindheiten in der Moderne. Eine Geschichte der Sorge*. Frankfurt a. M. & New York: Campus.

Báez, Christian & Peter Mason (2006): *Zoológicos humanos. Fotografías de fueginos y mapuche en el* Jardin d'Acclimatation de Paris, *siglo XIX*. Santiago de Chile: Pehuén Editores.

Balagopalan, Sarada (2013): The politics of failure: Street children and the circulation of rights discourses in Kolkata (Calcutta), India. In: Hanson & Nieuwenhuys, S. 133–151.

Balagopalan, Sarada (2014): *Inhabiting 'Childhood'. Children, labour and schooling in postcolonial India*. Basingstoke: Palgrave Macmillan.

Banfegha Ngalim, Valentine (2014): A conflict of colonial cultures in the educational sub-systems in Africa: celebrating fifty years of political and not educational sovereignty in Cameroon. In: *European Scientific Journal*, 1, S. 622–635.

Barber, Charles L. (1964): *The Story of Language*. London: Pan Books.

Baringhorst, Sigrid (1998): *Politik als Kampagne. Zur medialen Erzeugung von Solidarität*. Opladen & Wiesbaden: Westdeutscher Verlag.

Bázan Novoa, Moises (2005): *Protagonismo social de la juventud*. Lima: Instituto de Publicaciones, Educación y Comunicación „José Cardijn".

Bean, Philip & Joy Melville (1990): *Lost Children of the Empire: The Untold Story of British Child Migrants*. London: Unwin Hyman.

Beauvoir, Simone de ([1949]2000): *Das andere Geschlecht. Sitte und Sexus der Frau*. Reinbek b. Hamburg: Rowohlt.

Beazley, Harriot (2000): Street boys in Yogyakarta: Social and spatial exclusion in the public spaces of the city. In: G. Bridge & S. Watson (Hrsg.): *A Companion to the City*. London: Willey Blackwell, S. 472–488.

Beazley, Harriot (2003): The construction and protection of individual and collective identities by street children and youth in Indonesia. In: *Children, Youth and Environments*, 13(1), S. 105–133.

Bechtold, Brigitte H. & Donna Cooper Graves (Hrsg.) (2006): *Killing Infants: Studies in the Worldwide Practice of Infanticide*. Lewiston (N.Y.), Queenston (Ontario) & Lampeter (Wales): The Edwin Mellen Press.

Beck, Ulrich & Elisabeth Beck-Gernsheim (2007): Generation global und die Falle des methodologischen Nationalismus. Für eine kosmopolitische Wende in der Jugend- und Generationssoziologie, in: Villányi et al., S. 55–74.

Becker, Florian, Mario Candeias, Janek Niggemann & Anne Steckner (Hrsg.) (2017): *Gramsci lesen. Einstiege in die Gefängnishefte*. Hamburg: Argument Verlag mit Ariadne.

Behringer, Wolfgang & Claudia Opitz-Belakhal (Hrsg.) (2016): *Hexenkinder – Kinderbanden – Straßenkinder*. Bielefeld: Verlag für Regionalgeschichte.

Beisenherz, Heinz Gerhard (2002): *Kinderarmut in der Wohlfahrtsgesellschaft. Das Kainsmal der Globalisierung*. Opladen: Leske + Budrich.

Bell, John (1995): *Understanding Adultism: A Major Obstacle to Developing Positive Youth-Adult Relationships*. Somerville: Youth Build USA.

Bendix, Daniel & Aram Ziai (2015): Postkoloniale Kritik an „Entwicklung". Destruktion und Konstruktion. In: R. Lutz & F. Ross (Hrsg.): *Sozialarbeit des Südens, Bd. 6: Soziale Entwicklung – Social Development*. Oldenburg: Paulo Freire Verlag, S. 91–106.

Bengoa, José (2014): *Mapuche, colonos y Estado Nacional*. Santiago de Chile: Catalonia.

Bernecker, Walter L. (1996): *Kleine Geschichte Haitis*. Frankfurt a. M.: Suhrkamp.

Bernfeld, Siegfried ([1929]2012): Der soziale Ort und seine Bedeutung für Neurose, Verwahrlosung und Pädagogik. In S. Bernfeld. *Sozialpädagogik, Werke Bd. 4*, hrsg. v. D. Barth und U. Herrmann. Gießen: Psychosozial Verlag.

Bessell, Sharon, Harriot Beazley & Roxana Waterson (2017): The Methodology and Ethics of Rights-Based Research with Children. In: Invernizzi et al., S. 211–231.

Betz, Tanja & Florian Eßer (2016): Kinder als Akteure. Forschungsbezogene Implikationen des erfolgreichen Agency-Konzepts. In: *Diskurs Kindheits- und Jugendforschung*, 11(3), S. 301-314.

Bhabha, Homi K. (2000): *Die Verortung der Kultur*. Tübingen: Stauffenburg.

Bhengu, Mfuniselwa John (2006): *Ubuntu: the global philosophy for humankind*. Kapstadt: Lotsha Publications.

Blazek, Matej (2016): *Rematerialising Children's Agency: Everyday practices in a postsocialist estate*. Bristol: Policy Press.

Boatcă, Manuela (2015): *Global Inequalities beyond Occidentalism*. Farnham & Burlington: Ashgate.

Bober, Arie (1972): *The Other Israel. The radical case against Zionism*. New York: Doubleday.

Boehnke, Klaus (2010): Kindheit und Jugend in Lateinamerika. In: Krüger & Grunert (2010a), S. 443-456.

Böhnisch, Lothar (2008): Lebenslage Jugend, sozialer Wandel und Partizipation von Jugendlichen. In: T. Ködelpeter & U. Nitschke (Hrsg.). *Jugendliche planen und gestalten Lebenswelten*. Wiesbaden: VS, S. 25-40.

Bollig, Sabine & Helga Kelle (2016): Children as participants in practices: The challenges of practice theories to an actor-centred sociology of childhood. In: Esser et al. (2016a), S. 34-47.

Bonzol, Sandra & Katrin Sadlowski (1996): Der Filmemacher Gordian Troeller. In: Adick & Stuke, S. 21-38.

Bordonaro, Lorenzo (2012): Agency does not mean freedom: Cape Verdean street children and the politics of children's agency. In: *Children's Geographies*, 10(4), S. 413-436.

Bordonaro, Lorenzo I. & Ruth Payne (2012): Ambiguous agency: Critical perspectives on social interventions with children and youth in Africa. In: In: *Children's Geographies*, 10(4), S. 365-272.

Boris, Dieter (2014): *Bolivars Erben – Linksregierungen in Lateinamerika*. Köln: Pahl-Rugenstein.

Bourdieu, Pierre (1983): Ökonomisches Kapital, kulturelles Kapital, soziales Kapital. In: R. Kreckl (Hrsg.): *Soziale Ungleichheiten* (*Soziale Welt*, Sonderband 2). Göttingen: Vandenhoeck & Rupprecht, S. 183-198.

Bourdillon, Michael, Deborah Levison, William Myers & Ben White (2010): *Rights and Wrongs of Children's Work*. New Brunswick: Rutgers University Press.

Boyden, Jo ([1990]²1997): Childhood and the Policy Makers: A Comparative Perspective on the Globalization of Childhood. In: A. James & A. Prout (Hrsg.): *Constructing and Reconstructing Childhood*. London & Bristol: Falmer Press, S. 190-229.

Boyden, Jo & Neil Howard (2013): Why does child trafficking policy need to be reformed? The moral economy of children's movement in Benin and Ethiopia. In: *Children's Geographies*, 11(3), S. 354-368.

Brand, Ulrich; Alex Demirovic; Christoph Görg & Joachim Hirsch (Hrsg.) (2002): *Nichtregierungsorganisationen in der Transformation des Staates*. Münster: Westfälisches Dampfboot.

Braunmühl, Ekkehard von; Heinrich Kupffer & Helmut Ostermeyer (1976): *Die Gleichberechtigung des Kindes*. Frankfurt a. M.: Fischer.

BRAVEAURORA (2013): Tätigkeitsbericht 2013 und Vorschau Projekte 2014. Linz: BRAVEAUROA – Austrian House for African Children.

Brems, Eva (2007): Children's Rights and Universality. In: C. M. Williams (Hrsg.) *Developmental and Autonomy Rights of Children: Empowering Children, Caregivers and Communities*. Antwerp, Oxford & New York: Intersentia, S. 11–37.

Brenner, Michael (2016): *Geschichte des Zionismus*. München: C.H. Beck.

Breyvogel, Wilfried (Hrsg.) (1998): *Stadt, Jugendkulturen und Kriminalität*. Bonn: Dietz.

Bristol, Laurette S. M. (2012): *Plantation Pedagogy: A Postcolonial and Global Perspective*. New York: Peter Lang.

Brock-Utne, Birgit (2000): *Whose Education For All? The Recolonization of the African Mind*. New York & London: Falmer Press.

Brock-Utne, Birgit & Halla B. Holmarsdottir (2004): Language policies and practices in Tanzania and South Africa: problems and challenges. In: *International Journal of Educational Development*, 24, S. 67–83.

Brock-Utne, Birgit & Rodney Kofi Hopson (Hrsg.) (2005): *Languages of Instruction for African Emancipation: Focus on Postcolonial Contexts and Considerations*. Dar es Salaam: Mkuki na Nyota Publishers & Cape Town: Centre for Advanced Studies of African Society (CASAS).

Brondi, Milagro (2011): Die Söhne und Töchter von Mutter Erde sind die Seele der Welt. Ein Gespräch über Kindheit in Quechua-Kulturen. In: H.-M. Große-Oetringhaus & P. Strack (Hrsg.): *Partizipation – ein Kinderrecht*. Osnabrück: terre des hommes, S. 103–117.

Bronfen, Elisabeth & Benjamin Marius (Hrsg.) (1997): *Hybride Kulturen. Beiträge zur anglo-amerikanischen Multikulturalismusdebatte*. Tübingen: Stauffenburg.

Bründel, Heidrun & Klaus Hurrelmann (1996): *Einführung in die Kindheitsforschung* Weinheim & Basel: Beltz.

Buckingham, David (2003): *After the death of childhood: Growing up in the age of electronic media*. Cambridge: Polity.

Bühler-Niederberger, Doris (2011): *Lebensphase Kindheit. Theoretische Ansätze, Akteure und Handlungsräume*. Weinheim & München: Juventa.

Bühler-Niederberger, Doris & Heinz Sünker (2009): Gesellschaftliche Organisation von Kindheit und Kindheitspolitik. In: Honig, S. 155–182.

Bühler-Niederberger, Doris & Robert van Krieken (2008): Persisting Inequalities: Childhood between global influences and local traditions. In: *Childhood*, 15(2), S. 147–155.

Bunk, Benjamin (2017): Erfahrungen im Ausland als Bildungsprozess – pädagogische Perspektiven auf ein Jugendphänomen im Horizont von Globalisierung. In: Jakob, S. 47–74.

Bunzl, John (1989): *Juden im Orient. Jüdische Gemeinschaften in der islamischen Welt und orientalische Juden in Israel*. Wien: Junius (Neuauflage 1997).

Burman, Erica (1994): Innocents Abroad: Western Fantasies of Childhood and the Iconography of Emergencies. In: *Disasters*, 18(3), S. 238–253.

Burman, Erica (1996): Local, global or globalised? Child development and international child rights legislation. In: *Childhood*, 3(1), S. 45–66.

Burman, Erica (2010): Un/thinking Children in Development: A Contribution from Northern Undevelopmental Psychology. In: Cannella & Diaz Soto, S. 9–26.

Burman, Erica (2016): Fanon's other children: psychopolitical and pedagogical implications. In: *Race Ethnicity and Education*, March, S. 1–14; online: www.tandfonline.com/doi/full/10.1080/13613324.2016.1150832

Burr, Rachel (2004): Children's Rights: international policy and lived practice. In: Kehily, S. 145–159.

Burr, Rachel (2006): *Vietnam's Children in a Changing World.* Brunswick. N.J. & London: Rutgers University Press.

Calderón Gómez, Judith (2003): *Infancia sin Amparo.* Mexiko-Stadt: Grijalbo.

Callanan, Michelle & Sarah Thomas (2005): Volunteer tourism: Deconstructing volunteer activities within a dynamic environment. In: M. Novelli (Hrsg.): *Niche Tourism: Contemporary issues, trends and cases.* London & New York: Routledge, S. 183–200.

Cannella, Gaile S. & Lourdes Diaz Soto (Hrsg.) (2010): *Childhoods: A Handbook.* New York: Peter Lang.

Cannella, Gaile S. & Radhika Viruru (2004). *Childhood and Postcolonization: Power, Education, and Contemporary Practice.* New York & London: Routledge-Falmer.

Caparrós, Martín (2015): *Der Hunger.* Berlin: Suhrkamp.

Cardoso, Ruth C. L. (^{2}2011): Creating Kinship: The Fostering of Children in Favela Families in Brazil. In: R. T. Smith (Hrsg.): *Kinship Ideology and Practice in Latin America.* Chapel Hill: University of North Carolina Press, S. 196–203.

Carillo Medina, Pelayo & Primitivo Jaulis (2012): Una exploración sobre derechos de los niños y niñas en comunidades andinas: Roles vitales y sagrados de los niños y niñas en comunidades alto-andinas de Ayacucho. Ayacucho (mimeo).

Carneiro, Sueli (2005): Ennegrecer el feminismo. La situación de la mujer negra en América Latina desde una perspectiva de género. In: Nouvelles questions féministes. Revue internationale francophone; edición especial en castellano: Feminismos disidentes en América Latina y el caribe, vol. 24, n° 2, S. 21–26; online: catedraunescodh.unam.mx/catedra/SeminarioCETis/Documentos/Doc_basicos/5_biblioteca_virtual/5_participacion_politica/10.pdf

Carpena-Méndez, Fina (2007): 'Our lives are like a sock inside-out': Children's work and youth identity in neoliberal rural Mexico. In: Panelli, Punch & Robson, S. 41–55.

Casas, Ferran (1998): *Infancia: perspectivas psicosociales.* Barcelona: Paidós.

Castro Varela, Maria do Mar (2011): „Wir haben das Recht auf kostenlose Geschirrspülmaschine" – Soziale Gerechtigkeit, Recht und Widerstand. In: M. do Mar Castro Varela & N. Dhawan (Hrsg.): *Soziale (Un)Gerechtigkeit. Kritische Perspektiven auf Diversity, Intersektionalität und Antidiskriminierung.* Berlin: LIT, S. 36–61.

Castro Varela, Maria do Mar (2015): Strategisches Lernen. Bildung, Solidarität, soziale Ungleichheit. In: *Zeitschrift Luxemburg – Gesellschaftsanalyse und linke Praxis,* H. 2, S. 16–23.

Castro Varela, Maria do Mar & Alisha M. B. Heinemann (2016): Globale Bildungsbewegungen – Wissensproduktionen verändern. In: *ZEP – Zeitschrift für Internationale Bildungsforschung und Entwicklungspädagogik,* H. 2, S. 17–22.

Castro Varela, Maria do Mar & Nikita Dhawan (2015): *Postkoloniale Theorie. Eine kritische Einführung.* 2. überarbeitete Aufl. Bielefeld: Transcript.

Castro-Gómez, Santiago & Ramón Grosfoguel (Hrsg.) (2007): *El giro decolonial. Reflexiones para una diversidad epistémica más allá del capitalismo global.* Bogotá: Siglo del hombre editores.

Césaire, Aimé ([1950]1968): *Über den Kolonialismus.* Berlin: Wagenbach.

Chakrabarty, Dipesh (2010): *Europa als Provinz. Perspektiven postkolonialer Geschichtsschreibung.* Frankfurt a. M. & New York: Campus.

Cheney, Kristen E. (2012): Seen but Not Heard: African Orphanhood in the Age of HIV/AIDS. In: Ensor, S. 95–108.

Cheney, Kristen E. (2013): Malik and his three mothers: AIDS orphans' survival strategies and how children's rights hinder them. In: Hanson & Nieuwenhuys, S. 152–174.

Cheney, Kristen E. (2016): 'Blood Always Finds a Way Home': AIDS Orphanhood and the Transformation of Kinship, Fosterage, and Children's Circulation Strategies in Uganda. In: Hunner-Kreisel & Bohne, S. 24–59.

Chimanikire, Donald P. (Hrsg.) (2009): *Youth and Higher Education in Africa. The Cases of Cameroon, South Africa, Eritrea and Zimbabwe.* Dakar: CODESRIA.

Chombart de Lauwe, Marie-José (1971): *Un monde autre: l'enfance.* Paris: Payot.

Chombart de Lauwe, Marie-José, et al. (1976): *Enfants en-jeu. Les pratiques des enfants durant leur temps libre en fonction des types d'environnement et des idéologiques.* Paris: Centre National de la Recherche Scientifique.

Chombart de Lauwe, Paul-Henry (1977): *Vie quotidienne des familles ouvrières.* Paris: Centre National de la Recherche Scientifique.

Churchill, Ward (2004): *Kill the Indian, Save the Man: the Genocidal Impact of American Indian Residential Schools.* San Francisco: City Lights Books.

Cisneros Puebla, César A. (2000): Jóvenes ciudadanos: ¿realidad o ficción?, in: G. M. Carrasco (Hrsg.): *Aproximaciones a la diversidad juvenil.* Mexiko-Stadt: El Colegio de México, S. 61–78.

Clark, Zoe (2015): *Jugend als Capability? Der Capabilities Approach als Basis für eine gerechtigkeits- und ungleichheitstheoretische Jugendforschung.* Weinheim & Basel: Beltz Juventa.

Clastres, Pierre (1976): *Staatsfeinde. Studien zur politischen Anthropologie.* Frankfurt a. M.: Suhrkamp.

Cockburn, Tom (2006): Global Childhood? In: A. Carling (Hrsg.): *Globalization and Identity: Development and Integration in a Changing World.* London & New York: Taurus, S. 77–88.

Cockcroft, Laurence (2014): *Global Corruption: Money, Power, and Ethics in the Modern World.* Philadelphia: Pennsylvania University Press.

Collins, Jane-Marie (2006): Bearing the Burden of Bastardy: Infanticide, Race and Motherhood in Brazilian Slave Society. In: Bechtold & Cooper Graves, S. 199–229.

Coloma, Roland Sintos (Hrsg.) (2009): *Postcolonial Challenges in Education.* New York: Peter Lang.

Colonialidad en los saberes y prácticas desde y con los NATs (2015). Schwerpunktthema in: *NATs – Revista Internacional desde los Niños/as y Adolescentes Trabajadores,* XIX(25).

Colonna, Elena (2012): Children Who Take Care of Other Children in the Suburbs of Maputo, Mozambique. In: Ensor, S. 81–94.

Coly, Hamidou & Fabrizio Terenzio (2005): Wegmarken der Partizipation. Die afrikanische Bewegung der arbeitenden Kinder und Jugendlichen. In: Overwien, S. 309–318.

Comaroff, John & Jean Comaroff (1992): *Ethnography and the Historical Imagination.* Boulder, CO: Westview Press.

Comaroff, John & Jean Comaroff (1997): *Of Revelation and Revolution, vol. 2: The Dialectics of Modernity on a South African Frontier.* Chicago: University of Chicago Press.

Compagna, Diego (Hrsg.) (2015): *Leben zwischen Natur und Kultur. Zur Neuaushandlung von Natur und Kultur in den Technik- und Lebenswissenschaften.* Bielefeld: Transcript.

CON Film (Hrsg.) (1988): *Gordian Troeller und Marie-Claude Deffarge im Gespräch.* Bremen: CON Film.

CONADI (2007): *Historias buscadas.* Buenos Aires: Comisión Nacional por el Derecho a la Identidad; www.jus.gob.ar/media/1129166/37-historias_buscadas_conadi_15_anios.pdf.
Connolly, Mark & Judith Ennew (1996): Introduction: Children Out of Place. In: *Childhood*, 3(2), S. 131–147.
Conrad, Sebastian & Shalini Randeria (Hrsg.) (2002a): *Jenseits des Eurozentrismus. Postkoloniale Perspektiven in den Geschichts- und Kulturwissenschaften.* Frankfurt a. M. & New York: Campus.
Conrad, Sebastian & Shalini Randeria (2002b): Geteilte Geschichten – Europa in einer postkolonialen Welt. In: Conrad & Randeria (2002a), S. 9–49.
Corbett, Gail H. (2002): *Nation Builders: Barnardo Children in Canada.* Toronto: Dundurn.
Corona Caraveo, Yolanda (2003): Diversidad de infancias. Retos y compromisos. In: Y. Corona Caraveo & R. R. Villamil Uriarte (Hrsg.): *Tramas. Subjetividad y procesos sociales. Diversidad de infancias.* México: Universidad Autónoma Metropolitana, Unidad Xochimilco, S. 13–31.
Coronil, Fernando (2008): Elephants in the Americas? Latin American Postcolonial Studies and Global Decolonization. In: Moraña, Dussel & Jáuregui, S. 396–416.
Costa, Sérgio (2005): Postkoloniale Studien und Soziologie. Differenzen und Konvergenzen. In: *Berliner Journal für Soziologie*, 2, S. 283–294.
Costa, Sérgio (2007): *Vom Nordatlantik zum „Black Atlantic". Postkoloniale Konfigurationen und Paradoxien transnationaler Politik.* Bielefeld: transcript.
Couzens, Meda & F. Noel Zaal (2009): Legal Recognition for Child-Headed Households: An Evaluation of the Emerging South African Framework. In: *The International Journal of Children's Rights*, 17, S. 299–320.
Cregan, Kate & Denise Cuthbert (2014): *Global Childhoods – Issues and Debates.* London: SAGE.
CRIN (2015): Age is Arbitrary: Setting Minimum Ages. Discussion Paper. London: Child Rights International Network; online: https://www.crin.org/sites/default/files/discussion_paper_-_minimum_ages.pdf.
Crow Dog, Mary (1994): *Lakota Woman. Die Geschichte einer Sioux-Frau.* Frankfurt a. M.: Fischer.
Cubides, Humberto C.; María Cristina Laverde & Carlos Eduardo Valderrama (Hrsg.) (1998): *„Viviendo a Toda". Jóvenes, Territorios culturales y nuevas sensibilidades.* Bogotá: Siglo de Hombre Editores & Departamento de Investigaciones, Universidad Central.
Cussiánovich, Alejandro (1999): Das Paradigma der Förderung des integralen Protagonismus. In: Liebel, Overwien & Recknagel, S. 297–308.
Cussiánovich, Alejandro (2007): *Aprender la Condición Humana. Ensayo sobre Pedagogía de la Ternura.* Lima: Ed. Ifejant.
Cussiánovich, Alejandro (2010): Evaluación e incidencia de la Convención sobre los Derechos del Niño a veinte años de su aprobación 1989–2009. In: *NATs – Revista Internacional desde los Niños/as y Adolescentes Trabajadores*, Nr. 18, S. 15–25.
Dammasch, Frank & Teising, Martin (Hrsg.) (2013): *Das modernisierte Kind.* Frankfurt a. M.: Brandes & Apsel.
Darwin, Charles ([1845]2009): *Die Fahrt der Beagle. Tagebuch mit Erforschungen der Naturgeschichte und Geologie der Länder, die auf der Fahrt von HMS Beagle unter dem Kommando von Kapitän Fitz Roy, RN, besucht wurde.* Frankfurt a. M.: Fischer.

Das, Shiva Tosh (1989): *Life Style. Indian Tribes. Locational Practice 3.* New Delhi: Gian Publishing House.

Davies, Matthew (2008): A childish culture? Shared understandings, agency and intervention: an anthropological study of street children in northwest Kenya. In: *Childhood*, 15(3), S. 309–330.

De Hanscutter, Pierre (2012): Schulen als Touristenattraktionen. In: *Kulturaustausch online – Zeitschrift für internationale Perspektiven*, H. 1, S. 1–2.

De Liefde, Willem (2006): *Ubuntu.* München: Signum.

Dean, Carolyn (2002): Sketches of Childhood. Children in Colonial Andean Art and Society. In: Hecht, S. 21–51.

Deflorian, Michael (2012): Schwarze *Kinder in weißen Einkaufswagerln. Eine Rassismus- und kritische Weißseins-Analyse der Spendenplakate der österreichischen Kindernothilfe.* Freie Universität Berlin, Fachbereich Politik- und Sozialwissenschaften.

Dei, George J. Sefa (2016): Anti-colonial Education. In: M. A. Peters (Hrsg.): *Encyclopedia of Educational Philosophy and Theory.* Singapur: Springer, S. 1–6.

Dei, George J. Sefa & Bathseba M. Opini (2007): Schooling in the Context of Difference. The Challenge of Post-Colonial Education in Ghana. In: D. Thiessen & A. Cook-Sather (Hrsg.): *International Handbook of Student Experience in Elementary and Secondary School.* Springer Netherlands, S. 463–491.

Dei, George J. Sefa & Marlon Simmons (Hrsg.) (2010): *Fanon & Education: Thinking through Pedagogical Possibilities.* New York: Peter Lang.

Dei, George J. Sefa, Alireza Asgharzadeh, Sharon E. Babador & Riyad A. Shahjahan (2006): *Schooling and Difference in Africa. Democratic Challenges in a Contemporary Context.* Toronto, Buffalo & London: University of Toronto Press.

Dekleva, Bojan (2001): Gang-Like Groups in Slovenia. In: M. W. Klein et al. (Hrsg.): *The Eurogang Paradox: Street Gangs and Youth Groups in the U.S. and Europe.* Dordrecht: Kluwer Academics, S. 273–282.

Della, Tahir & Timo Kiesel (o. J.): „*Wir befreien weltweit!" Rassismuskritik und entwicklungspolitische Spendenwerbung, aktuelle Herausforderungen.* Berlin: glokal e.V.

Delpar, Helen (2008): *Looking South: The Evolution of Latin American Scholarship in the United States, 1850–1975.* Tuscaloosa: University of Alabama Press.

DeMause, Lloyd (Hrsg.) (1977a): *Hört ihr die Kinder weinen. Eine psychogenetische Geschichte der Kindheit.* Frankfurt a. M.: Suhrkamp.

DeMause, Lloyd (1977b): Evolution der Kindheit. In: DeMause (1977a), S. 12–111.

Denis, Jacques (2015): Bewegte Jugend. Protest und Musik im Senegal. In: *Le Monde Diplomatique* (deutsche Ausgabe) v. 7. Mai 2015.

Dhawan, Nikita (Hrsg.) (2014): *Decolonizing Enlightenment. Transnational Justice, Human Rights and Democracy in a Postcolonial World.* Opladen, Berlin & Toronto: Barbara Budrich.

Díaz Gomez, Alvaro (2005): Subjetividad política y ciudadanía juvenil, *Les cahiers psychologie politique* [En ligne], n° 7, Juillet 2005; http://lodel.irevues.inist.fr/cahierspsychologiepolitique/index.php?id=1140

Dimenstein, Gilberto (1991): *Krieg der Kinder. Kindermorde in Brasilien.* Neukirchen-Vluyn: Aussaat Verlag.

Dittrich, Christoph (2013): Die Entbergung des Anderen. Enrique Dussels Kritik der Moderne. Einleitung zu E. Dussel: *Der Gegendiskurs der Moderne.* Wien & Berlin: Turia+ Kant, S. 9–18.

Douglas, Mary (1988): *Reinheit und Gefährdung. Eine Studie zu Vorstellungen von Verunreinigung und Tabu.* Frankfurt a. M.: Suhrkamp.
Dracklé, Doris (Hrsg.) (1996): *Jung und wild: zur kulturellen Konstruktion von Kindheit und Jugend.* Berlin & Hamburg: Reimer.
Dreyfus, Hubert & Charles Taylor (2016): *Die Wiedergewinnung des Realismus.* Berlin: Suhrkamp.
Du Bois, W. E. B. ([1903]2003): *Die Seele der Schwarzen.* Freiburg im Breisgau: Orange-Press.
Dubet, François & Didier Lapeyronnie (1994): *Im Aus der Vorstädte. Der Zerfall der demokratischen Gesellschaft.* Stuttgart: Klett-Cotta (Orig.: *Les quartiers d'exil.* Paris: Seuil, 1992).
Dübgen, Franziska & Skupien, Stefan (Hrsg.) (2015): *Afrikanische politische Philosophie. Postkoloniale Positionen.* Berlin: Suhrkamp.
Dussel, Enrique (1977): *Filosofía de la Liberación.* Mexiko-Stadt: Edicol.
Dussel, Enrique (1985): *Herrschaft und Befreiung. Ansatz, Stationen und Themen einer lateinamerikanischen Theologie der Befreiung*; Freiburg: Ed. Exodus.
Dussel, Enrique (1989): *Philosophie der Befreiung.* Hamburg: Argument.
Dussel, Enrique (1994): *Historía de la Filosofía latinoamericana y Filosofía de la Liberación.* Bogotá: Nueva América.
Dussel, Enrique (2007): *Materiales para una política de la liberación.* Madrid: Plaza y Valdés.
Dussel, Enrique (2013): *Der Gegendiskurs der Moderne. Kölner Vorlesungen.* Wien & Berlin: Turia + Kant.
Eboussi Buulaga, Fabien (2015): Wenn wir den Begriff „Entwicklung" akzeptieren, sind wir verloren. Von der Notwendigkeit einer gegenseitigen „Dekolonisierung" unseres Denkens (zuerst 2001). In: Dübgen & Skupien, S. 115–126.
Edlefsen, Markus (2016): Qualitätsmerkmale im Volunteer-Tourismus. In: *BBE-Newsletter für Engagement und Partizipation in Europa*, Nr. 8/2016, S. 1–7.
Ehling, Holger (2011): Millionenstrafe wegen Bücherschiebung. Korruption auf dem afrikanischen Buchmarkt (Interview). In: *Deutschlandfunk*, 26. Juli 2011.
Eisenbürger, Iris & Waldemar Vogelsang (2002): „Ich muss mein Leben selber meistern!" Jugend im Stadt-Land-Vergleich. In: *Aus Politik und Zeitgeschichte*, B5, S. 28–38.
Eisenstadt, Samuel N. (1966): *Von Generation zu Generation. Altersgruppen und Sozialstruktur.* München: Juventa.
Ekundayo, Osifunke (2015): Does the African Charter on the Rights and Welfare of the Child (ACRWC) only Underlines and Repeats the Convention on the Rights of the Child (CRC)'s Provisions?: Examining the Similarities and the Differences between the ACRWC and the CRC. *International Journal of Humanities and Social Science*, 5(7). S. 143–158.
Elias, Norbert (1976): *Über den Prozess der Zivilisation. Soziogenetische und psychogenetische Untersuchungen. Band 1 und 2.* Frankfurt a. M.: Suhrkamp.
Ellinghaus, Katherine (2009): Biological Absorption and Genocide: A Comparison of Indigenous Assimilation Policies in the United States and Australia. In: *Genocide Studies and Prevention*, 4(1), S. 59–79.
Ennew, Judith (2002): Outside childhood: street children's rights. In: Franklin (2002a), S. 388–403.

Ennew, Judith (2005): Prisoners of Childhood: Orphans and Economic Dependency. In: J. Qvortrup (Hrsg.): *Studies in Modern Childhood*. Basingstoke: Palgrave Macmillan, S. 128–146.

Ensor, Marisa O. (Hrsg.) (2012): *African Childhoods: Education, Development, Peacebuilding, and the Youngest Continent*. New York: Palgrave Macmillan.

Erikson, Erik H. ([1959]1966): *Identität und Lebenszyklus*. Frankfurt a. M.: Suhrkamp.

Erikson, Erik H. ([1968]1974): *Jugend und Krise. Die Psychodynamik im sozialen Wandel*. Stuttgart: Klett-Cotta.

Ernst, Tanja (2010): Postkoloniale Theorie und politische Praxis. Die Dekolonisierung Boliviens. In: *Prokla*, 40(1), Heft 158, S. 49–66.

Eßer, Florian (2013): *Das Kind als Hybrid. Empirische Kinderforschung (1896–1914)*. Weinheim & Basel: Beltz Juventa.

Eßer, Florian (2014): Agency Revisited. Relationale Perspektiven auf Kindheit und die Handlungsfähigkeit von Kindern. In: *ZSE – Zeitschrift für Soziologie der Erziehung und Sozialisationsforschung*, 34(3), S. 233–246.

Esser, Florian (2016): Neither "thick" nor "thin". Reconceptualising agency and childhood relationally. In: Esser et al. (2016a), S. 48–60.

Esser, Florian; Meike S. Baader; Tanja Betz & Beatrice Hungerland (2016a) (Hrsg.): *Reconceptualising agency and childhood: New perspectives in childhood studies*. London & New York: Routledge.

Esser, Florian; Meike S. Baader; Tanja Betz & Beatrice Hungerland (2016b): Reconceptualising agency and childhood. An Introduction. In: Esser et al. (2016a), S. 1–16.

Eze, Emmanuel Chukwudi (Ed.) (1997a): *Postcolonial African Philosophy: A critical reader*. Cambridge, Mass.: Blackwell.

Eze, Emmanuel Chukwudi (1997b): Introduction: Philosophy and the (Post)colonial. In: Eze (1997a), S. 1–21.

Fairchild, Halford H. (2017): What is Africana Psychology? In: H. H. Fairchild (Hrsg.): *Black Lives Matter: Lifespan Perspectives*. Delhi: Indo American Books, S. 3–17.

Fanon, Frantz ([1952]1985): *Schwarze Haut, weiße Masken*. Frankfurt a. M.: Suhrkamp.

Fanon, Frantz ([1961]1969): *Die Verdammten dieser Erde*. Reinbek b. Hamburg: Rowohlt.

Farson, Richard (1974): *Birthrights*. New York & London: Macmillan & Collier Macmillan.

Farson, Richard (1975): *Menschenrechte für Kinder. Die letzte Minderheit*. München: Desch.

Fass, Paula S. (2007): *Children of a New World. Society, Culture, and Globalization*. New York: New York University Press.

Fass, Paula S. (Hrsg.) (2012): *The Routledge History of Childhood in the Western World*. New York & London: Routledge.

Fass, Paula S. & Michael Grossberg (Hrsg.) (2011): *Reinventing Childhood after World War II*. Philadelphia: University of Pennsylvania Press.

Feixa, Carles (1998): La ciudad invisible. Territorios de las culturas juveniles. In: Cubides et al., S. 83–109.

Feixa, Carles (1999): *De Jóvenes, Bandas y Tribus*. Barcelona: Ariel.

Ferguson, Niall (2013): *Der Westen und der Rest der Welt. Die Geschichte vom Wettstreit der Kulturen*. Berlin: List.

Fichtner, Bernd; Maria Teresa Freitas & Roberto Montero (Hrsg.) (2003): *Kinder und Jugendliche im Blick qualitativer Forschung. Kulturhistorische Schule, Phänomenologie und Ethnografie*. Oberhausen: Athena.

Firestone, Shulamith (1970): *The Dialectic of Sex. The Case for Feminist Revolution*. New York: William Morrow & Co.

Firestone, Shulamith (1973): Nieder mit der Kindheit! In: *Kursbuch 34*. Berlin: Kursbuch/Rotbuch Verlag, S. 1–24.

Firestone, Shulamith (1975): *Frauenbefreiung und sexuelle Revolution*. Frankfurt a. M.: Fischer.

Fitz-Roy, Robert (1839): *Narrative of the Surveying Voyages of His Majesty's Ships Adventure and Beagle, between the years 1826 and 1836, describing their examination of the southern shores of South America and the Beagle's circumnavigation of the globe*. Three volumes. London: Henry Colburn.

Flasher, Jack (1978): Adultism. In: *Adolescence*, 13(51), S. 517–523.

Flax, Jane (1993): The play of justice: Justice as a transitional space. In: *Political Psychology*, 14(2), S. 331–346.

Fleischhauer, Johanna (2008): *Vom Krieg betroffene Kinder. Eine vernachlässigte Dimension von Friedenskonsolidierung. Eine Untersuchung psychosozialer Intervention für Kinder während und nach bewaffneten Konflikten am Beispiel Eritreas*. Opladen & Farmington Hills: Budrich UniPress Ltd.

Flusty, Steven (2004): *De-Coca-Colonization: Making the Globe from the Inside Out*. New York & London: Routledge.

Folkers, Andreas & Thomas Lemke (Hrsg.) (2014): *Biopolitik. Ein Reader*. Berlin: Suhrkamp.

Fonseca, Claudia (1998): *Caminos de adopción*. Buenos Aires: Eudeba.

Foucault, Michel (1999): *In Verteidigung der Gesellschaft. Vorlesungen am College de France 1975–76*. Frankfurt a. M.: Suhrkamp.

Foucault, Michel (2000): *Die Ordnung des Diskurses*. Frankfurt a. M.: Fischer.

Foucault, Michel (2005): *Analytik der Macht*. Frankfurt a. M.: Suhrkamp.

François, Brenda A. (2014): Adultism. In: T. Teo (Hrsg.): *Encyclopedia of Critical Psychology*. New York: Springer, S. 1–3.

Franklin, Bob (Hrsg.) (2002a): *The New Handbook of Children's Rights*. London & New York: Routledge.

Franklin, Bob (2002b): Children's rights and media wrongs: Changing representations of children and the developing rights agenda. In: Franklin (2002a), S. 15–42.

Frankopan, Peter (2016): *Licht aus dem Osten. Eine neue Geschichte der Welt*. Berlin: Rowohlt.

Freeman, Michael (2002): *Human Rights. An Interdisciplinary Approach*. London: Wiley.

Freeman, Michael (2009): Children's Rights as Human Rights: Reading the UNCRC. In: Qvortrup, Corsaro & Honig, S. 377–393.

Freire, Paulo (1973): *Pädagogik der Unterdrückten. Bildung als Praxis der Freiheit*. Reinbek b. Hamburg: Rowohlt.

Friends International (o. J.): Children are not tourist attractions; online: https://www.thinkchildsafe.org/thinkbeforevisiting/

Fundación Caminos de Identidad – FUCAI (2010): *Niñez indígena del Amazonas*. Bogotá: Instituto Colombiana de Bienestar Familiar ICBF – Sección Amazonas.

Gade, C. B. N. (2011): The historical development of the written discourses on Ubuntu. In: *South African Journal of Philosophy*, 30(3), S. 303–329

Galeano, Eduardo (2004): *Die offenen Adern Lateinamerikas. Die Geschichte eines Kontinents.* Wuppertal: Peter Hammer.
Gankam Tambo, Ina (2013): Das Bildungswesen in Nigeria. In: Adick (2013a), S. 279–299.
Gankam Tambo, Ina (2014): *Child Domestic Work in Nigeria. Conditions of Socialisation and Measures of Intervention.* Münster & New York: Waxmann.
Gankam Tambo, Ina & Manfred Liebel (2013): Arbeit, Bildung und *Agency* von Kindern: Die Afrikanische Bewegung arbeitender Kinder und Jugendlicher (AMWCY). In: Hornberg, Richter & Rotter, S. 261–282.
Garbe, Sebastian (2013): Deskolonisierung des Wissens: Zur Kritik der epistemischen Gewalt in der Kultur- und Sozialanthropologie. In: *Austrian Studies in Social Anthropology*, 1, S. 1–17; www.univie.ac.at/alumni.ksa/images/text-documents/ASSA/ASSA-Journal-2013-01-DeskolonisierungDesWissens.pdf
Gargallo, Francesca (2007): Hacia una apreciación histórica de la niñez en la calle en América Latina. In: Rodríguez Jiménez & Manarelli, S. 535–549.
Gavilán, Victor (2016): Ein siebzigjähriger Eroberungskrieg. Die Republik Chile und die Mapuche 1810–1881. In: *ila – Zeitschrift der Informationsstelle Lateinamerika*, H. 399, S. 6–9.
Gaytán Santiago, Pablo (1997): Submetropolitana forever II. Apuntes para una metodología nómada de los jóvenes. In: *JOVENes – Revista de Estudios sobre Juventud*, 1(3), S. 48–57.
Geertz, Clifford (1987): *Dichte Beschreibung. Beiträge zum Verstehen kultureller Systeme.* Frankfurt a. M.: Suhrkamp.
Geiss, Immanuel (1968): *Panafrikanismus. Zur Geschichte der Dekolonisation.* Frankfurt a. M.: Europäische Verlagsanstalt.
Gell, Alfred (1986): *Newcomers to the world of goods: consumption among the Muria Gonds.* In: A. Appadurai (Hrsg.): *The Social Life of Things.* Cambridge: Cambridge University Press. S. 110–138.
Germann, Jelka (2010): Straßenkinder und Child-Headed Households in Guatemala und Zimbabwe. In: Liebel & Lutz, S. 281–296.
Germann, Stefan Erich (2005): *An Exploratory Study of Quality of Life and Coping Strategies of Orphans Living in Child-Headed Households in the High HIV/AIDS Prevalent City of Bulawayo, Zimbabwe.* Pretoria: UNISA – University of South Africa.
Gillard, Julia (2013): National Apology for Forced Adoptions. Australian Government. Attorney-General's Department; online: www.ag.gov.au/About/Forced-Adoptions Apology/Documents/Nationalapologyforforcedadoptions.pdf
Gilliam, Ángela (1996): O ataque contra a ação afirmativa nos Estados Unidos: Um ensaio para o Brasil. In: *Anais do Seminario Internacional „Multiculturalismo e Racismo: O papel da accao afirmativa nos Estados Democráticos Contemporáneos"*, Org.: Jessé Souza. Brasília: Ministerio da Justicia, Secretaria Nacional de a Direitos Humanos.
Gilmour, Alan (1988): *Innocents Victims. The Question of Child Abuse.* London: Michael Joseph.
Gilroy, Paul (1993): *The Black Atlantic: Modernity and Double Consciousness.* Cambridge, Mass.: Harvard University Press.
Girling, Frank K. (1960): *The Acholi of Uganda.* London: Her Majesty's Stationary Office.

GIZ (2014a): *Kinder- und Jugendrechte in der Entwicklungszusammenarbeit. Methoden und Anleitungen für die Umsetzung in der Praxis. GIZ-Sektorvorhaben „Umsetzung von Kinder- und Jugendrechten in der deutschen Entwicklungszusammenarbeit"*. Bonn & Eschborn: Deutsche Gesellschaft für Internationale Zusammenarbeit, in Zusammenarbeit mit dem Deutschen Institut für Menschenrechte, Berlin.

GIZ (2014b): *weltwärts mit der GIZ. Pädagogische Dokumentation*. Bonn & Eschborn: Deutsche Gesellschaft für internationale Zusammenarbeit.

Glokal (Hrsg.) (2013): *Mit kolonialen Grüßen ... Berichte und Erzählungen von Auslandsaufenthalten rassismuskritisch betrachtet*. 2., vollständig überarbeitete Aufl. Berlin: glokal e.V.

Glokal & ISD (Hrsg.) (2016): *Die Spitze des Eisbergs. Spendenwerbung der internationalen Hilfsorganisationen. Kritik und Alternativen*. Berlin: glokal e.V. & Initiative Schwarze Menschen in Deutschland e.V.

Goertz, Gert (2016): Mexiko: Immer mehr verschwundene Kinder und Jugendliche. In: *Nachrichtenpool Lateinamerika*; online: https://www.npla.de/poonal/immer-mehr-verschwundene-kinder-und-jugendliche/

González de Tena, Francisco (2014): *„Nos encargamos de todo." Robo y tráfico de niños en España*. Madrid: Clave intelectual.

González Rey, Fernando (2012): La subjectividad y significación para el estudio de los procesos políticos: sujeto, sociedad y política. In: C. P. Echandía, A. Díaz Gómez & P. Vommaro (comp.): *Subjetividades políticas: desafíos y debates latinoamericanos*. Bogotá: Universidad Distrital Francisco José de Caldas, S. 11-29.

González, Yanko & Carles Feixa (Hrsg.) (2013): *La Construcción Histórica de la Juventud en América Latina. Bohemians, Rockanroleros & Revolucionarios*. Santiago de Chile: Editorial Cuarto Propio.

Gordian Troeller im Gespräch (1992). In: Paschen, Spies & Ziegert, S. 96-127.

Gordian Troeller zum 100. Geburtstag (2017). Themenheft *Dialogische Erziehung – Informationen zur Paulo Freire Pädagogik*, 21(1-2), mit Beiträgen von Gordian Troeller, Ingrid Becker-Ross-Troeller, Christel Adick, Manfred Liebel, Gert von Paczensky & Peter Zimmermann; Redaktion: Dietlinde Gipser & Heiner Zillmer.

Gottlieb, Alma (2004): *The Afterlife is Where We Come From: The Culture of Infancy in West Africa*. Chicago: University of Chicago Press.

Goudge, Paulette (2003): *The Power of Whiteness: Racism in Third World Development and Aid*. London: Lawrence & Wishart.

Green, Duncan (2016): *How Change Happens*. Oxford: Oxford University Press.

Grohs, Gerhard (1967): *Stufen afrikanischer Emanzipation. Studien zum Selbstverständnis westafrikanischer Eliten*. Stuttgart: Kohlhammer.

Grosfoguel, Ramón (2007): Descolonizando los Universalismos Occidentales: El Pluri-Versalismo Transmoderno Decolonial desde Aimé Césaire hasta los Zapatistas. In: Castro-Gómez & Grosfoguel, S. 63-77.

Große-Oetringhaus, Hans-Martin (2011): Mit Partizipation Ernst machen. In: Große-Oetringhaus & Strack, S. 127-136.

Große-Oetringhaus, Hans-Martin & Peter Strack (Hrsg.): *Partizipation – ein Kinderrecht*. Osnabrück: terre des hommes.

Grugel, Jean & Nicola Piper (2007): *Critical Perspectives in Global Governance: Rights and regulations in governing regimes*. London & New York: Routledge.

Grundmann, Diana & Bernd Overwien (2011): *weltwärts pädagogisch begleiten. Erfahrungen aus der Arbeit mit Freiwilligen und Anregungen durch die Tagung in Bonn (18.-20. April 2011)*. Kassel: kassel university press.

Gstettner, Peter (1981): *Die Eroberung des Kindes durch die Wissenschaft. Aus der Geschichte der Disziplinierung*. Reinbek b. Hamburg: Rowohlt.

Guest, Emma (2003): *Children of AIDS: Africa's orphan crisis*. London: Pluto Press.

Guha, Ranajit (1997): *Dominance without Hegemony. History and Power in Colonial India*. Cambridge, MA: Harvard University Press.

Guiney, Tess (2012): 'Orphanage Tourism' in Cambodia. When Residential Care Centres Become Tourist Attractions. In: *Pacific News*. 38, S. 9–14.

Gupta, Pawan K. (2005): India. In: Penn, S. 119–141.

Gur, Batya (2005): *Denn die Seele ist in deiner Hand* (Roman). München: Goldmann.

Guttentag, Daniel A. (2009): The possible negative impacts of volunteer tourism. In: *International Journal of Tourism Research*. 11(6), S. 537–551.

Guttiérrez, Natividad (1995): Miscegenation as Nation-Building: Indian and Immigrant Women in Mexico. In: Stasiulis & Yuval-Davis, S. 161–187.

Gyekye, Kwame ([2]1995): *An Essay on African Philosophical Thought: The Akan Conceptual Scheme*. Philadelphia: Temple University Press.

Gyekye. Kwame (1997): *Tradition and Modernity: Philosophical Reflections on the African Experience*. New York & Oxford: Oxford University Press.

Haas, Benjamin (2012): *Ambivalenz der Gegenseitigkeit. Reziprozitätsformen des weltwärts-Freiwilligendienstes im Spiegel der Postkolonialen Theorie*. Köln: Kölner Wissenschaftsverlag.

Habermas, Jürgen (1973): *Legitimationsprobleme im Spätkapitalismus*. Frankfurt a. M.: Suhrkamp.

Habermas, Jürgen (1981): *Theorie des kommunikativen Handelns. Band 2: Zur Kritik der funktionalistischen Vernunft*. Frankfurt a. M.: Suhrkamp.

Habermas, Jürgen (2001): *Die Zukunft der menschlichen Natur. Auf dem Weg zu einer liberalen Eugenik?* Frankfurt a. M.: Suhrkamp.

Halbmayer, Ernst & Sylvia Kahl (Hrsg.) (2012): *Die erinnerte Gewalt. Postkonfliktdynamiken in Lateinamerika*. Bielefeld: transcript.

Hall, Stuart (1994): Der Westen und der Rest. Diskurs und Macht, in: S. Hall: *Rassismus und kulturelle Identität. Ausgewählte Schriften 2*. Hamburg: Argument, S. 137–179.

Hall, Stuart (2002): Wann gab es „das Postkoloniale"? Denken an der Grenze. In: Conrad & Randeria, S. 219–246.

Hanson, Karl & Olga Nieuwenhuys (Hrsg.) (2013): *Reconceptualizing children's rights in international development: Living rights, social justice, translations*. New York & Cambridge: Cambridge University Press.

Hanson, Karl & Roberta Ruggiero (2013): *Child Witchcraft Allegations and Human Rights*. Brüssel: European Commission, Policy Department DG External Politics.

Harding, Leonard & Brigitte Reinwald (Hrsg.) (1990): *Afrika – Mutter und Modell der europäischen Zivilisation? Die Rehabilitierung des schwarzen Kontinents durch Cheikh Anta Diop*. Berlin: Dietrich Reimer.

Harris-Short, Sonia (2003): International Human Rights Law: Imperialist, Inept and Ineffective? Cultural Relativism and the UN Convention on the Rights of the Child. In: *Human Rights Quarterly*, 35, S. 130–181.

Harten, Shelley (2016): *In the Mirror: A Desert. The Representation of "the Arab" in Zionist and Israeli Visual High Arts (1906–2010)*. Dissertation am Fachbereich Geschichts- und Kulturwissenschaften der Freien Universität Berlin.

Hatuka, Shlomi (2014): The tragedy of the lost Yemenite children: In the footsteps of the adoptees. In: *Haokets*, 25.01.2014; engl. Version online: http://972mag.com/the-tragedy-of-the-lost-yemenite-children-in-the-footsteps-of-the-adoptees/85930/

Hecht, Tobias (Hrsg.) (2002): *Minor Omissions: Children in Latin American History and Society*. Madison: The University of Minnesota Press.

Hegel, G. W. F. ([1822]1986): *Vorlesungen über die Philosophie der Geschichte. Werke Bd. 12*. Frankfurt a. M.: Suhrkamp.

Heidenreich, Felix (2011): *Theorien der Gerechtigkeit. Eine Einführung*. Opladen & Farmington Hills: Barbara Budrich.

Heissler, Karin (2010): Migrating with Honor: Sites of Agency and Power in Child's Labor Migration in Bangladesh. In: M. O. Ensor & E. Gozdziak (Hrsg.): *Children and Migration: At the Crossroads of Resiliency and Vulnerability*. Basingstoke: Palgrave Macmillan, S. 209–229.

Helmke, Andreas & Hermann-Günter Hesse (2010): Kindheit und Jugend in Asien. In: Krüger & Grunert (2010a), S. 479–514.

Henderson, Patricia C. (2006): South African AIDS orphans: Examining assumptions around vulnerability from the perspective of rural children and youth. In: *Childhood*, 13(3), S. 303–327.

Henderson, Patricia C. (2013): Ukugana: 'Informal marriage' and children's rights discourse among rural 'AIDS orphans' in KwaZulu-Natal, South Africa. In: Hanson & Nieuwenhuys, S. 29–47.

Hendricks, Harry (2011): The Evolution of Childhood in Western Europe c. 1400 – c. 1750. In: Qvortrup, Corsaro & Honig, S. 114–126.

Hengst, Heinz (2003): Kinder und Ökonomie. Aspekte gegenwärtigen Wandels. In: R. Kränzl-Nagl, J. Mierendorff & T. Olk (Hrsg.): *Kindheit im Wohlfahrtsstaat und politische Herausforderungen*. Frankfurt a. M. & New York: Campus, S. 235–266.

Hengst, Heinz (2013): *Kindheit im 21. Jahrhundert. Differenzielle Zeitgenossenschaft*. Weinheim & München: Beltz Juventa.

Hengst, Heinz & Helga Zeiher (Hrsg.) (2000): *Die Arbeit der Kinder. Kindheitskonzept und Arbeitsteilung zwischen den Generationen*. Weinheim & München: Juventa.

Hengst, Heinz & Helga Zeiher (Hrsg.) (2005): *Kindheit soziologisch*. Wiesbaden: VS.

Hermann, Ulrike (2014): *Freihandel – Projekt der Mächtigen*. Brüssel: Rosa Luxemburg Stiftung.

Herrera, Matilde & Ernesto Tenembaum (2007): *Identidad Despojo y Restitución*. Buenos Aires: Abuelas de Plaza de Mayo; https://www.abuelas.org.ar/archivos/publicacion/identidad_restitucion.pdf

Herz, Dietmar (2003): *Palästina: Gaza und Westbank. Geschichte, Politik, Kultur*. München: C.H. Beck.

Hiemesch, Wiebke (2014): Kinder und Kindheiten in nationalsozialistischen Konzentrationslagern. In: Baader, Eßer & Schröer, S. 319–359.

Hilbert, Ruth & Peter Strack (2011): Alle sind wichtig. Burkina Faso: Kinderbeteiligung in traditionellen Landgemeinden. In: Große-Oetringhaus & Strack, S. 100–102.

Himmelbach, Nicole & Wolfgang Schröer (2014): Die transnationale Kindheit. In. Baader, Eßer & Schröer, S. 492–509.

Himonga, Chuma (2008): African Customary Law and Children's Rights: Intersections and Domains in a New Era. In: Sloth-Nielsen, S. 73–90.

Holt, John (1974): *Escape from childhood: The needs and rights of children*. New York: Dutton.

Holt, John (1978): *Zum Teufel mit der Kindheit. Über die Bedürfnisse und Rechte von Kindern*. Gießen: Büchse der Pandora.

Holt, Louise (2011): *Geographies of Children, Youth and Families: International Perspectives*. London: Routledge.

Holzscheiter, Anna (2010): *Children's Rights in International Politics: The Transformative Power of Discourse*. Basingstoke: Palgrave Macmillan.

Honig, Michael-Sebastian (1999): *Entwurf einer Theorie der Kindheit*. Frankfurt a. M.: Suhrkamp.

Honig, Michael-Sebastian (Hrsg.) (2009): *Ordnungen der Kindheit. Problemstellungen und Perspektiven der Kindheitsforschung*. Weinheim & München: Juventa.

Honig, Michael-Sebastian (2010): Geschichte der Kindheit im „Jahrhundert des Kindes". In: Krüger & Grunert, S. 335–358.

Honwana, Alcinda (2005): Innocent and guilty: child soldiers as interstitial and tactical agents. In: A. Honwana & F. de Boeck (Hrsg.): *Makers and Breakers. Children and Youth in Postcolonial Africa*. Oxford: James Currey; Trenton: Africa World Press; Dakar: CODESRIA, S. 31–52.

Hopenhayn, Martin (2006): La juventud latinoamericana en sus tenciones y sus violencias, in: J. Moro (Hrsg.): *Juventudes, violencia y exclusión. Desafíos para las políticas públicas*. Guatemala: Magna Terra Editores, S. 29–54.

Horkheimer, Max & Theodor W. Adorno ([1944]2005): *Dialektik der Aufklärung. Philosophische Fragmente*. Frankfurt a. M.: Fischer.

Hornberg, Sabine, Claudia Richter & Cordula Rotter (Hrsg.) (2013): *Erziehung und Bildung in der Weltgesellschaft. Festschrift für Christel Adick*. Münster: Waxmann.

Hountondji, Paulin (Hrsg.) (1994): *Les savoirs endogènes: pistes pour une recherche*. Dakar: CODESRIA.

Howard, Neil Philip (2012): A critical appraisal of anti-child trafficking discourse and policy in Southern Benin. In: *Childhood*, 19(4), S. 554–568.

HREOC (1997): Bringing them home: Report of the National Inquiry into the Separation of Aboriginal and Torres Strait Islander Children from Their Families 1997, Canberra; Human Rights and Equal Opportunity Commission, Commonwealth of Australia; online: www.humanrights.gov.au/publications/cultural-survival-quarterly/genocide-ethnocide-or-hyperbole-australias-stolen

Hügler, Elmar (1992): Ein Fall für sich. Meine Arbeit mit einem Unikat. In: Paschen, Spies & Ziegert, S. 20–32.

Hüther, Gerald (2011): *Was wir sind und was wir sein könnten. Ein neurobiologischer Mutmacher*. Frankfurt a. M.: Fischer.

Hüther, Gerald (2016): *Mit Freude lernen – ein Leben lang*. Göttingen: Vandenhoeck & Ruprecht.

Huijsmans, Roy (2016): Decentring the History of the Idea of Children's Rights. In: *International Journal of Children's Rights*, 24, S. 924–929.

Hungerland, Beatrice & Helga Kelle (2014): Kinder als Akteure – Agency und Kindheit. In: *ZSE – Zeitschrift für Soziologie der Erziehung und Sozialisationsforschung*, 34(3), S. 227–232.

Hungerland, Beatrice; Manfred Liebel; Brian Milne & Anne Wihstutz (Hrsg.) (2007): *Working to Be Someone: Child Focused Research and Practice with Working Children.* London & Philadelphia: Jessica Kingsley.

Hunner-Kreisel, Christine; Arne Schäfer & Matthias D. Witte (Hrsg.) (2008): *Jugend, Bildung und Globalisierung. Sozialwissenschaftliche Reflexionen in internationaler Perspektive.* Weinheim & München: Juventa.

Hunner-Kreisel, Christine & Sabine Andresen (Hrsg.) (2010): *Kindheit und Jugend in muslimischen Lebenswelten. Aufwachsen und Bildung in deutscher und internationaler Perspektive.* Wiesbaden: VS.

Hunner-Kreisel, Christine & Doris Bühler-Niederberger (2015): Kindheit, Jugend, Migration: von transnational zu translokal. In: *Diskurs Kindheits- und Jugendforschung*, 10(1), S. 5–10.

Hunner-Kreisel, Christine & Manja Stephan (Hrsg.) (2013): *Neue Räume, neue Zeiten. Kindheit und Familie im Kontext von (Trans-)Migration und sozialem Wandel.* Wiesbaden: Springer VS.

Hunner-Kreisel, Christine & Sabine Bohne (Hrsg.) (2016): *Childhood, Youth and Migration: Connecting Global and Local Perspectives.* Cham: Springer International Publishing Switzerland.

ila (2017): Aufregung über eine bemalte Wand, Gleichgültigkeit gegenüber dem Blutvergießen. Interview mit *Casa Alianza Honduras* über Gewalt gegen Kinder und Jugendliche. In: *ila – Das Lateinamerika-Magazin*, H. 402, Februar, S. 40–41.

ILO (1973): Konvention 138 – Übereinkommen über das Mindestalter für die Zulassung zur Beschäftigung; online: http://www.ilo.org/wcmsp5/groups/public/---ed_norm/---normes/documents/normativeinstrument/wcms_c138_de.htm.

ILO (1999): Konvention 182 – Übereinkommen über das Verbot und unverzügliche Maßnahmen zur Beseitigung der schlimmsten Formen der Kinderarbeit; online: http://www.ilo.org/wcmsp5/groups/public/---ed_norm/---normes/documents/normativeinstrument/wcms_c182_de.htm.

Imfeld, Al (1985): *Hunger und Hilfe. Provokationen.* Zürich: Unionsverlag.

Inksater, Kimberly (2010): Transformative juricultural pluralism: Indigenous justice systems in Latin America and international human rights. In: *Journal of Legal Pluralism*, 42(60), S. 105–142.

Inosemzew, Wladislaw & Alexander Lebedew (2016): Der Dritte Kolonialismus. In: *Le Monde Diplomatique* (dt. Ausgabe), November, S. 3.

Invernizzi, Antonella & Jane Williams (Hrsg.) (2011): *The Human Rights of Children: From Visions to Implementation.* Farnham: Ashgate.

Invernizzi, Antonella, Manfred Liebel, Brian Milne & Rebecca Budde (Hrsg.) (2017): *'Children out of Place' and Human Rights. In Memory of Judith Ennew.* Cham: Springer International Switzerland.

Jablonka, Ivan (2010): *Les enfants de la République. L'intégration des jeunes de 1789 à nos jours.* Paris: Éditions du Seuil.

Jacobs, Margaret D. (2009): *White Mother to a Dark Race: Settler Colonialism, Maternalism, and the Removal of Indigenous Children in the American West and Australia, 1880–1940.* Lincoln & London: University of Nebraska Press.

Jacquemin, Mélanie (2006): Can the language of rights get hold of the complex realities of child domestic work? The case of young domestic workers in Abidjan, Ivory Coast. In: *Childhood*, 13(3), S. 389–406.

Jaeger, Nicola (2015): *Alles für uns!? Der globale Einfluss der europäischen Handels- und Investitionspolitik auf Rohstoffausbeutung.* Berlin: PowerShift – Verein für eine ökologisch-solidarische Energie- und Weltwirtschaft e.V.

Jakob, Silke (Hrsg.) (2017): *Engagierte Jugendliche in der Gesellschaft. Bürgerschaft und Engagement in einer globalisierten Welt.* Opladen, Berlin & Toronto: Barbara Budrich.

James, Allison & Alan Prout (Hrsg.) ([1990]²1997): *Constructing and Reconstructing Childhood.* London & New York: Falmer Press.

James, Allison (2011): Agency. In: Qvortrup, Corsaro & Honig, S. 34–45.

James, Allison, Chris Jenks & Alan Prout (1998): *Theorizing Childhood.* Cambridge: Polity Press.

James, C. L. R. (1984): *Die schwarzen Jakobiner. Toussaint Louverture und die Unabhängigkeitsrevolution in Haiti.* Köln: Pahl-Rugenstein.

Jensen, Sune Quotrup (2011): Othering, identity formation and agency. In: *Qualitative Studies*, 2(2), S. 63–78.

Jessen, Norbert (1999): Israel sucht seine Kinder. In der Gründerzeit verschwanden Hunderte – Schicksal bis heute ungewiss. In: *Die Welt* v. 16.07.1999.

Junge, Matthias (2007): Globale Jugend? In: Villányi et al., S. 127–135.

Kaime, Thoko (2009): *The African Charter on the Rights and Welfare of the Child: A socio-legal perspective.* Pretoria: Pretoria University Law Press.

Kallio, Kirsi Pauliina & Jouni Hakli (Hrsg.) (2015): *The Beginning of Politics: Youthful Political Agency in Everyday Life.* London & New York: Routledge.

Kam Kah, Henry (2015): *The Sacred Forest. Gender and Matriliny in the Laimbwe History (Cameroon), C. 1750–2011.* Introduction by Bea Lundt. Zürich & Berlin: LIT.

Kaplan, Suzanne (2005): *Kindheit im Schatten des Völkermords.* Nierstein: IATROS Verlag.

Kassin, Caroline (2016): Mapuche im Visier. Die Verhaftung von elf Mapuche ist der zwischenzeitliche Höhepunkt wieder zunehmender Repressionen gegen indigene Aktivist*innen. In: *Lateinamerika Nachrichten*, H. 503, Mai, S. 34–37.

Kastner, Jens & Tom Waibel (2012): Dekoloniale Optionen. Argumentationen, Begriffe und Kontext dekolonialer Theoriebildung. Einleitung zu W. D. Mignolo: *Epistemischer Ungehorsam.* Wien & Berlin: Turia + Kant, S. 7–42.

Katz, Cindi (2004): *Growing Up Global: Economic Restructuring and Children's Everyday Lives.* Minneapolis: University of Minnesota Press.

Katz, Cindi (2012): Work and Play: Economic restructuring and children's everyday learning in rural Sudan. In: G. Spittler & M. Bourdillon (Hrsg.) (2012): *African Children at Work: Working and Learning in Growing Up for Life.* Zürich & Berlin: LIT, S. 227–248.

Kaufman, Lissy (2016): „Oh, ein ganz bekanntes Lied." Immer mehr junge israelische Künstler, deren jüdische Großeltern aus arabischen Ländern einwanderten, begeben sich auf Spurensuche nach ihrer Geschichte und singen auf Arabisch. Lange Zeit war das tabu. In: *taz – die tageszeitung* v. 3. August 2016, S. 15.

Kaufmann, Franz-Xaver (1980): Kinder als Außenseiter der Gesellschaft. In: *Merkur*, 34, 387, S. 761–771.

Kehily, Mary Jane (Hrsg.) (2004): *An Introduction to Childhood Studies.* Maidenhead: Open University Press.

Kendrick, Maureen & Doris Kakuru (2012): Funds of knowledge in child-headed households: A Ugandan case study. In: *Childhood*, 19(3), S. 397–413.

Kerner, Ina (2013): *Postkoloniale Theorien zur Einführung*. Hamburg: Junius.
Kershaw, Roger & Janet Sacks (2008): *New Lives for Old: The Story of Britain's Child Migrants*. Kew, Richmond, Surrey: National Archives.
Key, Ellen ([1902]2000): *Das Jahrhundert des Kindes*. Weinheim & Basel: Beltz.
Kiesel, Timo (2012): Reverse heißt umgekehrt. Ein Beitrag zur Debatte um das weltwärts-Reverseprogramm; online: https://weranderneinenbrunnengraebt.wordpress.com/2012/07/17/reverse-heist-umgekehrt/
Kiesel, Timo & Daniel Bendix (2010): White Charity: Eine postkoloniale, rassismuskritische Analyse der entwicklungspolitischen Plakatwerbung in Deutschland. In: *Peripherie. Zeitschrift für Politik und Ökonomie in der Dritten Welt*, H. 120, S. 482–495.
Kimiagar, Bjan & Roger Hart (2017): Children's Free Association and the Collective Exercise of Their Rights. In: Ruck, Peterson-Badali & Freeman, S. 498–514.
Kirchhöfer, Dieter (2004): Der Tätigkeitsansatz der kulturhistorischen Schule und die Veränderungen in der Jugendphase, in: H. Merkens & J. Zinnecker (Hrsg.): *Jahrbuch Jugendforschung, 4. Ausgabe 2004*. Wiesbaden: VS, S. 152–175.
Kirchhöfer, Dieter & Hans Merkens (2004): Jugendphase in der Veränderung. In: D. Kirchhöfer & H. Merkens (Hrsg.): *Das Prinzip Hoffnung. Jugend in Polen und Deutschland*. Baltmannsweiler: Schneider Verlag Hohengehren, S. 11–23.
Kirchhoff, Markus (2011): *Balfour-Deklaration*. In: D. Diner (Hrsg.): *Enzyklopädie jüdischer Geschichte und Kultur*. Band 1. Stuttgart & Weimar: Metzler, S. 243–250.
Ki-Zerbo, Joseph (1990): *Educate or Perish: Africa's Impass and Prospects*. Dakar: BREDA with WCARO (UNESCO-UNICEF, Western Africa).
Kleinhans, Martha-Marie & Roderick A. Macdonald (1997): What is critical legal pluralism? In: *Canadian Journal of Law and Society*, 12(2), S. 25–46.
Klocker, Natascha (2007): An example of 'thin' agency: Child domestic workers in Tanzania. In: Panelli, Punch & Robson, S. 83–93.
Knaup, Horand (1996): *Hilfe, die Helfer kommen. Karitative Organisationen im Wettbewerb um Spenden und Katastrophen*. München: C.H. Beck.
Kohler, Marion & Mareile Seekamp (1996): Der Dokumentarfilm im Meinungsbild der Zuschauer am Beispiel Gordian Troellers „Die Nachkommen Abrahams". In: Adick & Stuke, S. 219–236.
Konetzke, Richard (Hrsg.) (1958–1962): *Colección de documentos para la historia de la formación social de Hispanoamérica, 1493–1810. Vol. III*. Madrid: Consejo Superior de Investigaciones Científicas.
Kontzi, Kristina (2015): *Postkoloniale Perspektiven auf weltwärts. Ein Freiwilligendienst in weltbürgerlicher Absicht*. Baden-Baden: Nomos.
Kossowo, Blandena Lee (1978): *Die Frau in Afrika. Zwischen Tradition und Befreiung*. München: List.
Kotlowitz, Alex (1991): *There Are No Children Here: The Story of Two Boys Growing Up in the Other America*. New York: Doubleday.
Krauskopf, Dina (2005): Die Jugend und der Untergang des psychosozialen Moratoriums. In: Overwien, S. 81–96.
Krüger, Heinz-Hermann (2016): Bilanz und Zukunft der Kindheits- und Jugendforschung. In: *Diskurs Kindheits- und Jugendforschung*, 11(3), S. 325–337.
Krüger, Heinz-Hermann & Cathleen Grunert (Hrsg.) (2010a): *Handbuch Kindheits- und Jugendforschung*. 2. akt. u. erw. Aufl. Wiesbaden: VS.

Krüger, Heinz-Hermann & Grunert, Cathleen (2010b): Geschichte und Perspektiven der Kindheits- und Jugendforschung. In: Krüger & Grunert (2010a), S. 11–40.

Kühn, Hannah Maria (2015): *Da entwickelt sich was! Individuelle Lernprozesse im entwicklungspolitischen Freiwilligendienst „weltwärts" in Benin*. Köln: Kölner Wissenschaftsverlag.

Kuwali, Dan (2014): Decoding Afrocentrism: Decolonizing Legal Theory. In: Onazi, S. 71–92.

Landsmann, Charles A. (1997): Nach 49 Jahren die leibliche Mutter gefunden. In: *Die Welt* v. 27.06.1997.

Lang, Miriam & Dunia Mokrani (Hrsg.) (2013): *Beyond Development: Alternative visions from Latin America*. Quito: Fundación Rosa Luxemburg & Amsterdam: Transnational Institute.

Lange, Andreas; Christine Steiner; Sabina Schutter & Herwig Reiter (Hrsg.) (2015): *Handbuch Kindheits- und Jugendsoziologie*. Wiesbaden: Springer NachschlageWissen DOI 10.1007/978-3-658-05676-6.

Latour, Bruno (1995): *Wir sind nie modern gewesen. Versuch einer symmetrischen Anthropologie*. Berlin: Akademie-Verlag.

Latour, Bruno (2007): *Eine neue Soziologie für eine neue Gesellschaft. Einführung in die Akteur-Netzwerk-Theorie*. Frankfurt a. M.: Suhrkamp

Lee, Nick (2001): *Childhood and society: Growing up in an age of uncertainty*. Buckingham & Philadelphia: Open University Press.

Lembrecht, Christina (2013): *Bücher for alle. Die UNESCO und die weltweite Förderung des Buches 1946–1982*. Berlin: De Gruyter.

Lenhart, Volker (1989): Kindheit in der Dritten Welt. In: W. Melzer & H. Sünker (Hrsg.): *Wohl und Wehe der Kinder. Pädagogische Vermittlungen von Kindheitstheorie, Kinderleben und gesellschaftlichen Kindheitsbildern*. Weinheim & München: Juventa, S. 190–222.

Lenhart, Volker (2006): Kindheit in der Dritten Welt – gegen die Marginalisierung der Mehrheit in der Theorie der Kindheit. In: S. Andresen & I. Diehm (Hrsg.): *Kinder, Kindheiten, Konstruktionen. Erziehungswissenschaftliche Perspektiven und sozialpädagogische Verortungen*. Wiesbaden: VS, S. 190–212.

Lenhart, Volker & Claudia Lohrenscheit (2008): Globale Kindheit – Eine Einführung. In: *ZEP – Zeitschrift für internationale Bildungsforschung und Entwicklungspädagogik*, 31(4), S. 4–8.

Levinas, Emmanuel (1968): *Totalité et Infinit. Essai sur l'extériorité*. Den Haag: Nijhoff.

Levitan, Dov (1990): *The uniqueness of the Yemenite immigration to Israel*. Vortrag auf dem International Congress for Research on Yemenite Jewry, Bar-Ilan University, Ramat-Gan, 28.-30. August 1990 (mimeo).

Lexikon der Geographie (2001): Stichwort Kolonialisierung. online: www.spektrum.de/ lexikon/geographie/kolonialisierung/4237.

Libesman, Terri (2014): *Decolonising Indigenous Child Welfare*. Abingdon & New York: Routledge.

Liebel, Manfred (1987): Marginalisierung als Lebenserfahrung von Jugendlichen. In: M. Liebel & B. Schonig (Hrsg.): *Ist die Zukunft schon verbraucht? NachDenken über Jugend und Jugendarbeit. Zur Erinnerung an Hellmut Lessing*. Berlin: Technische Universität Berlin, S. 173–182.

Liebel, Manfred (1990): *Mala Onda. Wir wollen leben, nicht überleben. Jugend in Lateinamerika*. Frankfurt a. M.: IKO.

Liebel, Manfred (1994): „*Wir sind die Gegenwart*". *Kinderarbeit und Kinderbewegungen in Lateinamerika.* Frankfurt a. M.: IKO.

Liebel, Manfred (2001): *Kindheit und Arbeit.* Wege zum besseren Verständnis arbeitender Kinder in verschiedenen Kulturen und Kontinenten. Frankfurt a. M. & London: IKO.

Liebel, Manfred (2005): *Kinder im Abseits. Kindheit und Jugend in fremden Kulturen.* Weinheim & München: Juventa.

Liebel, Manfred (2007a): *Wozu Kinderrechte. Grundlagen und Perspektiven.* Weinheim & München: Juventa.

Liebel, Manfred (2007b): Bürgerschaft von unten. Kinderrechte und soziale Bewegungen von Kindern. In: *Diskurs Kindheits- und Jugendforschung*, 2(1), S. 83–99.

Liebel, Manfred (2007c): Paternalism, Participation and Children's Protagonism. In: *Children, Youth and Environments*, 17(2), S. 56–73.

Liebel, Manfred (2009): *Kinderrechte – aus Kindersicht. Wie Kinder weltweit zu ihrem Recht kommen.* Berlin & Münster: LIT.

Liebel, Manfred (2011a): Soziale Ungleichheit und Jugendprotest in Lateinamerika. In: Schäfer et al., S. 137–150.

Liebel, Manfred (2011b): Eigensinnige Wege – Kinder in Straßensituationen. In: M. Zander (Hrsg.): *Handbuch Resilienzförderung.* Wiesbaden: VS, S. 532–554.

Liebel, Manfred (2012), in cooperation with Karl Hanson, Iven Saadi & Wouter Vandenhole: *Children's Rights from Below: Cross-cultural Perspectives.* Basingstoke: Palgrave Macmillan.

Liebel, Manfred (2013): *Kinder und Gerechtigkeit. Über Kinderrechte neu nachdenken.* Weinheim & Basel: Beltz Juventa.

Liebel, Manfred (2014a): Adultism and age-based discrimination against children. In: D. Kutsar & H. Warming (Hrsg.): *Children and Non-Discrimination. Interdisciplinary Textbook.* Tartu: University Press of Estonia, S. 119–143.

Liebel, Manfred (2014b): Gewerkschaften anderer Art: organisierte Kinder in Lateinamerika. *GIGA Focus*, Nr. 9. Hamburg: German Institute of Global and Area Studies.

Liebel, Manfred (2015a): *Kinderinteressen. Zwischen Paternalismus und Partizipation.* Weinheim & Basel: Beltz Juventa.

Liebel, Manfred (2015b): Andere Kinder, andere Jugendliche Wider den Eurozentrismus in der Kindheits- und Jugendforschung. In: Lange et al., S. 1–20.

Liebel, Manfred (2015b): Statt Kinderarbeit verbieten, die Rechte arbeitender Kinder schützen: Bolivien geht in der Gesetzgebung neue Wege. In: *Neue Praxis*, 45(1), S. 76–89.

Liebel, Manfred (2015c): Dogma statt Argumente. Die Verdammung des bolivianischen Kinder- und Jugendgesetzes durch die Internationale Arbeitsorganisation steht auf schwachen Füßen. In: *ila – Zeitschrift der Informationsstelle Lateinamerika*, Heft 389, Oktober 2015, S. 34–37.

Liebel, Manfred (2017a): Children without childhood? The postcolonial capture of childhoods in the Global South. In: Invernizzi et al., S. 79–97.

Liebel, Manfred (2017b): Kinderrechtsbewegungen und die Zukunft der Kinderrechte. In: C. Maier-Höfer (Hrsg.): *Kinderrechte und Kinderpolitik. Fragestellungen der Angewandten Kindheitswissenschaften.* Wiesbaden: Springer VS, S. 29–59.

Liebel, Manfred (2017c): Kinderbewegungen im Globalen Süden als Bürgerschaft von unten. In: Jakob, S. 77–102.

Liebel, Manfred (2017d): „Kinder retten". Ein Plädoyer gegen die postkoloniale Eroberung der Kindheiten. In: *iz3w*, Ausgabe 359, März/April, S. 10-14.

Liebel, Manfred & Andreas Wagner (1986): Pornografie des Elends. Kinder und Spendenwerbung. In: *sozial extra*, 10(9), S. 18-21.

Liebel, Manfred, Bernd Overwien & Albert Recknagel (Hrsg.) (1998): *Arbeitende Kinder stärken. Plädoyers für einen subjektorientierten Umgang mit Kinderarbeit*. Frankfurt a. M.: IKO.

Liebel, Manfred, Bernd Overwien & Albert Recknagel (Hrsg.) (1999): *Was Kinder könn(t)en. Handlungsperspektiven von und mit arbeitenden Kindern*. Frankfurt a. M.: IKO.

Liebel, Manfred & Gabriele Rohmann (Hrsg.) (2006): *Entre Fronteras – Grenzgänge. Jugendkulturen in Mexiko*. Berlin: Archiv der Jugendkulturen Verlag.

Liebel, Manfred, Ina Nnaji & Anne Wihstutz (Hrsg.) (2008). *Kinder. Arbeit. Menschenwürde. Internationale Beiträge zu den Rechten arbeitender Kinder*. Frankfurt a. M. & London: IKO.

Liebel, Manfred & Ronald Lutz (Hrsg.) (2010): *Sozialarbeit des Südens, Band 3: Kindheiten und Kinderrechte*. Oldenburg: Paulo Freire Verlag.

Liebel, Manfred; Philip Meade & Iven Saadi (2012): Brauchen Kinder ein Recht zu arbeiten? Kindheitskonzepte und Kinderarbeit. In: *Aus Politik und Zeitgeschichte*, 62(43), S. 35-41.

Lloyd, Amanda (2002): Evolution of the African Charter on Rights and Welfare of the Child and the African Committee of Experts: Raising the Gauntlet. In: *International Journal of Children's Rights*, 10, S. 179-198.

Lloyd, Amanda (2008): The African Regional System for the Protection of Children's Rights. In: Sloth-Nielsen, S. 33-52.

Locke, John ([1690]2008): *Essay über den menschlichen Verstand*. Berlin: Akademie Verlag.

Lonely Planet (Hrsg.) (2010): *Volunteer. A Travelers Guide to Making a Difference around the World*. Footscray/Victoria, Oakland & London: Lonely Planet Publications.

Lundt, Bea (2016a): Ich bin dann mal da! Vom schwierigen Ankommen weißer Lehramtsstudierender in Ländern Afrikas und von der Aufgabe des Faches Geschichte angesichts der Agenda 2030. In: *Zeitschrift für Geschichtsdidaktik*, 15, S. 31-45.

Lundt, Bea (2016b): „Ihr Weißen seid immer noch Rassisten!" Erfahrungen mit deutschen und afrikanischen Studierenden in Ghana (Westafrika). In: C. Brüning, L. Deile & M. Lücke (Hrsg.): *Historisches Lernen als Rassismuskritik*. Schwalbach/Ts.: Wochenschau Verlag, S. 95-116.

Lundt, Bea & Christoph Marx (Hrsg.) (2016): *Kwame Nkrumah 1909-1972. A Controversial African Visionary*. Stuttgart: Franz Steiner.

MA Childhood Studies and Children's Rights (2016): *Film-Symposium „Kinder der Welt". Zum 100. Geburtstag des Filmemachers Gordian Troeller. Begleitheft*. Potsdam: Fachhochschule Potsdam.

Mader, Elke (2001): Kulturelle Verflechtungen, Identität und Hybridisierung in Lateinamerika. In: A. Borsdorf, G. Krömer & C. Parnreiter (Hrsg.): *Lateinamerika im Umbruch. Geistige Strömungen im Globalisierungsstress*. Innsbruck: Universität Innsbruck, Innsbrucker Geographische Studien, Bd. 32, S. 77-85.

Madmoni-Gerber, Shoshana (2009): *Israeli Media and the Framing of Internal Conflict: The Yemenite Babies Affair*. New York: Palgrave Macmillan.

Mann, Yechiel A. (o.J.): The Missing Children; online: http://stop-abuse.net/ym1.htm

Mapuche (2016): Themenschwerpunkt *ila – Zeitschrift der Informationsstelle Lateinamerika*, H. 399, S. 2–34.

Márquez Morfín, Lourdes (Hrsg.) (2010): *Los niños, actores sociales ignorados. Levantando el velo, una mirada al pasado*. México: Escuela Nacional de Antopología e Historia & Consejo Nacional para la Cultura y las Artes.

Márquez Morfín, Lourdes & Ernesto González (2010): La socialización de los niños en el pasado. Algunas reflexiones y propuestas en torno al tema. In: Márquez Morfín, S. 51–73.

Martin, Ernst (2001): *Sozialpädagogische Berufsethik. Auf der Suche nach dem richtigen Handeln*. Weinheim & München: Juventa.

Martínez-Alier, Verena (1989): *Marriage, class and colour in nineteenth-century Cuba*. Ann Arbor: University of Michigan Press.

Marx, Karl ([1867]1960): *Das Kapital. Kritik der Politischen Ökonomie. Erster Band*. Berlin: Dietz.

Masferrer León, Cristina V. (2010): Hijos, huérfanos y expósitos. Un recorrido por la niñez de la época colonial novohispana. In: Márquez Morfín, S. 305–323.

Mayall, Berry (2015): The sociology of childhood and children's rights. In: Vandenhole et al., S. 77–93.

Maywald, Jörg (2012): *Kinder haben Rechte*. Weinheim & Basel: Beltz.

Mbembe, Achille ([2003]2014a): Nekropolitik. In: A. Folkers & T. Lemke (Hrsg.): *Biopolitik. Ein Reader*. Berlin: Suhrkamp, S. 228–273.

Mbembe, Achille (2001): *On the Postcolony*. Berkeley & Los Angeles: University of California Press.

Mbembe, Achille (2014): *Kritik der schwarzen Vernunft*. Berlin: Suhrkamp.

Mbembe, Achille (2016): *Ausgang aus der langen Nacht. Versuch über ein entkolonisiertes Afrika*. Berlin: Suhrkamp.

Mbiti, John S. (1970): *African Religions and Philosophy*. New York: Praeger.

Mead, Margret (1928): *Coming of Age in Samoa*. New York: Mentor Books, Neuauflage 1963 (dt. *Jugend und Sexualität in primitiven Gesellschaften, Bd. 1: Kindheit und Jugend in Samoa*. München: dtv, 1970).

Meintjes, Helen & Sonja Giese (2006): Spinning the epidemic: The Making of mythologies of orphanhood in the context of AIDS. In: *Childhood*. 13(3), S. 407–430.

Mendel, Gérard (1973): *Plädoyer für die Entkolonisierung des Kindes. Sozio-Psychoanalyse der Autorität*. Olten und Freiburg im Breisgau: Walter Verlag.

Menke, Christoph & Arnd Pollmann (2007): *Philosophie der Menschenrechte zur Einführung*. Hamburg: Junius.

Merkens, Hans & Jürgen Zinnecker (Hrsg.) (2003): *Jahrbuch Jugendforschung 3/2003*. Opladen: Leske + Budrich.

Messner, Claudius (2012): Living law: performative, not discursive. In: *International Journal for the Semiotics of Law*, 25(4), S. 537–552.

Metz, Thaddeus (2007): Toward an African Moral Theory. In: *The Journal of Political Philosophy*, 15, S. 321–341.

Miescher, Stephan F. (2009): Masculinities and Transcultural Perspectives in African History. In: M. Ineichen et al. (Hrsg.): Gender in Trabs-lt. Transkulturelle und Transnationale Perspektiven. Zürich, S. 69–83.

Mignolo, Walter D. (1993): Colonial and Postcolonial Discourses. Cultural Critique or Academic Colonialism. In: *Latin American Research Review*, 28, S. 120–131.

Mignolo, Walter D. (2000): *Local Histories/Global Designs: Coloniality, Subaltern Knowledges, and Border Thinking*. Princeton: Princeton University Press.

Mignolo, Walter D. (2001): *Capitalismo y Geopolítica del Conocimiento*. Buenos Aires: Ediciones del Signo.

Mignolo, Walter D. (2005): *The Idea of Latin America*. Malden, MA & Oxford: Blackwell.

Mignolo, Walter D. (2012): *Epistemischer Ungehorsam. Rhetorik der Moderne, Logik der Kolonialität und Grammatik der Dekolonalität*. Wien & Berlin: Turia + Kant.

Milanich, Nara (2002): Historical Perspectives on Illegitimacy and Illegitimates in Latin America. In: Hecht, S. 72–101.

Milanich, Nara (2007): Informalidad y extralegalidad de los niños en América Latina. Del período colonial hasta el presente. In: Rodríguez Jiménez & Manarelli, S. 591–614.

Milanović, Branco (2012): *The Haves and the Have-Nots: A Brief and Idiosyncratic History of Global Inequality*. New York: Basic Books.

Mizen, Phillip & Yaw Ofosu-Kusi (2010): Asking, giving, receiving: Friendships as survival strategies among Accra's street children. In: *Childhood*, 17(4), S. 441–454.

Mizen, Phillip & Yaw Ofosu-Kusi (2013): Seeing and knowing? Street children's lifeworlds through the camera's lens. In: Hanson & Nieuwenhuys, S. 48–70.

Modell, John (1989): *Into one's one. From youth to adulthood in the United States, 1920–1975*. Berkeley, CA: University of California Press.

Moloi, Vusi (o. J.): The organic roots of the African matrilineal society. In: Africa Unbound; online: http://africaunbound.org/index.php/aumagazine/issue-2/item/the-organic-roots-of-the-african-matrilineal-society.html

Monsiváis Carillo, Alejandro (2004): El concepto de ciudadanía y las dimensiones de lo juvenil. Notas para una aproximación político-normativa a los temas de juventud. In: Reguillo et al., S. 31–42.

Montgomery, Heather (2001): *Modern Babylon? Prostituting children in Thailand*. Oxford: Berghahn.

Montgomery, Heather (2017): Anthropological Perspectives on Children's Rights. In: Ruck, Peterson-Badali & Freeman, S. 97–113.

Moraña, Mabel; Enrique Dussel & Carlos Jáuregui (Hrsg.) (2008): *Coloniality at Large. Latin America and the Postcolonial Debate*. Durham & London: Duke University Press.

Morrison, Heidi (2015): *Childhood and Colonial Modernity in Egypt*. Basingstoke & New York: Palgrave Macmillan.

Morrison, Heidi (Hrsg.) (2012): *The Global History of Childhood Reader*. London & New York: Routledge.

Morrow, Virginia & Kirrily Pells (2012): Integrating children's human rights and child poverty debates: examples from young lives in Ethiopia and India. In: *Sociology*, 46(5), S. 906–920.

Morrow, Virginia & Kirrily Pells (2017): Sociological Approaches to Children's Rights. In: Ruck, Peterson-Badali & Freeman, S. 114–131.

Moses, A. Dirk (Hrsg.) (2004): *Genocide and Settler Society: Frontier Violence and Stolen Indigenous Children in Australian History*. New York: Berghahn Books.

Moumouni, Abdou (1968): *Education in Africa*. New York: Praeger.

Müller, Siegfried & Hans-Uwe Otto (Hrsg.) (1984): *Verstehen oder Kolonialisieren? Grundprobleme sozialpädagogischen Handelns und Forschens*. Bielefeld: Kleine.

Müller-Werthmann, Gerhard (1985): *Markt der offenen Herzen. Spenden – ein kritischer Ratgeber.* Hamburg: Hoffmann und Campe.
Munyakho, Dorothy (1992): *Kenya: Child newcomers in the urban jungle.* Florenz: UNICEF – Innocenti Studies.
Mutua, Makau (2002): *Human Rights. A Political and Cultural Critique.* Philadelphia: University of Pennsylvania Press.
Mutua, Makau (2009): Human Rights NGOs in East Africa: Defining the Challenges. In: M. Mutua (Hrsg.): *Human Rights NGOs in East Africa. Political and Normative Tensions.* Philadelphia: University of Pennsylvania Press, S. 11–36.
Mutua, Makau (2016): *Human Rights Standards. Hegemony, Law, and Politics.* New York: State University of New York Press.
Myers-Scotton, Carol (1993): Elite closure as a powerful language strategy: the African case. In: *International Journal of the Sociology of Language,* 103(1), S. 149–164
Närvänen, Anna-Liisa & Elisabet Näsman (2007): Age Order and Children's Agency. In: H. Wintersberger (Hrsg.): *Childhood, Generational Order and the Welfare State. Exploring Children's Social and Economic Welfare.* Odense: University Press of Southern Denmark, S. 225–249.
Nateras, Alfredo (2004): Trazos y trayectos de lo emergente juvenil contemporáneo. In: Reguillo et al., S. 101–113.
National Coalition Deutschland (2016): *Kinderrechte und Umwelt.* Berlin: National Coalition Deutschland.
National Foster Care Coalition (2007): *Disproportionately: Addressing the Disproportionate Number of Children and Youth of Color in Foster Care and the Inequitable Outcome They Experience.* Washington D.C.: National Foster Care Coalition.
Nazzari, Muriel (1996): Concubinage in colonial Brazil: The inequalities of race, class, and gender. In: *Journal of Family History,* 21(2), S. 107–124.
Ndaba, W. J. (1994): *Ubuntu in Comparison to Western Philosophies.* Pretoria: Ubuntu School of Philosophy.
Ndulo, Muna (2011): African customary law, customs, and women's rights. In: *Indiana Journal of Global Legal Studies,* 18(1), S. 87–120.
Nelson, Ernesto (1927): El problema de la ilegitimidad. In: *Boletín del Instituto Internacional Americano de Protección a la Infancia,* 1(2), S. 221–248.
Nestvogel, Renate (1996): Traditionelle afrikanische Erziehungsmuster und ihre Darstellung zwischen Idealisierung und Abwertung. In: *Zeitschrift für internationale Bildungsforschung und Entwicklungspädagogik (ZEP),* 19(2), S. 15–24.
Neudeck, Rupert (1992): Vorwort. Kleine Hommage an Gordian Troeller. In: Paschen, Spies & Ziegert, S. 7–15.
Newiger-Addi, Griet (2016): *Beteiligung von Kindern und Jugendlichen an politischen Entscheidungen. Ein Beispiel aus der entwicklungspolitischen Praxis.* Berlin: Deutsches Institut für Menschenrechte.
Nieto Fernández, Lilia (2011): *A cielo abierto ... los niños del camino. Estudio cultural de la infancias indígena.* Mexiko-Stadt: Ediciones Nandela.
Nieuwenhuys, Olga (1998): Global childhood and the politics of contempt. In: *Alternatives,* 23(3), S. 267–289.
Nieuwenhuys, Olga (2008): Dem kolonialen Blick widerstehen. Globale Kinderarbeit und die neue politische Agenda. In: Liebel, Nnaji & Wihstutz, S. 17–41.
Nieuwenhuys, Olga (2013): Theorizing childhood(s): Why we need postcolonial perspectives. In: *Childhood,* 20(1), S. 3–8.

Nilsson, Ann-Charlotte (2013): *Children and Youth in Armed Conflict*. Leiden & Boston: Martinus Nijhoff.

Nkrumah, Kwame (1965): *Consciencismus. Philosophie und Ideologie zur Entkolonialisierung und Entwicklung mit besonderer Berücksichtigung der afrikanischen Revolution*. Köln: Westdeutscher Verlag.

Nnaemeka, Obioma (Ed.) (1998): *Sisterhood, Feminisms and Power: From Africa to the Diaspora*. Trenton, NJ: African World Press.

Nolte, Detlef & Christina Stolte (2010): Selbstbewusst in die Zukunft: Lateinamerikas neue Unabhängigkeit. *GIGA Focus Nr. 12*. Hamburg: German Institut of Global and Area Studies – Institut für Lateinamerika-Studien.

Nord-Süd-Brücken (2010): Wie entwicklungspolitisch sinnvoll sind Kinderpatenschaften? Online: www.nord-sued-bruecken.de/assets/files/einladung_031210.pdf.

Nsamenang, A. Bame (2008): Agency in early childhood learning and development in Cameroon. In: *Contemporary Issues in Early Childhood Education*, 9(3), S. 211–223.

Nsamenang, A. Bame (2010): Childhoods within Africa's triple heritage. In G. S. Cannella & L. Diaz Soto (Hrsg.): *Childhoods. A Handbook*. New York: Peter Lang, S. 39–54.

Nsamenang, A. Bame & Michael E. Lamb (1994): Socialization of Nso children in the Bamenda grassfields of Northwest Cameroon. In: P. Marks Greenfield & R. R. Cockling (Hrsg.): *Cross-cultural roots of minority child development*. Hillsdale, NJ: L. Erlbaum, S. 133–146.

Nzegwu, Nkiru (1994): Gender Equality in a Dual-Sex System: The Case of Onitsha. In: *Canadian Journal of Law & Jurisprudence*, 7, S. 73–96.

Odera Oruka, Henry (1981): Four trends in current African philosophy. In: A. Diemer (Hrsg.): *Symposium on Philosophy in the Present Situation of Africa*. Wiesbaden: Steiner, S. 1–7.

Odera, Oruka, Henry (1988): Grundlegende Fragen der afrikanischen „Sage-Philosophy". In: F. M. Wimmer (Hrsg.): *Vier Fragen zur Philosophie in Afrika, Asien und Lateinamerika*. Wien: Passagen, S. 35–53.

Odera Oruka, Henry (1989/1997): The Philosophy of Foreign Aid: A Question of the Right to a Human Minimum. In: *Praxis International*, 8(4), 1989. Nachdruck in: Graness & Kresse 1997, S. 47–59.

Odera Oruka, Henry (Hrsg.) (1990): *Sage Philosophy: Indigenous Thinkers and Modern Debate on African Philosophy*. Leiden: Brill.

Ofosu-Kusi, Yaw & Phil Mizen (2012): No longer willing to be dependent: Young people moving beyond learning. In: Spittler & Bourdillon, S. 279–302.

Ogundipe-Leslie, Molara (2015): Stiwanismus: Feminismus im afrikanischen Kontext (zuerst 1994). In: Dübgen & Skupien, S. 260–291.

Ogunyemi, Chikwenye O. (1985): Womanism: The Dynamics of the Contemporary Black Female Novel in English. In: *Signs*, 11, S. 63–80.

Okere, B. Obinna (1984): The Protection of Human Rights in Africa and the African Charter on Human and Peoples' Rights. A Comparative Analysis with the European and American Systems. In: *Human Rights Quarterly*, 6(2), S. 141–159.

Okonyo, Kamene (1976): The Dual-Sex Political System in Operation: Igbo-Women and the Community Politics in Midwestern Nigeria. In: N. J. Hafkin & E. G. Bay (Hrsg.): *Women in Africa: Studies in Social and Economic Change*. Stanford, CA: Stanford University Press, S. 45–85.

Okri, Ben (1994): *Die hungrige Straße* (Roman). Köln: Kiepenheuer & Witsch.

Olowu, Dejo (2002): Protecting children's rights in Africa: a critique of the African Charter on the Rights and Welfare of the Child. In: *International Journal of Children's Rights*, 10(2), S. 127–136.

Omolo, Alphonse (2015): *Violence against children in Kenya. An ecological model of risk factors and consequences, responses and projects*. Münster & New York: Waxmann.

Onazi, Oche (Ed.) (2014): *African Legal Theory and Contemporary Problems. Critical Essays*. Dordrecht et al.: Springer.

Osterhammel, Jürgen & Jan C. Jansen (2012): *Kolonialismus. Geschichte, Formen, Folgen*. München: C.H. Beck.

Oswell, David (2013): *The Agency of Children. From Family to Global Human Rights*. Cambridge: Cambridge University Press.

Oswell, David (2016): Re-aligning children's agency and re-socialising children in Childhood Studies. In: Esser et al. 2016a, S. 19–33.

Ottersbach, Mark (2011): Jugendprotest und soziale Ungleichheit in Frankreich. In: A. Schäfer, M. D. Witte & U. Sander (Hrsg.): *Kulturen jugendlichen Aufbegehrens. Jugendprotest und soziale Ungleichheit*. Weinheim & München: Juventa, S. 119–136.

Ousmane, Sembène (1973): *Chala* (Roman). Wuppertal: Peter Hammer.

Overwien, Bernd (Hrsg.) (2005): *Von sozialen Subjekten. Kinder und Jugendliche in verschiedenen Welten. Für Manfred Liebel zum 65. Geburtstag*. Frankfurt a. M. & London: IKO.

Overwien, Bernd (2016): Terre des Hommes: Globale Mitentscheidung. In: *E & Z – Entwicklung und Zusammenarbeit*; online: https://www.dandc.eu/de/article/terres-des-hommes-beteiligt-seine-partnerorganisationen-aus-entwicklungslaendern-der

Oxfam (2017): An economy for the 1 %. How privilege and power in the economy drive extreme inequality and how this can be stopped. In: *Oxfam Briefing Paper*, 18 January; online: https://www.oxfam.de/system/files/bp210-economy-one-percent-tax-havens-180116-en.pdf

Oyèwùmi, Oyèrónké (2015): Kolonialisierte Körper und Köpfe. Gender und Kolonialismus (zuerst 1997). In: Dübgen & Skupien, S. 218–259.

Palmeri, Ann (1980): Childhood's End: Toward the Liberation of Children. In: W. Aiken & H. LaFollette (Hrsg.): *Whose Child? Children's Rights, Parental Authority, and State Power*. Totowa, NJ: Rowman and Littlefield, S. 105–123.

Panelli, Ruth, Samantha Punch & Elsbeth Robson (Hrsg.) (2007): *Global Perspectives on Rural Childhood and Youth*. New York & London: Routledge.

Parry, Benita (2004): *Postcolonial Studies: A Materialist Critique*. London & New York: Routledge.

Parsons, Talcott (1965): Jugend im Gefüge der amerikanischen Gesellschaft. In: L. von Friedeburg (Hrsg.): *Jugend in der modernen Gesellschaft*. Köln & Berlin: Kiepenheuer & Witsch, S. 131–155.

Paschen, Joachim (1992): Gordian Troeller in der Schule. In: Paschen, Spieß & Ziegert, S. 71–77.

Paschen, Joachim, Ulrich Spies & Detlef Ziegert (Hrsg.) (1992): *Kein Respekt vor heiligen Kühen. Gordian Troeller und seine Filme*. Bremen: Edition CON.

Patterson, Orlando (1982): *Slavery and Social Death: A Comparative Study*. Cambridge, Mass.: Harvard University Press.

Payne, Ruth (2012a): Agents of support: intra-generational relations and the role of agency in the support of child-headed households in Zambia. In: *Children's Geographies*, 10(3), S. 293–306.

Payne, Ruth (2012b): "Extraordinary survivors" or "ordinary lives"? Embracing "everyday agency" in social interventions with child-headed households in Zambia. In: *Children's Geographies*, 10(4), S. 399-411.
Peetz, Peter (2004): Zentralamerikas Jugendbanden. „Maras" in Honduras, El Salvador und Guatemala. In: *Brennpunkt Lateinamerika*, Nr. 5, S. 49-63.
Penn, Helen (2005): *Unequal Childhoods: Young children's lives in poor countries*. London & New York: Routledge.
Perea Restrepo, Carlos Mario (2016): *Limpieza social: una violencia mal nombrada*. Bogotá: Centro Nacional de Memoria Histórica.
Philipp, Carolin & Timo Kiesel (2011): white charity. Schwarzsein & Weißsein auf Spendenplakaten (Dokumentarfilm); online: www.whitecharity.de/de/film/
Piketty, Thomas (2016a): *Ökonomie der Ungleichheit*. München: C.H. Beck.
Piketty. Thomas (2016b): *Das Kapital im 21. Jahrhundert*. München: C.H. Beck.
Pinker, Steven (2003): *Das unbeschriebene Blatt. Die moderne Leugnung der menschlichen Natur*. Berlin: Berlin-Verlag.
Poria, Yaniv & Dallen J. Timothy (2014): Where are the children in tourism research? In: *Annals of Tourism Research*, 47, S. 77-95.
Postman, Neil (1987): *Das Verschwinden der Kindheit*. Frankfurt M.: Fischer.
Prah, Kwesi Kwaa (2005): Language of Instruction for Education, Development and African Emancipation. In: Brock-Utne & Hopson, S. 23-49.
Prause, Louisa (2013): Mit Rap zur Revolte: Die Bewegung *Y'en a marre*. In: *PROKLA*, 43(1), Heft 170, S. 23-41.
Prout, Alan (2000): Childhood Bodies, Construction, Agency and Hybridity. In: A. Prout (Hrsg.): *The Body, Childhood and Society*. Basingstoke: Macmillan, S. 1-18.
Prout, Alan (2004). Herausforderungen für die neue Kindheitssoziologie. In: *Sozialwissenschaftliche Literatur Rundschau*, 27(1) (H. 48), S. 57-72.
Prout, Alan (2005): *The Future of Childhood*. London & New York: Routledge Falmer.
Punch, Samantha (2007): Generational power relations in rural Bolivia. In: Panelli, Punch & Robson, S. 151-164.
Punch, Samantha (2014): Young migrant trajectories from Bolivia to Argentina: Changes and continuities in an era of globalization. In: A. Veale & G. Dona (Hrsg.): Child and Youth Migration: Mobility-in-Migration in an Era of Globalisation. Basingstoke: Palgrave Macmillan, S. 21-43.
Punch, Samantha (2016): Exploring Children's Agency across Majority and Minority World Contexts. In: Esser et al., S. 183-196.
Pupavac, Vanessa (1998): The infantilisation of the South and the UN Convention on the Rights of the Child. In: *Human Rights Law Review*, 3(2), S. 1-6.
Pupavac, Vanessa (2001): Misanthropy without Borders: The International Children's Rights Regime. In: *Disasters*, 25(2), S. 95-112.
Quijano Otero, José María (1874): *La fiesta de los huérfanos*. Bogotá: Minerva.
Quijano, Ánibal (2000): Colonialidad del Poder y Classificación Social. In: *Journal of Worlds System Research*, 6(2), S. 342-386; wieder abgedruckt in: Castro-Gómez & Grosfoguel (2007), S. 93-126.
Quijano, Ánibal (2008): Coloniality of Power, Eurocentrism, and Social Classification. In: Moraña, Dussel & Jáuregui, S. 181-224.
Quintero, Pablo & Sebastian Garbe (Hrsg.) (2013): *Kolonialität der Macht. De/Koloniale Konflikte zwischen Theorie und Praxis*. Münster: Unrast.

Qvortrup, Jens (1994): Childhood matters: An introduction. In: J. Qvortrup, M. Bardy, G. Sgritta & H. Wintersberger (Hrsg.): *Childhood Matters: Social Theory, Practice and Politics*. Wien: Avebury, S. 1-24.

Qvortrup, Jens; William A. Corsaro & Michael-Sebastian Honig (Hrsg.) (2009): *The Palgrave Handbook of Childhood Studies*. Basingstoke: Palgrave Macmillan.

Radcliffe, Sarah A. (1995): Five Centuries of Gendered Settler Society: Conquerors, Natives and Immigrants in Peru. In: Stasiulis & Yuval-Davis, S. 188-206.

Raithelhuber, Eberhard (2016): Extending agency: the merit of relational approaches for childhood studies. In: Esser et al. 2016a, S. 89-101.

Ram, Uri (1993): The colonization perspective in Israeli sociology: internal and external comparisons. In: *Journal of Historical Sociology*, 6(3), S. 327-350.

Ramírez, Susan Elizabeth (2014): *Al servicio de Dios y de Su Majestad. Los orígenes de las escuelas públicas para niños indígenas en el norte del Perú en el s. XVIII*. Lima: Fondo Editorial de la Asamblea Nacional de Rectores.

Ramokgopa, Isaak M. (2001): *Developmental stages of an African child and their psychological implication: A comparative study*; http://ujdigispace.uj.ac.za:8080/dspace/bitstream/10210/1614/1/DevelopmentalStagesofanAfricanChild.pdf

Rappe, Guido (2012): *Leib und Subjekt. Phänomenologische Beiträge zu einem erweiterten Menschenbild*. Bochum: projekt verlag.

Rashed, Haifa & Damien Short (2014): Genocide and settler colonialism: Can a Lemkin-inspired genocide perspective aid our understanding of the Palestinian situation. In P. Hymnes et al. (Hrsg.): *New Directions in the Sociology of Human Rights*. London & New York: Routledge, S. 20-47.

Raz-Karkotzkin, Amnon (2004): The Zionist Return to the West and the Mizrahi Jewish Perspective. In: I. D. Kalmar Ivan & D. Pensler (Hrsg.): *Orientalism and the Jews*. Waltham, MA: Brandeis University Press, S. 162-181.

Read, Peter (1998): *The Stolen Generations: The Removal of Aboriginal Children in New South Wales 1883 to 1969* (1st edition 1981). Sydney: New South Wales Department of Aboriginal Affairs.

Real Academia Española ([1726-1739]1987): *Diccionario de Autoridades*, vol. D-Ñ. Barcelona: Editorial Herder.

Reas, Jane P. (2012): "Boy, have we got a vacation for you": Orphanage tourism in Cambodia and the Commodification and Objectification of the Orphaned Child. In: *Thammasat Review*, 16(2), S. 121-139.

Recknagel, Albert (2010): Die UN-Kinderrechtskonvention zwischen universellem Anspruch und lokaler Vielfalt. In: Liebel & Lutz, S. 67-78.

Reguillo, Rossana (1993): Las tribus juveniles en tiempos de la modernidad. In: *Estudios sobre las Culturas Contemporáneas*, N° 15, Universidad de Colima, Colima (Mexiko), S. 171-184.

Reguillo, Rossana (1998): El año dos mil, ética, política yestéticas: imaginarios, adscripciones y prácticas juveniles. Caso mexicano. In: Cubides et al. 1998, S. 57-82.

Reguillo, Rossana (2000): La invención del territorio. Procesos globales, identidades locales. In: *Umbrales. Cambios culturales, desafíos nacionales y juventud*. Medellín: Corporación Región., S. 117-139.

Reguillo, Rossana (2006): Jugendkulturen in Lateinamerika. Theoretische Annäherungen. In: Liebel & Rohmann, S. 18-30.

Reguillo, Rossana, Carles Feixa, Mónica Valdez, C. Gomez-Granell & José Antonio Pérez-Islas (Hrsg.) (2004): *Tiempo de Híbridos*. Mexiko-Stadt: Instituto Mexicano de la Juventud.
Reh, Mechthild & Bernd Heine (1982): *Sprachpolitik in Afrika*. Hamburg: Helmut Buske.
Reinders, Heinz (2003a): *Jugendtypen. Ansätze zu einer differentiellen Theorie der Adoleszenz*. Opladen: Leske + Budrich.
Reinders, Heinz (2003b): *Wege zum Erwachsenenstatus. Jugend als Bildungszeit oder Freizeit?* In: www.familienhandbuch.de/cms/Jugendforschung-Erwachsenwerden.pdf
Reinders, Heinz (2006): *Jugendtypen zwischen Bildung und Freizeit. Theoretische Präzisierung und empirische Prüfung einer differenziellen Theorie der Adoleszenz*. Münster, New York, München & Berlin: Waxmann.
Reinders, Heinz (2016): Vom Bildungs- zum Optimierungsmoratorium. In: *Diskurs Kindheits- und Jugendforschung*, 11(2), S. 147-160.
Reinders, Heinz & Elke Wild (Hrsg.) (2003a): *Jugendzeit – Time Out? Zur Ausgestaltung des Jugendalters als Moratorium*. Opladen: Leske + Budrich.
Reinders, Heinz & Elke Wild (2003b): Adoleszenz als Transition und Moratorium. Plädoyer für eine Integration gegenwarts- und zukunftsorientierter Konzeptionen von Jugend, in: Reinders & Wild (2003a), S. 15-36.
Reinders, Heinz & Manfred Hofer (2003): Wertewandel, schulische Lernmotivation und das duale Jugendmoratorium, in: Reinders & Wild 2003a, S. 237-256.
Reinhard, Wolfgang (2016): *Die Unterwerfung der Welt. Globalgeschichte der europäischen Expansion 1415-2015*. München: C.H. Beck.
Renan, Ernest (1891): *The Future of Science*. London: Chapman and Hall.
Renner, Erich & Fritz Seidenfaden (Hrsg.) (1997): *Kindsein in fremden Kulturen. Selbstzeugnisse*. 2 Bände. Weinheim: Deutscher Studienverlag.
Renner, Erich (2010): Kulturtheoretische und kulturvergleichende Ansätze. In Krüger & Grunert (2010a), S. 175-196.
Rensink, Brendel (2011): Genocide of Native Americans: Historical Facts and Historiographical Debates. In: Totten & Hitchcock, S. 15-36.
Reschke, Jörg (2014): Warum Kinderpatenschaften ein schwieriges Mittel im Fundraising bleiben. In: sozialmarketing.de; http://sozialmarketing.de/warum-kinderpatenschaften-ein-schwieriges-mittel-im-fundraising-bleiben/
Reynaert, Didier & Rudi Rose (2017): Children's Rights: A Framework to Eliminate Social Exclusion? In: Ruck, Peterson-Badali & Freeman, S. 36-52.
Reynaert, Didier, Ellen Desmet, Sara Lembrechts & Wouter Vandenhole (2015): Introduction. A critical approach to children's rights. In: Vandenhole et al., S. 1-23.
Richter, Linda M. & Amy Norman (2010): ALDS orphan tourism: A threat to young children in residential care. In: *Vulnerable Children and Youth Studies*. 5(3), S. 217-229.
Rinke, Stefan (2010): *Revolutionen in Lateinamerika: Wege in die Unabhängigkeit 1760-1830*. München: C.H. Beck.
Ritz, Manuela (2008): Kindsein ist kein Kinderspiel. Adultismus – (un)bekanntes Phänomen. In: P. Wagner (Hrsg.): *Handbuch Kinderwelten. Vielfalt als Chance – Grundlagen einer vorurteilsbewussten Bildung und Erziehung*. Freiburg: Herder, S. 128-136.
Ritzer, George (1997): *Die McDonaldisierung der Gesellschaft*. Frankfurt a. M.: Fischer.
Rivas, Araceli (2010): Modern Research Discourses Constructing the Postcolonial Subjectivity of (Mexican) American Children. In: Cannella & Diaz Soto, S. 245-264.

Rizvi, Fazal (2007): Postcolonialism and Globalization in Education. In: *Cultural Studies ⇔ Critical Methodologies*, 7(3), S. 256–263.

Roberts, Dorothy (2002): *Shattered Bonds: The Color of Child Welfare*. New York: Basic Books.

Robertson, John A. (1996): *Children of Choice: Freedom and the New Reproductive Technologies*. Princeton: Princeton University Press.

Robson, Elsbeth, Stephen Bell & Natascha Klocker (2007): Conceptualizing agency in the lives and actions of rural young people. In: Panelli, Punch & Robson, S. 135–148.

Rockenfeller, Maria (2014): *Die subjektive Seite der Kinderrechte. Eine qualitative Studie zu den Arbeits- und Lebensbedingungen weiblicher Kinderhausangestellter in einer ländlichen Region in Tansania*. Berlin & Münster: LIT.

Rodinson, Maxime (1973): *Israel: A Colonial Settler State?* New York: Monad.

Rodríguez, Iliana (2001): Reading Subalterns Across Texts, Disciplines, and Theories: From Representation to Recognition. In: I. Rodríguez (Hrsg.): *The Latin American Subaltern Studies Reader*. Durham & London: Duke University Press, S. 1–32.

Rodríguez Jiménez, Pablo & María Emma Manarelli (Hrsg.) (2007): *Historia de la Infancia en América Latina*. Bogotá: Universidad Externado de Colombia.

Rodríguez, Simón ([1828]1990): *Sociedades Americanas*. Caracas: Biblioteca Ayacucho.

Roeder, Caroline (Hrsg.) (2014): *Topographien der Kindheit. Literarische. Mediale und interdisziplinäre Perspektiven auf Orts- und Raumkonstruktionen*. Bielefeld: transcript.

Rogers, Alan (2001): Problematising literacy and development. In: Street, S. 205–222.

Rohr, Elisabeth (2016): Transnational Childhood and the Globalization of Intimacy. In: Hunner-Kreisel & Bohne, S. 261–271.

Rojas Flores, Jorge (2010): *Historia de la Infancia en el Chile Republicano 1810–2010*. Santiago de Chile: Ocho Libros Editores.

Rössler, Daniel (2015): *Das Gegenteil von Gut ... ist gut gemeint*. Wien: Seifert.

Roth, Roland (2002): Globalisierungsprozesse und Jugendkulturen. In: *ZEP – Zeitschrift für internationale Bildungsforschung und Entwicklungspädagogik*, 25(3), S. 2–5.

Rousseau, Jean-Jacques ([1762]1975): *Emile oder über die Erziehung*. Stuttgart: Reclam.

Rubio, Mauricio (2007): *De la Pandilla a la Mara. Pobreza, Educación, Mujeres y Violencia Juvenil*. Bogotá: Universidad Externado de Colombia.

Rubio, Santiago (1928): *Cámara de Diputados* (Chile). 2a Sesión Ordinaria, 28 de mayo de 1928.

Rucht, Dieter (1997): *Modernisierung und neue soziale Bewegungen. Deutschland, Frankreich und USA im Vergleich*. Frankfurt a. M. & New York: Campus.

Ruck, Martin D.; Michele Peterson-Badali & Michael Freeman (Hrsg.) (2017): *Handbook of Children's Rights*. New York & London: Routledge.

Rudd, Kevin (2008): Text of the Apology to the Stolen Generations. Australian Government, Department of Foreign Affairs and Trade; online: www.dfat.gov.au/indigenous/apology-to-stolen-generations/national_apology.html

Rudd, Kevin (2009): Transcript of Apology to the Forgotten Australians and former child migrants, Great Hall, Parliament House, 16 November; online: http://pandora.ula.gov.au/pan/110625/20091116-1801/www.pm.gov.au/node/6321.html (consultado el 15.03.2016).

Rutschky, Katharina (Hrsg.) ([1977]1997): *Schwarze Pädagogik. Quellen zur Naturgeschichte der bürgerlichen Erziehung*. Berlin: Ullstein.

Rwezaura, Bart (1998): The Duty to Hear the Child: A View From Tanzania. In: N. Welshman (Hrsg.). *Law, Culture, Tradition and Children's Rights in Eastern and Southern Africa.* Dartmouth: Ashgate, S. 57–84.
Saavedra, Cinthya M. & Steven P. Camicia (2010): Transnational Childhoods: Bodies That Challenge Boundaries. In: Cannella & Diaz Soto, S. 27–37.
Sacchi, Stefan (1994): Politische Aktivierung und Protest in Industrieländern – Stille Revolution oder Kolonisierung der Lebenswelt? In: *Zeitschrift für Soziologie*, 23(4), S. 323–338.
Sahdeva, Nina (2011): Freiwilligentourismus in Waisenhäusern – zum Schaden der Kinder. In: *FAIR unterwegs*. Basel: Arbeitskreis Tourismus & Entwicklung.
Said, Edward W. (2008): *Orientalismus*. Frankfurt a. M.: Suhrkamp.
Said, Edward W. (2009): Die Konstruktion des „Anderen". In: C. Burgmer (Hrsg.): *Rassismus in der Diskussion*. Berlin: Elefanten Press, S. 27–44.
Salazar, Alonso (1990): *No nacimos pa' semilla. La cultura de las bandas juveniles en Medellín*. Medellín: CINEP.
Salazar, Alonso (1991): *Totgeboren in Medellin*. Wuppertal: Peter Hammer.
Salazar Parreñas, Rhacel (2005): *Children of Global Migration. Transnational Families and Gendered Woes*. Stanford: Stanford University Press.
Sall, Ebrima (2002): Kindheit in Afrika – Konzepte, Armut und die Entwicklung einer Kinderrechtskultur. In: K. Holm & U. Schulz (Hrsg.): *Kindheit in Armut weltweit*. Opladen: Leske + Budrich, S. 81–101.
Sánchez Santoyo, Hilda Margarita (2003): La percepción sobre el niño en el México moderno (1810–1930). In: Y. Corona Caraveo & R. R. Villamil Uriarte (Hrsg.): *Tramas. Subjetividad y procesos sociales. Diversidad de infancias*. México: Universidad Autónoma Metropolitana, Unidad Xochimilco, S. 33–59.
Sandel, Michael J. (2007): *The Case against Perfection: Ethics in the Age of Genetic Engineering*. Cambridge, Mass. & London: The Belknap Press in Harvard University Press.
Sanjero, Boaz (2002): When there is no suspicion there is no real investigation. In: *Teoriya Vebikoret*, 21, S. 47–76 (Hebrew).
Santos, Boaventura de Sousa (2009): *Una epistemología del Sur: la reinvención del conocimiento y la emancipación social*. Buenos Aires: Siglo XXI Editores.
Santos, Boaventura de Sousa (2016): *Epistemologies of the South. Justice against Epistemicide*. New York & London: Routledge.
Santos, Boaventura de Sousa (Hrsg.) (2008): *Another Knowledge is Possible: Beyond Northern Epistemologies*. London & New York: Verso.
Santos, Boaventura de Sousa & César A. Rodríguez (Hrsg.) (2005): *Law and Globalization from Below. Towards a Cosmopolitan Legality*. Cambridge: Cambridge University Press.
Santos, Boaventura de Sousa & Maria Paula Meneses (Hrsg.) (2014): *Epistemologías del Sur (Perspectivas)*. Madrid: Akal.
Sarra, Chris (2011a): *Strong and Smart – Towards a Pedagogy for Emancipation: Education for first peoples*. London & New York: Routledge.
Sarra, Chris (2011b): Time for a High-Expectations relationship between Indigenous and non-Indigenous Australia; online: https://chrissarra.wordpress.com/2011/10/19/time-for-a-high-expectations-relationship-between-indigenous-and-non-indigenous-australia/

Sarra, Chris (2014): Beyond victims: The challenge of leadership. *2014 Griffith Review Annual Lecture*, State Library of Queensland; online: https://griffithreview.com/wp-content/uploads/Chris-Sarra-Beyond-Victims.pdf

Schäfer, Alfred (2010): Kindheit und Jugend in Afrika. In: Krüger & Grunert (2010a), S. 457–477.

Schäfer, Arne; Matthias D. Witte & Uwe Sander (Hrsg.) (2011): *Kulturen jugendlichen Aufbegehrens. Jugendprotest und soziale Ungleichheit.* Weinheim & München: Juventa.

Schäuble, Martin & Noah Plug (2007): *Die Geschichte der Israelis und Palästinenser.* München: Hanser.

Schelle, Carla (Hrsg.) (2013): *Schulsysteme, Unterricht und Bildung im mehrsprachigen frankophonen Westen und Norden Afrikas.* Münster: Waxmann.

Scheper-Hughes, Nancy & Carolyn Sargent (1998): Introduction: The Cultural Politics of Childhood. In: N. Scheper-Hughes & C. Sargent (Hrsg.): *Small Wars. The Cultural Politics of Childhood.* Berkeley: University of California Press, S. 1–33.

Scheunpflug, Annette (2005): *Die öffentliche Darstellung von Kinderpatenschaften. Eine kritische Bestandsaufnahme aus entwicklungspädagogischer Sicht.* Friedrich-Alexander-Universität Erlangen-Nürnberg (mimeo).

Schibotto, Giangi (2015): Saber Colonial, Giro Decolonial e Infancias Múltiples de América Latina. In: *NATs – Revista Internacional desde los Niños/as y Adolescentes Trabajadores*, XIX(25), S. 51–68.

Schicker, Manfred (Hrsg.) (1985): *Arme Kinder dieser Welt. Wie ein Fernsehteam von Radio Bremen wehrlose Indios mißbraucht – die Opfer protestieren.* Inning: Verlagsgemeinschaft Anarche.

Schirilla, Nausikaa (2003): *Autonomie in Abhängigkeit. Selbstbestimmung und Pädagogik in postkolonialen, interkulturellen und feministischen Debatten.* Frankfurt a. M. & London: IKO.

Schmidt, James D. (2010): *Industrial Violence and the Legal Origins of Child Labor.* Cambridge: Cambridge University Press.

Schmitt, Caroline & Matthias D. Witte (2017): "You are special": Othering in biographies of "GDR children from Namibia". In: *Ethnic and Racial Studies*, Feb., S. 1–18; online: www.tandfonline.com/doi/full/10.1080/01419870.2017.1287417

Schneer, Jonathan (Hrsg.) (2010): *The Balfour Declaration: The origins of the Arab-Israeli conflict.* London: Bloomsbury.

Schneider, Werner (2003): Diskurse zum „Wandel von Jugend" in Deutschland. Konzepte, Leitbegriffe und Veränderungen in der Jugendphase. In: *DISKURS – Studien zu Kindheit, Jugend, Familie und Gesellschaft*, 13(3), S. 54–61.

Scholz, Gerold (1994): *Die Konstruktion des Kindes. Über Kinder und Kindheit.* Opladen: Westdeutscher Verlag.

Schröer, Wolfgang (2004): Befreiung aus dem Moratorium? Zur Entgrenzung der Jugend. In: K. Lenz, W. Schefold & W. Schröer (Hrsg.). *Entgrenzte Lebensbewältigung – Jugend, Geschlecht und Jugendhilfe.* Weinheim & München: Juventa, S. 19–74.

Schröer, Wolfgang & Lothar Böhnisch (2006): Die Entgrenzung der Jugend und die sozialbiografische Bedeutung des Junge-Erwachsenen-Alters. In: C. J. Tully (Hrsg.): *Lernen in flexibilisierten Welten. Wie sich das Lernen der Jugend verändert.* Weinheim & München: Juventa, S. 41–57.

Schweiger, Gottfried & Gunter Graf (2015): *A Philosophical Examination of Social Justice and Child Poverty.* Basingstoke: Palgrave Macmillan.

Schweizer, Angela (2014): Voluntourismus – noch kurz die Welt retten. In: *uni.de*; online: http://uni.de/redaktion/voluntourismus.

Schwinge, Brigitte (2011): *Verkehrte Welten: Über die Umkehrung der Verhältnisse von Geben und Nehmen. Der weltwärts-Freiwilligendienst als Selbstbehandlung im Kulturkontakt zwischen Deutschland und Südafrika.* Bonn: South African German Network.

Segev, Tom (2006): *Es war einmal ein Palästina. Juden und Araber vor der Staatsgründung Israels.* München: Pantheon.

Segev, Tom (2010): *Die ersten Israelis. Die Anfänge des jüdischen Staates.* München: Pantheon.

Sen, Hia (2016): Do the "Mollycoddled" Act? Children, Agency and Disciplinary Entanglements in India. In: Esser et al., S. 197–210.

Senghor, Léopold Sédar (1964): *On African Socialism.* New York: Praeger.

Senghor, Léopold Sédar (1967): *Negritude und Humanismus.* Düsseldorf: Eugen Diederichs.

Serrano Amaya, José Fernando (2004): *Menos querer más de la vida. Concepciones de vida y muerte en jóvenes urbanos.* Bogotá: Siglo de Hombres Editores & Universidad Central.

Shizha, Edward (2014): Rethinking contemporary sub-Saharan African school knowledge: Restoring the indigenous African cultures. In: *International Journal for Cross-Disciplinary Subjects in Education (IJCDSE)*, 4(1), S. 1870–1878.

Silk, John (2004): Caring at a distance: gift theory, aid chains and social movement. In: *Social and Cultural Geography*, 5(2), S. 229–251.

Silva, Maria Beatriz Nizza da (1993): *Vida privada e quotidiano no Brasil: na época de D. Maria I e D João VI.* Lissabon: Editorial Estampa.

Sin, Harng Luh (2010): Who are we responsible to? Locals' tales of volunteer tourism. In: *Geoforum*, 41, S. 983–992.

Skidmore, Patricia (2012): *Marjorie – To Afraid to Cry: A Home Child Experience.* Toronto: Dundurn.

Sloth-Nielsen, Julia (Hrsg.) (2008): *Children's Rights in Africa. A Legal Perspective.* Aldershot: Ashgate.

Smallwood, Gracelyn (2015): *Indigenous Critical Realism. Human Rights and the First Australians wee-being.* Abingdon & New York: Routledge.

Solinger, Rickie (2002): *Beggars and Choosers: How the Politics of Choice Shapes Adoption, Abortion and Welfare in the United States.* New York: Hill and Wang.

Solinger, Rickie (2013): *Reproductive Politics.* Oxford & New York: Oxford University Press.

Sorgner, Stefan Lorenz (2015): The Future of Education: Genetic Enhancement and Metahumanities. In: *Journal of Evolution and Technology*, 25, S. 31–48.

Spittler, Gerd & Michael Bourdillon (Hrsg.) (2012): *African Children at Work: Working and Learning in Growing Up for Life.* Wien, Zürich & Berlin: LIT.

Spivak, Gayatri C. (1985): The Rani of Sirmur: an essay in reading the archives. In: *History and Theory*, 24(3), S. 247–272.

Spivak, Gayatri C. (1988): Can the Subaltern Speak? In: C. Nelson & L. Grossberg (Hrsg.): *Marxism and the Interpretation of Culture.* Urbana, IL: University of Illinois Press, S. 66–111.

Spivak, Gayatri C. ([1993]^{2}2009): *Outside in the Teaching Machine.* New York & London: Routledge.

Spivak, Gayatri C. (1999): *A Critique of Postcolonial Reason*. Cambridge, MA: Harvard University Press.
Spivak, Gayatri C. (2008a): *Can the Subaltern Speak? Postkolonialität und subalterne Artikulation*. Wien: Turia + Kant.
Spivak, Gayatri C. (2008b): *Other Asias*. Malden & Oxford: Blackwell.
Stainton Rogers, Wendy (2004): Promoting better childhoods: constructions of child concern. In: Kehily, S. 125–144.
Stamm, Lena & Lissa Bettzieche (2014): *zuhören – ernst nehmen – handeln. Wie das Recht auf Partizipation von Kindern in der deutschen Entwicklungszusammenarbeit gefördert werden kann*. Berlin: Deutsches Institut für Menschenrechte.
Stammers, Neil (2009): *Human Rights and Social Movements*. London & New York: Pluto Press.
Stammers, Neil (2013): Children's rights and social movements reflections from a cognate field. In: Hanson & Nieuwenhuys, S. 275–292.
Stasiulis, Daiva & Nira Yuval-Davis (Hrsg.) (1995a): *Unsettling Settler Societies: Articulations of Gender, Ethnicity and Class*. London, Thousand Oaks & New Delhi: Sage.
Stasiulis, Daiva & Nira Yuval-Davis (Hrsg.) (1995b): Introduction: Beyond Dichotomies – Gender, Race, Ethnicity and Class in Settler Societies. In: Stasiulis & Yuval-Davis, S. 1–38.
Stearns, Peter N. (2005): *Growing Up. The History of Childhood in a Global Context*. Waco, TX: Baylor University Press.
Stearns, Peter N. (2006): *Childhood in World History*. New York & London: Routledge.
Stearns, Peter N. (2007): *Kindheit und Kindsein in der Menschheitsgeschichte*. Essen: Magnus.
Stecher, Ludwig (2003): Jugend als Bildungsmoratorium – die Sicht der Jugendlichen. In: Reinders & Wild, S. 201–217.
Stecher, Ludwig, Amina Fraij & Sabine Maschke (2016): Intergenerative Transferbeziehungen und Bildungserfolg – Verschiebungen im Bildungsmoratorium. In: *Diskurs Kindheits- und Jugendforschung*, 11(2), S. 161–178.
Stephens, Sharon (Hrsg.) (1995): *Children and the Politics of Culture*. Princeton, N.J.: Princeton University Press.
Stephens, Sharon (2012): Children and the Politics of Culture in "Late Capitalism". In: Morrison, S. 375–393.
Stoler, Ann Laura (2002): *Carnal Knowledge and Imperial Rule*. Berkeley: University of California Press.
Strack, Peter (1992): *500 Jahre Bevormundung. Die Ausbeutung Lateinamerikas und ihre Folgen für die Kinder*. Stuttgart: Schmetterling.
Strack, Peter (1997): Das neue Angesicht der Ahnen. Die vieldeutige und wandelhafte Figur der maskierten *abuelos* in den früheren Jesuitenreduktionen von Chiquitos/Ostbolivien. In: M. Bosse & A. Stoll (Hrsg.): *Theatrum mundi. Figuren der Barockästhetik in Spanien und Hispano-Amerika*. Bielefeld: Aisthesis, S. 223–234.
Straßner, Veit (2007): *Die offenen Wunden Lateinamerikas. Vergangenheitspolitik im postautoritären Argentinien, Uruguay und Chile*. Wiesbaden: VS.
Street, Brian V. (Hrsg.) (2001): *Literacy and Development: Ethnographic perspectives*. London & New York: Routledge.
Sturmer, Martin (2013): *Afrika! Plädoyer für eine differenzierte Berichterstattung*. Konstanz: UVK.

Suder, Sonja, Christian Gauger & Chelsea Ives (Hrsg.) (2011): *Wenn die Toten erwachen. Die Riots in England 2011.* Hamburg: Laika.

Swain, Shurlee (2006): Infanticide, Savagery and Civilization: The Australian Experience. In: Bechtold & Cooper Graves, S. 85–105.

Syring, Ralf (2011): Kinder fordern das Recht, auf der Straße zu leben. Bericht von einer parlamentarischen Anhörung in Kapstadt. In: Große-Oetringhaus & Strack, S. 182–189.

Tai, Ta Van (1988): *The Vietnamese Tradition of Human Rights.* Berkeley: Institute of East Asian Studies, University of California.

Tai, Ta Van (2004–05): Buddhism and Human Rights in Traditional Vietnam. In: Review of Vietnamese Studies 2004–05; http://hmongstudies.org/TaVanTai BUDDHISM_AND_HUMAN_RIGHTS.pdf

Tal, David (Hrsg.) (2013): *Israeli Identity. Between Orient and Occident.* London & New York: Routledge.

Tamanaha, Brian Z. (2011): A vision of social-legal change: Rescuing Ehrlich from 'living law'. In: *Law and Social Inquiry*, 36(1), S. 297–318.

Tandon, Yash (2016): *Handel ist Krieg. Nur eine neue Wirtschaftsordnung kann die Flüchtlingsströme stoppen.* Köln: Quadriga.

Tatz, Colin (2011): The Destruction of Aboriginal Society in Australia. In: Totten & Hitchcock, S. 87–116.

Tellinger, Michael (2014): *Das Ubuntu-Prinzip.* Saarbrücken: Hesper.

Terre des hommes (2011): *Sonnige Zukunftsaussichten? Klimawandel, Wasser und die Rechte von Kindern und zukünftigen Generationen.* Osnabrück: terre des hommes.

Terre des hommes (Hrsg.) (2014): *Convención de los Derechos del Niño (CDN). Cultura Andino-Amazónica y Buen Vivir. Auditoría a la CDN desde la mirada de los niños y niñas indígenas.* Lima: Plataforma peruana de co-partes de terre des hommes – Alemania.

Thiele, Gisela & Carl S. Taylor (1998): *Jugendkulturen und Gangs.* Berlin: Verlag für Wissenschaft und Bildung.

Tisdall, E. Kay M. & Samantha Punch (2012): Not so 'new'? Looking critically at childhood studies. In: *Children's Geographies*, 10(3), S. 249–264

Tisdall, E. Kay M. (2015): Children and young people's participation: A critical consideration of Article 12. In: Vandenhole et al., S. 185–200.

Toffler, Alwin (1980): *Die dritte Welle.* München: Goldmann.

Tolfree, David (2004): *Whose Children? Separated Children's Protection and Participation in Emergencies.* Stockholm: Save the Children Sweden.

Tomberg, Friedrich (2003): *Habermas und der Marxismus. Zur Aktualität einer Rekonstruktion des historischen Materialismus.* Würzburg: Königshausen & Neumann.

Totten, Samuel & Robert K. Hitchcock (Hrsg.) (2011): *Genocide of Indigenous Peoples.* New Brunswick & London: Transaction Publishers.

Troeller, Gordian (2009): *Antifaschist. Anarchist. Journalist. Eine Autobiographie.* Hrsg. v. Ingrid Becker-Ross-Troeller. Berlin: Verlag Pro Business.

Trommsdorff, Gisela (Hrsg.) (1995): *Kindheit und Jugend in verschiedenen Kulturen.* Weinheim & München: Juventa.

Trouillot, Michel-Rolph (2002): Zur Bagatellisierung der haitischen Revolution. In: Conrad & Randeria, S. 84–115.

Tsuchihashi, Ayami (2014): *Analysis of the criticisms of volunteer and orphanage tourism. What is the best interest of child in the case of orphanage tourism in Cambodia?* Master Thesis in Childhood Studies and Children's Rights, Freie Universität Berlin (mimeo).

Twum-Danso, Afua (2005): The Political Child. In A. McIntyre (Hrsg.): *Invisible stakeholders: Children and War in Africa.* Pretoria: Institute for Security Studies, S. 7–30.

Twum-Danso, Afua (2009) Reciprocity, respect and responsibility: the 3Rs underlying parent–child relationships in Ghana and the implications for children's rights. In: *International Journal of Children's Rights,* 17(3), S. 415–432.

Twum-Danso, Afua (2010): The construction of childhood and the socialisation of children in Ghana: implications for the implementation of Article 12 of the CRC. In: B. Percy-Smith & N. Thomas (Hrsg.): A Handbook of Children and Young People's Participation. Perspectives from theory and practice. London & New York: Routledge, S. 133–140.

Tzadok, Yael (2016): Time for Israel to Admit: The Yemenite Children Were Systematically Kidnapped. In: *Haaretz,* 31.07.2016; online: www.haaretz.com/opinion/.premium-1.734537.

UN (1989): Konvention über die Rechte des Kindes. New York: Vereinte Nationen; online: https://www.unicef.de/blob/9364/a1bbed70474053cc61d1c64d4f82d604/d0006-kinderkonvention-pdf-data.pdf.

UN (2015): *Transformation unserer Welt: Die Agenda 2030 für nachhaltige Entwicklung.* New York: Vereinte Nationen; online: www.un.org/depts/german/gv-70/a70-l1.pdf.

UNDP (1999): *Human Development Report 1999.* New York: United Nations Development Programme.

UNICEF (2005): *The State of the World's Children 2005: Childhood under threat.* New York: United Nations Children's Fund.

UNICEF (2006): *Zur Situation der Kinder in der Welt 2006. Kinder ohne Kindheit.* Frankfurt a. M.: Fischer.

UNICEF (2011): *With the Best Intentions ... A Study of Attitudes towards Residential Care in Cambodia.* Phnom Pen: UNICEF.

UNICEF (2014): *UNICEF-Report 2014. Jedes Kind hat Rechte. Mit allen Daten zur Situation der Kinder in der Welt.* Frankfurt a. M.: Fischer.

UNICEF (2016a): *The State of the World's Children 2016: A fair chance for every child.* New York: United Nations Children's Fund.

UNICEF (2016b): *Clear the air for children: The impact of air pollution on children.* New York: United Nations Children's Fund.

UNV (Hrsg.) (2015) *2015 State of the World's Volunteerism Report: Transforming Governance.* Bonn: United Nations Volunteers.

Urteaga Castro Pozo, Maritza (2005): Espacialidades juveniles. Usos, apropiaciones y percepciones del espacio urbano y contemporáneo. In: *JOVENes – Revista de Estudios sobre Juventud,* 9(23), S. 210–228.

Valentin, Karen & Lotte Meinert (2009): The adult North and the young South. Reflections on the civilizing mission of children's rights. In: *Anthropology Today,* 25(3), S. 23–28.

Valenzuela Arce, José Manuel (1998): Identidades juveniles. In: Cubides et al., S. 38–45.

Van Breda, Adrian D. (2010): The Phenomenon and Concerns of Child-Headed Households in South Africa. In: Liebel & Lutz, S. 259–279.

Van Daalen, Edward, Karl Hanson & Olga Nieuwenhuys (2016): Children's Rights as Living Rights. The Case of Street Children and a new Law in Yogyakarta, Indonesia. In: *International Journal of Children's Rights*, 24, S. 803–825.

Van de Loo, Marie-José & Margarete Reinhart (Hrsg.) (1993): *Kinder. Ethnologische Forschungen in fünf Kontinenten*. München: Trickster.

Vandenhole, Wouter (2012): Localizing the Human Rights of Children. In: Liebel (2012a), S. 80–93.

Vandenhole, Wouter; Ellen Desmet, Didier Reynaert & Sara Lembrechts (Eds.) (2015): *Routledge International Handbook of Children's Rights Studies*. London & New York: Routledge.

Venturo Schultz, Sandro (2001): *Contrajuventud. Ensayos sobre juventud y participación política*. Lima: Instituto de Estudios Peruanos.

Vernal Schmidt, Janina & Sandra Bermejo Muñoz (Hrsg.) (2012): Maras – Jugendbanden in Zentralamerika. Themenschwerpunkt in: *Hispanorama – Zeitschrift des Deutschen Spanischlehrerverbandes*, Ausgabe 135, S. 6–39.

Vertovec, Steven (2009): *Transnationalism*. London & New York: Routledge.

Villányi, Dirk, Matthias D. Witte & Uwe Sander (Hrsg.) (2007): *Globale Jugend und Jugendkulturen. Aufwachsen im Zeitalter der Globalisierung*. Weinheim & München: Juventa.

Vittachi, Anuradha (1989): *Stolen Childhood. In Search of the Rights of the Child*. Cambridge: Polity Press.

Voice of African Children (2001): Work, strength and organisation of working children and youth. Occasional Papers N° 217. Dakar: ENDA Third World.

Von Braunmühl, Ekkehart; Heinrich Kupffer & Michael Ostermeyer (1976): *Die Gleichberechtigung des Kindes*. Frankfurt a. M.: Fischer.

Von Dücker, Uwe (1992): *Die Kinder der Straße. Überleben in Südamerika*. Frankfurt a. M.: Fischer.

Von Paczensky, Gert (1970): *Die Weißen kommen. Die wahre Geschichte des Kolonialismus*. Hamburg: Hoffmann und Campe.

Von Paczensky, Gert (2009): Nachwort. In: Troeller, S. 194–197.

Von Werlhof, Claudia, Maria Mies & Veronika Bennholdt-Thomsen (1988): *Frauen – die letzte Kolonie. Zur Hausfrauisierung der Arbeit*. Reinbek b. Hamburg: Rowohlt.

Vrasti, Wanda (2013): *Volunteer Tourism in the Global South: Giving back in neoliberal times*. London & New York: Routledge.

Wagner, Claire M., Emmanuely D. Lyimo & Steven Lwendo (2012): Matches but Not Fire: Street Children in Dar es Salaam, Tanzania. In: Ensor, S. 33–46.

Wagnleitner, Reinhold (1994): *Coca-Colonization and the Cold War*. Chapel Hill: University of North Carolina Press.

Wahl, Achim (2015): Zur Lage der linken Regierungen und Parteien in Lateinamerika. Berlin: Rosa-Luxemburg-Stiftung. Online: https://www.rosalux.de/fileadmin/rls_uploads/pdfs/sonst_publikationen/Online-Publ_Lage-linke-Regierungen_Parteien-LA.pdf

Wallace, Jo-Ann (1994): De-scribing *The Water Babies*: the child in postcolonial theory. In: C. Tiffin & A. Lawson (Hrsg.): *De-scribing Empire*. London: Routledge, S. 171–184.

Wallerstein, Immanuel (2007): *Die Barbarei der anderen. Europäischer Universalismus*. Berlin: Wagenbach.

Walsh, Catherine (2007): Interculturalidad y Colonialidad del Poder. Un pensamiento y posicionamiento „otro" desde la diferencia colonial. In: Castro-Gómez & Grosfoguel, S. 47-62.

Walsh, Catherine (2010): Development as Buen Vivir. In: *Development*, 53(1), S. 15-21.

Walsh, Sue (2010): *Kipling's Children's Literature: Language, Identity and Constructions of Childhood*. Farnham: Ashgate.

Walther, Andreas (Hrsg.) (1996): *Junge Erwachsene in Europa. Jenseits der Normalbiographie?* Opladen: Leske + Budrich.

Walther, Andreas (2006): Regimes of Youth Transitions: Choice, flexibility and security in young people's experiences across different European contexts. In: *Young*, 14(2), S. 119-141.

Warren, Andrea (1998): The orphan train. In: *The Washington Post*, November; online: www.washingtonpost.com/wp-srv/national/horizon/nov98/orphan.htm

Wearing, Stephen (2001): *Volunteer Tourism: Experiences that make a Difference*. New York & Oxon: CABI Publishing.

Weaver, Karol K. (2006): "She Made to Crush the Child's Fragile Skull": Disease, Infanticide, and Enslaved Women in 18th-Century Saint-Domingue. In: Bechtold & Cooper Graves, S. 25-44.

Webber, Jeremy (2006): Legal Pluralism and Human Agency. In: *Osgoode Hall Law Journal*, 44(1), S. 167-198.

Weisner, Thomas S. (1997): Support for children and the African family crisis (pp. 22-44). In: T. S. Weisner, C. Bradley & C. P. Kilbride (Eds.): *African families and the crisis of social change*. Westport CT: Bergin and Garvey.

Weiss, Meira (2002a): The Immigrating Body and the Body Politic: The 'Yemenite Children Affaire' and Body Commodification in Israel. In: Nancy Schepher-Hughes & Loïc Wacquant (Hrsg.): *Commodifying Bodies*. London: SAGE, S. 93-110.

Weiss, Meira (2002b): *The Chosen Body: The Politics of the Body in Israeli Society*. Stanford, CA: Stanford University Press.

Weller, Wivian (2003): *HipHop in São Paulo und Berlin. Ästhetische Praxis und Ausgrenzungserfahrungen junger Schwarzer und Migranten*. Opladen: Leske & Budrich.

Wells, Karen (2009): *Childhood in a Global Perspective*. Cambridge & Malden, MA: Polity Press.

Wessels, Michael & Kathleen Kostelny (2017): Child Rights and Practitioner Wrongs: Lessons from Interagency Research. In: Ruck, Peterson-Badali & Freeman, S. 579-596.

Westwood, Joanne Louise (2016): Unearthing Melodrama: Moral Panic Theory and the Enduring Characterisation of Child Trafficking. In: V. Cree, G. Clapton & M. Smith (Hrsg.): *Childhood and Youth. Moral Panics in Theory and Practice*. Bristol: Policy Press, S. 83-92.

Wiederman, Michael (2010): Premarital Sex. In: *Sex & Society*, vol. 3. New York: Marshall Cavendish, S. 663-666.

Wihstutz, Anne (2016): Children's agency: Contributions from feminist and ethic of care theories to sociology of childhood. In: Esser et al. 2016a, S. 61-74.

Winn, Mary (1984): *Children without Childhood*. Harmondsworth: Penguin.

Wiredu, Kwasi (1996): *Cultural Universals and Particulars: An African Perspective*. Bloomington: Indiana University Press.

Witte, Matthias D.; Caroline Schmitt; Serpil Polat & Yvonne Niekrenz (2014): Praktiken der Grenzbearbeitung in den Lebensgeschichten der „DDR-Kinder aus Namibia". In: *Diskurs Kindheits- und Jugendforschung*, 9(4), S. 481-495.

Wohlgemuth, Lennart & Ebrima Sall (Hrsg.) (2006): *Human Rights, Regionalism and the Dilemmas of Democracy in Africa*. Dakar: CODESRIA.

Woldeslase, Wunesh, Mulubrha Berhe & Araya Belay (2002): *Pilot Study on Indigenous Knowledge on Child Care in Eritrea*. Asmara (mimeo).

Wolf, Angelika (2010): Geschwisterliche Bande: Zugehörigkeit, Verwandtschaft und Verbundenheit von Kindern in Waisenhaushalten im Kontext von AIDS in Malawi. In: Liebel & Lutz, S. 185-202.

Woolford, Andrew (2009): Ontological Destruction: Genocide and Canadian Aboriginal Peoples. In: *Genocide Studies and Prevention*, 4(1), S. 81-97.

Woolford, Andrew & Jasmine Thomas (2011): Genocide of Canadian First Nations. In: Totten & Hitchcock, S. 61-86.

Young Lives (2016): *Towards a Better Future? Hopes and Fears from Young Lives*. Oxford: Young Lives.

Young, Robert J. C. (2003): *Postcolonialism: A Very Short Introduction*. Oxford: Oxford University Press.

Zaid, Shoshi (2001): *The Child is Gone*. Jerusalem: Geffen Books.

Zander, Margherita (2017): „Auschwitz ist mein Mantel". Ceija Stojka – eine Kindheit im Konzentrationslager. In: R. Göppel & M. Zander (Hrsg.): *Resilienz aus der Sicht der betroffenen Subjekte. Die autobiografische Perspektive*. Weinheim & Basel: Beltz Juventa, S. 290-322.

Zeiher, Helga, Peter Büchner & Jürgen Zinnecker (Hrsg.) (1996): *Kinder als Außenseiter? Umbrüche in der gesellschaftlichen Wahrnehmung von Kindern und Kindheit*. Weinheim & München: Juventa.

Zemelman, Hugo (2007): *El Ángel de la Historia: Determinación y Autonomía de la Condición Humana*. Barcelona: Anthropos.

Zemelman, Hugo (2009): *Pensar Teórico y Pensar Epistémico: Los Retos de las Ciencias Sociales Latinoamericanas*. Mexiko-Stadt: IPECAL.

Zimba, Roderick F. (2002): Indigenous conceptions of childhood development and social realities in southern Africa. In: H. Keller, Y. P. Poortinga & A. Scholmerish (Hrsg.). *Between cultures and biology: Perspectives on ontogenic development*. Cambridge: Cambridge University Press, S. 89-115.

Zimmerer, Jürgen (2013): Kolonialismus und kollektive Identität. Erinnerungsorte der deutschen Kolonialgeschichte. In: Ders. (Hrsg.): *Kein Platz an der Sonne*. Frankfurt a. M. & New York: Campus, S. 9-38.

Zinnecker, Jürgen (1991): Jugend als Bildungsmoratorium. Zur Theorie des Wandels der Jugendphase in west- und osteuropäischen Gesellschaften. In: W. Melzer, W. Heitmeyer, L. Liegle & J. Zinnecker (Hrsg.): *Osteuropäische Jugend im Wandel*. Weinheim & München: Juventa, S. 9-25.

Zinnecker, Jürgen (2000): Kindheit und Jugend als pädagogische Moratorien. Zur Zivilisationsgeschichte der jüngeren Generation im 20. Jahrhundert. In: D. Brenner & H.-E. Tenorth (Hrsg.): *Bildungsprozesse und Erziehungsverhältnisse im 20. Jahrhundert* (*Zeitschrift für Pädagogik*, 42. Beiheft. Weinheim & Basel: Beltz, S. 36-68.

Zinnecker, Jürgen (2001): *Stadtkids. Kinderleben zwischen Schule und Straße*. Weinheim & München: Juventa.

Zinnecker, Jürgen (2003a): Jugend als Moratorium. Essay zur Geschichte und Bedeutung eines Forschungskonzepts. In: Reinders & Wild, S. 37–64.

Zinnecker, Jürgen (2003b): Forschung im sozialen Feld ‚Jugend'. Deutsche Jugendforschung zwischen Nachkriegszeit und beschleunigter Moderne. In: *DISKURS – Studien zu Kindheit, Jugend, Familie und Gesellschaft*, 13(1), S. 7–18.

Christian Niemeyer
Mythos Jugendbewegung
Ein Aufklärungsversuch
2015, 254 Seiten, broschiert
ISBN: 978-3-7799-3280-2
Auch als E-BOOK erhältlich

Die zugrunde liegende These des Buches ist einfach: Die mit dem Wandervogel anhebende und mit der Hitlerjugend einen fatalen Höhepunkt erreichende deutsche Jugendbewegung hat, als ganze und aufs Ganze gesehen, leider den Lernprozess nicht nachvollzogen, der sich bei Friedrich Nietzsche zwischen seinem 27. und 34. Lebensjahr (1872–1879) ereignet hat. Dieser Lernprozess lässt sich vom Ergebnis her als Wandel vom völkischen Denken (à la Richard Wagner) hin zum eigenen, kosmopolitischen Ansatz beschreiben und gelangt in Nietzsches – gegen Wagner gerichteter – Losung (von 1879) zum Ausdruck: „Gut deutsch sein heisst sich entdeutschen." Dass diese Losung nicht auch die der Jugendbewegung wurde – wie in der Linie der Meißnerformel vom Oktober 1913 hätte naheliegen können –, macht das zentrale Dilemma der Jugendbewegung aus und erklärt den Titel des Buches. Er soll zum Ausdruck bringen, dass die Jugendbewegten es offenbar vorgezogen haben und bis zum heutigen Tag vorziehen, lieber Mythos zu sein als gar nicht zu sein.

www.beltz.de
Beltz Juventa · Werderstraße 10 · 69469 Weinheim

Gabriele Rosenthal
Interpretative Sozialforschung
Eine Einführung
Reihe: Grundlagentexte Soziologie
2015, 280 Seiten, broschiert
ISBN: 978-3-7799-2614-6
Auch als E-BOOK erhältlich

Dieser Band bietet eine Einführung in sozialwissenschaftliche Erhebungs- und Auswertungsmethoden – unter Konzentration auf diejenigen, die den Prinzipien des interpretativen Paradigmas verpflichtet sind und einer Logik der Entdeckung von Hypothesen und gegenstandsbezogenen Theorien folgen. Vornehmlich werden die teilnehmende Beobachtung, offene Interviews und biografische Fallrekonstruktionen vorgestellt. Um die Besonderheit interpretativer Verfahren im Unterschied zu anderen qualitativen Methoden zu verdeutlichen, werden auch inhaltsanalytische Verfahren diskutiert.

Aus dem Inhalt:
- Qualitative und interpretative Sozialforschung
- Grundannahmen und Prinzipien der interpretativen Sozialforschung
- Forschungsprozess und Forschungsdesign
- Ethnografische Feldforschung – Teilnehmende Beobachtung – Videoanalyse
- Vom offenen Leitfadeninterview zum narrativen Interview
- Biografieforschung und Fallrekonstruktionen
- Inhaltsanalyse – Kodieren in der Grounded Theory - Diskursanalysen

www.beltz.de
Beltz Juventa · Werderstraße 10 · 69469 Weinheim